少女百科全书

段翠翠 / 编著

天津出版传媒集团
天津科学技术出版社

图书在版编目（CIP）数据

少女百科全书 / 段翠翠编著 . —天津：天津科学技术出版社 ,2014.1（2021.4 重印）
ISBN 978-7-5308-8735-6

Ⅰ . ①少… Ⅱ . ①段… Ⅲ . ①女性 – 生活 – 知识 Ⅳ . ① Z228.4

中国版本图书馆 CIP 数据核字（2014）第 170182 号

少女百科全书
SHAONÜBAIKE QUANSHU
策划编辑：刘丽燕　张　萍
责任编辑：马　悦
责任印制：兰　毅
出　　版：天津出版传媒集团 / 天津科学技术出版社
地　　址：天津市西康路 35 号
邮　　编：300051
电　　话：（022）23332490
网　　址：www.tjkjcbs.com.cn
发　　行：新华书店经销
印　　刷：三河市万龙印装有限公司

开本 720 × 1020　1/16　印张 22　字数 500 000
2021 年 4 月第 1 版第 2 次印刷
定价：55.00 元

前言

少女时期是女性由懵懂无知、无忧无虑的孩提时代步入新奇多变、躁动不安的青春期的成长过程，它不仅是女性身体发育、成熟的关键期，也是培养气质、优秀品质、良好习惯的黄金期，更是一个充满幻想，充满迷惘的时期。如果在这个非常时期不能用心打造自己、经营自己的话很可能会走错路，甚至走向堕落，所以，掌握这一非常时期应懂的知识非常重要。

青春期的女孩子会发生很多变化。首先是生理上的变化，如长个子、体重增加、变声、生殖器官的变化等。其次是心理上的变化，如害羞、惶恐不安、忧心忡忡、逆反心理等。青春期少女不必对这个时期的身体变化感到惊慌失措，这些都是身体发育的必经阶段，此时，少女不仅要多学习身体保养和护理的小知识，更要随时关注身体的变化，一旦身体不适要及早治疗，不要因为羞于开口和不好意思而耽误治疗。只有正确认识和处理这些变化，才能更好地学习和生活。

优雅良好的礼仪修养不仅是个人品位的体现，更是一项能够带来实际利益，让你赢得学业和成功人生的重要生存技巧。而且每个女孩都希望自己能够成为一个端庄淑雅、落落大方，深受周围人欢迎的漂亮女孩。此时的你，就需要从校园礼仪、仪态礼仪、交谈礼仪、电话礼仪等方面，对自己进行全方位的包装，打造一个崭新的自己，让内在的魅力烘托出外在的美丽，最终变成一个懂礼貌、谈吐优雅、众人瞩目的美少女。少女时期也是性格的初成阶段，更是关键阶段，它将决定你一生的性情与脾气。此时的你，需要开动脑筋根据血型或星座特点冷静分析身边的人与事，并用敏锐的眼光分清敌友、辨认生活中的是是非非，做一个智慧型的少女。

每个女孩都爱美，少女时期的你肯定也不例外。处在少女时期的你，曾因脸上的痘痘烦恼过，曾为减肥努力过，更为穿什么样的衣服而抓狂过。少女浓妆艳抹是不被提倡的，但适合年龄特点，体现青春活力的着装和妆容也不是不可。合理膳食、减肥健美操、美容的小知识、着装的小技巧都会成为你至上的法宝，都会为你的青春形象增添光彩。

当然，俏丽的形象、得体的谈吐，还不足以打造一个完美的你。

你还需要具备为人处事的智慧，需要拥有多才多艺的情趣，需要懂得营养膳食的保健知识。这些优秀的修养、习惯、智慧和知识会让你在拥有青春活泼、俏皮亮丽外表的同时，修炼内心，从而为你激荡的青春增添别样的光彩。

作为少女的你，一定有你想问，但却难以开口的疑惑；一定有你想知道，但却无从求援的事情；一定有你想倾诉，但却无人倾听的小秘密。《少女百科全书》可以帮你解开心中重重疑团，一步一步带领你走进人生的百花园。本书共分十二章，从少女的生理特征、礼仪、形象、穿着打扮、为人处事、饮食保健等方面，为少女们提供了必备的知识，让青春期的少女能坦然面对身体上的变化，有一个健康的心理，正确地处理学习、生活、工作、交友、恋爱，做一个快乐的女孩。

多姿的年华，灿烂的青春，多彩的心情，为美好的青春增添了亮丽色彩，还有那大胆，甚至有些小疯狂的纯真年代，共同奏响了青春的交响曲。而外面那五彩缤纷，但又充满诱惑和挑战的社会大舞台，无时无刻不在吸引、挑逗着蠢蠢欲动的少女之心，所以身为少女的你需要在此时积累足够的知识，以迎接未来的各种挫折和挑战。

目录

第一章　少女初长成

上天的杰作…………………… 2
奇妙的生理构造 …………………… 2
乳房 …………………… 2
外性器官 …………………… 2
少女与处女膜 …………………… 3
阴道 …………………… 3
卵巢 …………………… 3
输卵管 …………………… 3
子宫 …………………… 4

女大十八变…………………… 4
青春期少女的 9 个体貌变化 …… 4
生理发育的 4 个特征 ………… 4
初潮来时 …………………… 5
解开月经之谜 …………………… 5
月经周期 …………………… 6
经期卫生 …………………… 7
经期的用品 …………………… 7
痛经和闭经 …………………… 7
简易止痛法 …………………… 7
毛发长出不烦恼 ……………… 8
胸部的变化 …………………… 8
胖子烦恼多 …………………… 8
讨厌的狐臭 …………………… 9
你对“性”了解有几分 ………… 9
认识性的价值 …………………… 9
适时拒绝，自我保护 ………… 9

呵护胸部从这一刻开始………… 10
关注乳房的清洁卫生 …………10
不可束胸 …………………………10
选择合适的文胸 …………………11
胸部美学的 7 个标准 …………11
日常美胸的 5 个要点 …………12
帮助胸部发育的食物 …………12
美化胸部的服饰宜忌 …………13

与“好朋友”共度美好的时光… 13
防治经前紧张综合征 …………13
经期饮食宜忌 ……………………14
预防痛经的有效措施 …………14
不同程度痛经的处理方法 ……15
经期卫生养护 ……………………15
经期体育运动 ……………………15
经期记录 8 件事 ………………16
高考恰逢月经来潮的措施 ……16

如何避免遭受强暴…………… 17

把握好自己的第一步………… 17
同性恋 ……………………………17
滥交的危险 ………………………18
一朝被“蛇”咬 …………………18

第二章　快乐生活

你了解血型吗…………………… 20
O 型血人：精力充沛，热情洋溢……20
A 型血人：过度小心，三思而后行 …20
B 型血人：率性而为，捉摸不定……21
AB 型血人：冷静理智，双重人格 …21

血型与友情…………………… 21
O 型血人的友情：敌我划分清楚……21
A 型血人的友情：悄然表示友爱……22

B 型血人的友情：坦诚而率直 …22
AB 型血人的友情：来去匆匆 ……22
血型与优缺点…………………… 22
O 型血人的优点与缺点 …………22
A 型血人的优点和缺点 …………23
B 型血人的优点与缺点 …………23
AB 型血人的优点和缺点…………24
你是最美丽的星星……………… 25
白羊座 ……………………………25
金牛座 ……………………………25
双子座 ……………………………26
巨蟹座 ……………………………27
狮子座 ……………………………28
处女座 ……………………………28
天秤座 ……………………………29
天蝎座 ……………………………30
人马座 ……………………………31
摩羯座 ……………………………31
水瓶座 ……………………………32
双鱼座 ……………………………33
铅笔测试法……………………… 34
测试方法 …………………………34
诊断 ………………………………34
蜡烛测试法……………………… 35
测试方法 …………………………35
诊断 ………………………………35
硬币测试法……………………… 36
准备物品 …………………………36
测试方法 …………………………36
诊断 ………………………………36
口红测试法……………………… 37
诊断 ………………………………37
毛巾测试法……………………… 38
诊断 ………………………………38
车票测试法……………………… 38
测试方法 …………………………38
诊断 ………………………………39
座位测试法……………………… 39
测试方法 …………………………39
诊断 ………………………………39
听筒测试法……………………… 40
诊断 ………………………………40
茶杯测试法……………………… 41
诊断 ………………………………41
运动：生命的旋律……………… 42
自行车旅游 ………………………42
郊游 ………………………………42
野炊 ………………………………44
攀岩 ………………………………45
登山 ………………………………45
紧急事故的处理 …………………45
游泳 ………………………………46
泛舟 ………………………………47
划船 ………………………………48
慢跑 ………………………………48
滑轮溜冰 …………………………49
掷飞盘 ……………………………49
保龄球 ……………………………49
休闲：宠物饲养显爱心………… 50
养狗 ………………………………50
养猫 ………………………………50
养鸟 ………………………………51
养热带鱼 …………………………51
其他宠物的饲养 …………………52
观叶植物 …………………………52
花卉盆景 …………………………53
你了解花语吗 ……………………53
娱乐：佳人乐章………………… 56
音乐欣赏 …………………………56
看电影 ……………………………56
电脑玩家 …………………………57
逛街——少女专宠 ………………57
KTV ………………………………58

第三章 良好的礼仪

校园礼仪…………………………60
出入校门要下车 ……………………60
见到老师要打招呼 …………………60
不是自己的老师也要打招呼 ……60
进出老师办公室要有礼貌 ………60
在老师办公室不应停留太久 ……61
不可在办公室里翻老师的物品 ……61
尊重实习老师 ………………………61
不可当众顶撞师长 …………………61
不在背后议论老师私事 ……………61
有事要请假 …………………………62
“课桌文化”不可取…………………62
不在课堂上打瞌睡 …………………62
不可在课堂上起哄 …………………62
尊重有缺陷的同学 …………………63
不可偷看同学的信件、日记 ……63
严禁撕毁、涂改学校公告 ………63
受奖后要徐步走下台 ………………63
就餐时不可长时间占座 …………63
不可乱倒剩饭剩菜 …………………64
不用书本提前占座 …………………64
住集体宿舍要遵守作息时间 ……64
离开寝室、教室前要关灯上锁 ……64
进实验室要遵守规定 ………………64
在图书馆看完书要归位 …………65
爱护图书馆的书 ……………………65
不可同时占几本书 …………………65
写签名、赠言时态度要恭敬 ……65
不可强行给别人题赠 ………………66
积极参加集体活动 …………………66
参加集体活动要穿校服 …………66
集体参观要列队 ……………………66
参加升旗仪式要严肃 ………………67

日常交往礼仪………………………67
切忌脏话不离口 ……………………67
对人的态度不可前倨后恭 ………67
请求帮忙被拒绝后不可抱怨对方 …67
请人帮忙要说“请”…………………68
请求帮助不可超出别人的能力范围 …68
帮助别人不可主动要求回报 ……68
致谢、道歉要及时 …………………68
拒绝他人要委婉 ……………………68
注意多赞美他人 ……………………69
不可对别人吹毛求疵 ………………69
切忌赞美别人的缺点 ………………69
赞美要发自内心 ……………………70
慰问别人时要配合恰当的表情 ……70
别人失误时不要大惊小怪 ………70
迅速化解自己的尴尬 ………………70
切忌用食指指人 ……………………71
不应随意拍别人肩膀 ………………71
借路时要打招呼 ……………………71
对别人的尴尬要帮助化解和掩盖 …71
切忌动作不雅，手势过多 ………71
挽臂姿势要雅观 ……………………72
探病前要问清情况 …………………72
探病不宜结伴同行 …………………72
探病时切忌详问病情 ………………72
探病时宜说一些轻松话题 ………73
看望病人时不可长时间逗留 ……73
约会要明确地点 ……………………73
约会要明确时间 ……………………73
要接受长辈的呵护照顾 …………73
切忌在用到别人的时候才表示热情 …74
在别人有难处时应出手相助 ……74
与熟人保持联系 ……………………74
切忌过于频繁地打扰熟人 ………74

书信礼仪……………………………75
给别人写信字迹要工整清晰 ……75
写信要注意格式 ……………………75
写信要长短适宜 ……………………75
给不熟悉的人写信不可太亲密 ……75
不可将私人信件公之于众 ………75
收到信后要及时回复 ………………76
聚会前要提前给朋友发送邀请函 …76
不要遗漏应该邀请的人 …………76

交谈礼仪……………………………76
不宜在路边交谈，以免妨碍他人 …76
交谈时注意与对方保持适当的距离 …76
听别人讲话时身体不可后仰 ……77

切忌把口头禅挂嘴边 ……………77
无聊的搞笑不等于幽默 …………77
开玩笑不可认真 …………………77
与人交谈不可目光冷漠 …………77
注视别人时目光要在一定的范围之内 ……………………………78
切忌不加掩饰地注视别人 ………78
说话声音要温和 …………………78
在谈话中不宜纠正别人的错误 …78
尊重他人的意见 …………………78
交谈时话语要连贯 ………………79
不要强行加入别人的讨论 ………79
交谈过程中离开前要打招呼 ……79
只管说不管听的人是不受欢迎的 …79
切忌随意打断别人的话 …………79
不探听别人的私密谈话 …………80
切忌不懂装懂 ……………………80
切忌自吹自擂 ……………………80
表达自己意见的同时也尊重别人的意见 ……………………………80
劝说他人要看时机 ………………80
懂得适时保持沉默 ………………81
不要谈论陈旧无聊的话题 ………81
谈论别人喜欢的话题 ……………81
批评与攻击别人要把握分寸 ……81
提建议要切合实际 ………………81
不必在非原则性问题上与他人纠缠不休 ……………………………82
说理要讲原则 ……………………82
批评别人时切忌有指桑骂槐之嫌 …82
恭维别人不可露骨 ………………82
切忌不明是非乱传话 ……………82
对自己不懂的事情不随便发表意见 ……83
说话要注意场合 …………………83
弄清自己在交谈中的角色 ………83
节日交谈宜选择喜庆话题 ………83
切忌轻易许诺 ……………………84
说话要算数 ………………………84
电话礼仪……………………… 84
拨打电话要选择时间 ……………84
打电话时要用问候语 ……………84
电话问候切忌生硬刻板 …………85
不可让电话铃声响应时间过长 ……85
打错电话要道歉 …………………85
打电话要说清楚目的和要求 ……85
接通电话后要问对方是否方便 ……85
请对方回电时要留下可靠的联系电话 ……………………………86
不可责骂打错电话的人 …………86
错过电话后要及时回拨 …………86
不可贸然替别人接电话 …………86
不可随便请别人代接电话 ………87
让对方持机等候时要说明所需时间 …87
接电话时不可以用“喂，喂”或者“你找谁呀”作为“见面礼” ……87
在电话中不要谈一些别人不想听的无聊话 ………………………87
通话中要注意自己的表情举止 ……87
通话中要注意说话方式 …………88
通话中要注意控制音量 …………88
通话要控制时间 …………………88
在通话中不可对着话筒打哈欠，或是吃东西 ……………………88
不可边接电话边和别人聊天 ……88
处理抱怨电话时要认真对待 ……89
结束通话时，不可抢先放下电话 …89
不宜在会客时长时间接打电话 ……89
接电话的一方不宜提出中止通话的要求 …………………………89
不可突然挂电话 …………………89
出行与游览礼仪………………… 90
不随地吐痰 ………………………90
不可在景点刻字留名 ……………90
不在公共场所聚众围观 …………90
自觉排队 …………………………91
不在地铁站内打闹 ………………91
乘公交车时要懂得让座 …………91
乘车要自觉买票 …………………91
乘公交车不可堵着车门 …………91
使用公共游乐设施要照顾别人 ……92
听音乐会要穿正装入场 …………92
避免在音乐演奏时中途入场 ……92
听音乐会要保持安静 ……………92

第四章　气质修养

仪态优雅……………………… 94
优雅的站姿 ……………………94
美丽的坐姿 ……………………94
婀娜的走姿 ……………………94
优美的蹲姿 ……………………95
典雅的取物姿势 ………………95
动人的拾物姿势 ………………95
下蹲时应避开人流 ……………95
站立时不可趴伏倚靠 …………95
站立不可歪斜 …………………96
走路时不可用鞋底蹭着地面 ……96
杜绝边走边吃的不良习惯 ………96
吃出气质……………………… 96
中餐礼仪 ………………………96
西餐礼仪 ………………………97
西餐的食用方法 ………………97
刀叉的使用方法 ………………98
汤匙的使用 ……………………99
餐巾的使用 ……………………99
腹有诗书气自华……………… 100
必读的30部历代古典名著…… 100
必吟的经典唐诗 ……………… 100
必赏的30首传世宋词………… 101
必看的50部文学经典………… 101
必听的40首世界名曲………… 102
必赏的古今名画 ……………… 103
必看的15部国外经典电影…… 104

第五章　身心的调剂

碰到帅哥，心跳一百………… 106
平平坦坦却是胸……………… 106
空气污染……………………… 107
美腿绝非难事………………… 107
照镜子时的发现……………… 107
闭嘴为好……………………… 108
大脚美人……………………… 108
冷血动物……………………… 109
课间尴尬……………………… 109
不是青春痘…………………… 110
直面父亲……………………… 110
男女之间莫涉深……………… 111
身高不是错…………………… 111
藏起自己的美丽……………… 112
保护好“美目” ……………… 112
“冬瓜妹”…………………… 113
体毛太多怎么办……………… 113
胸大也是错吗………………… 114
痛不欲生的感觉……………… 114
14岁的害怕 ………………… 115
崇拜偶像莫荒学业…………… 115
作弊害己……………………… 116
消解压力……………………… 116
择业与父母分歧时…………… 117
当母亲偷看日记时…………… 117
朋友是一扇窗子……………… 118
面对家务活多时……………… 119
可怜天下父母心……………… 119
违背父母意愿时……………… 120
大哥你好……………………… 120
面对比你强的朋友…………… 121
逃学心情……………………… 121
贪玩的女孩…………………… 122

喜欢上教师的女孩………………123
不知所措的电话………………123
难过的成绩单………………124

第六章　装扮青春的形象

怎样获得形象美………………126
　衣着、发型与化妆………………126
　情感、分寸与仪态………………126
如何美化自己………………127
护发与病发处理………………127
　擦发………………127
　按摩………………128
　根据头发的4种状况选择洗发水………128
　正确洗发的5个步骤………………128
　科学梳发的4个原则………………129
　使头发浓密黑亮的3个窍门………129
　防治头皮屑的7个秘诀………………129
　茶水护发………………130
　醋蛋护发………………130
　葱泥护发………………130
　蜜蛋油护发………………130
　柚子核护发………………130
　陈醋护发………………130
　病发处理………………130
美发与脸型………………131
　适合6种脸型的发型………………131
适合6种脸型的染发技巧………131
化妆技巧………………132
　化妆………………132
　卸妆………………132
　口红………………132
　指甲油………………132
教你做颜面操………………132
　金刚脸………………133
　梅干脸………………133
　能面脸………………133
苗条身姿从哪儿来………………133
苗条体形十知………………134
腿部健美徒手操………………134
　动作要领………………134
青春期少女不同时期的体育锻炼………135
锻炼时需注意的3个问题………135
适合少女的4项运动………………136
根据体型选择运动方式………136
健全少女性格的运动………………137
适量运动健美身材………………138
体格锻炼的测验………………138
　测验题………………138
　答案………………139
美容问答………………139
护养肌肤，白里透红………………142
　油性皮肤去油6法………………142
　干性皮肤保湿9法………………142
　中性皮肤保养5法………………143
　春季护肤的4个注意事项………143
　夏季防晒的6个小窍门………143
　秋季养颜的3个秘诀………………144
　冬季皮肤的5个护理指南………144
　防治雀斑的7个细节………………144
　少女使用护肤品的3个准则………144
　少女最好不化妆………………145
　少女护肤的3个误区………………145
　少女美容3不宜………………145
只要青春不要痘………………146
　饮食“三多两少”………………146
　防痘的9个生活习惯………………146
　防痘7步洗脸法………………147
　快速除痘的5种特殊洗脸法………147
　青春痘的药物防治………………149
　青春痘治疗的4大误区………149
　化解青春痘造成的心理压力………150

饮食与美容…………………… 150
看你的美丽能打几分………… 150
胖瘦女孩巧穿衣……………… 153
体胖型 ………………………… 153
体瘦型 ………………………… 153
发型与服装的相配 ………… 153
款式与色彩 ………………… 154
裙子配色的奥秘……………… 154
裙子色彩要与肤色相配 ……… 154
裙子色彩要与体型、脸型相配 … 155
裙子色彩要与场合相配 ……… 155
巧制随意多变裙……………… 155
穿出青春的活力和动感……… 156
选择牛仔服装的注意事项 …… 156
根据身材选择牛仔裤 ……… 156
选择运动服的 8 个窍门 ……… 157
穿着短裤的 6 个秘诀 ……… 157
偏胖女生的 3 点着装建议 …… 157
偏矮女生的 9 个着装细节 …… 158
穿出个性美的 6 种方法 ……… 158
小小饰物锦上添花…………… 158
领导潮流的 5 种饰物 ………… 158
尽显青春魅力的 6 种帽子“戏法”…… 159
巧选眼镜框，打造亮眼小美人 … 159
异彩纷呈的 7 种手腕饰品 …… 159
少女服饰穿着 3 不宜 ……… 160

第七章　做人处事靠智慧

男孩爱和什么样的女孩交往… 162
具有女性美 ………………… 162
个性突出 …………………… 162
温柔 ………………………… 162
聪慧 ………………………… 162
善良开朗 …………………… 163
整洁 ………………………… 163
少女怎样与不同的人交往…… 163
少女与人交往的技巧 ……… 163
怎样与妒忌的人交往 ………… 165
怎样与奸诈狡猾的人交往 …… 165
怎样与诚实的人交往 ………… 165
怎样与爱贪小利的人交往 …… 166
怎样与势利的人交往 ………… 166
怎样与强横的人交往 ………… 167
怎样与忠厚的人交往 ………… 167
怎样与搬弄是非的人交往 …… 167
怎样与谄媚的人交往 ………… 168
怎样与懦弱的人交往 ………… 168
怎样与自私自利的人交往 …… 168
怎样与孤僻的人交往 ………… 169
怎样与刻薄的人交往 ………… 169
怎样与性情正直的人交往 …… 169
少女交际中的十二种不良习惯 … 170
少女如何学会接近人………… 171
笑是最好的介绍信 ………… 171
弄清接近的目的 …………… 171
要学会推销自己 …………… 172
选择有趣的话题 …………… 172
增加联系的密度 …………… 172
少女怎样获得知心朋友……… 172
对别人真诚的感兴趣 ……… 172
与初次见面的人建立友谊的 5 个法则 ………………… 173
与人交往的 9 个准则 ……… 173
与朋友沟通的 7 点建议 ……… 174
给人以真心的微笑 ………… 174
敞开你的心 ………………… 174
助人为乐 …………………… 174
尊重你的朋友 ……………… 174
懂得什么是真正的友谊 ……… 174
真正的友谊不是依附 ……… 175
少女交友的 9 个禁忌 ……… 175
少女交际要超越自我………… 175
坦诚境界 …………………… 176
少女应交的五种朋友………… 176
位高职尊的朋友 …………… 177
善于倾听的朋友 …………… 177

使你畏惧的朋友 …………………… 178
对你一生有裨益的朋友 ……… 178
边缘人朋友 ……………………… 178

第八章 亲情求学添魅力

家庭礼节与亲情………………… 180
礼貌待家人 ……………………… 180
感谢母亲 ………………………… 180
送给爸爸的礼物 ………………… 180
倾听父母意见 …………………… 181
有客来访时 ……………………… 181
把朋友介绍给家人 ……………… 181
男友寄来的信 …………………… 181
自己的小窝 ……………………… 182
避免与父母发生冲突的 5 个技巧 … 182
应对代沟的 4 个方法 ………… 182
孝敬父母力所能及的 8 件事 … 183
学会花钱 ………………………… 183

我想有个圆满的家……………… 184
不和谐之音 ……………………… 184
收拾破碎的心情 ………………… 185
我有自己的权利 ………………… 185
直面变化的生活 ………………… 186
亲人离去 ………………………… 186

鼓起生活的勇气………………… 187
再婚之家 ………………………… 187
懂事早当家 ……………………… 188
继父母问题 ……………………… 188
新来的弟弟或妹妹 ……………… 189
拥有一颗宽容之心 ……………… 189

考试心经………………………… 189
考试秘籍 ………………………… 189
临考前的 4 种调整 …………… 190
达到考前最佳状态的 4 个策略 … 191
考试中应对记忆卡壳的 4 个方法 … 191
有效分配考试时间的 5 个方面 … 191
最节省答卷时间的 4 个阶段 … 192
考试获胜的 15 个技巧………… 192
考前彻底放松身心的方法 …… 194
克服考场紧张的 4 个妙招 …… 194
修复考试挫败心理的 4 个办法 … 194
一点失败算什么 ………………… 195
消除“惧考症”………………… 195
认清考试真面目 ………………… 196
你旷课或逃学吗 ………………… 197

做个受欢迎的学生……………… 198
师生之间 ………………………… 198
学长、同学之间 ………………… 198
热心班务 ………………………… 199

读书有方………………………… 199
书到用时方恨少 ………………… 199
制订最佳学习计划的 4 个要点 … 200
高效学习的 3 个绝招 ………… 200
5 步有效读书法 ………………… 201
增强记忆力的 7 个诀窍 ……… 202
掌握复习的 6 个要领 ………… 202
保持稳定学习心态的 5 种方法 … 203
缓解学习压力的 10 个细节…… 204
时间管理法 ……………………… 204
不会休息就不会学习 …………… 206
善于发挥脑力与潜力 …………… 207
阅读技巧 ………………………… 208
做好抄写笔记 …………………… 209
抄笔记的技巧 …………………… 210

规划你的未来…………………… 210
升职高 …………………………… 210
升专科 …………………………… 210
升大学 …………………………… 211
升军校 …………………………… 211
升警校 …………………………… 211
就业 ……………………………… 211
找工作的心态 …………………… 211
找工作时考虑什么 ……………… 211
如何争取就业机会 ……………… 212
勤工俭学 ………………………… 213

第九章 多才多艺有情趣

插花……………………………… 216
基本插花法 ……………………… 216
插花用具 ………………………… 216

干燥花……………………………… 216
材料与用具 ………………………… 217
基本技巧 …………………………… 217

押花……………………………… 217
押花的技法 ………………………… 217
押花的材料 ………………………… 217
押花的用具 ………………………… 217
制作注意事项 ……………………… 218

人造花……………………………… 218
材料与用具 ………………………… 218
基本技巧 …………………………… 218

编织……………………………… 219
毛线的选择 ………………………… 219
编织用具 …………………………… 219
基本技巧 …………………………… 220

刺绣……………………………… 220
材料与用具 ………………………… 220
基本技巧 …………………………… 221
基本绣法 …………………………… 221

裁缝……………………………… 221
材料与用具 ………………………… 222
基本技巧 …………………………… 222

拼布……………………………… 223
拼布的布料 ………………………… 223
布料的处理 ………………………… 223
布料的搭配 ………………………… 223

彩绘……………………………… 224
材料与用具 ………………………… 224
基本技巧 …………………………… 224

蜡染……………………………… 224
材料与用具 ………………………… 225
基本技巧 …………………………… 225

绢印……………………………… 225
材料与用具 ………………………… 225
基本技巧 …………………………… 226

礼品包装……………………………… 226
材料与用具 ………………………… 226
基本注意事项 ……………………… 227

剪纸……………………………… 227
材料与用具 ………………………… 227
基本技巧 …………………………… 228

折纸……………………………… 228
材料与用具 ………………………… 228
基本技巧 …………………………… 228

第十章　日常生活巧安排

衣……………………………… 230
选购 ………………………………… 230
清洗 ………………………………… 230
晾晒与保存 ………………………… 231
穿衣技巧 …………………………… 231

食……………………………… 232
厨具 ………………………………… 232
清洁 ………………………………… 233
其他处理 …………………………… 233
保存与保鲜 ………………………… 234
食物的挑选 ………………………… 235
烹调小技巧 ………………………… 235
沙拉的制作 ………………………… 237
维生素 ……………………………… 238
外出用餐 …………………………… 238

住……………………………… 239
美化空间 …………………………… 239
居家安全第一 ……………………… 241

行……………………………… 241
骑车与驾车 ………………………… 241
乘车 ………………………………… 242
步行 ………………………………… 242

创意地过日子……………………………… 243

衣物保养常识……………………………… 247

居家……………………………… 250
电器使用、保养 …………………… 250
保管与存放 ………………………… 250

生病受伤 …………………………… 251
保健之种种 ………………………… 251
吃药 ………………………………… 252
信件与包裹 ………………………… 252

第十一章　营养饮食保健康

青春期少女的日常营养需求… 254
青春期少女的饮食调理……… 254
少女变声期饮食……………… 255
少女必须补足钙……………… 255
青春期的健美饮食…………… 256
防治厌食症…………………… 256
少女营养缺乏的蛛丝马迹…… 257
什么是食物营养素…………… 257
维生素的主要功用及来源…… 258
人体能量从哪里来…………… 258
食物是怎样在人体里被消化的 … 258
十种主要营养素及其来源…… 259
哪些食物含蛋白质高………… 260
锌是人体不可缺少的营养素… 260
粗茶淡饭胜过高级补品……… 261
十种最好和最差的食品……… 261
延长青春期的十种食物……… 262
健康长寿的饮食忠告………… 263
可以提高身体免疫力的食物… 263
哪些食品能健脑益智………… 264
食用菌——健康食品………… 264
吃早餐等于吃补药…………… 265
什么叫平衡膳食……………… 265
平衡膳食应包括哪些食物…… 266
营养素的摄入多多益善吗 …… 267
吃饭如何做到平衡…………… 268
如何做好家庭食谱设计……… 269
如何吃出美好的心情………… 270
蛋白质是生命的物质基础…… 271
脂肪是什么…………………… 271
什么叫脂肪 ………………… 271
脂肪酸 ……………………… 271
必需脂肪酸 ………………… 271
组织脂肪和贮存脂肪 ……… 272
动物油与植物油哪个好……… 272
人体必需的微量元素………… 273
微量元素与健康有何关系…… 274
食物纤维素是第七营养素…… 274
食物中的热量如何计算……… 275
黄豆是微量元素库…………… 275
鱼类含有哪些营养成分……… 275
营养丰富的鳝鱼……………… 276
蛋类有哪些营养成分………… 276
蔬菜有哪些营养成分………… 277
蔬菜按营养成分分哪几类…… 278
常见食物中的营养之最……… 278
青韭和黄韭中哪种营养成分多 … 278
尖辣椒的营养价值与吃法…… 279
西红柿是夏蔬佳品…………… 279
冬季多吃黄豆芽好…………… 280
受欢迎的芫荽………………… 280
猴头菇的营养价值…………… 281

野生佳蔬——蕨菜…………… 281
珍馐良药话香菇…………… 282
番薯的新魅力……………… 282
新鲜水果有哪些化学成分…… 283
吃西瓜好处多……………… 284
香蕉——“智慧的源泉”…… 285
为什么核桃又叫“长寿果”… 285
哈密瓜……………………… 286
木耳的营养成分和作用……… 287
银耳的营养成分和作用……… 287
吃苋菜有益………………… 287
亦菜亦药话香椿…………… 288
植物牛肉——苜蓿………… 289
大蒜祛病强身……………… 289
家备生姜，小病不慌……… 290

第十二章　健康护卫葆青春

膀胱炎与尿路感染…………… 292
为什么膀胱炎是一种女性多发疾病 … 292
膀胱炎有何症状 …………… 292
如何检测及治疗 …………… 292
如何避免病情复发 ………… 293
会有并发症吗 ……………… 293
年龄较小的女孩会感染这种疾病吗 … 294
小便失禁……………………… 294
什么是机制性小便失禁 …… 294
什么因素会导致小便失禁 … 295
怎样确诊小便失禁 ………… 295
有哪些治疗方法 …………… 295
痤疮…………………………… 295
痤疮的脓包是如何形成的 …… 296
怎样祛除痤疮 ……………… 296
怎样治疗痤疮 ……………… 297
哪些治疗方法值得推荐 …… 297
在治疗中需要注意什么 …… 297
脸部血管扩张症和酒糟鼻…… 298
脸部血管扩张症的症状有哪些 … 298
脸部血管扩张症的原因是什么 … 298
怎样治疗脸部血管扩张症 …… 298
如何预防脸部血管扩张症 …… 299
酒糟鼻 ……………………… 299
体毛异常……………………… 299
体毛过多就是不正常吗 …… 299
体毛异常的病因有哪些 …… 300
雄性激素过多的原因是什么 … 300
如何医治体毛异常 ………… 300
缺铁性贫血…………………… 301
缺铁性贫血有什么症状 …… 301
为什么缺铁性贫血会如此普遍 … 301
什么样的食品可以预防贫血 … 301
当我们无法从食品中摄入足量的铁时应怎么办 …… 302
厌食症………………………… 302
什么是“不正常”的饮食行为 … 302
厌食症有哪些表现 ………… 303
厌食为我们的身体带来了什么后果… 303
厌食产生的原因是什么 …… 304
为什么青少年和年轻女性易患厌食症 …… 304
怎样治疗厌食症 …………… 305
焦虑症………………………… 305
正常的焦虑与病理学上的焦虑有什么区别 …… 305
急性焦虑症有哪些症状 …… 305
慢性焦虑症有哪些症状 …… 306
焦虑症的原因是什么 ……… 306
怎样治疗焦虑症 …………… 306
易饿症………………………… 306
什么人容易患上这种病，如何确诊… 307
易饿症有哪些症状 ………… 307
易饿症发作时的其他行为 …… 307

易饿症的原因是什么 ………… 307
我们应怎样治疗易饿症 ……… 308

乙型肝炎………………………… 308
乙型肝炎的传播方式有哪些 … 308
乙型肝炎有哪些症状 ………… 308
如何确诊乙型肝炎 …………… 309
乙型肝炎会不会引起并发症 … 309
如何治疗乙型肝炎 …………… 309
如何预防乙型肝炎 …………… 309

头痛与偏头痛………………… 309
偏头痛作用于哪些部位，诱发因素是什么 ……………………… 309
激素与偏头痛有关系吗 ……… 310
怎样才能知道我们真正患上了偏头痛 ………………………… 310
如何自我治疗 ………………… 310
如何减轻偏头痛的痛苦 ……… 311

子宫内膜异位………………… 311
子宫内膜异位会发生什么 …… 311
子宫内膜异位有何症状 ……… 312
应该如何诊断 ………………… 312
子宫内膜异位有哪些治疗方法 … 312

子宫出血……………………… 313
如何辨别子宫出血 …………… 313
病因是什么 …………………… 313

生殖器官感染性疾病………… 314
女性的生殖器官传染病有哪些特点 ………………………… 314
生殖器官传染病对外阴和阴道有哪些影响 ………………… 314
怎样避免外阴和阴道的疾病 … 315
生殖器官传染病对子宫和输卵管有哪些影响 ……………… 315

白带异常……………………… 316
生理白带 ……………………… 317
病理学上的白带分泌 ………… 317

经前期综合征………………… 317
经前期综合征有哪些症状 …… 317
经前期综合征的发病原因 …… 318
怎样预防经前期综合征 ……… 318

月经不调……………………… 318
闭经 …………………………… 318
生理周期异常 ………………… 320
经血量大：月经过多 ………… 320
痛经 …………………………… 321

甲状腺功能障碍……………… 321
甲状腺扮演着什么样的角色，有哪些影响它的病症 ………… 322
人体的另一个腺体——垂体 … 322
甲状腺激素分泌过多会引发哪些症状 ………………………… 322
甲状腺激素分泌不足会引发哪些症状 ………………………… 322
有哪些检查可以诊断出甲状腺疾病 … 322
甲状腺常见病症：甲状腺功能亢进症 ………………………… 323
甲状腺肿瘤 …………………… 323

性传播疾病…………………… 324
生殖器疱疹 …………………… 324
衣原体感染 …………………… 325
支原体感染 …………………… 326
真菌病 ………………………… 326
阴虱 …………………………… 327
滴虫病 ………………………… 327
细菌性阴道炎 ………………… 327

依据经血状态分辨疾病……… 328

应对疾病预防是关键………… 329
如何远离白带异常 …………… 329
减少经血异味的妙招 ………… 330
乳房胀痛的饮食禁忌 ………… 331
教你几招，预防阴道炎症 …… 331
洗好内衣裤，保障女性健康 … 333

第一章

少女初长成

上天的杰作

奇妙的生理构造

有人说：女性的身体构造，仿佛是上天精心的杰作，奇妙又复杂。没有任何艺术品的创作或科技的发明，能超越生命体的巧妙与复杂。因此，自有人类以来，人体的构造总带着神秘的面纱，隐现在初为“成年人”的少男、少女的成长过程中。

为了传宗接代的神圣任务，女性的身体构造比男性有着更复杂更巧妙的安排。女性与男性身体主要构造的区别体现在外在的乳房、外性器官，以及内在的阴道、卵巢、输卵管、子宫等部位。

乳房

乳房由乳头、乳晕、乳管、腺腔、脂肪组织等构成。乳晕是褐色的组织，其上突出的即为乳头。乳头上有哺乳时分泌乳汁的细管，开口 15 ~ 20 个。乳汁的导管叫作乳管，在乳头的上部膨胀，即为乳管洞。乳管的末梢再变细，如树枝般呈放射线状而去，直到腺腔。腺腔即为分泌乳汁的所在，它和乳管合称为乳腺。

乳腺又分为几个乳叶，由脂肪组织覆盖着，丰满的乳房就是这样构成的。

外性器官

女性器官有很多“零件”，包括耻骨、大阴唇、小阴唇、前庭、外尿道口、阴蒂（阴核）、处女膜、会阴等。

耻骨，也叫阴阜。到了青春期即有毛发长出，俗称阴毛。通常是以倒等边三角形的形状由下往上长出。

大阴唇是包围在阴道口的皮肤皱褶，因有很深的色素沉淀，所以呈褐色。其内侧有瓣状的皮肤皱褶，即为小阴唇。小阴唇的前方左右黏合在一起包裹着阴核。

女性的阴核与男性的生殖器有异曲同工之妙。它与前庭球共同形成海绵体，承受来自内阴部动脉的血液，在其兴奋时，能引起周围肌肉的收缩，并阻止静脉血液的流出，使血液大量充满、膨胀，刺激末梢的知觉神经，引发性高潮。

前庭则是左右阴唇所包围的部分。由前庭至阴道入口的两侧有海绵状的前庭球，且有较多的静脉丛，受到刺激会充血、膨胀。而它的前上方即为外尿道口，中央后部是内阴道口。会阴是后阴唇联合肛门之间的部分，皮肤薄而无毛。妇女在分娩时，如果是自然生产，即由此处切开，好让婴儿容易通过，生产完了，再予以缝合。

少女与处女膜

处女膜在女性的器官中，其实是微不足道的。它只不过是阴道口附近一层薄薄的膜而已。它也没有什么作用，是一种有弹性的组织，一般说来它破裂时会流出少量的血。

人们自古以来都认为一个纯洁的少女，在新婚之夜，第一次有“异物”进入，也就是第一次有性行为，才会造成“落红”，便以“落红”来判断贞节与否。事实上，任何较激烈的运动，如赛跑、跳栏、骑脚踏车等，都有可能造成处女膜破裂。所以，以处女膜判断贞节与否，是不正确也不必要的。有些女性处女膜弹性好，在新婚之夜，也不一定会因破裂而落红。而现代医术精湛，破裂的处女膜也可以修复至完好如初。既然如此，“落红”代表的真正意义，又能印证什么呢?

少女的可贵在于纯洁的心。但也不要在无知中失去了自己的贞操，毕竟那是身体宝贵的一部分。

阴道

由外阴部至内阴部，包含阴道、子宫、输卵管和卵巢等几个主要的性器官。

阴道是一条略为扁平的膜状管，下接外阴道入口，上接子宫颈，与子宫相通。其管壁会分泌一种酸性黏液，对阴部有净化的作用，能杀死入侵的细菌。但在月经期间，经血通过，黏液变为碱性，减弱了净化功能，因而易受细菌感染。所以，月经期间尽量用淋浴，不要泡浴盆，以避免细菌入侵。

阴道也是一种有弹性的组织，平常内壁互相贴合几乎不留空隙，但在性行为时，为让异性生殖器进入，会适度地扩大。女性在分娩时，它能扩大至婴儿头般大小，让婴儿顺利生产出来。

卵巢

卵巢位于腹腔骨盆内，左右各一，大小如拇指，形状呈扁平的椭圆形，是一种白色腺体，附着于输卵管末端喇叭口的下方，是女性最重要的生殖器官。

它的主要功能是制造卵子和分泌卵巢激素。少女到了青春期，每个月由卵巢排出一个卵子，经由输卵管，送往子宫。如未受孕，卵子死掉后和经血一起排出。

输卵管

输卵管是一根细黏膜状管子，长约 10 厘米，左右各一。由宫底的两侧通过腹膜皱褶内上端，向着腹腔呈放射线状扩展，形成一个喇叭口。

输卵管内壁有颤动的小绒毛，当喇叭口巧妙地接住由卵巢排出的卵子时，这些小绒毛会不停地摆动，借着这种活动可使受精卵顺利进入子宫中，完成妊娠着床的任务。

在正常情况下，卵子受精即在输卵管膨大的部位，而受精卵则应着床在子宫，如果不是在子宫内，那就是“宫外孕”了。

子宫

子宫位于膀胱与直肠之间，骨盆腔的中央。大小如鸡蛋，长七八厘米，呈前后扁平的梨子形。上端最宽的部分被称为子宫底。子宫壁是由平滑肌的厚肌形成的。

在子宫上半占 2/3 的狭窄袋状，即为子宫体。怀孕时，子宫体的肌纤维会增殖和伸展，也随着婴儿的发育而增大。在分娩时的阵痛，即是由子宫体肌肉收缩产生的，以得于胎儿娩出。

子宫体的内膜，受卵巢激素的作用，有周期性的变化。青春期的少女来月经，即是这周期性的变化——子宫内膜剥落，和黏液排出体外的结果。

女大十八变

青春期少女的 9 个体貌变化

（1）月经是性发育的重要标志。

（2）进入青春期的少女体态日趋丰满，四肢较男孩短。

（3）乳房隆起、丰满而有弹性是少女进入青春期最重要的外部特征。

（4）喉结不明显，嗓音尖细。

（5）肩部相对男孩较狭窄。

（6）臀部浑圆，骨盆较宽。

（7）皮肤细嫩且较薄。

（8）肌肉重量约占全身体重的 36%，皮下脂肪较厚，尤以臀部为最，全身脂肪约占体重的 28%。

（9）无胡须，躯干上的毛较稀疏，头发较男性浓密。

生理发育的 4 个特征

脑的发育：青春期的脑重量和容量增长有限，脑神经细胞也基本上不再增多，重要的是脑发生质的变化。随着实践活动的增多，脑的内部结构和功能不断分化与发展，如思考能力进一步加强，理解、分析、判断能力提高，记忆更加深刻、牢固等。由于大脑兴奋性较强，抑制能力较差，所以青春期少女情绪容易激动，意志和思维能力仍较薄弱，容易疲劳。因此应该加强锻炼，把脑、神经功能的发展推向更高的阶段。

心脏的发育：青春期是心脏猛长的第二个时期，但心脏功能和成人仍有差距，每搏血液输出量只有成年人的 2/3。青春期的脉搏次数也有特点，年龄越小，心跳越快，脉搏次数也越多。这是由于脑、神经兴奋性大，心脏的每搏血液输出量较少，全身的需要量大，因而只能加快心跳次数来弥补。而心跳过速，人容易疲劳，耐力差。因此，青春期少女应积极参加体育锻炼，使心脏肌肉发达，收缩力增强，增加每搏血液输出量。

血管的发育：人体血管的发育先于心脏，年龄越小，血管发育超过心脏发育的程度越大，血管内的阻力越小。所以，青春期少女的血压比成年人低，而且年龄越小，血压越低。

肺的发育：青春期也是肺的第二次猛长期，肺和呼吸肌的发育极为迅速，肺的呼吸能力增强。但其通气效率较差，呼吸频率小而快。所以，每当青春期少女情绪激动或从事体力活动时，呼吸就显得格外急促，因为肺活量本来就不大，活动时身体需氧量很大，只好靠增加呼吸次数来弥补。

初潮来时

当一个小女孩进入青春期，她就犹如一朵含苞待放的花朵，等春天一到，马上绽放美丽的花瓣，吐露芬芳的气息。

然而，愉快的成长，必经一番痛苦的挣扎。正如想要美丽也必须付出代价一般。当你踏入青春期，女性最主要的性征之一——卵巢，便开始运作了。它的第一个活动就是每 28 天左右，有一颗卵子在卵巢中发育至成熟，换句话说，卵巢每 28 天一个周期，排出一个卵子，卵子成熟剥落，便是月经了。这也表示，性器官已发育成熟，具有怀孕的能力了。

第一次来月经的年龄和家庭遗传有关，如果母亲很早就来月经，那么女儿也可能如此。但大致上，女孩子到了十二三岁，就会有第一次月经的来潮。初经乍见，小女孩不免手足无措，不知道怎么办，在此提供你一些小常识。

有了月经是成长的一种自然现象，表示你在生理上已发育成具有生育能力的成熟女性，这是值得欣喜的，虽然刚开始会带给你一些轻微的不适，情绪也极为低落。这时，你不妨与母亲或者闺中密友聊一下，可询问她们是否和你一样，有烦躁的感觉。如果你是个很有自信的人，你可以和同学倾谈，看看有多少女同学和你一样也开始了月经，然后与她们互换心得。朋友率直和不害羞的态度，往往能帮助你消除尴尬的心理。这样一来，你便能接受月经来潮的正确观念，并视它为女性生活的一部分了。

解开月经之谜

过去，女人的月经一直被认为是“不洁”“不祥”之物。但是，随着社会民智的开化，月经隐藏在女性一生中的神秘面纱，终于被揭开了。

首先，我们要探究为什么会有月经。其实，正像宇宙天体的自然运行一般，它也是自然的一种现象，并没有什么特殊的理由。随着身体的成长发育，主宰人体的大脑，会刺激性腺而分泌激素，而这激素便是人体发育的导演，一切有关人体的成长发育运作，都由它来指挥。

女性体内有一个月经形成的系统，即“下视丘—脑下垂体—卵巢—子宫内膜”。下视丘属于脑的性中枢，由它产生激素刺激脑下垂体，脑下垂体受刺激后，又会产生另一种激素去刺激卵巢，这时卵巢又会释放性激素和黄体素，使子宫内膜变厚且充满血管。当卵巢所释放的两种激素达一定浓度时，下视丘就会自动停止激素的分泌了，其他的激素也会随之减少。若没有受孕，子宫内膜就会自然脱落，剥落的组织和血液经阴道排出体外成为经血。

由此可知，月经的成分是子宫内膜的黏膜和血液。但除此之外，也包含了子宫颈黏膜、阴道黏膜等。因为血液把所有的黏膜或分泌物染红了，所以经血是红色的，有时也含有血块。然而，初潮的月经，并不如想象中的那般鲜红，而是带有些棕色的，血量也不多，周期也不规律，这些都是正常的。月经本身也不会有任何异味，只在与空气中的细菌接触后，或腐败时，才会有臭味产生。

月经周期

月经周期平均是 28 ~ 30 天，但若在 26 ~ 33 天内也都是正常的。大多数的少女要在初经之后，经过一年或 18 个月以上的时间，才有较准确的周期。所以，你不必为刚开始的周期不准，或血量不固定而烦恼。有的人月经周期从来就没准确过。

每个月都来拜访的“好朋友”，是值得你骄傲的。每一次的周期都是重复肯定了你是一个富有女性气质的完全女性。所以月经周期应该是信心的补助剂，不要将它视为情绪低落或有不美满的原因。它是每个女性正常生活中的一部分，你应该看重它，因为它象征着你的身体运作完好。虽然它有时会带给你些轻微的不适、痛楚、倦懒的感觉，但这些都是容易解决的。换句话说，月经周期就和饮食、睡觉一样，只是生活中的一部分，从此角度来看待它，就不会有所不适了。

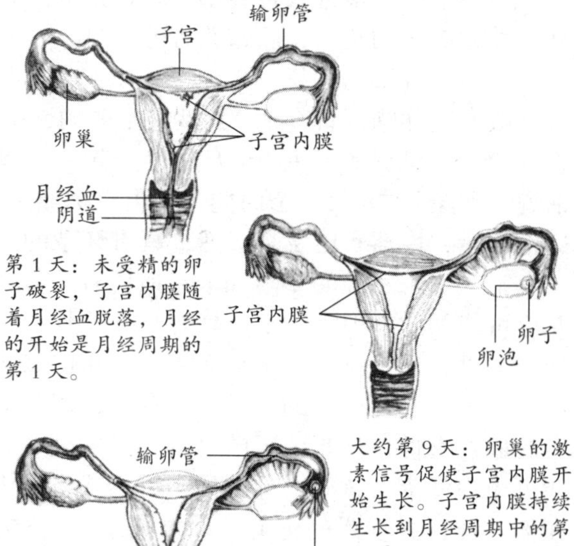

月经周期

经期卫生

一个有良好卫生习惯的女孩，不管她外貌长得如何，看起来总令人有聪明伶俐的感觉。尤其在月经期间，清爽干净的卫生习惯，更能增加自己的信心。

在月经期间，每天洗澡是必要的。沐浴时，最好采取淋浴，若用盆浴，肥皂水容易进入阴道，可能会引起阴道刺痛而感染。盆浴时也千万不可将水灌入阴道内，阴道有自我洁净的功能，它不需要特别的盥洗和消毒。擦洗阴部时，按照由前往后的方向较为正确。

经期的用品

月经来潮，大多数女孩都深感不便。其实，只要你处理得当，再加上现在很方便的各种经期用品可以帮你解决不便之处，实在不用太担心。

最常见的经期用品有卫生棉、卫生棉条、生理裤、生理清洁用品等，只要依个人生活习惯和生活所需审慎选择，在经期间你仍可以和平时一样，逍遥又自在。

卫生棉是广为一般女性所使用的普遍用品，它可分为一般型——适用于普通经期；超薄型——针对讲求舒适感的女性设计的，较为贴身；夜间型——适用于夜间量多时使用；外出型——单片包装，外出时携带方便；活性炭卫生棉——如果经期中会产生异味，此种卫生棉将有令你意想不到的效果；卫生护垫——适用于平时有分泌物或生理期前后量少的征兆时。

在此特别介绍卫生棉条，因为很多少女对其使用怀有一知半解的模糊观念。卫生棉条，顾名思义，它是一种呈圆筒长条状的卫生棉，直径约有 1 厘米，长五六厘米，可直接放入阴道内以吸收经血。因为是直接放入阴道内，可避免经血不小心渗出裤外，造成尴尬。而且，也不致影响上体育课时的激烈运动。

以上介绍的各种类型经期用品，不管你选用哪一种，都以两三小时更换一次为佳，一方面以避免细菌感染，一方面避免经血渗出。

痛经和闭经

少女最常遇到的经期问题是“经痛”“月经前紧张”“闭经”。大多数的少女烦躁，可能都来自以上三种生理上的痛苦，现代医学已经有了治疗的方法。

“经痛”，或叫“痛经”，是指痉挛性经痛。症状有的只是轻微的不适，有的则痛得完全不能行动。早先，一般人都把此种经痛，看作是一种神经过敏的反应。但是在医学界已研究出其起因乃源于激素，而并非源自脑部。少女的一般经痛可能是由于“前列腺素”分泌太多，也可能是由于子宫对于分泌量正常的前列腺素比平日敏感所致。

简易止痛法

当你在月经期间饱受经痛的困扰时，可以试试以下几个简易的止痛妙方：

（1）尽可能保持日常的活动，以转移经痛的不适应集中力。

（2）可用热水袋或热毛巾放在下腹部热敷，可减轻痛楚感。

（3）吃些温热的汤饮，可以温暖子宫，缓解经痛。

（4）使用一般的止痛剂，可以缓解痛感。

毛发长出不烦恼

有一天，当你在洗澡之际，忽然发现腋下有那么一两根长长的毛发，是否会吓一跳呢？也许你会忍住轻微的疼痛把它拔掉，但没多久后又长出来了，而且愈长愈多。

阴部的情况也是一样，双手拔不尽，春风吹又生，真是别扭死了。其实，如果你将它看作头上的毛发，就不会那么在意它的存在了。腋毛和阴毛，正如头发的生长，一切都是自然的现象而已，身体成长到一定的阶段，就会自然出现。一般说来，女孩长出阴毛大约是在 12 岁，而长出腋毛大约在 14 岁，汗腺也于此时活跃起来。

身上毛发的出现，是青春期发育的过程，是正常的生理现象，没有什么好害羞，或令人担忧的。

胸部的变化

青春乍到，最令少女难堪的，可能是藏也藏不住的胸部变化了。本来一向都不太去注意的乳房，怎么乳头变得明显而突出，整个乳房也肥大了。因为人的体内有一种激素，到了青春期便开始活跃。顺着自然的成长，生理发育也会自然的变化。胸部是女性的第二性征之一，它当然也会有它自然发育的历程。小女孩，别大惊小怪了。重要的是，面对身体成长而来的发育历程，生理和心理的调适要多通过各种途径，加以咨询。

刚进入青春期的你，完全不必为胸部的大小太过担心，随着身体各部位发育，你的乳房自然会发育正常。

乳房是由乳腺和脂肪所构成的。乳腺能分泌乳汁，脂肪则是保护乳腺的。人体的乳房大部分是脂肪。所以，你只要摄取充分的营养，就能增进乳房中的脂肪。但是，有的少女为了拥有苗条的身材，不顾营养得失，实施节食，这样便妨碍了正常的发育，使乳房也发育得不好。

有的人会发觉左右两边的乳房大小不一，其实这是很平常的；习惯用右手的人，右胸的肌肉自然会比较发达，右边的乳房自然也比左边的乳房大点。

如果你希望拥有丰满的胸部，就随时要注意伸直背部，挺起胸膛。这样，在不知不觉中会促进胸肌发达，使乳房曲线美观。另外，你也可以多做扩胸运动，来达到胸部健美的目的。

胖子烦恼多

正值青春发育期的你，其实不必太为身材而烦恼，因为你正在发育，若为了要苗条，或更苗条而勉强节食，是会影响你的健康的。不管你是胖是瘦，发育期间如果没有摄取充足的营养，一段时间之后，就会体力不足，健康也会亮起红灯。况且，节食不是减肥的方法，想要苗条些，多运动才是最有效的良方。

会发胖的原因，是由于体内的热量比身体运动时所消耗的热量还多，因而积存在体内，才造成了肥胖。换句话说如果你运动量足够把热量消耗掉，就不会发胖了。

讨厌的狐臭

狐臭是怎么来的呢？在人体腋下的皮肤里有另一个特别的汗腺，称为泌离腺。由泌离腺所分泌出来的汗，与皮肤表面的细菌混合，才会产生狐臭这种异味。

进入青春期以后，性激素分泌剧增，泌离腺也跟着活跃起来，所以才会有狐臭的产生。除了腋下，在人体的耳朵及阴部也有泌离腺。因此，耳屎属于油性的人，也有产生狐臭的可能。

虽然每一个人都有泌离腺，但并不是每个人都有狐臭。大多数人皆有一点点轻微的狐臭，而我们称之为“体臭”。

身上有异味，难免让人感到困扰。轻微的狐臭，只要多注意清洁，使用药皂来洗澡，便可以解决你的烦恼了。因为药皂具有杀菌作用，能除去与汗水混合的细菌。比较严重的狐臭，可以找医生看看，有的也可以手术治疗。

你对“性”了解有几分

大多数的青少年，对性都怀有一种刺激又好奇的矛盾心理，这是很正常的。我们的社会礼教和许多公众与舆论也一致认为，未成年的性行为是不道德的，而性行为应该是婚姻的一个部分。

从最基本的意义来说，性是为了物种生存而存在的，它保证了人类的繁衍。从社会和家庭来说，性是夫妻之间密切而持久的联系，帮助他们建立家庭。性更给人养儿育女的乐趣。性最吸引人的特质，可能在于它比其他的方法更能表达两个人之间，那份特殊的关怀、爱恋和情感。

认识性的价值

从医学的观点来看，女孩子不宜在年纪很小时就与男性发生性行为。这可以从两个方面来说，一是过早进行性行为，尤其是青少年时期有两个以上性伴侣，会使女孩更容易患上子宫颈癌；一是就感情方面来说，任何少女在未认清性爱和性价值之前，就和人发生性关系，这是很不明智和危险的。

性关系的基础是双方都认为对方是一个自己最关心、最重视的人。若没有这样的基础，就还没有足够的条件去发生性行为。当你怀疑你的男友图谋不轨时，就不要贸然与他发生性关系。有些青年人认为性关系会使她们成熟起来，不至于在男友间丢面子，或者使她们能够跟上潮流，这些潜在的意识都是错误的。

适时拒绝，自我保护

少女对性关系感到害怕的原因之一，就是她不能肯定她是否会继续下去。

她担心情况会失去控制，或者发现不愉快的事。多数女孩子都不知道怎样拒绝，有时她们明知可以不答应的，但是就是不知要怎么拒绝才好。

事实上你必须说出“不”字，这是你应该说的一切。

如果你真的不知如何拒绝性要求的话，可以试用下面词语：

不！

不！我不喜欢别人强迫我做事。

不！我还没有思想准备。

不！我实在害怕。

呵护胸部从这一刻开始

关注乳房的清洁卫生

乳房的清洁十分重要，尤其是乳头内陷者更要注意清洁。因为乳晕上有许多腺体，分泌油脂样的物质，它可以保护乳晕皮肤，但也容易沾染污物，长时间不洁净会引起很多麻烦，如出现炎症或皮肤病。因此，青春期少女必须经常清洁乳房。

（1）清洗时不要用过冷或过热的水。乳房周围微血管密布，过热或过冷的刺激都会有损乳房健康。如果选择坐浴或盆浴，更不可以在过热或过冷的水中长时间浸泡，否则会导致乳房软组织松弛，还会引起皮肤干燥。

（2）不要用香皂洗胸部。因为香皂是碱性的洗涤用品，长期使用会损坏皮肤，除去乳头上的油性保护层，使乳房皮肤变得干燥而容易损伤和干裂。清洗乳房时只用清水即可。

（3）清洗时，不要随便挤弄乳房、抠剔乳头，以免引起破口和感染。

不可束胸

处于青春期发育阶段的少女千万不要穿紧身内衣和戴过紧的文胸来束胸，这对少女的正常发育和身心健康有很多害处：

（1）束胸时，心脏、肺脏和大血管受到压迫，影响内脏器官的正常发育。

（2）束胸影响呼吸功能。在正常情况下，胸式呼吸和腹式呼吸两种呼吸动作协调配合进行，才能保证人体正常的气体交换。而束胸必然会影响胸式呼吸，使胸部不能充分扩张，肺组织不能充分舒展，吸入空气量减少，以致影响全身的氧气供应。

（3）束胸压迫乳房，使血液循环不畅，会使乳房下部血液瘀滞而引起疼痛、乳房肿胀，甚至造成乳头内陷、乳房发育不良等后果，如此一来不仅影响健美，也会造成将来哺乳困难。

所以，少女决不能随便束胸，应注意把乳房发育的情况告诉母亲，以便及时得到必要的保健指导。

选择合适的文胸

文胸的作用：少女在进入青春期以后，乳房开始发育，应及时使用文胸。因为乳房没有肌肉组织，只有腺组织和脂肪，支撑它们的是结缔组织，这种结缔组织像一张绷紧的纤维网，起支撑作用。它和肌肉组织不同，是没有弹性的。如果不用文胸来支撑，乳房便会慢慢地松弛、下垂、变形，并且难以恢复原状。况且不用文胸，还会使乳腺负担不均匀，妨碍乳腺内正常的血液循环，因而造成部分血液瘀滞，引起乳房疾病。另外，剧烈运动时不戴文胸，也容易使乳房受到创伤，引起乳腺炎。因此，少女应视乳房发育情况而及时使用文胸。

在适当的时候开始使用文胸：一般来说，少女到了十六七岁，乳房发育到一定程度时，就应当戴文胸。可以用软尺测量乳房上底部经乳头到乳房下底部的距离，如果大于16厘米，就可以戴文胸了。过早地使用文胸，也会影响乳腺的正常发育和日后的功能。

选择与乳房大小相适宜的型号：少女在选择文胸时，应以罩杯可以完全容纳乳房又不感到胸部有压迫感为度。太松或太大的文胸无法对乳房起承托和塑形作用，达不到一定美感；太紧的文胸又会使乳房受到压迫，影响乳房发育，甚至导致乳腺疾病。

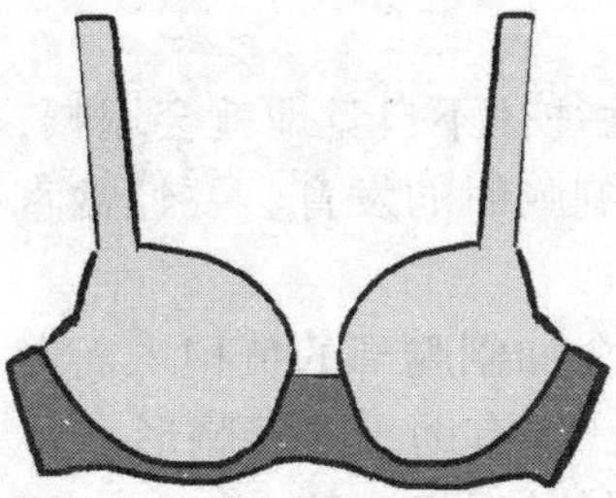

3/4 杯文胸

适合胸型：乳房盘略大，肋侧多肉；优点：包容较集中，聚拢效果较好。

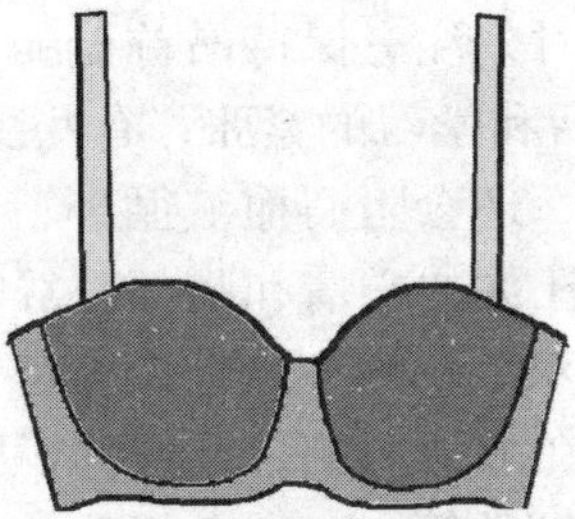

1/2 杯文胸

适合胸型：乳房相对小巧；优点：具有良好的承托作用，可防止乳房下垂。

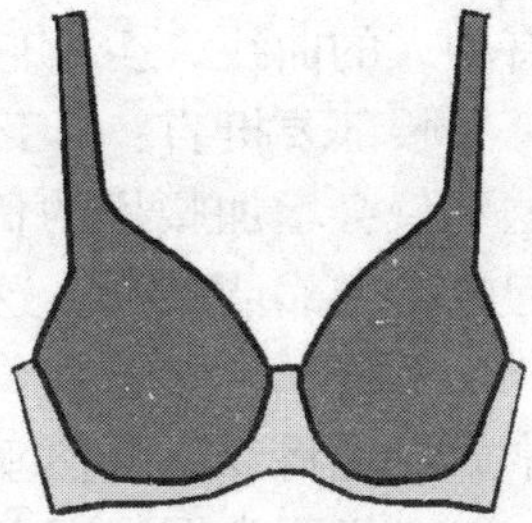

4/4 杯文胸

适合胸型：乳房相对丰满；优点：包容性、稳定性及承托、归拢效果好，可令胸部外观挺拔。

另外，随着乳房的发育，要及时更换合适的型号，并坚持每天使用，适当调节肩带的长度。运动时可把文胸放松些。晚上睡觉时应脱掉文胸，使乳房和胸背部肌肉得到休息，且能保证睡眠时呼吸顺畅、血液流通。

选用合适的文胸材质：要选用质地柔软、吸汗性强、易于清洗的棉织品，最好不要使用化纤原料做成的文胸。文胸还要勤洗勤换，保持清洁。

胸部美学的7个标准

（1）乳头间的距离应大于20厘米，乳头应突出，不内陷，大小为乳晕直径的1/3。

（2）乳晕不超过 1 元硬币大小，颜色应红润粉嫩，与乳房皮肤有明显的分界线。

（3）乳房基底面的直径依人体高矮胖瘦体形不同而有所不同，为 10 ~ 20 厘米。

（4）乳房的轴线，即从乳房的基底面到乳头的高度为 5 ~ 7 厘米，乳头的位置约在第 4 肋或稍下。

（5）发育正常良好的乳房左右大小应基本一致，呈半球形或圆锥形的轮廓，形状挺拔丰满，微微向上挺。

（6）乳房组织呈均匀质，柔韧且富有弹性，触摸不到团团块块，但触到乳房中小叶组织，也算正常。

（7）中国女性健康胸围标准：胸围 / 身高 (厘米) 在 0.5 ~ 0.6 的范围内都是健康的。

上面的标准主要是针对成年女性而言，青春期少女因为还没有真正发育成熟，仅作为参考，最重要的是要拥有一对健康美丽的乳房。

日常美胸的 5 个要点

睡姿要正确：少女的睡姿应以仰卧为佳，尽量不要长期向一个方向侧卧，这样不仅容易挤压到乳房，也容易引起双侧乳房发育不平衡。

走路要端正：经常含胸、驼背，时间久了就会影响胸部的健康。为了拥有动人的曲线，少女们应时刻注意保持昂首挺胸。

腰部要挺直：由于生活和学习的紧张，有些少女往往不自觉地就会塌腰，这不仅会增加腰椎的负担，还会阻碍血液循环，影响胸肌的发育。要经常直起腰，或靠墙站立，这会让你的心情和胸部都舒畅。

手臂要自然：经常将双手环抱在胸前的姿势，会加剧胸部的负担。而经常放松地将双手自然垂放在大腿两侧，或伸伸懒腰，都有助于改善胸形。

时机要掌握：月经周期的第 11 ~ 13 天为丰胸最佳时期，第 18 ~ 24 天为次佳时期，在这 10 天当中影响胸部丰满的卵巢雌激素是 24 小时等量分泌的，正是激发乳房脂肪囤积增厚的最佳时机。所以，少女们可趁机赶紧行动，进行运动、饮食、按摩等保健，刺激乳房慢慢增大。

帮助胸部发育的食物

（1）木瓜、鱼、肉及鲜奶等富含蛋白质的食物，均可丰胸。

（2）黄豆、花生、杏仁、桃仁、芝麻及粟米等也是有效的丰胸食品，不妨多吃。

（3）橙、葡萄、柚子及西红柿等富含维生素 C 的食物，可防止胸部变形。

（4）芹菜、核桃及腰豆等含维生素 E 的食物，有助于胸部发育。

（5）西蓝花、菜花及葵花子油等含维生素 A 的食物，都有利于雌激素的分泌。

（6）牛肉、牛奶、豆类及猪肝等含 B 族维生素的食物，亦有助于雌激素的合成。

（7）蹄筋、海参及猪蹄等富含胶质的食物，能促进胸部发育。

（8）多吃海产食品，如虾、贝类等，其富含的锌是制造雌激素的重要元素。

美化胸部的服饰宜忌

按现代审美意识，胸大并非缺陷。但若有些少女在青春期时不喜欢这种大胸的体型，可采用以下办法来掩饰：

（1）用宽松的上衣加以掩盖，另外在肩部做出些束褶，或用直线在胸前做装饰。

（2）在衬衫外面罩一件背心，也可使胸部看起来显得小一些。

（3）选择不规则形碎花图案，比素净一色的衣服效果要好。

（4）领口宜开“V”形领或T恤衫领，也可在衬衫上开一个纽扣，形成深的“V”形领。

（5）质地宜选用悬垂性较好的面料，忌穿用富有弹性的布料所做的紧身衣，胸前有波形褶边装饰、莲蓬袖以及透明面料也都不合适。

胸小的女孩则可以采取如下措施补救：

（1）可以用有海绵垫衬的文胸做一定的补救。

（2）选用质地柔软、有飘浮感的衣料。

（3）前胸以松身舒缓的轮廓为基本原则，如胸前加皱的T恤、胸前有兜的恤衫、短外套配蝴蝶结的衬衫，都可以对胸部起一定美化作用。切记不可穿紧身恤衫、直条纹针织衫等。

与“好朋友”共度美好的时光

防治经前紧张综合征

大多数少女在经前都会出现一系列生理、情绪和行为的改变及不适症状，医学上称之为经前紧张综合征。通常有两种表现，一种是以精神症状为主，常有烦躁易怒、忧郁孤僻、多愁善感、全身乏力、失眠头痛、思想不集中等症状；另一种是以躯体症状为主，常有头痛、头晕、恶心、乳房胀痛、身体浮肿、腹部肿胀、腹泻等症状。

引起经前紧张综合征的原因，主要是月经前期机体神经、内分泌功能失调。此外，消极的心理因素在发病过程中也占重要地位，比如压抑的情绪、矛盾的心理等。

经前紧张综合征会给少女的学习、生活造成一定程度上的不便，应采取一些必要的措施来预防：

（1）解除精神上的紧张和思想上的顾虑，放松身心，有可能减轻和消除经前不适现象。

（2）避免精神刺激，减少不愉快事件的发生。

（3）生活起居和日常饮食要有规律，保证充足的睡眠，多吃蔬菜、水果，食物要少盐清淡。

（4）多参加文体活动，寻找感兴趣的事情，尽量把集中在不适症状上的注意力分散。

若发生较为明显的经前不适症状，也可进行一些药物治疗。

经期饮食宜忌

忌生冷寒凉，宜温热：经期如食生冷，一则伤脾胃有碍消化，二则易伤阳气，内生寒气，使血管收缩、血液凝滞，从而引起经血瘀阻、血行不畅，造成经血过少，甚至痛经。所以，即使在盛夏季节，经期也不宜吃冰激凌等冰冻食品或喝冷饮。饮食应以温热为宜，有利于血运畅通。在冬季还可以适当吃些具有温补作用的食物，如牛肉、鸡肉、桂圆、枸杞子等。

忌酸辣油盐，宜清淡：一般酸性食物有收敛、固涩的特性，食用后易使血管收缩，血液涩滞，不利于经血的畅行和排出，而造成经血瘀阻，引起痛经；辛辣食物在食用后也会加重盆腔充血，容易导致痛经、经血过多等症状；经期脂肪和水的代谢减慢，多食用油腻食物会增加脂肪堆积，阻塞经脉，使经血不能正常运行；咸食又会使体内的盐分和水分贮量增多，多吃易出现水肿、头痛、激动、易怒等现象。所以，经期饮食应清淡易消化，以免造成不良后果。

荤素搭配，防止缺铁：一般女性每次月经失血量为 30 ～ 50 毫升，每毫升血中含铁 0.5 毫克，也就是说每次月经要损失铁 15 ～ 25 毫克。铁是人体必需元素之一，它不仅参与血红蛋白及多种重要酶的合成，而且在增强免疫力、延缓衰老、加快代谢等方面都发挥着重要作用。因此，经期食谱最好是荤素搭配，多进补含铁丰富和有利于消化吸收的食物。鱼类和各种动物肝、血、瘦肉、蛋黄等食物含铁丰富、生物活性高、易被人体吸收利用，还富含优质蛋白质，是物美价廉的经期保健食品。

预防痛经的有效措施

痛经多发生于月经初潮不久的少女，以后可能逐次加重，婚育后常能自愈。主要表现为在经前或经期出现下腹疼痛、坠胀、腰酸或恶心、呕吐、便秘、腹泻等症状，严重者会面色苍白、出冷汗，甚至昏厥。

痛经分原发性和继发性两种。生殖器官无明显器质性病变而发生的痛经，称为原发性痛经，少女痛经多属于此类。而继发性痛经则是由生殖器官的器质性病变引起的，在查出病因后及时治疗，可痊愈。

患有痛经的少女，在经前和经期要注意以下几点：

（1）情绪稳定，心情舒畅。长期的思想焦虑、恐惧等都会通过中枢神经系统刺激盆腔疼痛纤维。所以，在每次月经之前，思想要放松，尽量避免恐慌心理和不良情绪的出现。

（2）注意保暖，避免受凉。衣被要暖和，避免淋雨、趟水、坐阴凉湿地，不用冷水洗头、洗澡、洗脚，不洗盆浴。

（3）劳逸结合，注意休息。行经发生的阴道流血可使机体抵抗力下降，剧烈活动、过度劳累都会加重充血而诱发痛经。因此，应适当活动，避免劳累，睡眠要充足。

（4）调节饮食，营养均衡。平时注意多吃些富含维生素 C 的新鲜绿叶蔬菜和水果，经期忌食生冷、辛辣等刺激性食物。

（5）注意清洁，预防感染。选用质地柔软、吸水性能好的消毒卫生巾，每天清洗外阴保持清洁。

不同程度痛经的处理方法

轻微疼痛：小腹疼痛、腰腹酸痛、无全身症状，可坚持学习。可以在下腹部用热水袋热敷或是进行简单的运动，来移除骨盆腔的充血以减少疼痛，缓解不适感。同时，建议服用微量的止痛药，可有效减轻症状。

中度疼痛：小腹疼痛难忍，伴腰部酸痛、恶心呕吐、四肢不温。除了适当的运动之外，可在经前服用止痛药，以减少前列腺素的分泌及不适感。

严重疼痛：小腹疼痛难忍，伴腰部酸痛、面色苍白、冷汗淋漓、四肢冰冷、呕吐腹泻、肛门坠胀、坐卧不安，严重影响学习、生活。首先应卧床休息，同时使用前列腺素的抑制剂。

经期卫生养护

（1）不要把自己包裹得密不透风，否则容易造成汗液储积，引起经期恶臭味。

（2）勤换内裤。内裤应选择透气、吸水、宽松的棉质内裤，并使用专用盆手洗。

（3）勤换卫生巾。一片卫生巾的使用时间最好不要超过 4 个小时，睡觉时使用的加长型卫生巾例外。

（4）勤洗澡。每天至少淋浴 1 次，并用温水洗下体 2 次，清洗时应“专盆专巾专用”，从前往后清洗，可用一些保健性洁阴产品，但不要灌洗阴道。

经期体育运动

有些少女每逢月经来潮就向老师提出不上体育课或不参加任何体育运动的请求，她们认为经期参加体育锻炼会导致月经不调或对身体有不良影响。其实，这种认识是不科学的。经期是可以参加体育运动的，既有益健康，又可缓解身体不适。只不过运动方式和运动量应视少女的不同身体状况而定。一般认为，经期参加体育运动应遵循以下 5 点：

（1）较平时的体育运动量有所减少，这包括运动项目的类型以及运动时间的长短。若不是运动员，经期最好只从事健身操、瑜伽、羽毛球、网球、乒乓球、短途骑车、散步等运动强度较小的体育项目，每天的运动时间也最好限制在 30 分钟以内，不要超过 45 分钟。

（2）避免剧烈、高强度，或震动大的体育运动，如长跑、跳高、跳远以及奔跑激烈的球类活动；也不能进行用力屏气等增加腹压的力量性练习，如举重、练哑铃、俯卧撑、仰卧起坐。否则有可能造成子宫震荡、位置挪移，以致诱发经期失血过多。

（3）禁止游泳。月经来潮时子宫内膜上有出血的创面，子宫口又处在微开状态，游泳时水中的细菌或其他病原菌会趁机侵入，引起生殖器官炎症等多种妇科疾病。另外，游泳如遇较低的水温，受寒冷刺激也会使子宫和盆腔的血管收缩，从而导致月经不调。

（4）一般不宜参加体育比赛。因为比赛时争夺激烈、运动强度大，精神易过度紧张，神经系统往往不能适应，会引起内分泌失调，导致痛经、月经周期紊乱、经血过多或过少等症状。

（5）有明显月经不正常（周期过频、血量过多等）、严重痛经、内生殖器官有炎症及经期全身不适的少女，经期应暂停一切体育锻炼。

经期记录 8 件事

对于少女而言，不论健康或生病，月经都是非常重要的一项指标。因此，少女务必要养成记录的习惯，可能的话，不妨准备专用日记或笔记本作为月经信息的记录本。

（1）初潮开始的时间。比如年龄、时间（年、月、日）。

（2）将初潮以后的月经经过，凡是能想到的都记录下来。比如，是不是很规律，月经时的身体和心理状态如何等。

（3）每个月月经开始的日子。

（4）月经持续的时间，也就是说有几天。

（5）开始的情形、出血状况及结束的情形。

（6）月经开始前的身体状况。比如，有没有什么地方疼痛或感觉不舒服？每当有特殊症状时，一定要准确地记录下来。

（7）月经期间的身体状况。

（8）如果在经期以外有异常出血，要注意出血的状况是否严重：只是附着在卫生纸上的程度，还是需要卫生棉？

高考恰逢月经来潮的措施

高考是人生大事，每个考生都希望能考出好成绩、进入名牌大学。如果高考恰逢月经来潮，有的女生就会担心影响考试，去药店买避孕药，通过服药延迟月经，希望不受月经影响，使高考能顺利轻松地进行。实际上，尽量不要以避孕药来延迟月经，这样做强行打乱了排卵周期，对内分泌平衡很有影响，高考也没必要这样，自然心态对待就好。特别是没有什么经期症状的女生，更没有必要这样做。

一般来讲，高三年级的女生都有来月经的经历了，已经很熟悉这个“老朋友”了。而且从来没有因为它的到来而不上课（体育课除外），不参加集体活动，或不去考试吧？为什么高考时就这么重视它呢？因为高考比一般的考试重要，这点可以理解。能够自然避开经期最好，如果经期正好碰上考期，就选用吸水量大的卫生巾，痛经的同学不妨去考场前吃一粒止痛片。有了充分的准备，“老朋友”会变得亲切。

对于经期综合征严重的女生来说，不得已的情况下，也可以使用药物来使月经提前或推后。但对于没有经期症状的女生，还是不提倡采用药物手段来提前或推后月经的时间。

如何避免遭受强暴

避免晚上独自一个人走夜路。

如果夜归，尽可能不走小路，不走曾出过事的地段或经常有歹徒出没的地区。

如果你觉得好像有人跟踪你，赶快走到街中心有车的地方，或跑到附近亮着灯的房子去求救，若被袭击时，即大声呼喊求救。

家中若没有人，只有你一个人时，不要随意开门让外人进入。

门上要安上防盗链和防盗眼。

如果处于即将受性侵犯的危急状况时，要大声呼喊并反抗。设法用手指挖袭击者的眼睛，或缩起膝盖顶撞他的腹股沟。

如果袭击者持有武器，这时先保住自己的性命要紧，保持镇定后，再想法摆脱。记住强暴者的面貌、衣着、口音、文身或任何身上特征，小动作也很重要。

如果是在家中遭此不幸，事后打电话给能尽快到你家的朋友或亲戚。

向警方报案。如你不愿意，可让你最亲近的朋友代你报案。

不要洗澡。把衣服脱下装进塑胶袋送到医院或警方，这可能为破案提供重要线索。

被强暴后，在身心上当然造成极大的影响。有的少女会处于惊恐的状态，有的人甚至变得歇斯底里。这时，要家人朋友付出真挚的关心，来陪伴你，也可以请求老师和专家的协助。她们会很乐意帮助你，教你怎么度过这段恐惧期，并在各方面引导你恢复正常的生活。

把握好自己的第一步

同性恋

早在古代即有同性恋的存在，例如西方苏格拉底和阿尔凯比德的师徒之恋。近代美国旧金山住着一大批的同性恋者，迈阿密更是同性恋的天堂，他们游行示威，要求对同性恋者不得有任何歧视的待遇。

同性恋者容易坠入自我封闭的世界，他们常感胆怯、自卑、孤寂、隔绝，个性乖僻，严重影响到个人身心健康的发展。例如同性恋者，必有其中一位扮演异性的角色，而且具有浓厚的独占倾向，当一方决定疏离对方时，总有一方纯情不渝，致使情结更加复杂，甚或演变成流血事件，造成社会新闻。虽然，同性恋者不一定有害于社会，但却是和正常社会背道而驰的反常现象。我们不必去歧视同性恋者，但是总要设法给予适当的辅导和疏导。

滥交的危险

绝大多数的人，都是一次只有一个爱人。但也有少数人会同时爱上好几个的，社会上就称这种行为是“滥交”。

有些少女，自认魅力十足，周旋在多位追求者之中，来者不拒，我们且抛下道德和学校纪律中的是非准则不谈，如不幸与多位男士发生性关系，那么许多问题和危险在此提醒注意一下：

增加患上性病及宫颈癌的机会。

把时间、感情和精力花在多角关系上，你可能没办法把任何一段感情处理好。

不同意你价值观的人，很可能把你看得很坏。

一朝被“蛇”咬

处在现今复杂的社会，稍一不小心，很多意想不到的“意外”便降临在你的头上。

根据估计，被强暴的妇女和少女案件不在少数，而有 90% 以上是没有报案的。受害者不报案的原因，固然是传统观念里“家丑不可外扬”的心态，而对于施暴者的举证又不完整，以致给予宵小之徒有机可趁。

第二章

快乐生活

你了解血型吗

O 型血人：精力充沛，热情洋溢

精力旺盛的热情家。

O 型血的人保持着更强的生存欲望。他们求“生”的强烈动力有两种前进的方向。其一是为了生存的现实行动；其二是对于自然和生命的宇宙性之爱。在这两方面取得平衡的 O 型血人，往往是热情洋溢、生气蓬勃的女性，但是只将自己的活力孤注于前者的话，就是善于计算利害得失、欲望无穷的女性了。

“直爽率直，是个标准的女人。”这是 O 型血女性给人最强烈的印象。那么在他人眼中的 O 型血女性又是如何呢？

首先是经常面带微笑的乐天派型。天性聪慧、动人，家庭观念浓厚，不会轻易离家，是属于以自我为中心而又择善固执之型。

其次，是坚持己见之型，认真上进、性格淡泊，不容易受周遭环境影响，但常常比他人受更多的伤害，感情极为脆弱。因重视人际关系，防卫本能又强，所以也是属攻击性态度型。

还有，是属于无可挑剔的大姐型。个性率直而开放，很会照顾别人，也很重感情，所以会特别受到晚辈的敬仰。

自我肯定的双刃剑 O 型血人的强烈生命意志，当然是肯定“现在生存的自我”。那种强烈肯定自己做法的态度，的确和他们勇往直前的生存方式息息相关。而那种自我肯定，也正是 O 型血人活力的来源，而由其自信所产生的成败感正是积极行动的一大力量。此外，还会产生多人一倍的自信心。但是，过度的自我肯定，往往会变成对他人的意见充耳不闻，而只一味地固执己见、自以为是了。因此别忘了，若能乐意接受他人的意见和批评，人生将会更充实美好。

A 型血人：过度小心，三思而后行

最重视秩序的优等生。

世界上最多 A 型血人的地方是欧洲和日本。

A 型血人对社会和世间怀有敏感的意识，尊重习惯和规则，而且经常希望和社会保有稳定和谐的关系。

在希望求得别人认可的同时，也希望能为某人或某事做出贡献。因此便易产生善于压抑情感，及忍耐力强、富责任感的优点。

总之，会向不落人后的目标努力，所以有不少 A 型血女性都成了社会上的中坚力量或模范的贤妻良母。

B 型血人：率性而为，捉摸不定

我行我素和任意而为。

不论什么事都喜欢我行我素。不管周遭的事情，只爱做自己喜欢的事，这是 B 型血人的特征。他们不像 O 型血人那样会计较利害得失，也不像 A 型血人那样在意周围的反应，一切都是以有趣或无趣作为判断的基准。因此，只要发现有趣的对象，不管是学习还是将来工作、恋爱或是兴趣，皆是勇往直前、义无反顾。这个时候，对 B 型血人而言，真是充满了无比的满足感。

但是，对自己是满足了，然而日积月累地无视周围的反应，终究徒增他人的困扰，加上我行我素地热衷自己的兴趣，并且讨厌受到限制，结果反倒跟朋友之间脱了节。因此必须记住，对自己可以我行我素，对他人可就不能率性而为了。

AB 型血人：冷静理智，双重人格

属于少数派，又难以从其他血型来理解的就是 AB 型血人。因有难以捉摸的魅力，所以既有“妖精化”的赞美，也有“双重人格”的批评。

AB 型血人最容易被误解之处是，“合理性”的冷静却被认为是“薄情”“冷漠”。在不合理的习惯和常识充塞各处的社会里，AB 型血人本身也苦于自己和周遭的异样。但是，事实上 AB 型血人绝非寡情之人。注意理性，并富有强烈的正义感，个性软弱，人际关系不错，虽然表面上是近似冷酷地讲求合理的公平，但内心却是纯真朴实，喜欢追求梦想，这就是 AB 型血人的特征。

血型与友情

O 型血人的友情：敌我划分清楚

很热心地建立自己的朋友圈子，这是 O 型血人的特征。因此，本身对爱情很强烈，也善于交际应酬。而如大姐姐般地喜欢照顾别人、性格爽朗干脆的你，周围不是经常环绕着朋友吗?

但是另一方面，也有“讨厌我的朋友真多啊”的烦恼。那并不是对方讨厌你，而是你自己怀有敌意。人生一定要分出胜负成败，因此 O 型血人即使对于自己的友人也容易划出敌方和友方。此外，严重的自我防卫使其对于陌生人及摸不着来路的朋友都特别警剔。希望 O 型血人要敞开心胸，不要怀疑朋友的诚意。但是，要努力改进过度的偏袒。

A型血人的友情：悄然表示友爱

“你真是A型血人”这种名副其实的典型和“你是A型血人吗”这种截然不同的典型，是A型血人可能得到的极端评价，然而事实上，二者却合而为一。前者不向人吐露真意，而后者也是不显露本意，只是具有服务精神，因而是不能取悦周围之人的典型。不管哪一种样子，与朋友相处总要花费很长的时间才能让人了解，所以朋友也较少。有鉴于此，必须投入关心和亲切，悄悄地表示友情，这是A型血人交友时应牢记的重点。

但是,过度关心周围的话,恐怕难以让人理解而易得到“八面玲珑”的评价。

B型血人的友情：坦诚而率直

很不善于形式上的交际。不管年龄上的关系，只能率直地或完全不和气地交往的，是B型血人。有句话是“不讲理”，而B型血人的确就是这一型，这一点请多注意。但再怎么说，此种人能很快地敞开心胸、易于亲近。即使对于初见面的朋友，若觉得一见如故的话，就仿佛认识10年般地把臂言欢。容易相信别人，这是B型血人的特征。

经常会受到重视，特别在游戏娱乐时，是个不可欠缺的要角。

然而，纵使自己有心要做好人际关系，但事实上，所有的心思多集中于自己想做的事或感兴趣的对象上,所以无法做到像A型血人那样的心思细腻。因此，对于自己和朋友之间的距离感到很敏感，往往立刻就变得乖僻、不合群。于是就更我行我素、独来独往了。

B型人表里如一，是个值得信任的好朋友。但是，在说话上又另当别论。难以控制自己的人实在很多，可是却又无恶意。

AB型血人的友情：来去匆匆

很讨厌纠缠不清的交往和牵扯到义理人情的事。不管对谁都很祥和，但是也会保持一定的距离，这是AB型血人。对于真的很讨厌的人也能保持笑脸，这在O型血人和B型血人看来，实在是不可思议的事。由于对任何人皆很公平，所以最适合当裁判或是主管。只是，过度的协调性，往往会被误解，被视为优柔寡断。此外，有时候发自内心的冷静被认为是过度冷漠，于是在不知不觉间，便被朋友疏远了。这时的AB型血人最容易受到伤害，所以自己有必要朝着改善自己的方向而努力。

血型与优缺点

O型血人的优点与缺点

O型血人有以下的优点：

自信、意志坚强、顽固，所以不会轻易改变自己的信念。

是理想主义者，冒险心强，且富有开拓精神。
特立独行，是个有抱负、有个性的野心家。
富有理性且能够抑制自己的感情。
颇具观察力，对他人的好意或恶意，常能敏感地察觉出来。
有自我反省的精神，常常致力于自我训练或自我改革。
精力旺盛，一旦决定的事，就会毫不犹豫地付诸于行动。
浪漫主义者，但也能切实地正视现实。
O 型血人有以下的缺点：
固执，而且刚愎自用，缺乏与人相处的融和性。
蛮干、自私独善，欠缺谦让的心。
容易变成对事物冷漠的个人主义者，缺乏协调性。
只顾及自己的方便，固执于自己的主张，不采纳他人的意见。
多数 O 型血人女性，都缺乏女人味，或是不够温柔。
被穷追不舍时，意志容易摇摆不定，也很容易受到伤害。
不服输，喜欢虚张声势。

A 型血人的优点和缺点

A 型血人有如下几个优点：
性格温顺，和他人极富融和性。
凡事严谨慎重，细心入微。
思维缜密，能审慎分析事物，因此很少出错。
具有过人的耐力，能够孜孜不倦地努力。
极具情绪化，但很快会做自我反省，具有谦让心，富有牺牲精神。
会用尽心思与他人融洽和谐地相处。
性格温和，富同情心，而且善解人意，能体贴别人。
追求安全平稳的生活，具有强烈的社会使命感。
A 型血人有如下几个缺点：
闭塞放不开，容易动感情，且意志薄弱。
缺乏社交性，有孤独感。
内向，容易害羞。
感情非常细腻，遇到不愉快的事，情绪立刻直趋而下。
对于是非善恶，总是不太在意。由于过度坚持，以致被人讥讽为不干脆。
不喜欢出风头或在人前多言。
容易悲观。
有委曲求全的倾向。

B 型血人的优点与缺点

B 型血人有以下的优点：
淡泊且快活，富有活力，爱热闹且喜欢社交。

待人亲切，容易流泪，不喜欢形式化的交往，不论和任何人都能坦诚相待。
敏感、对刺激的反应很快，凡事非常看得开。
乐天知足，凡事毫不在乎，不太拘泥小节。
好奇心强烈，具冒险性，对自己关心的事很热衷。
个性丰富多变，与任何人都能轻松交谈。
对周遭的事物不太注意，完全遵循自己的步调前进。
B 型血人有以下的缺点：
易见异思迁，缺乏一贯性及执着心。
虽然大胆，却不够慎重。有时有夸大事实的倾向。
遇到困难时，往往会经不起考验，意志稍显薄弱。
好管闲事又多嘴，极易受煽动。
情绪多变，内心所想总会立刻脱口而出。
追求变化的生活，因此不太有定性。
工作或作品成绩极不稳定，无法获得一定的评价。
常对感兴趣的事物过分热衷。

AB 型血人的优点和缺点

AB 型血人有以下的优点：
感官的活动非常敏锐，注意细节且认真。
待人亲切和蔼，容易和人打成一片。富有同情心和牺牲精神。
经常自我反省，拥有合理的经济概念。
在社会上，经常采取第三者的立场，追求安定的生活。
待人接物周到，非常有分寸，而且灵活有才能。
对于事情能做整体综合性的思索，不会凭借直觉或本能下定论。
对所有事物采取中庸的态度，具批评家风范。
经常抱有助人的心态。
AB 型血人有以下的缺点：
由于融合了 A 型血人与 B 型血人的气质，因此情绪较不稳定，有双重人格的倾向。
受他人委托时，总是难以拒绝，而在心中感到后悔。
易受人强迫，且不会将自己的内心表露于外，但一旦表现出来，就会非常激烈。
缺乏耐性、易怒。在家中很会唠叨、嘀咕。
对任何人都会摆出笑脸，被视为八面玲珑，因此时常被怀疑其诚意。
批评精神太强，有时会遭人讨厌。
表面与内心有很大的差别，表面总显得开朗乐观，实际内心非常不快乐。
虽做事认真负责，但容易心灰意冷。

你是最美丽的星星

白羊座

3 月 21 日 ~ 4 月 20 日间出生。

其象征符号为一只立着角的公羊，代表勇猛向前冲。守护星为火星，代表热情，以及追求新事物的斗争性。

白羊座

性格和运势

此星座具烈火一般的正义感，会朝着理想奋勇前进。

正义感和执行力

白羊宫出生的人，正义感强烈，能克服一切困难，具备强悍的精力。对任何事都保持积极的态度，具刚毅的执行力，独创性也非常强。

适合的职业——指导者

具备超越他人的能力，所以适合担任律师、高级公务员、电视或运动监督等重要工作。

守护星影响强烈时，适合担任的工作有外科医生、钢铁工业、肉贩、菜贩等。但因过于积极，而有顾前不顾后的倾向。

此外，虽具有成为群体中领袖的能力，但讨厌向长辈低头，而容易遭损。

注意事项

过度热衷：对事物过度热衷反而会导致失败，所以行动时要理智。

此外，容易受伤或遭遇火伤，故在危险场所要非常小心，尤其要注意避免头部受伤。

肾脏和胃肠疾病：注意不要饮食过度。

幸运的颜色——红色。

守护星火星的颜色——红色或红色系的粉红色等为幸运色。

星座的相性

有缘的星座：狮子座、人马座。

无缘的星座：摩羯座、巨蟹座、天秤座。

金牛座

4 月 21 日 ~ 5 月 20 日间出生。

其象征符号代表和善和安全性。其守护星为金星，代表对爱情与和谐的热烈追求，拥有追求理想和美的丰富心灵。

金牛座

性格和运势

此星座具有沉稳、不屈不挠及憧憬美好事物之性格。

探究心和美的感觉

金牛宫出生的人非常尊重人性，对于事物有深入探究的欲望。对于美的感觉特别敏锐，在生活中多能以丰富的心思与他人调和，故能将朋友整合到一起，受到众人的喜爱。

此外，记忆力很好，能够有条不紊地处理事物。但因个性内向，故在家中较任性，偶尔会有粗暴的行为。

适合的职业——关于美的职业

由于对美的感觉敏锐，故适合当画家、珠宝鉴定家、园艺家或和音乐、服装（家具或服饰配件之设计）等与美有关的工作。

注意事项

任性：注意不要使自己成为在家逞强，在外懦弱的人。由于你原来就具有爱好和谐的性格，应该可以克制住自己的任性。

与颈部或喉咙有关之疾病：尤须注意扁桃体。

幸运色——中间色

淡蓝色为其幸运色。

星座的相性

有缘的星座：摩羯座、处女座、金牛座。

无缘的星座：狮子座、天蝎座、水瓶座。

双子座

5 月 22 日 ~ 6 月 21 日间出生。

双子座

其象征符号为与敌人战斗的两名男子，代表截然不同的两种事物。守护星水星，代表性格敏捷，具通信、传达的意思。

性格和运势

此星座结合两者的能力与智慧，具敏捷的应变能力。

多才多艺

双子宫出生的人具机敏的判断力，以及无碍的辩才，能吸引他人的注意，是颇具外交手腕的人。

重感情，而且具有多项艺术才能，但如无法有效地调和其才能，将使自己的能力无法发挥，有时反因具有双重人格而受人讨厌。

虽具聪敏头脑，但常因神经质的个性，而不易保持心态平衡。

适合的职业——外交工作

由于多才多艺，因此特别适合外交工作（从外交官到推销员）。须注意的是，不可过分沉溺于自己的才能。

注意事项

两头落空：身心分散于太多事物上，易招致失败。

此外，须注意不要过分神经质。

呼吸器官的疾病：注意感冒或气喘。

幸运色——白色

白色和灰色是可招来幸运的颜色。

星座的相性

有缘的星座：水瓶座、天秤座、双子座。

无缘的星座：处女座、人马座、双鱼座。

巨蟹座

6月22日～7月23日间出生。

其象征符号为闭起的两只螯，保护自己身体的螃蟹，代表防卫性和顺应性。守护星为月球，代表具想象力以及不稳定的性格。

性格和运势

此星座的性格为充沛的母爱和强烈的斗争心。

巨蟹座

防卫本能和创意

巨蟹宫出生的人具强烈的生命力，因防卫本能强，保护自己家庭的能力非常强。此外，有丰富的创意，能经由模仿而创造出新的事物，而且会尽力地去实现自己的梦想。

但因自我防卫的本能过强，易成为本位主义者而令人讨厌，这是巨蟹座的缺点。

适合的职业——与女性有关的工作

适合发挥母爱，从事与女性有关的工作；适合从事与电视、杂志、手工艺、烹饪有关的工作，担任幼儿园老师也不错。

此外，也适合需要创意的工作，例如发明家、电视或广播电台制作人。

注意事项

不要成为本位主义者：须注意，过度保护自己，将失去他人的信赖，而招致失败。

消化器官的疾病：注意不要饮食过度，留意肠胃方面的疾病。

幸运色——黄色

守护星月球以黄色为主，浅黄绿色等黄色系为其幸运色。

星座的相性

有缘的星座：双鱼座、天蝎座、巨蟹座。

无缘的星座：天秤座、摩羯座、白羊座。

狮子座

狮子座

7 月 24 日 ~ 8 月 23 日间出生。

其象征符号为蓄势待起的狮子，代表名誉和毅力。守护星为太阳，代表活力和自我表现的能力。

性格和运势

此星座性格具狂野的勇气，以及如火般的热情。

缺乏主见但具英雄气

狮子宫出生的人很开朗，无论任何场合都想出风头，但有缺乏主见的倾向。亲切、爱管闲事，一旦受到煽动，会做出令人讨厌的事，脾气柔和是其优点，但也是缺点。如果能充分发挥这种性格的优点，可受到多数人的信赖，而成为领导者，获得英雄般的地位。

适合的职业——性质活泼的工作

适合需要热情与活力，性质较为活泼的工作。适合从事与艺术或大众传播有关的工作，实业家和站在第一线的营业员等也不错。

注意事项

缺乏耐心：对人太好反而显得轻浮，有反复无常、缺乏耐心、好发脾气等倾向，必须多注意。

心脏和背部的疾病：须注意与心脏、血管、血液有关的贫血和白血病，以及与背部有关的疾病。

幸运色——金色、太阳色

金色和深黄色为其幸运色。

星座的相性

有缘的星座：白羊座、人马座、狮子座。

无缘的星座：天蝎座、水瓶座、金牛座。

处女座

8 月 24 日 ~ 9 月 23 日间出生。

其象征符号为拥有天使般翅膀的少女，代表清纯和知性。守护星为木星，代表幸福、保护和援助。

性格和运势

此星座性格为具清纯的年轻气息，以及天真敏锐的感受性。

洁癖的个性

处女座出生的人，具有敏锐的观察力，尖锐的批判力。此外，对于一切事物都要求整理得井然有序，性好洁癖；对于扭曲不正的事，也有极端厌恶的倾向。

缺点在于气势较弱，缺乏执行力，但因一丝不苟又具知性，所以做任何事都能达到某种程度的成功。

适合的职业——研究者

具敏锐的观察力和批判力，再加上一丝不苟的性格，所以很适合担任化学家、动植物学家或心理学家。此外，律师、医生、护士、秘书等也是适合的职业。

处女座

注意事项

畏首畏尾：虽具批判力，但因缺乏执行力，容易变得畏首畏尾，而错失成功的机会，或受到他人误解，故须特别小心。

管状器官的疾病：易患盲肠炎或中耳炎等管状器官的疾病，要多加注意。

幸运色——淡黄色

代表聪明和清纯的淡黄色为其幸运色。

星座的相性

有缘的星座：金牛座、摩羯座。

无缘的星座：人马座、双子座、双鱼座。

天秤座

9 月 24 日 ~ 10 月 23 日间出生。

其象征符号为秤重量的天秤，代表平衡、相称。守护星为金星，代表对爱情与和谐的热烈追求，拥有追求理想与美的心灵。

性格的运势

此星座性格是立于两物中间，不偏颇任何一方，具公正的判断力。

天秤座

冷静的性格和高傲的自尊心

天秤座出生的人，绝不会有极端的行为出现，因其具备冷静的性格和高傲的自尊心，所以绝不会轻易达到忘我的境界。

一旦其性格缺乏和谐时，将变得虚荣心强，没有决断力，但整体而言，其性格少有缺点，会过着安定平稳的生活。

适合的职业——外交工作

具有结合两者、穿针引线的才能，故适合担任销售员、外交官或商人等工作。

若守护星影响强烈时，也适合从事与音乐或美术等相关的艺术工作。

注意事项

缺乏决断力：居于两者之间，常会不知如何是好，紧急时更会因缺乏决断力而错失良机。

头痛：要注意心脏方面的疾病或头痛。

幸运色——蓝色

代表冷静的蓝色系为其幸运色。

星座的相性

有缘的星座：水瓶座、双子座、天秤座。

无缘的星座：摩羯座、白羊座、巨蟹座。

天蝎座

10 月 24 日 ~ 11 月 22 日间出生。

其象征符号为具毒螯的蝎子，代表策略和沉默。守护星为冥王星，具有毁灭旧事物，创造新事物的意义。

天蝎座

性格和运势

此星座性格为具神秘感和吸引他人的魅力。

天蝎座出生的人，喜欢推理、深入研究，有着灵活敏锐的头脑，但总是默默地行动，不轻易暴露自己，不喜欢说恭维的话，也不喜欢明显表达情感，总是压抑自己。具强烈的企图心，好逞强，所以一旦受到攻击，便会立即心存报复而暗中谋略。

缺点是阴气沉沉，嫉妒心重。但由于是天生的野心家，如能将企图心发挥在自我学习上，则可成为伟大的人物。

适合的职业——研究者

具推理能力，喜欢深入研究，故适合担任心理学、精神医学、犯罪等方面的研究人员。此外，因成功意识强烈又具谋略，所以也适合担任需要高度技术的专业运动员。

注意事项

人际关系的失败：做事时，常因神秘兮兮的态度而遭人误解，嫉妒心过重也会令人讨厌，人际关系并不太顺利，故须多加注意。

排泄器官的疾病：易患膀胱炎等疾病，必须特别小心。

幸运色——红色

代表强烈企图的红色为其幸运色。

星座的相性

有缘的星座：双鱼座、巨蟹座、天蝎座。

无缘的星座：水瓶座、金牛座、狮子座。

人马座

11 月 23 日 ~ 12 月 22 日间出生。

其象征符号为正拉开引弓的半人半马兽，代表知性和本能。守护星为木星，代表幸福、保护和援助。

人马座

性格和运势

此星座的性格融合自由、迅速和紧张，也代表知性和本能的对立。

喜欢自由和变化，对于单调的事物会立刻感到厌烦，并不断追求新的事物。另一方面来说，其正义感强烈，又具行动力，一旦抓住目标后，便会将精神集中于该处，而不顾周围的诱惑或自己的立场，这种倾向容易树立敌人或受到他人非难，反易招致失败。

适合职业——自由投入的工作

适合可自由投入的工作，例如哲学、文学、宗教和科学等的研究，或法官等工作。由于喜欢变化，也适合担任外交官。

注意事项

性格不稳定、漫不经心，容易对事物感到厌倦，注意力分散，无法有始有终地做完一件事，容易招致失败。

呼吸器官的疾病：容易患气喘。

幸运色——紫色

代表高贵知性的紫色为其幸运色。

星座的相性

有缘的星座：白羊座。

无缘的星座：双鱼座、双子座、处女座。

摩羯座

摩羯座

12 月 23 日 ~ 1 月 20 日间出生。

其象征符号为上半身为山羊、下半身为鱼的兽类，代表纯朴和忍耐力。守护星为土星，代表束缚和困难。

性格和运势

此星座具纯朴的心灵和强烈的执着，以及强烈的忍耐力。

摩羯宫出生的人具坦率、纯朴的个性，决不向任何困难屈服，非常执着和富耐力。是诚实而具责任感的劳动者，有向上心，多能获得相当的地位，但常无法打开心胸依赖他人，所以是孤独型的人。

由于非常执着，所以有时会让人觉得性格过于刚烈，而被视为性情古怪，容易令人敬而远之。

适合的职业——思想家

对一件事物非常执着，适合成为追求理想的思想家，或医学、药学、化学、物理学的研究员。此外，也可以从事具独创性质的音乐演奏家或宗教家等工作。

注意事项

舍弃拘泥：过于拘泥于一件事，反而会招致失败，所以开拓自己的视野、考虑整体的和谐性后才行动，是很重要的。

骨头和膝盖的疾病：注意关节炎等疾病。

幸运色——黑色

代表强烈执着的黑色为其幸运色。

星座的相性

有缘的星座：处女座、金牛座、摩羯座。

无缘的星座：白羊座、巨蟹座、天秤座。

水瓶座

1月21日～2月19日间出生。

其象征符号为将水瓶中的水倒出的少年，代表睿智和慈悲心。守护星为天王星，代表无法预期的变化和独创性。

性格和运势

此星座具严谨的客观性和优秀的推理能力。

水瓶座出生的人喜欢自由，具备理性深思的个性，并具敏锐的观察力。容易接受任何的善意，具温暖而丰富的情感。

水瓶座

如果能拥有良好的环境，使其得以发挥睿智和独创性，将可获成功的果实；如果所处环境恶劣，因而善恶不分，生活散漫，则将导致失败。

适合的职业——发挥观察力的工作

因具备敏锐的观察力，故适合担任摄影师、X光线技师、天文学者或动植物学者。如果守护星的影响强烈，也适合从事作家、批评家等具独创性的工作。

注意事项

改善环境：如果所处环境好，可客观、公平地判断事物；反之，则将缺乏分辨善恶的能力，所以改善环境为首要之务，以便能有开朗快乐的家庭和学校生活。

血管的疾病：注意血管堵塞方面的疾病。

幸运色——中间色

代表温暖的中间色为其幸运色。

星座的相性

有缘的星座：双子座、水瓶座、天秤座。

无缘的星座：金牛座、狮子座、天蝎座。

双鱼座

2月20日～3月20日间出生。

其象征符号为尾部相连的两条鱼，代表精神与肉体紧密相连。守护星海王星，代表神秘和敏锐的知觉。

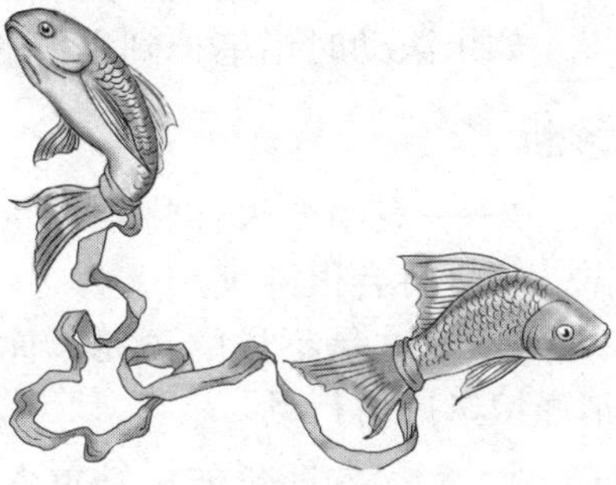

双鱼座

性格和运势

此星座的性格，具有精神和肉体反向的双重性。

双鱼座出生的人，憧憬高贵美好的事物，同时却又会被无聊的娱乐所吸引，这两者总在心中纠缠不清，导致双鱼座复杂的个性。

由于具敏锐的直觉及艺术眼光，如果能在艺术或需创意的领域里有所发挥，可获得很大的成功。

适合的职业——与艺术有关的工作

具优秀的艺术眼光，适合从事诗、文学、音乐、表演、绘画等艺术方面的工作，或美容师、宝石设计师等。

此外，因擅长照顾他人，也适合担任幼儿园老师。

注意事项

不可过于沉溺无聊娱乐：心中的精神层面和肉体层面，如果前者胜利，则可发挥艺术才能而成功，反之，才能将被淹没于逸乐之中。因此，不沉溺无聊的娱乐之中，是很重要的。

脚的疾病：注意脚气病或脚部受伤。

幸运色——蓝色和绿色

鱼所居住的海洋色彩——蓝色和绿色为其幸运色。

星座的相性

有缘的星座：巨蟹座、天蝎座、双鱼座。

无缘的星座：双子座、处女座、人马座。

铅笔测试法

测试方法

这种测试术是利用数字的神秘力量，预先测试当天的运势如何。

从古希腊时期，人们便知道数字有着特别的能力，这个占卜术就是由当时的巫师所使用的测试法变化来的。

准备三支铅笔，在每支的六个面，用油性笔写出数字 1 ~ 6，写完之后，将三支铅笔同时在桌子上滚动，看着铅笔静止后，看看朝上的数字是什么，然后把三个数字加起来，阅读下面的说明便可知道测试的结果。

如果滚动时铅笔掉到桌下的话，请重新再试一次。

诊断

3——表明今天你将会有意料之外的好事发生。想做的事请立刻放手去做，结果将会很圆满。

4——这是不祥的预兆。你今天可能会有烦恼、失意的事情发生，凡事请谨慎考虑再行动。

5——今天你将会得到贵人相助，在他的引导下，你会顺利地处理每一件事，事后别忘了要谢谢他哦。

6——今天你可能会得到别人赠予的金钱或礼物，但是，你仍须留意，不要因为粗心而遗失财物。

7——表示可能会有对你不利的流言传出，请你保持心情平静，这样便可以逢凶化吉。

8——表示你期待的事可能会落空，请不要抱太高的期望，保持平常心看待事物，会过得比较快乐。

9——表示你的运势极佳，长久的梦想与目标可能今天会实现，请坚持到底，必定会有丰硕的收获。

10——表示你的运势逐渐转好。如果遭遇困难时，请立即找家人商量，便可得到解决。

11——表示你辛苦完成的事将可能会化为泡影，尤其是恋爱方面要特别注意，不要和恋人起口角。

12——表示你目前红运当头，不妨利用电话或书信对你暗恋的人表白，可能会得到完美的结局。

13——表示你最近的运势不佳。你期待的梦想可能落空，但是只要你肯继续努力，还有成功的希望。

14——表示你会交到谈得来的新朋友。不过，你在其他的人际关系方面可能会遭遇挫折，请特别注意。

15——表示今天你不可以太贪心，否则幸运便会离你而去。请专心一致地进行一件事。

16——表示你必须更加努力，才会得到成功。你不妨改变一下周围的环境，以激发自己的灵感。

17——表示今天将会有你的好消息传来。最好听从长者的建议，事情将会做得较为顺利。

18——表示今天是你的幸运日，凡事都会进行得很顺利，想做的事，请不要犹豫，大胆地去做！

蜡烛测试法

测试方法

这个测试术起源于欧洲，现在已经流传到世界各地。先准备烟灰缸、蜡烛和浅盘子。首先，将烟灰缸倒满水，然后点燃蜡烛，让其烧一段时间，等到有蜡油融出时，便把蜡烛倾斜，将蜡油滴到水面上，看看滴落在水面上的蜡油是什么形状？

请依你的直觉和联想力，找出适当的答案。

诊断

圆形——这象征着你将会心想事成、凡事顺利。

三角形——表示可能会有意外发生。即使你有喜讯传来，仍然可能转眼成空，而陷入困境。

十字形——象征你即将大难临头，外出时须格外小心。

四方形——你可能会和朋友吵架，最好平心静气、以和为贵。

云型——你即将创造新的成功，最近将是反败为胜的开始。

书本打开的形状——只要你以清晰的思路专心地读书，考试成绩将会令你非常的满意。

鸟形——表示你目前面临的困难将会解决，只要你以坦诚的心去面对别人，凡事都将进行得很顺利。

狗形——象征只要你肯努力，那么辛苦付出将会得到回报。

心形——象征你的恋情将会甜蜜顺利。如果你有暗恋的对象，最近你们之间将会有突破性的进展。

蛇形——表示你的身边将会出现竞争者，不管是恋爱、学业或工作方面，但是千万别畏惧哦。

眼镜形——表示你现在的身体状况不是很好，你应该保持早睡早起，有规律地生活。

蝴蝶形——象征你的运气正在逐渐转好，尤其是财运方面表现最佳。

花形——象征着你将会面临幸福的机会。尤其是恋爱机会，好好掌握吧。

树叶形——象征你最近运气略佳，小的喜事会接二连三地出现。

鱼形——象征你将会面临很大的幸运，完全出乎你的意料之外。

月形——象征最近你将有一段新的恋情出现，这段日子应该特别注重穿着和行动。

星形——象征你的恋情将会有结果，不敢表白的你，不妨把握良机。

硬币测试法

准备物品

1元硬币四个。

测试方法

确定正、反两面，我们就以有字的为正面，另一边刻有花的为反面。将四个1元硬币放在两手中，边想预测的事或期望的事，边上下振动手中的硬币。

当你觉得已充分摇动后，再紧闭双眼，并依序将硬币自手中一枚一枚取出，向上叠起。然后睁开双眼，检视四个硬币的排列顺序，我们姑且将正面作a，反面作b，那么就会有下列的组合情况出现。

诊断

aaaa——这样的排列表示由于人缘良好，愿望可获实现。若能接纳多数人的意见，则有助于事情的进展，请积极进行。

bbbb——这种情况表示做个旅行、访问、散步，对你将有很大的助益。在中午前做决定绝对可靠。行事往北方去，将有喜事出现。

aabb——此乃洋溢愿望达成的幸福之兆，且有莫大的好机会随后就到，脚踏实地地努力前进，任何事都能顺利完成，而财运也在上涨中。

bbaa——表示只要努力一定有所得，即使只是梦想也有实现的可能，所以纵使十分辛苦也要坚持到最后一刻。你的幸福时刻是在下午3～4点。

abab——此乃表示你所期待的东西会反复地失而复得。行事最好能等待良机，如果有人给予协助，将更有助益。星期二是你的幸运日。

baba——表示到手的东西飞了，直至过段时间还会惹麻烦，到最后终究是一场空。所以务必小心控制行动，最要紧的是，忍耐再忍耐。

baaa——此乃做事受挫，结局悲惨之兆。但是，如果孜孜不倦，苦干实干，还是有可能达成愿望，切勿过度焦急。星期六将是你的幸运日。

aaba——这是要你沉心静性、从容应对，这样一来对你的精神将有所帮助。由于你头脑清楚、才思敏捷，是解决疑难杂症最好的时机。此外，外出时应多注意外表的打扮。星期三是你的幸运日。

abba——这是将有贵人助你一臂之力的预兆。此时你需要两个人以上的协助，在相互付出的情况下，友情与工作两方面将更有远景。付出过程可能很辛苦，但一想到将在未来获得报偿，就该克服。

baab——此是过度本位主义，期待即将落空之兆。过分投注某一件事，将有负面影响。另外，必须拿出勇气向已经绝望的事再挑战。

abbb——所有状况都对你有利的兆示。但是，你内心可能也会感到挫折，因为你想当一个十全十美的人。退一步，你会发现海阔天空，心情格外愉悦。星期四是你的幸运日。

bbba——这是告诉你遇事别太紧张，否则容易导致失败。在每个星期六最好能认真反省一遍，将对你有所帮助。应注意脚部的病或防患下半身受伤。

口红测试法

各位青春美少女，你开始用口红来装扮自己了吗？试着用口红妆点朱唇，不但可以增加魅力，还可以一窥自己以及周围朋友的个性呢！

仔细瞧瞧自己及别人，把口红用成了什么形状，再对比下面的说明，相信你一定会有让人惊讶的发现。

诊断

1. 保持原有形状

你是个按部就班、循规蹈矩的好学生；你的个性稍显害羞保守，不喜欢出风头，如果想引起意中人注意，偶尔试试新发型，或许会有令你意外的结果。

2. 圆滑形状

你的个性随和，喜欢交朋友，脾气也温和，为人又大方；不论对同性或异性，你都具有难以抗拒的魅力。

3. 尖角斜边形状

永远精神焕发，喜欢变化，随时随地带给人惊喜，是你吸引朋友的优点。但是，太过固执、坚持己见，好辩的个性可能会让你失去朋友，要特别小心。

4. 弯曲有尖角的形状

你是个热心助人，富有创意又健谈的女孩子；但是，总是轻易尝试爱情的你，也常常要为失恋而暗自伤心流泪。

5. 圆滑但中央突起的形状

如果有人要找个贤妻良母，惹人怜爱、善于整理家务、永远以家庭为重的人，你绝对是个最佳人选。

6. 平坦形状

如果老师、同学选你做干部，那就对了。因为，你不但老实诚恳、品德高尚，而且思维灵敏、喜欢挑战，绝对是个值得信赖的好干部。

7. 中间凹陷的形状

你喜欢交朋友，容易和人打成一片，又爱管闲事，爱刺激冒险，遇到问题一定要找出答案，如果当个侦探，一定不输给福尔摩斯。

8. 尖塔形

你的个性神秘，是个自我主义者；不过，你也是个对朋友忠实、对周围好奇、热爱生命的热情少女。

毛巾测试法

拧毛巾是生活上的一个小动作，但是，从这个小动作，也可以看出这个人属于怎样的恋爱类型。

诊断

1. 只用右手在前扭转的人

这类型的女孩子非常任性，凡事都以自己的立场来考虑，不太理会别人的感觉。所以和她交往的男孩将会非常的累，两人的冲突也将一直不断。

由于个性好胜，所以别人越反对的恋情她就越想要去尝试，结果往往吃亏的还是自己。

2. 以双手来转的人

大部分的女孩属于这种类型。对于恋爱非常向往，但是却不敢轻易尝试，也就是所谓的“既期待又怕受伤害”。但是，一旦认真谈起恋爱之后，就会解除武装，真心诚意地对待对方，希望能谈一场快乐的恋爱。

3. 只以右手朝内扭转的人

这类型的女孩子很温柔体贴、善解人意，很了解在怎样的场合该扮演怎样的角色。所以在谈恋爱时将会是一个很懂得照顾男朋友的女孩，结婚后也会是一个温柔贤淑的好妻子，绝对不会发生外遇之类的情况。

4. 双手直立扭转的人

这类型的女孩很懂得主动追求自己想要的爱情，一旦有令她中意的异性出现，她便会不求回报地为对方付出。在谈恋爱时，非常讲究浪漫的气氛，属于“不在乎天长地久，只在乎曾经拥有”的类型。

车票测试法

车票是我们搭车的一种凭证，虽然不太起眼，但是，由我们放车票的这个小动作，便可以看出你的恋爱特质。

测试方法

如果有一天你去车站搭火车，买好了车票之后，你会把车票放在哪里呢？

诊断

1. 塞进口袋里

这类型的女孩子凡事大而化之、不拘小节，即使心中有了喜欢的异性，也不太会去刻意地亲近，使得自己的恋爱机会大大地减少。

即使和异性开始交往，也会因为自己的粗心，而造成两个人之间的摩擦。由于这类型的女孩子不太有心机，所以往往会难以抓住另一半的心。

2. 拿在手上

这类型的女孩子属于保守谨慎型，对于感情的态度一直是犹豫不定，想要接纳一个人，却又害怕自己受伤害，这种内心的挣扎不断地重复，使得很多好的机会都平白无故地溜走了。

一旦和异性开始交往后，两人的感情将会进展得很慢，不过，一旦对对方信任了以后，便会把自己完全托付给对方。

3. 夹在书里

这类型的女孩子属于大胆积极型，很懂得追求自己所期待的幸福。平日就很懂得让异性注意到自己，一旦发现自己喜欢的对象，也会大胆地向对方表白。

和异性交往时，很注重情趣，两人将会共同拥有一段浪漫的甜蜜时光。但是，一旦热度退了，可能就会开始寻觅下一个恋爱的对象，喜新厌旧的个性非常明显。

4. 放进书包或皮包里

这类型的人个性明朗有活力，很懂得和异性的相处之道，所以身旁一直不乏追求的异性。不过，对于事情缺乏耐心，若是感情谈到了一个瓶颈而难以突破，便会想要以逃避的方式来解决。所以唯有和有耐性的异性相处，两人的感情才会较为和谐。

座位测试法

测试方法

如果有一天你走进了一家咖啡厅，你会选择坐在哪里呢？

诊断

1. 坐在大门附近

这种类型的女孩子个性积极、有主见，对于师长交代的事，总是做得既快又好，对于自己计划的事，也总是能够按部就班地完成，很能够掌握做事情的要领，不会浪费时间精力。

但是，若是和班上同学一起进行某件事时，便会要求对方和自己一样积极、有效率，而不太会替对方设想，令别人觉得很难相处。

2. 坐在中央一带

这种类型的女孩子个性好胜、不服输，总是为自己设定高目标，并且勇于向所有的困难挑战。

但是，由于具有自恋的倾向，认为自己的能力高人一等，所以和别人一起做某件事时，总是喜欢指挥别人，以领导者自居，所以很容易受到周围人的排斥，而变得很孤独。

3. 坐在靠墙的角落

这种类型的女孩子对自己不太有信心，平常只喜欢默默地做自己的事，不会太积极地参加班上的事务，但是也不会刻意地逃避。

在和别人一起做某件事时，总是扮演着幕后英雄的角色，从不会和别人计较太多，由于总是默默地配合别人，所以常会被别人所忽略。

4. 坐在窗边

这种类型的女孩子个性开朗大方、待人坦诚，总会设身处地地体谅别人，而不会太在意自己的得失。

在和别人一起做事时，不仅会把工作气氛弄得很愉快，也会主动地帮助别人，所以总是在不知不觉之中，建立了许多的友谊，并且会逐渐成为文体活动中，不可缺少的主角。

听筒测试法

电话听筒是我们每天几乎都会接触到的东西，由手握听筒的方式，便可看出一个人的个性究竟如何。

诊断

1. 握听筒的上方

这种类型的女孩子个性较为神经质，常常会为了一点小事而闹情绪，使得周围的人感到相当困扰。

对于喜欢和讨厌的事物，都表现得很明显，对朋友会提出很多无理的要求，所以总是令朋友避而远之，不愿意用心、深入地交往。

2. 握听筒的下方

这种类型的女孩子个性十分认真、积极，精力充沛，凡事大而化之，不会为了一些琐事而烦恼，所以很容易和朋友相处，也非常值得信赖。

对于事情相当有主见，不喜欢的事，便会直接拒绝，绝不勉强自己去做。生活过得自在又逍遥。

3. 双手握听筒

这种类型的女孩子有钻牛角尖的习惯，常常会因为一点小事，就陷入了情绪低谷。

平常虽然个性保守，但是如果遇上了喜欢的男孩子，也会出人意外地变得大方而积极。但是由于常会自作多情，所以偶尔会因为暗恋而困扰自己。

4. 一手握听筒，一手玩电话线

这种类型的女孩子常常会在心中塑造一些不切实际的幻想，期待白马王子的出现。

一旦交了男朋友以后，便会天天黏着他，一天不见面，心里就会觉得怪怪的。虽然如此，但个性却很坚强，能够独自处理一些棘手的问题，而不依赖他人。

5. 听筒远离耳朵

这种类型的女孩子行动力和人际关系都很好，对自己深具信心，也深受周围朋友的信赖。

个性非常好强，做事情不达到目的绝不罢休。但是，一旦遇到了喜欢的男孩子，便会变得很温柔，一切以对方为优先考虑。

茶杯测试法

如果你已经有了男朋友或意中人的话，请你注意看，当他喝咖啡时，手都是怎样握杯子的，由此便可看出他是怎样的。

诊断

1. 整个手掌完整的握杯子

这种类型的人自我的责任感非常的强烈，很注重自己的事情，总是能够妥善地把所有的事情处理好，而不随便向别人求助。

他比其他的男孩更具有知识的涵养，可以说是万事通，而且并不会随便跟别人炫耀，所以一旦他表现得很突出，别人总是会吓一跳。

2. 用食指和拇指握

这种类型的人具有良好的人际关系，很懂得和朋友交往的相处之道，不会让人去做一些强人所难的事情。

在个性方面有些浮躁，定不下心，不太能够把一件事情一口气做完。

3. 小指翘起来

这种类型的人非常敏感，很容易因环境的影响，而变得失常。也很容易产生情绪上的大波动，相当没有稳定性，难以担负重责大任。

不过，由于心思非常细密，所以对于事情考虑得非常周详，不太会忘东忘西，所以，只要给他一个专属的空间，不要使他受干扰，那么他一定会有极好的表现。

4. 用小指托住杯底

这种类型的人很有艺术细胞，对事情总是保持着敏锐的洞察力，审美的眼光也相当好，会将自己的想法积极地运用在生活中，真可以说是个天生的艺术家。

对于生活常常会不安于现状，而时时在寻求改变，心情也是时好时坏、忽冷忽热，让周围的朋友觉得无所适从，不知该如何和他相处才好。

运动：生命的旋律

自行车旅游

自行车旅游是一种很好的户外休闲活动，它没有徒步旅行的劳累，却可以享受用双脚踩完全程的骄傲及乐趣。

行前的准备

（1）行程：目的地、路线、路况。

（2）人数：参与同行的人员。

（3）装备：行程中必须使用和备用的物品。

旅行的装备

（1）饮料：最好是白开水或运动饮料，以能解渴者为佳。

（2）雨衣：即可遮雨也可防风。

（3）口粮：找不到餐饮店时充饥用。

检查车况

（1）前叉架与坐垫是不是有松脱。

（2）胎压是不是正常，轮胎是否有气。

（3）螺丝有没有脱落的。

（4）刹车线是否松脱或已经老旧。

（5）若变速车则要特别注意变速器是否正常。

郊游

郊游野餐是青少年朋友最喜爱的户外休闲活动之一。

计划一次好的郊游野餐活动，要有很完整的构思，以免参与的人觉得又累又不好玩，还易造成意外。

出发前后全面了解人数（有多少人、是哪些人）、活动内容与饮食问题。

要出外郊游野餐，交通工具是非常重要的问题。不管是采用哪一种交通工具，行前必须先详细告知每一位参加活动的地点，最好能附上一张简图，以防中途有人掉队或迷路。

郊游必备：

（1）饮食：须先了解目的地是否有餐饮店。行前须告知参加者要一同进餐或自理。

（2）药品：现在医药箱已经越做越小了，不要怕麻烦，顺便带一个去。到野外如果没有急救药品，一个小小的擦伤都会大大地降低你们玩的兴致。

（3）其他：雨具、卫生纸、报纸、手电筒等，视活动地点、性质而定。

外出活动是件快乐的事，若发生意外那就太不值了，所以应随时随地注意安全。在活动结束后势必会留下一些垃圾，千万记得一定要丢进垃圾箱，或是包起来带回家处理。

露营

在许多的户外活动中，露营可说是一项极受年轻人欢迎的活动。

露营的策划

在决定露营时，最好找一个经验丰富的领导人，以决定适宜的活动性质、地点、花费，并有效地安排人员应付紧急状况。

露营以前应考虑人数、地点、交通工具、经费、出发时间、活动时间、结束时间、食物、工作分配等。

露营的注意事项

（1）慎选扎营地点，取水、上厕的问题需优先考虑，河床、岸边等地都不适合扎营，最好选择规划完善的营地扎营，安全又方便。

（2）在活动中煮水、野炊甚至营火晚会都会升火，务必要特别小心，随时做好灭火的准备工作，在帐篷中最好用手电筒代替蜡烛。

（3）到海边或溪边玩水游泳时，千万要注意安全，不要游到太深的地方去，以免发生意外。

（4）搭营帐时，要先观察一下四周的环境，以免一不小心遭到蚊虫、蛇的侵袭。

露营的服装

外套：冬季要着御寒的外套，夏天最好还是带件夹克或运动外套。

长裤：功用是防止日晒、蚊虫咬伤，也可以保暖，太长、太短、太窄都不适宜。

贴身衣物：以吸汗、通风的内衣为佳。

袜子：具吸汗、保暖功能者为佳。

鞋子：在平地的话，轻便的鞋子即可，但是高山及雪地，则要选择登山鞋。

睡衣：在外面换洗衣物虽不那么方便，但是应尽可能在一天活动之后，换上轻松舒适的衣服，尤其是在冬天，最好能穿上紧身棉衣裤，再戴上套头帽子睡觉较好。

营帐的种类

（1）家屋式：这是最常见的式样，但是不适用于冬季，优点是空气流通、防雨性强、架设简单、附件少。

（2）三角形：架设简单，缺点是雨水易流进地铺里，两边狭窄浪费空间。

（3）箱子形：架设较麻烦，体积大，质地坚韧，非常耐用。

（4）弧顶形：只能设在无风地带。

（5）蒙古包形：样子有如大型的伞，御风能力佳。

搭建帐篷时，应选择一个理想的方位，不要太近水边，远离危险的地方，而应要找一个视野开阔、空气流通、排水良好的地方。

野炊

平常我们在家里想煮东西的话，利用厨房的炊具，轻轻松松就能煮出香喷喷的菜，可是在野外可就不同了，若是没有炊具的话，可就要费一番工夫，才能填饱肚子了。

野炊的用具

（1）麻布手套：保护手部、便于工作。

（2）柴刀：劈竹子、树枝用。

（3）瑞士刀：削竹子切割食物用。

（4）火种、打火机、木炭：生火用。

野炊的食物

1. 竹筒饭

取一节竹子，上下两端的竹节都要保留，竹子中间开一个方形的洞，割下的竹片当作盖子，在洞中加适量的米和水，再把盖子盖起来，放在火上烤，熟了以后沿着竹纹纵向剖开来，就是一道充满竹香的竹筒饭了。

2. 石板烤肉

找一片薄而平的石板，洗干净后平铺在火的上方 15 厘米处，待火把石板烤热之后，就可以把肉铺在上面烤了。

3. 爆蛋

拿一张卫生纸包住鸡蛋，并且把卫生纸弄湿，依此反复地包 10 张左右，记得每张纸都要弄湿，然后把蛋丢入火中，当你听到蛋裂开发出“剥”的一声，就表示蛋已经熟了。

4. 蛇饼

取适量的面粉，加入糖、水拌匀，然后取数根干净的细竹，将面粉拉成条状，卷绕在竹筒上，完成后放到火边烤，记得要不断地翻面，不久你就可以享用香脆、美味的蛇饼了。

5. 烤地瓜

这可以说是最多人做过的一种无具野炊了。最简单的就是将数个地瓜放入烧红的炭堆中，然后用土把整个火堆覆盖住，等大约 40 分钟，就可以把土挖开，拿出闷熟的地瓜来吃了。

6. 烤全鸡

买一只拔毛、洗净的全鸡，用粗的木棍贯穿，然后架在火上约 50 厘米处烘烤，记得要不断地翻转，以免皮焦了肉还没熟。另外，在鸡身要多割几刀，这样会熟得比较快。一只全鸡要烤约一个半钟头。

野炊时，场地须选择在取水方便、空旷阴凉的地方。上厕所的问题也别忘了考虑。

生火时注意安全，结束之后一定要灭迹、整理场地之后才可离去。

攀岩

攀岩是一项新兴的休闲活动，已有越来越多的女孩子开始接触这项刺激而有趣的活动。只要找个好天气,你也可以与三五好友,一同去享受“征服”的乐趣。

攀岩即是攀登陡峭岩壁，条件很简单，体力是最主要的。体力越好，越容易征服困难的山壁，若体力不好，不但不容易征服，还易发生意外，要特别谨慎。

在攀岩活动的一些技巧中，最主要的是绳索下降，要学会这项技巧，大约只需半天的时间，若是胆子较大的人，大约只需一个小时即可。

攀岩是一种看似单调乏味，但接触了以后很容易沉浸其中的活动，它最大的乐趣就在于一种自我征服的快感，只要找到了一个好的指导老师，就一定可以轻而易举地参与这项活动。

登山

登山是一种很好的休闲活动，当你登上山顶、俯瞰山下，你会发现，天地一片辽阔，自然而然心境就会开朗了。

登山是一种训练体力的运动，必须要具备基本的常识才能进行，以免发生事故时手足无措。

（1）了解所登山的状况：包括地形、天气、历史等许多方面。

（2）了解自己的体力状况：充分了解自己的体能状况可以量力而为，减少意外事故的发生。

（3）注意登山的步伐：登山最忌急躁慌乱，所以最好采取一定的步调，以不浪费体力为主。

（4）提早出门：预备要登山的前一日，最好早入睡，以便第二天提早起来，才能在艳阳高照之前上山，以免透支太多体力，造成中暑。

（5）备足食物及水：登山时，不能大吃大喝，所以要带适量的食物及水，以免太累、流汗过多而脱水。

此外还要准备

（1）服装：雨衣、毛衣、长裤、手套，衣服以轻便为主。

（2）登山工具：登山鞋、背包、睡袋。

（3）其他：水壶、手电筒、罐头、干粮、洗用具、野炊器材等。

准备登山用具时，要特别注意的是防潮、保暖，最好携带地图、指南针、收音机，以备不时之需。

紧急事故的处理

若真的不幸遇上事故，重要的是不要惊慌，试着求援，以降低危险。

（1）迷路时：万一迷路了，要立刻停下来，把地图拿出来和队友商量，不要到处乱闯，免得体力不支。原则上，树上绑着许多登山团体布条的路，应是正确的路。

（2）行程落后：万一路况糟或路线比预定的难走，就要立刻重新计划时间、住宿、食物。这些评估的标准应以队伍中行程最慢的人为基准。

（3）天气恶劣：山区天气变化大而且快，所以若是遇到天气太恶劣了，应立刻做好防范，例如：穿上雨衣、雨鞋，防止身体弄湿。若是天气没有好转的迹象，则最好停下来，待天气好转一点儿再走，或是放弃后面的行程，以避免发生危险。

游泳

学习游泳可以锻炼身体，但是，不论是在游泳池或是平静的海边，都需要格外注意安全。

游泳的装备很简单，只需几样必备的东西就可以了。

（1）泳衣：选择的原则是注意质地是否柔细、伸缩性是否良好。

（2）泳帽和蛙镜：泳帽可以包住头发，以免游泳影响到视线；蛙镜则是为了怕眼睛在水中感染细菌。

（3）助浮用具：像游泳圈、水球等，有助于学习游泳。

（4）其他：像太阳镜、洗发精、肥皂、浴巾、防晒油等，都应该准备好。

将用品准备好之后，在下水之前，还必须要了解基本的游泳常识：

（1）要先了解自己的身体状况。例如，假若逢生理期，最好不要下水，以免感染。

（2）选择安全的场所。最好是有救生人员的游泳池或海滩。

（3）注意天气及水温。天气太冷时，可以选择室内的游泳池或温水游泳池。

（4）遵守游泳场所的规定。一般游泳场所的规定都是为了维护游泳者的安全，所以一定要遵守。

（5）要有应变能力。若不小心有抽筋或是不舒服的状况，要特别镇定，尽量靠岸边，大声呼救。此外，还要注意避免在上午 11 点到下午 3 点游泳，且最好不要在饭后一小时内或完全空腹时下水。

（6）最好结伴游泳，可以互相照顾。

（7）在游泳之前要先充分了解游泳场所的安全性。

（8）下水前一定要先做暖身运动。

常见的泳姿

（1）自由式：是游速最快的姿势，而且也是初学者学习游泳正确姿势的入门。

（2）仰式：仰卧于水中，面部向上，这种泳姿比较轻松，且容易换气。

（3）蝶式：双腿并拢，上下踢水，双手像蝴蝶舞动双翅般，这种泳姿的运动量最大。

（4）蛙式：这种泳姿以女性来学习较容易，泳姿似青蛙，头部可抬出水面换气，易辨别方向，较有安全感。

泛舟

目前，泛舟以使用橡皮艇为主，当然，泛舟的装备要比划船来得复杂，以下就为大家介绍泛舟不可缺少的配备：

（1）橡皮艇：选多气室的橡皮艇，充气口则选双充气口的，且在橡皮艇上最好要有口形环的设计，倘若有紧急状况时，系上绳索，就可以成为救生工具了。

（2）划桨：有木桨和铝杆加塑胶桨叶的划桨两种，后者较适合泛舟活动。

（3）救生衣：泛舟一定要身着救生衣，以防万一，选择的重点是合身，穿着后不影响身体活动者为佳。

（4）头盔：最好选外部坚硬、内部柔软的产品，可以减少冲撞力，减低头部受伤率。

（5）手套、打气筒：手套是以防划桨过久，手生水泡；打气筒则是为了应对中途橡皮艇气量不够用。

泛舟活动的刺激性高，相对的，危险性也高，须针对可能遇到的状况积极应变。

（1）遇到旋流：应尽量避免被卷入，绕行而过，如果不幸被卷入，应镇定，只要顺着旋转，然后一面通知最近的救生人员，一面将船划近落水同伴身边，伸出桨让他抓住。

（2）避免冲撞：保持橡皮艇的平稳是泛舟的一大重点，但若遇到不可能避免的冲撞时，要尽量以正面撞击，以免翻覆。要特别注意，坐在舟边的人，要把脚收回，防止夹伤。

（3）遇石堆时：有石堆时，通常也是水流湍急的地方，容易搁浅，可以先用划桨抵住石头，若真的没办法，只好派一个人下水，把舟拉离石头。

（4）落水时：有人落水时，舟上的人最好先伸出桨让落水的人抓住，若拉不到，落水者应自行想办法上岸或停留在石头背水的一面，救生衣的浮力足够将人托浮于水面上，所以不要惊慌。

（5）翻船：当翻船时，不要惊慌，全船的人应尽量聚在一起，因为救生人员一见到有翻船会立刻来救援，人员流散反而危险。

不论再怎么向往泛舟行动，仍不能忘记一些基本的注意事项：

（1）有心脏病、高血压、风湿等，以及情绪易亢奋、身体状况不佳的人都不宜参加。

（2）尽量不要带贵重物品，眼镜要系牢。

（3）服装宜轻便、宽松，并准备一套换洗衣物，以便上岸后可以沐浴更衣。

（4）救生衣、安全帽一样都不可以少，遵守救生员指示，严禁开玩笑、恶作剧，以免发生意外。

（5）泛舟前亦要做暖身运动。

（6）台风或大雨过后，水流太急，不要轻易下水。

有了充足的知识及安全措施后，就可以安心地去尝试刺激的泛舟活动了。

划船

划船是一种浪漫悠闲的活动，许多的风景区都设有划船的设施，有兴趣你不妨试试看。

看似简单的运动，可是实际上，要划好船，一些基本动作的运用就不可以忽略：

（1）抓水：是划船动作的第一步，把船桨放入水中，借桨叶推水使船前进。

（2）划桨：船要动，就必须划桨，初学者要注意，在划桨时，不要抓水太深，否则会减低船速。

（3）出水：是指划桨到无法再推水时，桨叶伸出水面的动作。

划船是一种充满浪漫情调的消遣活动，很适合女孩子参与。

慢跑

慢跑是一种具有很好健身效果的运动。但是很多人都有一个错误的观念，认为只要随便跑就可以了，其实这是不对的，因为如果不注意的话，很容易就会造成运动伤害。

慢跑要注意的事情有以下几项：

服装方面

应穿着吸汗性佳的衣服，而且最好带一条擦汗的毛巾，因为慢跑时会流汗，若是不擦干，很容易会着凉。鞋子对慢跑者而言也是很重要的，一双好的慢跑鞋可以保证脚部不受伤。

身体方面

慢跑虽然是一种简单的运动，可是还是有些人不适合，例如：心脏病患者、气喘患者。体能状况比较不好的人，也要先衡量一下状况，量力而为。

事前准备

慢跑以前最好先做热身运动，以避免抽筋、扭伤等状况。

姿势方面

（1）身体要一直保持正直，不要驼背。

（2）跨出的步伐要大，后脚必须以直的角度着地。

（3）脚要抬高，注意脚的角度。

（4）手臂要以自然摆动为佳，不可太弯。

（5）呼吸必须有节奏。

滑轮溜冰

滑轮溜冰比起冰刀溜冰，要简单易学多了，很适合青少年学习。

学习滑轮应从踏步、走路开始，保持稳住不滑倒之后，再开始学习技巧，如此才不会因姿势问题，对身体造成伤害。

基本的学习步骤是：

踏步→前进滑溜→停止→后退步行→滑行→绕圈。

以上的基本步骤都熟练了之后，就可以再学习新的技巧，享受不一样的飞驰感觉了。

掷飞盘

掷飞盘是一种既不用花钱又简单方便的休闲活动，而且它的乐趣及休闲性也非常的高，很值得尝试。

飞盘活动唯一要准备的就是飞盘。选购飞盘有以下两个要点：

（1）挑选适当大小、重量的。

（2）查看飞盘本身是否光滑、无变形。

初学飞盘的人，应该先学习正确的握执方法：

（1）拇指：在飞盘的外侧。

（2）食指、中指、无名指：在飞盘的里侧。

握稳了飞盘后，就可以试着丢掷了。初学者掷飞盘以反手掷（手背朝前）为佳，盘面尽可能保持水平，才能投得较稳较远。如果熟练了之后，就可以开始练正手掷、斜向掷等较难的掷法。

接盘的方法，大致上可分为双手接和单手接两种：

（1）双手接：最牢靠最稳，是初学者最适合的方法。也就是以双手的虎口接住迎面飞来的飞盘。

（2）单手接：又分拇指在上及在下两种，前者适用于飞盘在腰部以下时，后者则适用于飞盘在腰部以上时，当然这可以视个人技巧而改变。

了解了这些技巧之后，相信你很快便能够成为一个玩飞盘的行家。

保龄球

保龄球是近年来极为盛行的一种室内休闲活动，大城小镇几乎都有保龄球馆的踪迹。如何到保龄球馆快乐地打一场球?

进保龄球馆后，首先要到柜台查询是否有空的球道，如果已经满道了，柜台小姐会给你一张号码单，请你稍候。

一般球馆在每个楼层都会设有号码灯，所以，在等候时，你可以放心地在球馆内四处逛逛，不必在柜台边等。当跳号灯跳到你的号码，或是广播报到你的号码时，你就可以拿着号码单去柜台登记了。

把单子交给柜台小姐后，告诉她你要买几局、要租几双鞋，这时小姐便会打一张电脑单和租鞋单给你，单子上面会写着你被安排在几号球道打球，付款之后，你只要拿着租鞋单去旁边的租鞋部换鞋，便可以到你的球道去打球了。

球道后方会有许多的球架，上面放的保龄球可供大家自由取用，找一只握起来很顺手的球，就可以把它捧到自己的球道去。

到了自己的球道，把电脑单出示给一旁的服务小姐看，她便会依照你买的局数为你开机。开机完成后就可以上场打球了。

一局打完了再打一局时，如果你不会操作球道后方的电脑的话，可以请服务小姐帮忙，把上一局的资料洗掉，再重新开始。

打到最后一局时，球道上的荧幕会变色提醒你，如果你觉得意犹未尽还想继续打的话，只要当时球馆道还没有满道，球馆都会允许你使用同一个球道加局。你只要带着应缴的费用至柜台登记即可。

打完了球，把自己用的球放回球架上，就算正式结束了。别忘了回租鞋部把你的鞋子换回来。

休闲：宠物饲养显爱心

养狗

狗一直是人们最忠实、亲密的朋友，也是最多人饲养的宠物。细心照顾一只小狗，它将成为你最好的玩伴。

在养狗之前，请先考虑养狗的目的，如果是为了看门用，那就要选择较为机警、凶恶的狗；如果是为了玩赏用，就选择可爱而逗趣的狗，千万不要因为看了别人养狗很可爱，或是有人要送你狗，你便胡乱地接受一只不符合你需要的狗。

当你养了一只狗后，它可能就要和你们在一起生活个十年八年，狗不像人一样会料理自己的事情，喂食、洗澡、排泄、生病、遛狗等，都需要有人去费心照料。所以，如果你不敢肯定自己有这种恒心，也找不到别人愿意帮忙的话，劝你还是打消养狗的念头。

此外，还要考虑饲养狗的环境。

因为宠物是和人们生活在一起的，所以在饲养之前，你必须征求全家的同意，以免因为一只狗而扰乱了家庭和睦。如果你家有院子，你想要饲养在屋外的话，你必须考虑天气、喂食、排泄等问题；如果必须养在屋内的话，包括狗的睡觉、吃饭、排泄、活动等场所，都必须要考虑清楚。

养猫

挑选一只健康的猫。

猫的品种有很多，可以分为长毛种的，如波斯猫、金吉拉、喜马拉雅猫；以及短毛种的，如：暹罗猫。长毛种的外形可爱，但是照顾时要特别费心。

一般来说，长毛种的猫个性较温和，但动作迟缓；短毛种的猫较为机灵，活泼好动。选择时须考虑自己家里的状况再决定。

健康的猫，毛光滑柔顺、耳朵干净、双眼有神、肛门紧闭而且干净、活泼有生气、喜欢亲近人、体型适中。若是有下述的情况，就要留意了：耳朵有黑垢、眼睛流眼泪和眼屎、肛门夹杂秽物、毫无生气、大量掉毛、过胖或过瘦。

我们都知道，猫最喜欢吃鱼，事实上，牛肉、猪肉甚至面包、牛奶都适合猫咪食用，所以可以视家中烹饪的状况准备猫食。市面上所卖的猫食种类繁多，包括猫罐头、猫饼干和颗粒状的猫食，营养丰富，很适合猫咪食用。一般来说，幼猫每 4 ~ 6 小时须喂食一次，成猫每天喂两次，每次的量应足以让猫咪吃 10 ~ 15 分钟。吃食的时间和场所都要固定才好。

由于猫的毛较长，所以每天最好都能帮它梳理一番。以免结成毛球，最少每个月要帮猫洗一次澡。洗澡时以 30℃左右的温水为宜，须注意为猫咪保温，洗后要立即以毛巾擦拭并且用吹风机吹干。

猫咪的肚内很容易有寄生虫出现，所以必须送到兽医处打驱虫针及预防针，当猫咪突然无精打采、没有食欲、流鼻水、流眼泪、喜欢坐在冰凉的石头上（发热的症状）时，就必须送去兽医处接受诊疗。

猫的指甲很锐利，而且它很喜欢乱抓东西，所以每隔一段时间就应该帮它修理指甲。同时，最好准备一个抓板让它发泄，以免家中的家具遭到破坏。

猫咪会把自己的窝当作最安全的地方，所以放置的场所要隐秘，少干扰，同时最好选择通风良好、干燥、温暖的场所。由于猫咪对温度很敏感，所以应视季节来调整猫窝的位置。

养鸟

常看到一大清早，有人拿着鸟笼在街上、公园里悠闲地遛鸟，听那悦耳的鸟鸣，你是不是也想养一只呢？

你怎么挑选鸟？

（1）选择出生六到九个月的幼鸟。

（2）同一胎鸟中，选择体型较大的一只。

（3）选择有活力的。

（4）健康的鸟羽毛滑顺、有光泽；羽毛杂乱、脱落、无光泽的鸟不要购买。

（5）选择喜欢和人亲近的鸟。

准备好以下用具你就可以养鸟了：

鸟笼：一般以竹制的为主。

栖木：架在鸟笼中，给鸟站立的地方。

饲料槽：分为食槽、水槽、浴槽、菜槽，可以视鸟的习性放置。

一般来说，鸟的健康情况都不错，但一不小心生病，可能很快就会死亡。所以，平日应该注意鸟的健康状况，发现它有明显食欲变差、打喷嚏、羽毛鼓起、不正常掉毛等症状时，最好送到兽医处检查。

养热带鱼

热带鱼的体色鲜艳，讨人喜欢，看它们无忧无虑地在水里游来游去，一天的疲惫也就随之消失了。

选鱼时，颜色要鲜艳，避免有白色颗粒。不要选反应迟钝或游起来身体不平衡的。

养鱼的用具：

（1）鱼缸：养鱼的必要工具。有各种形状可供选择。

（2）过滤器：可让干净的水进入鱼缸。

（3）空气帮浦：把空气送进水中，补充水中的氧气。

（4）灯：鱼缸的照明装置，可以帮水草进行光合作用。

（5）温度计：测水温用。

照顾鱼儿要劳神：

喂食的次数要一定，时间最好也固定。

要视水质和鱼的吃食状况投固定的食料。

换水是清理鱼缸最重要的一个步骤。

若水质不是非常混浊，只需要部分换水即可。

若水质严重脏污、白浊、有恶臭或鱼有传染病等，就一定要全部换水。至少半年全部换水一次。

此外，照顾鱼儿还要注意：

鱼缸不要让阳光直射，不要紧贴墙壁，不要放在高处，也不要放在人常经过的地方。

空气帮浦放在比鱼缸水面高的地方，且避免灰尘散入。

以照明灯控制水温，以免鱼受冻。

其他宠物的饲养

养宠物真的是一件快乐的事情，除了饲养前面所介绍的狗、猫、鱼、鸟之外，事实上，还有许多小动物都是可以饲养的，例如：乌龟、青蛙、兔子、白老鼠、迷你猪等。

不管养哪一种宠物，都必须要具备几点要素：

（1）要有足够的爱心：小动物都是有生命的，并不像玩偶一般不想玩了就可以随便乱丢，只要你多付出一份爱心，就一定能够多得到一份宠物对你的信赖。

（2）要有持之以恒的耐心：养宠物最怕的就是只有三分钟热度，有的人养腻了就对宠物疏于照料，甚至恶意遗弃，这对小动物来说是很残忍的事情。

（3）要有适合饲养的环境：有的人喜欢上某种小动物，便执意要养，也不仔细考虑环境是否适合，结果不仅养得痛苦不堪，也让周围的人感到不便，这样就失去了借宠物来调剂生活的原意。

如果环境允许的话，你不妨尝试养一只宠物。

观叶植物

现代人很重视美化居住环境。亲手种植或培育一株盆栽，也是一种非常好的休闲。

目前家庭中的盆栽最受欢迎的就是观叶植物，因其好看又不难培育，所以深受大多数家庭的欢迎。

观叶植物不用花太多的时间和心思去照顾，我们可以把它养在房间里、阳台上，不但可以美化环境，还能够让空气清新，好处不少。

虽然观叶植物的养植很容易，但还是有一些小问题要特别注意：

（1）浇水时常会把地毯、桌子等弄湿，整理时又须移动盆栽颇不方便。这时最好的办法是改用冰块来代替浇水，只要每次把制冰盒里的两三格冰块放在泥土上方即可，但要特别注意的是，盆栽每天必须摆在有阳光的地方照射一段时间才行。

（2）若是观叶植物的叶片失去光泽，可以用专用的喷雾剂或啤酒、牛乳来擦拭，观叶植物是属于鲜绿叶片的生命体，我们不但要浇水而且要照顾到绿叶部分，若是发现叶色不鲜艳并不一定代表植物不健康，而可能是灰尘太厚的缘故；我们可以一片片地擦，或用专用腊剂喷射，直到叶片现出光泽。这不光是为了美观，也是为了防止植物枯死及病虫害。

（3）冻害或强风也会对植物生存造成威胁。

最好的方法是用厚一点的塑胶布盖住，但要注意的是，若是气候上升，就要马上把塑胶布拿掉，否则无法调节温度，植物便会枯死。

花卉盆景

植花卉要比观叶植物更困难，需要花更多的耐心照顾，不然的话很容易功亏一篑。栽培花卉盆栽主要需准备一个较好的花器：

多孔兼吸水性之容器：素浇瓦盆、泥炭盆、木质花箱之植槽等。

花卉比观叶植物脆弱，所以在浇水、施肥上都要特别小心，不能疏忽。干旱、气温高、大风、大晴天时，要增加水量，雨季则应注意排水。

花木茂盛时，叶片应多浇水；生长停止时则要少浇水。

浇水的时间以早上及傍晚为佳，不要在中午浇水，以免根部过热。

一般花卉两三个月施肥一次即可，以防肥分损失。

随时注意修剪多余的枝干，并定时清除杂草。

防止病虫害，随时观察，一旦发现有病虫害，应立刻施除虫剂。

你了解花语吗

送花是现在极为普通的一种表达情意的方式，可是随便送一束花就可以了吗?

送花也是一门学问，我们来看看每一种花各自代表的意义：

红玫瑰——我爱你

黄玫瑰——欢乐和高兴

白玫瑰——纯洁、谦卑

粉红玫瑰——优美有涵养

橘玫瑰——欲望

玫瑰花苞——美丽和青春
红和白玫瑰——共有
红和黄玫瑰——快乐
红康乃馨——母亲
黄康乃馨——轻蔑
米红康乃馨——伤心
雏菊花——天真灵巧
白菊花——诚实君子
红菊花——喜恋
黄菊花——失恋
万寿菊——忧伤
白波斯菊——纯洁
红波斯菊——爱情
天人菊——团结
矢车菊——幸福
梅花——坚贞纯洁
莲花——正人君子
杏花——疑惑
梨花——爱情
樱花——高尚
橙花——清丽
荷花——分离
牡丹花——富贵
蔷薇——爱情
桃花——轻佻
橄榄花——和平
茉莉花——可亲
鸡冠花——痴情
苹果花——嗜好
金盏花——失望
水仙花——尊敬
牵牛花——爱心永结
金雀花——谦逊
百合花——纯洁无邪
豆蔻花——别离
石榴花——优美
石蒜花——刚健
凤仙花——怜爱
大丽花——华丽

红玫瑰

菊花

牡丹

康乃馨

金雀花

玉兰花——洁美
桔梗——温柔多情
紫苑——回忆
杜鹃——节制、温和
芙蓉——精美
睡莲——清雅淡泊
香堇——诚实温柔
海棠——温和
水柳——自由
合欢——友情
金合欢——优美
黄合欢——秘密的爱情
向日葵——朝气
风信子——欢喜
白头翁——悲哀
夹竹桃——友情
白山茶——纯真无瑕
红山茶——天生丽质
月桂叶——至死不渝
常春藤——友情
石勺柏——不变
仙人掌——庄重
秋海棠——恳切
爆竹红——变情
仙克夹——嫉妒、疑惑
百日红——雄辩
蒲公英——轻率
兰花——绝代佳人
铃兰——幸福
衣香兰——财富
紫罗兰——贞节
蝴蝶兰——快活
羊芸香——理智
郁金香——绝望
红丁香——勤勉
紫丁香——初恋
白丁香——愉快
夜来香——危险的快乐
含羞草——敏感

百合花

水仙

风信子

凤仙花

夹竹桃

铃兰

郁金香

另外，对花朵的数量、形状也有其特殊的意思：

（1）任何颜色的玫瑰单独一朵时，代表天真纯洁。

（2）当盛开时，代表我爱你。

（3）两朵玫瑰有胶带或金丝缠在一起变成单茎时暗示：订婚或即将结婚。

（4）带叶片的枝条，代表希望。

（5）倒放的玫瑰传达了：我不爱你。

（6）含苞的玫瑰去掉了叶片留下刺代表：我不再恐惧，因为我有希望。

（7）去掉叶和刺的含苞玫瑰代表：哀伤的，恐惧不再发生，因为毫无希望可言了。

娱乐：佳人乐章

音乐欣赏

美丽的女孩，越有内涵，越会人见人爱，现代少女所要知道的范围，相当广泛。

古代有所谓“琴棋书画”皆通的女子。

现代少女，外文要朗朗上口，要说一口流利的普通话，还要求多方面的知识。如音乐、戏剧、舞蹈、电影……十八般武艺都要会，还真不简单。

你去听过音乐会吗？音乐会可以提高人的素质，这里所讲的音乐会，并非通俗流行歌曲，而是真正的艺术音乐。

不管喜、怒、哀、乐，音乐都可以令你心情归向平静、恬淡。

选择喜欢的音乐，无论是国乐演奏、丝竹演奏、竖琴独奏、钢琴演奏，或小提琴、声乐、合唱、民谣都能提高你的气质。

音乐使你呈现一种不可言喻之美。当你有空时，不妨多接近音乐。聪明的你，也许会在音乐会上遇到你的知音。

看电影

人生如戏，戏如人生。

电影大致可分为恐怖片、文艺片、喜剧片、黑色喜剧片、暴力片、推理片、警匪片、神怪片、学生片、探险片、灾难片等。

看电影可以吸取宝贵的人生经验，不完全是无聊时打发时间的。

欣赏电影要注意：

勿携带食物进入戏院。

影片放映中不要大声聊天，干扰他人。

勿乱抛垃圾于戏院内，以免受罚。

不宜单独去看早场或午夜场电影，以免危险。

在观赏影片时要留意：倘若片子曾看过，不要对旁边的友人叙述剧情。

在影片中，也能够学习到下列事项：

生活礼节、人生无常、外国语言、处理感情方法、生命启示、信心、剧情编撰等。

电影语言不分国界，不分年龄，在电影中，你将重返天真无邪的童年，也可能迈步走向未来。

电脑玩家

电脑是现代科技的产物，借助专业人士的开发研究，电脑的功能变多了，除了学术实用的功能之外，还有许多娱乐的功能。

1. 电玩

电玩似乎是跟着电脑一起发迹的，电脑越进步，电玩设计的复杂性和趣味性也相对地提高，一直是吸引门外汉加入学习电脑行列的一大诱因。

2. 绘图

用电脑来画一张漂亮的图吧！以往电脑几乎不可能做到，而现在，电脑不但可以在短时间里画出一张、两张……数张图之外，还可以上色、调色及合成，甚至还可以把漂亮的图片和照片直接扫描进电脑中。

3. 视听娱乐

看电影一定要去电影院、MTV 或是租录影带、影碟吗？要传真文件一定要有传真机吗？家里一定要有电视机才能欣赏到好看的节目吗？

以上这些问题，答案都是否定的，为什么呢？事实上，想看好片子、好节目，想听收音机、音乐，只要你拥有一部配备良好的电脑，就全都可以办到了。

4. 网络

它是一个结合资讯、娱乐、交友的交流园地，可以说是许多电脑族的天堂。

透过网络你可以查询最新的资讯、发表自己的意见，甚至还可以和素未谋面的网友聊天，所以你在自己的房间里就能得到各种流行情报，还可以交到许多的朋友。

逛街——少女专宠

逛街就是所谓的“压马路”，所逛的不外乎是百货公司、大型批发店、专卖店、精品店等，这些店各有什么特色呢？

（1）百货公司：“百货”涵盖了食、衣、住、育、乐各方面的必需品，所在地几乎都是繁荣的商业圈。

（2）大型批发店：卖场大、商品齐全是其特色，这类型的店设在郊区较多。

（3）专卖店：有专卖某一品牌或同一类型商品两种类型，好处是商品齐全。

（4）精品店：所出售的货品均走高品质、高价位路线，对有独特品位的人来说，是很好的选择。

此外，一般人逛街最常犯的毛病就是没有时间观念，往往一逛就是一天，关于这一点，我们可以有以下的解决方法：

请同行的伙伴彼此约束。

事先列出要买的东西，买完即回家。

若不是急着要的东西，可先不买。

所逛的点不要相距太远。逛街不但可以购买到自己想要的东西，还可以掌握流行资讯，所以一直都是女孩子最喜欢的一种休闲活动。

KTV

KTV 的收费方式是以包厢费加上基本消费（饮料餐点费）来计算，包厢越大、越豪华的，费用也越高。不过，由于竞争激烈，每一家的计费方式都略有不同，有的是包厢免费、有的是赠送饮料、有的则采取时段折扣。

现今 KTV 的设备都已相当先进，进了包厢之后，有一台用来点歌和查询的电脑，供客人操作，相当的方便。而音箱因为可以调整升降和回音，所以每个人都可以轻松地唱出动听的歌曲来，有的店甚至还提供了录音服务，让你能够把自己最满意的歌声带回家。

在此就介绍包厢内你一定要知道的按钮：

1. 升降调整钮

当你觉得伴唱带的音调太高或太低时，请不要勉强地唱下去，这样会折磨了你身旁朋友的耳朵，按下这个钮就可以任意调整到适合你的音调了。

2. 回音调整钮

若是你对自己的歌喉没有把握的话，回音钮是一个最好的“作弊”工具，只要稍微开大一点，你的声音会变得朦朦胧胧的，别人很难听出你唱得好与不好，但是，回音钮要是开得太大，听起来会很不舒服，所以，请适可而止。

3. 服务铃

当你需要服务时，便可按下这个钮，保证一分钟内，就会有一位帅哥或美女服务员到你们的包厢来。

4. 退带键

当放出来的歌是错的，或是你唱到一半不想唱了，或是有人实在听不下去了，就可以按下这个钮，画面会立刻中断，解救你们脱离苦海。

第三章

良好的礼仪

校园礼仪

出入校门要下车

通常在学校对内的守则或对外的“友情提示”中都会有这么一条：出入校门请下车。首先，出入校门不下车必然违背了相关规定；其次，骑车或开车出入校门时不采取“低调”姿态，很可能会造成对别人的妨碍甚至引起车祸；再次，出入校门不下车，给人以趾高气扬、过分张扬的印象。如果你的身份是前来参观访问的客人，出入校门不下车更会给自己所代表的单位带来不好影响。

见到老师要打招呼

作为学生，见到老师不打招呼不应该。

遇到老师不打招呼，一方面会被认为是故意躲避、赌气，或胆小、害怕老师，另一方面会使他人觉得这对师生之间有矛盾。如果老师面带微笑地迎向学生，学生却马上别过头去并加快脚步远离，换作任何其他身份的熟人都会被这样的反应“打击一下”。

不是自己的老师也要打招呼

对于从未见过的人，就算他的职业是教师，我们不与对方打招呼无可厚非。但如果对方是自己学校的老师，只是没教过自己，比如隔壁班的老师、高年级或低年级的老师等，不打招呼就显得不礼貌。

遇到自己熟悉的、不是自己的老师，最起码应该对他致以问候。如果对方恰好也觉得你眼熟，你的冷漠就会给对方留下心胸狭窄、目光短浅的印象。因此，遇到不是自己的老师也不要视而不见。

进出老师办公室要有礼貌

进出老师办公室对每个学生而言都是经常遇到的事，但很多人都没注意过自己进出老师办公室时的表现。这是不应该的。

大步流星地进出老师办公室，脚步匆忙，一进门还带进两脚泥，显然会惊扰老师，并污染办公室的地板；进门不吭声，出门也不吭声，这是对老师心存不满的表现；进门后“哐当”一下摔门，出门时“哐当”一下关门，别人会以为你进办公室是来吵架的。

进出老师办公室时不注意自己的言行举止，怎能充分表达对老师的尊重呢？

在老师办公室不应停留太久

在老师办公室里，无论是请教问题还是聊天谈心，都不应停留太久。

在老师的集体办公室里停留太久，容易影响其他老师的工作，影响办公室的整体氛围，还容易有刺探办公室情报的嫌疑。在老师的独立办公室停留太久，有刻意接近老师、拉关系的嫌疑；女同学在男老师办公室停留时间太长，还可能给老师带来名誉上的损害。

不可在办公室里翻老师的物品

学生进老师办公室帮点小忙、找老师谈心等是无可厚非的，但趁机翻老师的物品就不对了。

在办公室翻老师的物品，首先有窥探隐私之嫌；其次，容易打乱老师物品的摆放规律，如果你翻的是老师的资料，可能会造成老师整理起来很麻烦；再次，如果你翻的是私人物品或钱包、提包之类，会有偷盗之嫌。如果翻看的时候恰好被老师看到，你恐怕钻到地缝里都仍然觉得难为情。因此，无论是从尊重老师隐私的角度，还是从保持办公室的整齐以及赢得老师信任的角度而言，在办公室里翻老师的物品都是不礼貌的。

尊重实习老师

不少学生面对实习老师会做出种种不敬之举：上课前，在讲台桌抽屉或桌面上放几条虫子；上课时，故意提出刁钻问题；下课时，躲在实习老师身后突然发出几声怪叫……这些行为是不礼貌的。

对实习老师不恭，首先会影响教学效果，破坏师生关系；其次，容易给实习老师留下不好的印象，也给其他同学留下欺软怕硬、爱搞恶作剧的负面印象；再次，如果言语过分，会伤害实习老师的自尊心，使对方难堪。

不可当众顶撞师长

当众顶撞师长，即使你很有道理，这样的举动也是错误的。

当众顶撞师长，一方面说明你不尊重老师，有挑衅、示威之嫌；一方面给别人留下“刺头”的印象，可能会导致别人疏远你。当众顶撞师长容易产生不良影响，树立反面榜样。如果你是学生干部，这样做会影响你的威信和良好形象，也容易让你失去师生的信任和好感。当众顶撞师长说明你性子急、暴躁，自制力欠佳，爱出风头。如果你言辞激烈到让双方难以收场，你无疑是在演闹剧和丑剧给别人看。

不在背后议论老师私事

哪位老师评优了，哪位老师怀孕了，哪位老师家中亲人去世了，哪位老师和校长吵架了……背后议论老师私事的学生大有人在，然而这么做是错的。

背后议论老师私事，有栽赃、诽谤的嫌疑，如果传开了，不仅影响老师的形象，也影响自己的形象；背后议论老师私事，给人以“不务正业”之感，如果恰好被你所议论的老师听到，对方一定会很不愉快。此外，背后议论老师私事，还容易造成不良风气。

有事要请假

父母从家乡赶来看你，你私自出校与父母团聚；朋友从外地路过，约你一起旅游，你不做任何声明就和朋友出门旅行；自己有些不舒服，不请假就去看病……这样做事也许省事得很，却会给别人带来不便。

有事不请假，必然不能保证你的出勤率，是违反纪律的。如果你所在班级是模范班级，你的行为是心中无集体的表现。有事不请假，学校或班级有什么最新通知就无法传达给你。如果某些临时活动格外需要你的参加，你的做法就辜负了大家的期望。有事不请假，别人会为你的安全担心。如果你夜不归宿或连续几天不露面，大家可能会用报警来解决问题。

“课桌文化”不可取

学校的课桌上常常能见到各种各样的文字或图画“作品”：有人刻下名人名言，美其名曰“励志”；有人刻下自己的名字或简笔画，意在彰显自己的风格。这样做似乎给校园带来了很多生动活泼的气息，但其实“课桌文化”不是什么好现象，不值得提倡，更不值得效仿。

课桌上布满刀痕，留下各色颜料和笔迹，这首先是对公物的破坏，其次是对自己形象的破坏。课桌不是私人用品，在课桌上留下自己的风格可能会遭到下一个使用者的反感，并可能使对方成为别人眼中课桌“涂鸦垃圾”的制造者。如果你在课桌上留下的是污言秽语，下一个使用者就得替你背上黑锅。

不在课堂上打瞌睡

上课打瞌睡既耽误自己的学习，又影响别人的心情，还容易导致师生的误解。相信任何一个老师都不喜欢在自己课堂上睡觉的学生。

在课堂上打瞌睡，第一，说明你没有精神，不能专心听讲，甚至根本“没时间”听讲，这是对老师劳动的不尊重；第二，别人会想：你可能是故意这样做，以此来表示对老师的不满、对老师所担任的科目的厌恶，或者向其他同学表示你敢于公然违反课堂纪律；第三，上课打瞌睡容易引起师生的分心，如果你东倒西歪甚至说梦话，扰乱正常教学活动是很自然的。

不可在课堂上起哄

上课时老师读错了一个字，学生立刻在讲台下哄笑；老师的讲解有些枯燥，个别学生便相互做出怪相，引逗其他同学发笑。这种在课堂上起哄的表现是不礼貌的。

在课堂上起哄，第一会严重扰乱课堂秩序，影响讲课和听课效果；第二会干扰老师情绪，打乱其教学思路；第三会浪费大家时间，且不利于自己塑造一个良好的形象。在课堂上起哄，短时间内可以制造笑料，但这种无聊的行为是会招人厌恶的。

尊重有缺陷的同学

同学眼睛斜视，就处处拿他开玩笑；同学腿部有残疾，就故意学对方的样子；同学说话口吃，就故意在他面前说绕口令……

嘲笑别人是不敬的做法，针对别人的生理缺陷、形象上的瑕疵大肆嘲笑更是不敬。嘲笑有缺陷的同学，必定会伤害其自尊心，使对方对自己的缺陷更加敏感；嘲笑有缺陷的同学，不能使你得到别人的赞赏，反而会遭到鄙视；嘲笑有缺陷的同学，说明你冷漠、自私，不懂得考虑他人的感受。

不可偷看同学的信件、日记

偷看同学的信件、日记是不礼貌的行为，也是不尊重对方的表现。

偷看了同学的信件或日记，如果对方与你关系一般，你就不太可能再有机会得到他的信任并成为朋友了；如果对方与你关系很近，你很可能会立刻失去对方的信任，从此被他从友人的名单中删除。如果对方信件或日记中记的是流水账，他会认为你太无聊、太好奇；如果对方信件或日记中记录了不愿外传的秘密，你的做法会让对方愤怒和委屈，甚至因此而对你做出过激行为。

严禁撕毁、涂改学校公告

撕毁或涂改学校的公告容易造成信息丢失或错误，从而导致一些重要通知无法及时而正确地传达给有关人员；撕毁或涂改学校公告，是对学校公告制订者和张贴者、发布者的不尊重，是损害其劳动成果的表现；撕毁或涂改学校公告，你可能被视为捣乱分子或被认为对学校有强烈的不满。

如果是为了张扬个性，采取撕毁、涂改学校公告的方法只会引来大家的耻笑；如果被有关人员抓个正着，受批评和处分是必然的事。

受奖后要徐步走下台

受奖后头也不抬、一言不发地跑下台去，给人以紧张、胆小、不尊重人的印象。受奖后急匆匆地跑下台去，颁奖者会觉得自己未受到应有的尊重和回应；评委会觉得受奖者太性急，只顾尽快看到奖品、抱住奖品，功利心过重；观众会觉得受奖者不懂得互动，不给大家一个认识他的机会，同时也不给自己一个当众表现的机会。受奖后跑下台去，还容易使人误解：别人还未来得及与你交流就已经被晾在一边了，这怎么能体现出你对大家的尊重和礼貌呢?

就餐时不可长时间占座

就餐时长时间占座不是好行为。

公共餐厅座位有限，就餐时间有限，长时间占座容易给找不到座位的人带来麻烦。如果恰逢高峰期这样做，你必然会引起众人侧目。餐桌的用途就是吃饭，如果把公共餐厅的餐桌当作茶室的“餐桌”而大发聊兴，你显然是擅自将公用餐桌当作了私人财产，并擅自改变它的用途，这样会给别人留下磨蹭、迟钝、不讲公德的印象。

不可乱倒剩饭剩菜

把剩饭剩菜丢在餐桌上、胡乱扔在地上等，只要将其倒在不该倒的地方，就是错误的。

乱倒剩饭剩菜，必然会与浪费联系到一起，难免给人以视觉和味觉上的不愉快，还容易给别人留下没有教养、素质低下的印象。如果你衣冠楚楚，这种行为更会使你的形象在别人眼中大打折扣。

在公共场合做事，如果不考虑公共环境的整洁，不考虑别人的心情，显然是缺乏公德的表现。

不用书本提前占座

在学校尤其是大学校园里,用书本甚至纸条提前占座已经成为独特的“景观”，甚至成为顽疾——因为这是错误的。

同学请你帮忙占座，你很义气地拿上七八本书占一排座位，然后自在地出去闲逛一番，后来者看到空座上的书本，必定会觉得气不打一处来。外校同学听说本校有名人讲座，好不容易找到教室却发现空座上已经放满书本，必定会觉得很委屈。如果占座而不坐，更是显然的“资源浪费”。用书本提前占座是对按时到来而遵守秩序的人的欺压，是自私的行为。

住集体宿舍要遵守作息时间

住集体宿舍是很多中学生以及大学生的必然经历，住宿期间如果不注意协调，就会打扰别人的作息。

别人午睡的时间，你在宿舍里边哼唱边卖力地洗洗涮涮，别人一定难以入睡或者被你惊醒；有人在宿舍里复习功课时，你说笑打闹，对方一定难以安心学习；宿舍里本来就拥挤，周末时你还特意带朋友过来住，你的舍友们必然会觉得不自在。

离开寝室、教室前要关灯上锁

离开寝室或教室前不关灯、不上锁是错误的行为。

不关灯、不上锁就离开寝室或教室，第一，是浪费电源、制造安全隐患，因为你无法保证寝室或教室的物品不会丢失；第二，这样做显示出你缺乏集体观念，做事不认真、不负责，生性急躁。如果你是班干部，相信大家会对你的行为表示出更强烈的不满；第三，这样做容易引起别人的误解，以为室内还有人停留,致使这种现象持续下去。这样做对于集体和你个人都是无益的。

进实验室要遵守规定

进实验室不遵守规定绝对是错误的。

进实验室不按规定程序和剂量取用实验药品，容易造成误取或浪费，导致实验失败或不圆满。如果你取用的是危险药品，可能会导致意外事故。不按规定有秩序地做实验、进行观察、听从讲解，可能会造成实验效果差强人意，影响其他同学观察和学习。不按规定随便用手接触实验用具，可能会造成器皿损坏或丢失，给实验室造成损失，同时也给自己带来不必要的麻烦。不按规定操作本身就是破坏纪律的行为，如果你在别人善意提醒下依然故我，会显得你目无集体、任性、不专心、不尊重别人。

在图书馆看完书要归位

从历史类书架上抽的书，看完后放到法律类书架上；从美术类书架上抽取的书，看完后放到科技类书架上；看完书后不放回任何架子上，而是随手丢在椅子、窗台上等不适合藏书的地方……这样把书籍的类别混淆、随意给它们搬家，只能给别人带来麻烦。

胡乱给书归位，容易给别人找书增添困难，浪费别人时间；随意放置书籍，容易使其因为得不到保护而被意外损毁；到处乱放书籍，会造成书架混乱、不整齐、不美观，也给工作人员增加了工作量。

爱护图书馆的书

图书馆的书被“开天窗”，缺页、破损几乎是每个图书馆都深感头疼的事。

给图书馆的书“开天窗”，会破坏书的结构和内容的完整。如果别人看书时恰好需要你撕掉的那部分，你所造成的损失就不只是针对图书馆，更包括每一位进馆的读者。给图书馆的书“开天窗”，被损坏的书会加速老化和破损，也许会导致更多的人对其“下手”。一旦不良风气形成，更多的书会遭遇“伤害”。当你好不容易找到一本自己需要的书时，说不定就会发现，你最想看的那一部分已经丢了。

不可同时占几本书

同时占几本书的这种霸道行为令人有些哭笑不得。有的人说：我写文章、查资料必须用这几本书，这是狡辩。

同时占几本书，给人一种“吃着碗里看着锅里”“贪多嚼不烂”的印象，别人会觉得你贪婪、自私；同时占几本书，会造成资源积压，被你扣押但却闲置的书无疑会让迫切需要它的人感到为难。同时占几本书，还可能会引领别人跟随你的举动。如果别人一下子拿了好几本书而其中一本正是你急需的，你会不会觉得人家是在“以其人之道还治其人之身”呢？

写签名、赠言时态度要恭敬

在毕业纪念册上留言时态度不恭，这种人和这种场景想必大家见过不少。

在任何情况下写签名、赠言时态度不恭，接受者都会觉得你盛气凌人、摆架子、不情愿、虚伪而做作。尤其是当签名留言者身份远远高于接受者，并且有旁观者在场时，接受者会觉得自己感受到的受挫感和屈辱感更加强烈，同时书写者的名誉和形象也严重受损。

写签名、赠言时态度如果不好，签名赠言就失去了意义。写签名、赠言时态度不恭，还不如不签、不写。

不可强行给别人题赠

毕业时师生之间，更多的是同学之间，彼此题赠是对友谊的绝好表达。但不一定所有的题赠都会受到欢迎，比如强行送出的题赠。

彼此关系一般甚至有矛盾，一方强行给另一方题写赠言，对方可能会觉得题写者很无聊。强行给异性题赠，对方可能会认为你在变相骚扰，对方说不定希望你的字立刻从他的留言册上消失。强行在别人留给他人的地方题赠，对方会认为你固执、怀有嫉妒心理。强行给别人题赠，对方还可能会认为你故意借机炫耀字迹或文采，或者缺少朋友，借机“过瘾”。强行给自己不熟悉的人题赠，对方会觉得受到了干扰。

积极参加集体活动

不积极参加校园集体活动是不应该的。

举行联欢会时，明明很善于表演却死活不肯出节目，别人会觉得你做作；举行足球比赛时，有意无意地拖自己球队的后腿，别人会觉得你吃里扒外；开展墙报设计活动时，有很好的创意而不肯贡献，别人会觉得你心胸狭窄。不积极参加集体活动，会使人觉得你缺少合作精神，甚至排斥与别人交往、看不起大家，从而让人误解和疏远。

参加集体活动要穿校服

学校举行集体活动时，通常会要求同学们穿校服。如果你故意不穿，就说明你不懂礼仪。

参加运动会时不穿校服，列队集合或者上场表演时，会破坏集体形象；参加集体参观时不穿校服，接待方可能会认为你是混进来的而拒绝你进入；与其他成员一起参加集体辩论赛时不穿校服，你的突兀会破坏团队的整体和谐形象，同时还可能影响团队的合作精神，并且容易使观众对你产生不合群、性格乖戾的印象。

集体参观要列队

集体参观时不列队是不合礼仪的。

集体参观博物馆、展览馆等场馆时不列队，一窝蜂的状态会严重影响场馆的秩序，影响场馆和谐的氛围，破坏其他参观者的心情；参观实验室、工厂、企业时不列队，会给参观对象的正常工作带来负面影响。如果参观内容包括观看某些工作程序，许多人就会因为拥挤、混乱而无法正常有效地达到目的。集体参观时不列队，使集体缺少队伍应有的整齐和美观，也容易影响其他人的活动，并且不利于提高效率，最严重的是给别人留下无组织、无纪律、集体素质低的恶劣印象。

参加升旗仪式要严肃

参加升旗仪式时不严肃，这是必须改正的错误。

参加升旗仪式时与前后左右的同学小声聊天、打闹；别人站好队后自己在队伍里故意偏离方向；国旗上升的时候自己歪斜着站立，目光在人群中四处瞟；别人发表国旗下的讲话时自己偷偷玩弄小玩具，与别人交换位置……诸如此类的行为都是对国旗不敬的表现。此外，参加升旗仪式时不严肃是违反纪律的表现，你不仅影响别人、破坏自己所在班级的秩序和气氛，也给自己贴上了顽劣和不爱国的标签。

日常交往礼仪

切忌脏话不离口

“国骂”“京骂”……无论什么品种的脏话，都不宜出口。

在大街上口出脏话，会让你仪态尽失，并给人以没有教养的印象；在长辈面前说脏话，会让对方认为你不把他放在眼里；在异性面前说脏话，会将对方置于尴尬的境地;在教室里说脏话,会“污染环境”;在外宾面前口出脏话,对方会质疑中国国民的素质。说脏话会降低人的身份，还会给人以故意惹是生非的嫌疑。在任何场合、任何时间,面对任何人,口吐脏话都会让别人鄙视。

开口说话前，一定要事先检验其中有没有脏字。

对人的态度不可前倨后恭

用到别人的时候毕恭毕敬，用完别人后趾高气扬；别人风光的时候对其热情，别人落魄后则对其冷漠；别人和自己观点一致时对其称赞有加，别人与自己观点相左时就反唇相讥。这样的人惹人鄙夷。

从表面看，态度变化迅速、频繁是你的“本事”，实际上这样做容易使人对你产生戒备心理和厌恶、轻视的情绪。从礼仪角度而言，无论是什么原因让你的态度产生变化，都是极不礼貌的行为。事实是，始终如一的态度才能赢得别人的信任。不要让别人认为你见风使舵，不要让别人因为你的态度而怀疑你的人品。态度前倨后恭，真的要不得。

请求帮忙被拒绝后不可抱怨对方

请别人帮忙被拒绝后，不要条件反射般地抱怨对方。

抱怨对方，甚至到别人面前抱怨对方，这样做只能显得你小肚鸡肠，不但解决不了问题，也丝毫不利于你与对方的关系。抱怨对方，对你而言也许只是发泄一下，但在对方看来，就是纠缠和怀恨在心。求助被拒绝后抱怨对方是心胸狭窄、目光短浅的表现，无论对公对私，这样的态度都容易造成双方的不愉快。

别人拒绝帮忙不一定是不肯帮，如果你抱怨对方，说不定以后对方真的有条件帮忙时，也不愿帮你了。

请人帮忙要说“请”

“喂，给我拿某某东西！”“快来帮忙！”听到这样生硬的请求，你愿意帮助对方吗？

请同学帮助解决问题时不说“请”，对方会觉得你态度强硬，不懂礼貌；请陌生人帮你指路时不说“请”，对方会觉得你粗野无礼，“活该没有人帮助”，不愿帮忙。请人帮忙不说“请”，无论对方是长辈、晚辈还是朋友，都会有受逼迫、被斥责的感觉。如果对方较真起来，你不经帮助就无法完成的事就肯定完不成了。

任何人都没有义务无条件帮助你。因此，请人帮忙，千万别忘记说“请”。

请求帮助不可超出别人的能力范围

利用友谊请求帮助，多半是请别人做对方不想做或者超越对方职责范围的事情。这样做显然是不为对方着想、对对方不利的。

以友情为筹码请别人做事，会让对方认为你自私自利；把友情当作利用别人的手段，别人会觉得受到威胁。利用友情请人帮忙，本身就是对友情的伤害，会让别人怀疑你交友的初衷，降低对你的信任。

你的要求再迫切，理由再充分，即便你只是想强调一下你的需求很重要，也不该拿友情说事。

帮助别人不可主动要求回报

主动要求回报，就是要求别人对你的付出做出对等的交换。

在自己能力范围内帮别人处理一些事情就主动要求回报，有贪图小利之嫌；为别人传话、替别人买票等举手之劳就主动要求回报，有唯利是图之嫌；别人占用你一点时间或空间而你主动要求回报，有一毛不拔之嫌。

主动要求回报会给人以没有度量、冷酷无情的印象，相信没有人会愿意和这种人打交道。因此，即使你不是真心索取，也不要主动要求回报。

致谢、道歉要及时

致谢和道歉只有及时表达才能起作用。

接受亲友的帮助后不及时致谢，无意间妨碍或伤害了对方而不及时道歉，彼此间的关系就会淡化甚至恶化；陌生人给予你帮助，你却不及时感谢，你给陌生人带来了不便而不及时向其道歉，对方会想“这人真不知趣，太没教养了”。

不要觉得早一点儿或晚一点儿致谢或道歉无所谓，如果不及时，再诚恳的行动也显得虚假、勉强。

拒绝他人要委婉

直截了当地拒绝别人很不礼貌。

别人刚提出他的请求，你就不假思索地一口回绝，对方自然会认为你不近人情，过于冷漠；熟人提出请求，你断然拒绝，对方会觉得很没面子；别人抱着很大希望请求你帮忙，你却当众毫不客气地断然拒绝，对方一定感到你是在“作秀”；心胸狭窄的人遭到你的果断拒绝，心中难免抑郁不平。如果拒绝方式不当，还会导致误会或矛盾甚至事故。无论对方身份如何，要求是否合理，断然拒绝都会对双方造成不利影响。

为了不给求助者带来伤害，也为了使自己不被误解，绝对不要断然拒绝别人的要求和请求。

注意多赞美他人

吝啬赞美和客观公正、光明正大不是一个概念。吝啬赞美别人是错误的。

对比自己小的人吝啬赞美，对方会心理紧张，怀疑自己不受欢迎；对长辈吝啬赞美，对方会降低对你的关注程度；对朋友吝啬赞美，对方会信心不足，怀疑自己与你的关系；对刚认识的同学吝啬赞美，对方不容易对你产生深刻印象，进而延缓双方交往的深度和持久度。

赞美是一种礼仪，懂得赞美的人更受人欢迎，更容易展开社交并取得成功，不要因为吝啬赞美而失去别人对你的好感。

不可对别人吹毛求疵

任何人都不会喜欢别人对自己吹毛求疵。

别人买了一件新衣服请你看，你单刀直入地告诉对方衣服颜色太难看，对方一定会败兴而归；别人送了你一本书，你不说“谢谢”反而先告诉对方“这本书质量不好，你买得没有价值”，对方一定不想再送你任何礼物；朋友请你一起去旅游，你归来后不提风景优美，反倒向对方抱怨太累，想必别人的热情顿时像被浇了一盆冷水。

对别人吹毛求疵、斤斤计较，绝对不能看作是实事求是的好习惯，这样做只能让别人越来越讨厌你。

切忌赞美别人的缺点

赞美别人时不能赞美他的缺点。

别人做事丢三落四，你非要赞美他说这是胸怀宽广、不拘小节，别人一定觉得你不是拍马屁就是讥笑；别人分明身材臃肿，你却执意夸奖她体态动人，对方一定会感到如坐针毡，浑身不自在；别人十分忌讳他人谈论自己见识少，你却不停赞美对方阅历丰富，对方一定觉得你“哪壶不开提哪壶”，故意找茬。

赞美别人的缺点可以理解为颠倒是非，也可以理解为嘲笑和批评。无论哪种理解，都不利于交往。

赞美要发自内心

没有诚意的赞美是无效的，甚至还会起到相反作用。

语言夸张、辞藻华丽的赞美显得虚假，别人不会因此而受宠若惊，反而会疑心你是否得罪了他，或者有求于他；模棱两可、不疼不痒的赞美不等于朴素真诚，反而会让对方觉得你太过勉强、敷衍对方；赞美别人时附和他人，会被认为是老好人；如果甲乙两人不和，你当着任何一个人的面赞美另一个人，会被双方视为别有用心。

如果赞美不能让对方感受到诚意，就是礼仪上的错误。

慰问别人时要配合恰当的表情

也许有的人天生喜怒不形于色，但如果慰问别人时表情不配合，就容易引起对方的误解。

别人生病了，你嘴里说着体贴的话，表情却显得漠不关心，对方一定怀疑你是否真心；别人考试失利了，你说了一堆鼓励的话，却一直保持事不关己的表情，对方一定怀疑你的动机；别人被开除了，你尽管滔滔不绝地安慰对方，却一直面带微笑，对方一定会认为你是在说反话。

慰问别人时，如果话语内容和表情分家，再动人的话也起不到应有的作用。如果慰问显示不出对别人的关心和尊重，就是对礼貌的亵渎。

别人失误时不要大惊小怪

别人失误时大惊小怪说明你没有修养，志趣低俗，喜好哗众取宠。

别人发言时说错了话，你的大惊小怪会让他更容易出错；别人在考试中发挥失常，你的大惊小怪会让对方增添自卑；别人打错了电话，你的大惊小怪会让别人觉得小题大做。在身份较高的人失误时大惊小怪，在别人看来是嫉妒心理的泄露；在地位低于你的人失误时大惊小怪，在别人看来是向其施加压力的表现。

别人失误时大惊小怪，对人对己都没有益处，这样做是有悖礼仪的。

迅速化解自己的尴尬

面对尴尬如果不知所措，结果会更糟糕。

会场上突然有人针对你的提议展开激烈争吵，作为主持人的你面对突发事件愣神，必然令别人批评你的能力；面对公众讲话时突然思维短路、无话可说、手足无措，你的讲话必然失去号召力；给老师送文件资料时，将老师桌上的茶杯打翻并沾湿文件，此时手足失措，必然给老师留下毛手毛脚的坏印象。

因尴尬而引起的不知所措会让你的尴尬加重，同时影响别人。

切忌用食指指人

用食指指人是最不礼貌的行为。

介绍人们相互认识时用食指指人，你会给别人一种高高在上的感觉；清点人数时用食指指人，给人的印象是你在数牲口；招呼别人时用食指指人，会让对方觉得你自高自大、不把对方放在眼里；双方交谈提到对方时用食指指人，会有威胁和蔑视对方之嫌；在别人背后指指点点，会有说别人闲话的嫌疑。

用食指指人有侮辱、轻蔑之嫌，应坚决杜绝。

不应随意拍别人肩膀

用拍肩膀的动作表示友好、问候、请求、询问的人不在少数，但这是不值得提倡的动作。

随意拍老师的肩膀是冒犯老师，别人也会为之侧目、心生猜疑；随意拍异性肩膀是骚扰或暗示，别人很快会为你制造出新的绯闻；随意拍陌生人的肩膀是试探或进攻，别人会对你产生防范心理。

关系未到一定程度或场合不适合，就不该随便拍别人的肩膀。

借路时要打招呼

借路时图省事，一声不吭就横冲直撞过去，这绝对不是潇洒的行为。

在剧场、集市、展览会等人群聚集的场所借路不打招呼，撞到一个人的同时也会连带撞到其他人，从而引起众怒；在窄路上借路不打招呼，别人很容易被你挤倒、摔伤；面对年长者借路不打招呼，显然是目无尊长；在教室借路不打招呼，不利于同学交往。如果你成绩优先，借路时不打招呼，别人自然不会对你有好的评价。

借路不打招呼，不仅不礼貌，还容易造成或大或小的事故。

对别人的尴尬要帮助化解和掩盖

别人摔了一跤，别人被突然而至的大雨淋成了落汤鸡，别人的衣服扣子没系好，别人受到了嘲讽……每个人都可能遇到意想不到的尴尬。但别人的尴尬不应该成为你的笑料，不该将其指给其他人看。

老师眼角有眼屎，你指给别人看，对方不会认为你观察力强，而会认为你有怪癖；路人被踩掉鞋子，你指给别人看，对方不会认为你善于发现细节，而会认为你心理阴暗。

你将别人的尴尬指给其他人看，日后其他人遇到尴尬，相信你会指给另外的人看。长此以往，你会失去别人的信任和尊重。

切忌动作不雅，手势过多

说话时动作过多，待人接物时动作不雅，别人就会对你产生消极看法。

教师讲课时不时搔头、摆弄手指，必然没有“为人师表”的形象；公司主管为员工训话时手指不停搓动，手臂总是不自然地摆动，则很难树立起威严而有魄力的形象；名人接受访问时不停摆手、掩口、摸脸、捋袖子，必定会破坏他在大众心目中的形象。动作不雅、手势过多的人会显得不自信、不爽快、不端庄，还会显得内心不安、不信任别人。

挽臂姿势要雅观

挽臂本是社交场合常见的一种很优雅的举止，在男女结伴同行时更为常见。但如果不注意姿态动作，就会有伤大雅。

大庭广众之下，一个女性用双手紧紧挽住男伴的手臂，“挂”在男伴身上，这样的姿势一定引人注目并遭人非议；林荫道上，一对男女结伴而行，男性健步如飞，女性被拖在男伴手臂上脚步踉跄，这幅场景一定显得滑稽；出席舞会时，一对同学关系的舞伴挽臂的姿势过于亲密，别人会对他们的关系产生疑问。

探病前要问清情况

探病一定是为了表示对病人的关心，但不事先问清情况就探问，有百害而无一益。

如果病人是刚做完重病手术，急需静养，你前去探视只能给病人徒增负担，对其康复毫无益处；如果病人处于昏迷或危重状态，随时都需要医护人员的严密看护，你前去探视是对疗救工作的妨碍；如果你去探望时正赶上病人吃饭、休息或接受治疗，必然会打乱病人的正常作息。

探病不将情况了解清楚就贸然前往，既耽误自己的时间又对病人不利，甚至可能引起病人家属的反感和批评，当然是错误的。

探病不宜结伴同行

探病结伴而行，也许你会说这样做能最大限度地让病人感到被关心，其实不然。

看病人结伴而行，会造成过于隆重、严肃的气氛，容易让病人误解自己危在旦夕，加重心理负担，影响休息和病情恢复。看病时结伴而行，如果病人想对某一个人单独交谈就不太方便。几个人同行探望病人，会污染病房的空气，妨碍医护人员工作；如果病房里还有其他病人，他们的休息和心情也会受到很大干扰。

探病时切忌详问病情

如果你觉得探病时郑重地向病人本人或在场的病人家属、医护人员详问病情，能充分体现出对病人的关切和安慰，这说明你对探病礼仪误解甚多。

一进到病房里就向病人索要病历，想看个究竟；看望病人期间不停地谈论治疗方案，如果病人不希望别人知道详情，这样做会使病人难堪。医护人员查问病人时，马上当着病人详问治疗手段和用药情况，这样做会触到病人的痛处，使其感到惊惶；如果医护人员有必要对病人部分保密，这样做便是干扰医院的工作。

探病时，一定要避开询问病人具体的病因等问题。

探病时宜说一些轻松话题

探病时谈什么话题，这个问题可不简单。

病人得的是小病，如果你大谈“小病时间长了就变成大病”，别人该认为你在诅咒病人；看望病人本该慰问对方，如果你谈论自己在工作或生活上的苦恼，别人会觉得你很无聊，对病人表现出极度的“不体贴”；在病房里谈论别人的闲话以及种种负面的社会新闻，病人会觉得心情沉重。

探病时谈沉闷的话题，是对病人健康的不负责。

看望病人时不可长时间逗留

看病人时长时间逗留是错误的。

看病人时在病房里停留时间太长，会打乱病人的时间表，耽误病人休息，也会加重其心理负担。病人该睡觉了、该换衣服了、该上厕所了，如果你长时间待在病人身边，病人做这些事就会不方便。

约会要明确地点

约会不明确地点，约会就不可能成功。

活动不明确约会地点，只说“待定”，对方就不能得知自己是否方便赴约，同时自己拟定请柬也是浪费；私人约会不说明具体地点，双方见面时就容易走错。你告诉对方在北海公园见，却没告诉对方在公园的什么位置见，因为目标不明确，彼此见面一定会出意外。

约会不明确地点，说明提出约会的人没有头脑，做事没有条理。一旦给别人留下了这样的印象，即使约会如期进行，也难免有遗憾。

约会要明确时间

有的人与别人约会只定大致的时间，如“明天上午”“后天下午”等，却不说具体时间。这是错误的。

对于初次见面的人这样约时间是不尊重对方，对方也会认为你敷衍他；对客户这样定时间是不真诚的，对方会认为你不重视他。约会不明确时间，既容易产生误解，导致时机延误或使双方产生矛盾，又显出定约者粗心大意、在待人接物上缺乏经验。

约会不明确时间会浪费彼此的时间，而且不利于双方安排日程，双方错过彼此也很有可能。

要接受长辈的呵护照顾

拒绝长辈的照顾也是礼仪错误。

长辈为你倒水，为你披衣，为你开门，送你出门……晚辈拒绝时，也许你的本意是不希望老人劳累，老人却会认为你嫌弃自己。不接受长辈的呵护，长辈容易产生挫折感，认为自己年迈体衰，已经没有人需要了。拒绝接受长辈的照顾，就是对他们身份和关爱的否定。

为了避免长辈误解晚辈和产生心理负担，一定不能拒绝长辈的呵护照顾。

切忌在用到别人的时候才表示热情

用到别人的时候才表示热情会给人一种不“实在”的感觉。

平时不怎么打交道的邻居，忽然殷勤上门、嘘寒问暖，原来是想请你介绍一个某行业的熟人给他，此时你一定会感到对方太过虚伪；平时关系一般的同学突然送你高级礼品，一问才知道对方想请你帮他写论文，你一定会认为对方太势利；多年不联系的老同学突然上门拜访，究其原因，原来是对方在升学考试上想借助你父母的力量，你一定会感觉自己被对方当作了棋子。反过来说，如果你这样对待平时待其态度冷淡的人，对方也会这样待你。

临时性的礼貌不是礼貌，别做临时性的绅士或淑女。

在别人有难处时应出手相助

在别人有难处时找借口离开，绝对不是礼貌之举。

甲心中有烦心事，看到乙闲着，希望乙能听他说说话，而乙却做出“我有事，先告辞了”的回应，甲一定认为乙是故意为之；乙因家里有事耽误了一段时间课程时，希望甲帮他补习落下的功课，甲却推说自己有约而离去，乙一定会感到甲很自私。别人有难处时，最能验证旁观者的真诚，当然也能在这种关键时刻验证旁观者的礼仪修养。

与熟人保持联系

长时间不联系熟人，彼此间的感情自然会淡漠。从礼仪上说，这是对熟人的冷落，是不礼貌之举。

长期不联系熟人，当你的地址和联系方式发生变更，对方如果联系不上你，就会认为你故意与其断绝关系。长期不联系熟人，对方会认为你已经将其遗忘。当你长久未联系后突然问候对方，对方会感到突兀和不适应；如果你正好有事相求，对方会认为你是势利小人。

即使没有重大事情，你与熟人也不能断了联系。

切忌过于频繁地打扰熟人

俗话说：“低头不见抬头见”。家里电器坏了找熟人修理，文具找不到时找朋友借用，出门逛街找熟人陪伴……即使再熟悉的朋友、再亲近的熟人，总是打扰也难免会烦。

经常上熟人的班级打扰对方，显然对其学习不利；经常上熟人家里串门，容易对其生活产生干扰；频繁打扰异性熟人，容易给双方带来绯闻；过于频繁地打扰熟人，对方会不胜其烦，还可能产生“他是不是在利用我、欺负我”的怀疑。

因为关系较近就在外人面前对熟人随便呼喝，同样很失礼。

书信礼仪

给别人写信字迹要工整清晰

给别人写信字迹潦草是不礼貌的表现。

给亲近的人写信不注意字迹和措辞用语，是敷衍的表现；给老师写信字迹潦草、书写马虎，是对老师的不尊重；给老师写信字迹潦草，是不能以身作则的表现。私人信件不认真书写，说明自己做事拖泥带水、邋遢随便；任何人收到需要费力才能看清的信都会不高兴。

写信要注意格式

因为电话、传真机和电子邮件的普及，越来越多的人不注意写信的格式，如不写称呼、乱写落款、不分段等，都是不应该的。

写私人信件，如果对方是你的亲人或好友，也许不在乎有没有格式、合不合格式，但若对方是初次与你交往，收到格式乱七八糟的信，心里一定会不乐意。如果你将来通过信件来联系学校、老师等，不注意书写格式就会阻碍工作的进展，你也会被别人认为是对工作不负责、待人不真诚的人。

写信要长短适宜

有的人写家书，短短几句，好像发电报；有的长篇大论，且只写一件小事。这种做法真让人哭笑不得。

信件不是电报，不必惜字如金；信件也不是长篇小说，不必连篇累牍。信写得太短让人觉得写信人在感情和笔墨上都太吝啬，写得太长则让人感觉写信人婆婆妈妈，办事不利索，总结能力太差。

给不熟悉的人写信不可太亲密

给不熟悉的人写亲密信件是违反礼仪常识的做法。

刚认识一位异性没几天，就写言辞暧昧的信给他，对方一定会感到很不适应，甚至觉得你太过“奔放”。为了请别人帮忙而在信中落款“你的某某”，对方一定会感到牙都快被酸掉了。

给不熟悉的人写亲密信件，非但无法表达对别人的尊重，反而会让别人觉得自己不受尊重，并且因为引起对方误会，原本存在的联系也可能中断。

不可将私人信件公之于众

与某人闹矛盾后将其写给自己的倾诉秘密或痛苦的信件曝光；无意中发现借来的书里夹着主人的信件，自作主张地传阅给别人看……这样的行为令人深恶痛绝。

如果你是收信人，这样做是对写信者权利的侵犯；如果你是写信人，这样做是对收信人的伤害。如果你无意中发现别人的私人信件而将其公开，是对写信人与收信人双方的侮辱；如果你故意找别人的私人信件并将其公开，你的行为已经超越礼仪而涉嫌犯罪。

收到信后要及时回复

收到信后不回复是不可原谅的错误。

如果对方的信件内容紧急且重要，不回信就会耽误事情甚至让你永远无法弥补；如果对方与你关系密切，不回信会使对方盲目等待、徒增烦恼；如果对方与你关系一般，不回信就使对方认为你不肯与之交往；如果对方是亲人，不回信就会使对方担心你的状况，使其增加心理负担；如果是公务、商务信件，不回信就可能导致信誉危机或被别人认为没有效率、没有规范。

聚会前要提前给朋友发送邀请函

尽可能早地给朋友寄送派对邀请函，最理想的时间是在聚会前的 3 ~ 6 个星期。这样邮政系统有足够的时间来递送邀请函，确保客人能够收到，同时客人也有足够的时间来回复邀请函。

不要遗漏应该邀请的人

礼貌的主人所做的最糟糕的事情就是将一些人排除在派对之外，特别是一些能够获知派对信息的人。因此如果心有顾虑，并且邀请了他们交际范围内的人，那么让邻居或者自己所在活动组的女士们一起参加派对。设身处地地想，如果你所在的街道或者社区的人都被邀请参加派对，而你没有，你会有什么样的感受。己所不欲，勿施于人，不要将某些人排除在外。

交谈礼仪

不宜在路边交谈，以免妨碍他人

经常能见到在路边交谈甚欢的人们。他们的行为是不合礼仪的。

路上偶遇老同学，站在车水马龙的路边就开始闲聊，你们不担心被车撞，开车的人还担心撞到你们呢。在公园里散步，走累了在路边站着闲谈，如果参与交谈的是 3 个人以上，行人多半都得绕着走了。站在教学楼甬路边上说话，遇到老师，他会认为你们对学习不够用心；遇到前来参观访问的客人，他们会认为你们不注意自己的形象。

交谈时注意与对方保持适当的距离

交谈不注意距离，就可能无法成功。

距离关系一般的人太近，对方会感到受到威胁；与异性交谈时距离太近，对方会感到不安。亲朋好友距离太远，对方会疑心你对其不满或有事相瞒；师生谈话时距离太近，有损老师威严。集体开会时距离太近，不利于大家集中注意力谈论正题；距离太远，又有逃避责任的嫌疑。

听别人讲话时身体不可后仰

听别人说话时身体后仰，这样做是错误的。

身体后仰的姿势显得无精打采，更谈不上优雅，谁见到这样的姿势也不会感到愉快。身体后仰，必然使自己与说话者的距离拉得更远，显得傲慢，同时也给人以“不想听”“不屑于听”的印象。身体后仰又暗示出你对别人所说的话不感兴趣，对方会认为自己的话有问题，再说下去，可能会紧张或不自然。如果对方停止讲话，听话者会认为说话者对自己不感兴趣，双方的误解也就由此产生了。

切忌把口头禅挂嘴边

口头禅挂嘴边，不是好习惯。

开头总说“也许”，结尾总说“是吧”，会让人觉得没有主见；“有没有搞错”之类用于贬低别人的港台式口头禅常挂嘴边，会让人觉得自大而且庸俗不堪；“啧啧”“哎哟”等大惊小怪时候才用的词语常挂嘴边，会让人觉得虚伪而刻薄；“你必须”“听我的”等带有强制色彩的口头禅常挂嘴边，会让人觉得控制欲强，我行我素。

口头禅虽然是无意识地脱口而出，却容易引起别人的误解和反感，是很不礼貌的。

无聊的搞笑不等于幽默

吓唬别人，拿别人的生理缺陷开玩笑，嘲笑别人笨嘴拙舌或其他缺点，在别人身上粘贴画了乌龟的小纸条，学狗叫……这些绝不是幽默，而是无聊的行为，把无聊当幽默是大错特错。

把无聊当幽默的人，显得内心空虚，情趣低俗。如果经常把无聊当幽默，别人会认为你本身就是个无聊的人，自然会疏远你。把无聊当幽默调节气氛，结果往往适得其反。如果你的方式是捉弄别人，被捉弄的人会认为你品行卑劣，旁观者会认为你不值得结交。

开玩笑不可认真

把玩笑当真的人是很令人为难的。

任何人开玩笑的目的都不是伤害别人，而是为了调节气氛，增进彼此间的关系。把玩笑当真，别人就无法收场，以后再也不敢和你开玩笑，彼此的关系也会因此而产生隔膜。把玩笑当真，你就误解了别人，别人更会为你的误解而尴尬。

与人交谈不可目光冷漠

与人交谈时，目光冷漠无法起到积极作用。

“眼睛是心灵的窗户”，如果眼睛没有了神采，不能传达出感情，说话就没有感染力，就会显得虚假。与人交谈时目光冷漠的人不容易取得对方的信任，即使双方谈话中有共鸣，也难以让对方感受到你的真诚。

注视别人时目光要在一定的范围之内

注视别人时，不是对方的任何部位都能随便看的。

注视别人时，只将目光投射在对方眼睛以外的部位，从不与对方目光相触，是内心怯懦或心里有鬼的表现；对着别人周身上下扫描不停，是不信任对方的表现，还容易被对方认为你想打探他的隐私；专向别人的某个部位注视，则是骚扰的表现。

切忌不加掩饰地注视别人

不加掩饰地注视，就是死盯着别人看，是一种令人讨厌的行为。不加掩饰地注视别人会让你看起来形态猥琐，有失仪态。不加掩饰地注视别人会给对方带来心理压力，不利于交往的顺利进行。不加掩饰地注视别人会让对方认为你别有用心，有恶意企图或阴暗心理，别人会不乐意和你接近并交谈。

说话声音要温和

说话声音刺耳也是不礼貌的。

说话声音刺耳的人会让别人觉得不够沉稳可靠。如果你批评别人时声音刺耳，就有讽刺之嫌，也会被对方误解为刻薄尖酸、得理不饶人；如果你向别人解释原因或为自己的过失进行辩解时声音刺耳，对方会认为你不服气、有狡辩和强词夺理的嫌疑。另外，说话声音刺耳还会使别人失去与你谈话的兴趣和耐心。

说话时，一定要注意自己的声音是否刺耳。

在谈话中不宜纠正别人的错误

在谈话中纠正别人的错误很容易让对方下不来台。

首先，每个人的知识水平和分析能力、经验阅历都不一样，因此各自的观点以及对某人某事的认识也不尽相同。有些时候，有些问题根本不能用是与非的标准进行评判。其次，也许有的人在某个常识性问题上的确错了，但他是其他领域的专家，纠正他的错误等于是否定他的能力和地位。此外，有些错误的记忆和认识在说话人看来是正确的，别人再纠正也不会动摇其固有的认知，反而会伤彼此的和气。

尊重他人的意见

质问他人意见的可靠性，其实就是否定他人的意见。

质问他人意见的可靠性，对权威性人物来说是挑衅和侮辱，对胜券在握而又急于表现自己的人来说是打击和贬低，对胆小谨慎而又顾虑重重的人来说是威胁和扼杀，对一些急性子的人来说是抬杠、吵架。质问他人做法是否妥当、想法是否正确、记忆是否准确，其效果是相同的，都不妥当。

交谈时话语要连贯

交谈时话语不连贯，给人的感觉是你说话能力差、内心紧张，这样的表现是不利于展示礼仪的。

与朋友交谈时支支吾吾，会让人误以为你做了什么亏心事；与老师沟通时说话不连贯，对方对你的好感会降低；与晚辈交谈时说话顾前不顾后，难以得到对方的信服。

不要强行加入别人的讨论

强行加入别人的讨论，就像强行侵入别人的领地一样，不但不礼貌，而且惹人讨厌。

未经允许加入别人的讨论，会打乱对方的思路，扰乱对方的心情，甚至迫使对方中断正在谈论的话题。如果别人正在谈不便公开的事情，强行加入别人的讨论就是打探对方的秘密。如果别人谈的是专业话题或工作内容，你不懂而强行加入，是无理取闹。

强行加入别人的讨论还是一种急于表现自己的浅薄行为，懂得自爱和尊重别人的人不应这样做。

交谈过程中离开前要打招呼

交谈期间无故离开是不礼貌的。

交谈时突然离开而不打招呼，会让别人误以为他们说了什么得罪你的话或做了其他不合适的举动，妨碍了你，也会让其他人误认为你不屑于参加他们的交谈。与长辈交谈过程中突然不打招呼就离开，是明显的不敬；即使面对晚辈和陌生人，毫无征兆地突然离开也是会让人感到莫名其妙的。

只管说不管听的人是不受欢迎的

只说不听的朋友不能领会你真正需要什么，只说不听的学生不能很好掌握老师指出的重点。只说不听，不能知道别人对你话语的反应，也不能知道你说话的效果。回到礼仪上来，只说不听本就是不把其他人当回事、以自我为中心的表现。即使你说的话很有道理，也无法得到别人的尊敬。

切忌随意打断别人的话

不随意打断别人的话是最基本的礼貌。

人与人的表达能力和说话速度不同，有的人长篇大论，滔滔不绝，有的人边想边说，吞吞吐吐。如果别人好不容易获得一点灵感，正在陈述他的想法，突然被打断会使其灵感遭到破坏。人与人说话的态度和语气不同，有的人言辞犀利，有的人言辞谨慎。如果你因为难以接受对方的观点而随意打断别人说话，会显得急躁、武断、沉不住气。如果你在参加辩论会的时候急于打断对方的话，结果可能是给评委留下不好的印象而得到低分。

即使你想反驳对方或补充、纠正对方，也不应打断他的话或抢着发言。

不探听别人的私密谈话

没有人欢迎对别人的私密谈话探头探脑表示好奇的人。

极力想了解别人私密谈话的人让人觉得没有教养、好奇心重，而且在不该好奇的地方好奇。与这样的人共事，别人一定会缺乏安全感，担心自己的隐私被他窃取，更担心他向别人泄密。对别人的私密谈话表示好奇的人使人觉得他不安分守己，不能专心学习或不负责。

不侵犯别人的私密空间是一种礼貌。

切忌不懂装懂

不懂装懂最通常的结果是惹出笑话，以自己的狼狈表现收场。

不懂装懂在无知的人面前也许能暂时抵挡一阵，保留住自己的面子，到了行家面前，可就要大出其丑了。不懂装懂是极力掩饰自己知识贫乏、见识短浅的做法，说得越多，自己的缺点暴露得就越多。不懂装懂也是不诚实的表现，如果对方有意考验你的诚意，不懂装懂就会使其对你丧失信心，收回扶助你、点拨你的打算。

切忌自吹自擂

自吹自擂的人不容易得到别人的认同和肯定，更不要说深交与合作了。

自吹自擂首先是狂妄自大的表现，这样的人目中无人，不是很好的合作伙伴。自吹自擂也是过度自卑的表现，目的是用过分的自信来掩盖不自信。自吹自擂容易“穿帮”，导致无法自圆其说，正所谓“搬起石头砸自己的脚”。自吹自擂的人显得浮夸，没有真才实学，这样的人难以让人信服，这样的朋友无法推荐给别人。

表达自己意见的同时也尊重别人的意见

强行让别人接受自己的意见是错误的做法。

强行让别人接受，说明自己的意见不对、对别人不利，或者别人不感兴趣、不适合别人。强行让别人接受自己的意见，是不考虑他人的感受、不为他人着想的表现。老师和长辈这样做是仗势欺人，亲朋好友这样做是强人所难，陌生人这样做是多管闲事。强行让别人接受自己的意见是在搞“一言堂”，就算别人当下表示赞同，内心里也是不服气的。

劝说他人要看时机

劝说他人不看时机，即使你的劝解能力再强，也难达到预期效果。

如果别人经过长期考虑后已经打定主意，并且下定决心，你上前劝说，对方一定置若罔闻；如果别人情绪高涨，完全听不进任何人的言语，你上前劝说，对方也许会更加坚持自己的意见；如果对方周围有很多亲信支持他，你上前劝说，就是不给大多数人面子；如果别人事务缠身，你上前劝说，对方会因为无暇顾及而听不进去。

因此，劝说他人一定要看时机才算礼貌。

懂得适时保持沉默

别人都在专心听某人发言，你却在下面用大家都能听到的声音对某人做出评论，让人感觉你得了“人来疯”；别人正围在一起讨论解决方案，听到只言片语的你贸然开口，让人感觉你是“半瓶子水晃荡”；老师让大家在几分钟内认真思考，你偏偏转头和旁边的人说话，旁边的人会认为你打扰他的思路，老师会认为你目无师长，大家会认为你不遵守纪律。

不要谈论陈旧无聊的话题

谈论陈旧无聊的话题对表达你对别人的尊敬毫无益处，是错误的。

谈论陈旧无聊的话题的人，给人一种不思进取、头脑简单的印象，也给人以没话找话、态度不积极的印象。与客户谈判告一段落后闲谈陈年旧事，难免让人觉得你跟不上时代；和新结交的朋友谈论味同嚼蜡的陈旧话题，对方自然会感到你缺乏生气，比较古板、拘谨。

谈论陈旧无聊的话题会让人不胜其烦，这样的人不容易受到欢迎。

谈论别人喜欢的话题

谈论别人不喜欢的话题，即使你的话再多，说话技巧再高超，也难以引起别人的兴趣，更不要说引起对方的共鸣了。

和目不识丁的人谈论文学理论，和讨厌动物的人谈论宠物喂养经验……都会让对方如坐针毡。

谈论别人不喜欢的话题，结果只会让原本想和你交往的人打消交往念头，造成你和对方的关系更疏远。

批评与攻击别人要把握分寸

批评过了火就容易变成攻击，会让人的好意变成恶意。

本意是希望对方能改变学习方法，结果却变成声讨对方智力低下，这就是将批评变成了攻击；本意是希望对方节省一些，结果却变成数落对方招蜂引蝶，这就是将批评变成了攻击；本意是希望对方思考问题再缜密一些，结果却变成了讽刺对方是非不分，这也是将批评变成了攻击。

批评能使人进步，攻击却使人发怒，造成严重的负面影响。

提建议要切合实际

提建议不切实际，结果不会比不提建议更好。

有人不小心落水，在场围观者包括你在内没有人会游泳，你却建议别人赶快跳水救人，这样的建议自然不切实际。你觉得突击学习法对应付考试很有效，却不一定适合别人的学习习惯和记忆特点。别人的身体状况不适合做剧烈运动，你却建议对方用短跑的方式恢复健康，这样的建议会被对方当作伤害。

提建议不切实际会浪费时间，还会给别人增添烦恼，让别人误解你是“站着说话不腰疼”。

不必在非原则性问题上与他人纠缠不休

在非原则性问题上纠缠不休，这样的人在别人看来是小肚鸡肠，不值得交往。

和朋友结伴购物，你坚持向对方推荐你觉得漂亮的衣服，朋友选了她认为好的，你就不停抱怨对方没有眼光，对方一定不再愿意和你一起逛街。别人的要求并没有违反规定，作为负责人的你却竭力阻挠对方，对方一定会认为你擅用职权，并且是“死脑筋”，自然不会对你有好印象。

说理要讲原则

说理不讲原则是不会得到别人的拥护的。

你觉得自己和甲关系好，就不分是非帮甲说话，你讲得再多也会被视为“歪理”；你觉得身为甲班级的学生就该维护本班的利益，于是不分真假帮甲班说话，你说得越多，做伪证的嫌疑就越大。说理不讲原则，反而会使班级荣誉受损，而且还会姑息掩盖错误，不利于同学的进步，很可能会让矛盾无法解决，让小矛盾变成大矛盾，让争执扩大化。

说理不讲原则就是意气用事，不仅解决不了问题，还会让自己的解释和说理显得空洞无力，给别人留下胡搅蛮缠、是非不分的印象。

批评别人时切忌有指桑骂槐之嫌

批评一个人，不该把矛头同时指向其他人。

无论是当面借批评甲来指责乙，还是背后如此，无论是针对个人还是集体，指桑骂槐都是令人厌恶的。如果你无意间给别人留下指桑骂槐的印象，误解你的可就不只是一个人了。明明是批评张三，李四却感觉你是在说他；明明是在说王五这件事做得不对，赵六却觉得你是在说他做的事不妥。结果是被批评的和感觉到被批评的人你都得罪了。

批评别人时让人觉得你在指桑骂槐，别人会认为你城府太深，从而不愿与你坦诚相交。

恭维别人不可露骨

刻意恭维别人，就是我们俗称的“溜须拍马”。每个人都希望得到别人的肯定，希望得到别人的夸奖。但“恭维”与“赞美”是完全不同的概念，其结果也会大不相同。刻意恭维人品正直的人，对方会觉得你人品低劣；刻意恭维自己需要的人，对方会对你产生警惕心；刻意恭维熟悉的人，对方会怀疑你做了什么亏心事。

刻意恭维别人显得虚伪、卑躬屈膝，会惹人讨厌，还不如简简单单说话、实事求是评价，或不评价。

切忌不明是非乱传话

不明是非，却积极做“传声筒”是错误的。

道听途说某班主任要离职，你立刻第一时间向同学们传播，必定造成人心惶惶；偶然听说某人蹲过监狱，某人得过怪病，你转身就告诉别人，如果是真，是对当事人的伤害，如果是假，是对当事人的诽谤。不明是非乱传话，如果传话人不怀好意，你就成了他的帮手；如果事件不能公开，你就是违反纪律，提前泄密。不明是非乱传话，别人会认为你头脑简单、容易被利用，而且是不可信任的“小人”。

对自己不懂的事情不随便发表意见

任意对任何事情发表意见，很容易说错话。

如果自己的经验只限于道听途说，为凑热闹而对自己不了解的事情发表意见，容易因为断章取义而“帮倒忙”；如果自己无权对某事指手画脚，随便发表意见就是越权行事；如果别人需要独自思索，自己任意对其发表意见，就是喧宾夺主；如果事实已成定论，自己不分青红皂白随便发表意见，就会显得很无知、很无聊。有时随便发表意见，还会有颠倒黑白的嫌疑。

任意对任何事情发表意见，只能暴露出你的莽撞和浅薄，并且让别人感到不受尊重。

说话要注意场合

说话不注意场合的人，说明他不会说话，不懂得说话礼仪。

在别人的婚礼上评论“新娘个子太矮”，新人们以及其他宾客一定感到很扫兴；在别人的寿筵上询问主人顽疾是否治好，肯定会引起别人的批评；在葬礼上大开玩笑，别人一定会认为你故意捣乱。

说话不注意场合很容易使别人不快，引起别人心理上的不适和厌烦，甚至引起争执，导致自己与别人关系破裂。说话之前，一定要先想想“这样的场合应该说什么”。

弄清自己在交谈中的角色

该说的不说，不该说的瞎说，不知道什么时候该说，什么时候不该说，不知道什么话该对谁说，什么话不该对谁说，这就是不注意自己在交谈中的角色。

如果自己不是主角，滔滔不绝地在交谈中表现自己，是喧宾夺主；如果自己是主要配角，谈话过程中一言不发，是目中无人或者心不在焉；如果自己是主持人，谈话中不注意帮助别人引出话题和平衡其他参与者的关系，就是失职；如果自己是倾听者，在交谈中表现得漠不关心，就是对倾诉者的不尊重。

节日交谈宜选择喜庆话题

节日交谈选择非喜庆话题一定会招人不快。

别人过生日，你偏说这个年纪容易得什么病之类的话题，别人一定会认为你在诅咒过生日的人；过春节等传统节日，你偏说失业、郊外无名尸体之类的话题，别人一定感到非常扫兴。节庆日子里谈非喜庆话题会影响欢乐的节日氛围，使人们的心情受到影响。

节庆时节，一定不要谈论非喜庆话题。

切忌轻易许诺

想要许诺时一定要深思熟虑。

朋友让你帮他买东西或别人请你去某地旅游时顺便捎点东西给他，你不考虑自己是否方便就一口答应，结果根本就没有到卖相关物品的市场上去；别人请你托熟人介绍工作，你不考虑自己有没有熟人就义气用事地答应下来，结果你根本没有能力帮对方办事。如此许诺的结果必然是导致别人对你的失望和抱怨，更不要说信任了。

许诺事关人品和别人的信赖，千万不能随便应承。

说话要算数

不要做言而无信的事。

答应别人的事情不去做，或者推托搪塞，即使事情很小，也会损害你的名誉，损害别人对你的信任。言而无信一次也许别人会原谅你，三番五次失信于人就会让别人彻底不再相信你。从礼仪的角度说，言而无信就等于欺骗，别人会认为你不重视对方、不诚心，敷衍塞责。

无论事情大小，无论对方与你关系如何、身份如何，言而无信都不应该。

电话礼仪

拨打电话要选择时间

打电话不选择时间，坏处多多。

别人正在午休，你打电话必然会让对方休息不好，如果再加上你的电话无关紧要，可打可不打，更会让对方生气；别人正在开会，你打电话必然令对方无法招架，如果再加上你喋喋不休，会无端让对方难堪；别人正在专心工作，你打电话必然影响其状态，如果再加上你倾诉痛苦，对方说不定必须加班才能做完他的工作。

打电话时要用问候语

打电话不用问候语是相当不礼貌的。

给长辈和领导打电话不用问候语，对方会觉得你对其“有看法”；给亲朋好友打电话不用问候语，对方会觉得你对其感情淡漠；给客户打电话不用问候语，对方会觉得你不具备专业水准。给任何人打电话不用问候语，对方都会感到突兀，会打消对方与你沟通的积极性，甚至让对方不愿意再与你交谈。

电话问候切忌生硬刻板

电话问候生硬刻板，会让电话另一端的人很不舒服。

在公务或商务交往中，身为部门接待人员，如果接到客户电话时生硬地说："你哪里？""说！""你想干什么？"等等，这些冰冷的词语和句子会让对方感到像是在被审讯。身为业务员，打电话给新客户时，如果生硬地说："你好，这里是某某单位……"话语中不带一丝感情，语调平直，对方会认为你是在例行公事，没有诚意，自然难以得到对方的认同。私人交往时，电话问候生硬刻板，对方会认为你对其心生厌恶，容易让别人打退堂鼓。

不可让电话铃声响应时间过长

让电话铃声响得时间过长是不负责任的表现。

夫妻、恋人、朋友来电话时让电话铃一直响，对方会认为你不在乎他；窗口单位的电话铃声响应时间过长，来电者会认为你所在的单位名不副实；关系一般的人来电话，让电话一直响，对方会认为你对他不屑一顾；闹过矛盾的人来电话，让电话铃声响应时间过长，对方会认为你小心眼；如果对方是向你提供机会的招聘者、招商者，电话迟迟接不通会让对方失去耐心和好感。

打错电话要道歉

打错电话不道歉是很没有教养的做法。

你打电话给某单位，不小心拨错号码，当对方告诉你打错了，你气急败坏地冲着话筒说"神经病"，对方一定在委屈的同时暗骂"你才是神经病"；你拨朋友的电话号码，却拨成一个相似的号码，对方告知你打错了，你却说"什么破号码，害得我拨错"，对方一定觉得"好心没好报"。打错电话本来就是对别人的打扰，不道歉就是骚扰，如果你连续几次拨错号码不道歉，对方应该误以为你是在搞恶作剧。

打电话要说清楚目的和要求

打电话不说清楚目的和要求，电话就白打了。

有的人打电话本来想向对方求助，开口时却因为不好意思、怕对方拒绝等种种原因而含糊其辞，不说出真正想法；有的人打电话时以为对方能明白自己的意思，因此在通话时不说清自己的目的和要求。这样做的直接结果就是对方不知道你到底想说什么。如果对方没有深入体会你的话语，就有可能误解你是闲来无事聊天；如果对方想帮你，却又怕直接询问伤害你，你不说清楚目的就会误解对方。

接通电话后要问对方是否方便

接通电话后不问对方是否方便就自顾讲话，必然会造成"不方便"。

张三正在开会，你接通电话后不问对方是否方便就开始聊天，对方即使想回应你，也无法应答自如；王五正在上课，你接通电话后不问对方是否方便，对方就会耽误学习的时间；对方是个正在准备为病人做手术的医生，你接通电话后不问是否方便，对方就容易分心，影响工作状态；对方正在接待客人，你不问对方是否方便，对方就不能很好地待客。

别人接你的电话表示他尊重你，但你接通电话后不问对方是否方便，就是对别人的不敬。打电话应该懂得为对方着想，这样于人于己才都方便。

请对方回电时要留下可靠的联系电话

请对方回电话，却不留下方便对方找到你的电话号码，导致联系失败是很常见的。

要找的人不在，给代接电话的人说："让他打我家里电话吧！"对方一定会为这句话摸不着头脑。请对方回电话却不留下可靠的联系电话，你的电话就是无效的。如果你和受话人不太熟悉，或者你身在外地，使用的又是公用电话，接电话的人会为确定你的身份而大费周折，为找寻你的电话号码而干着急。

不要以为任何人都清楚地记得你所有的联系电话，如果请对方回电话，务必要留下可靠的联系电话。

不可责骂打错电话的人

谁都可能打错电话，有的是一开始就存了错误的号码，有的是很久不联系的朋友换了号码，总之总是有这样或那样的原因让我们可能打错电话。如果不小心拨错了号码，电话另一头传来暴风疾雨似的责骂，你肯定会觉得非常委屈、非常生气。责骂打错电话的人不是礼貌的做法。

责骂打错电话的人，会给对方留下很糟糕的印象。如果别人打错电话时，我们只需要简明地告诉对方打错电话即可。

错过电话后要及时回拨

错过电话不及时回拨，错过重要信息的同时往往也错过了对方的热情和坦诚，甚至错过机会。

如果新闻记者错过电话，也许会错过重要线索；如果医生错过电话，也许会延误病人的生命；演员错过电话，也许会错过重要角色。在工作岗位上错过电话，就是失职；在私人交往中错过电话，就是逃避。错过电话而不及时回拨，一定就会错过更多信息。

不可贸然替别人接电话

贸然替别人接电话不会被人认为是"热心肠"，反倒会给受话人添乱。

甲约好在几点等恋人的电话，你贸然替甲接电话，来电者会认为甲故意不接电话，同时会怀疑你刺探隐私。如果你是甲的异性朋友，来电者可能会因为你接电话而产生误会、与甲吵翻。如果来电者谈的是工作上的问题，你贸然替甲接电话，非但解决不了问题，还可能让来电者认为甲不负责任。如果来电者的电话内容涉及机密，甲更会因为你的贸然代接而苦不堪言。

不可随便请别人代接电话

随便请别人代接电话不礼貌。

如果来电者的目的是追究责任，请别人代接电话会有逃避责任之嫌；如果来电者的目的是为了邀请，请别人代接电话有摆架子之嫌；如果来电者的目的是商讨问题，请别人代接电话会有敷衍、推托之嫌；如果别人打电话的目的是试探，请别人代接电话就有拒绝之嫌。我们不一定事先知道来电者的身份和目的，但随便请人代接电话首先就是不重视来电者的表现。随便请别人代接电话还会让重要电话失效，会让打电话的人心生疑虑。

让对方持机等候时要说明所需时间

让对方持机等候时不说明所需时间，会很让对方着急、反感。

需要让对方持机等候时，如果先告诉对方需要等多久，对方会“有个盼头”，心情也会平静一些，反之对方会以为自己被遗忘了。事先告诉对方需要等待的时间，对方就可以根据自己的情况适当处理一下别的事情，不至于干等、浪费时间。

让对方持机等候时告诉对方需要等多久，是体贴对方的表现。

接电话时不可以用“喂，喂”或者“你找谁呀”作为“见面礼”

接电话时用“喂，喂”或者“你找谁呀”作为“见面礼”绝对是错误。

首先，接电话时用以上语言作为见面礼是对来电者的轻视，说明对方在你心目中不值得好好对待；其次，接电话时用以上语言开头，会给对方留下恶劣印象，甚至从对个人的不良印象扩大到对集体的不良印象；再次，接电话时使用不当的“见面礼”，会让接电话者不自觉地养成不礼貌的习惯以及不守规矩的陋习，更不要说树立榜样形象和发挥职能了。

在电话中不要谈一些别人不想听的无聊话

在电话中谈别人不想听的无聊话是错误的。

打长途电话时，谈完正事后絮絮叨叨地谈自己家的猫长得怎么样，而对方对猫毫无兴趣，对方手机又不是免费接听，这样做会让对方很恼火；值班时闲着没事，用办公室的电话找熟人聊天，有一搭没一搭地向对方谈论白天办公室发生的趣事，而对方对你身边别人的事情不感兴趣，这样做会让对方觉得很烦躁。

通话中要注意自己的表情举止

通话过程中，不注意自己的表情举止，就像当面谈话时不注意自己的仪态一样，会令人讨厌。

阴沉着脸说话，从话筒中传出的声音就会生硬冰冷，令听者不快；弯腰弓背地说话，话筒中传出的声音就会底气不足、慵懒无力，令听者怀疑对方的信心和态度；坐立不安地说话，从话筒传出的声音就会时高时低、容易颤抖，让听者怀疑对方的诚实和心理状态。

通话中要注意说话方式

通话时不注意说话方式，很容易影响通话效果。

与老师通话时大大咧咧，就算你电话里的内容很重要、很关键，也无法改变你留给领导“没礼貌”的印象；和急性子的人通话时吞吞吐吐，对方耐心听完你啰唆后，必定已经火冒三丈，因为你已经给对方留下了效率低下的印象；和异性下属通话时不停地开玩笑，对方听你说话的同时，一定在心里悄悄打鼓，因为你已经给对方留下了轻浮的印象。通过电话告诉别人不幸消息时劈头就说，对方一定会被突如其来的打击搞得精神压抑。

通话中要注意控制音量

通话中不注意控制音量的做法是行不通的。

在集体场合接打电话时音量过大，会影响其他人，也让对方听起来觉得“聒噪”;在较为安静的场所接打电话时声音过大,会被周围的人视为“怪物”,有扰民之嫌；谈论私密话题时声音过大，会让周围的人感到尴尬，对自己的形象不利，对保护自己的隐私不利。同样道理，通话时声音太小，对方与你沟通就会困难，并怀疑你“心虚”、说假话。

通话要控制时间

本来一分钟可以说完的话，絮絮叨叨说半个多小时;本来需要详细谈论、解释的事情，你几句话就打发了对方。这都是错误的。

打电话前要先理好思路，电话接通后要和对方传达哪些信息，还有哪些信息需要跟对方确认。沟通私事时通话时间过长,给人一种无聊透顶的印象。如果通话时间太长，必定耽误其他人使用电话；如果通话时间太短，该说清楚的问题说不清楚，给别人以不负责任的印象，而且使人心情郁闷。

在通话中不可对着话筒打哈欠，或是吃东西

有的人边与别人通电话边打哈欠,或者吃东西,自己觉得这都是“小节”,无关紧要。其实这些并非“小节”。

给结交不久的朋友打电话时打哈欠、吃东西，对方会觉得你不真诚；与亲人、朋友通电话时打哈欠、吃东西，对方会觉得你闲着无聊拿对方打发时间，同样无法感觉到你的尊重。通话过程中，如果难以控制打哈欠，应避免让对方听到。

通话过程中做与通话无关的事情是心不在焉的表现。

不可边接电话边和别人聊天

边接电话边和别人聊天是错误的。

接电话与当面与人交谈一样，都是需要礼节的，如果不专心对待，就会难以准确明白对方的意图。当别人准备在电话里与你商谈重要事情时，你边接电话边和其他人聊天，一方面会让对方感到受冷落和轻视，另一方面会让

你因为无法集中精力接听电话而漏掉重要内容。有些人边接电话边做别的事情，如翻书、看电视、做饭等，自认为这样做提高效率，其实这样往往使任何一件事情都做不好。单从礼仪角度来讲，这是对来电者的不敬。

除了做电话记录可行，边接电话边聊天或者做其他事情都是不应该的。

处理抱怨电话时要认真对待

作为受话人，不能因为对方的电话内容是抱怨就不认真对待。

如果对方是亲朋好友，不认真对待的话，对方会认为你不重视他和他的感受，容易引发彼此间的矛盾。如果同学心情不好时给你打电话倾诉，你不认真对待，很可能会影响同学间的友谊。无论打电话的人身份如何，不认真对待其抱怨，都是不礼貌、不耐烦、不真诚的表现。

结束通话时，不可抢先放下电话

通话结束抢先放下电话是不敬的做法。

通话结束抢先放电话会让对方疑心你不愿与其通话，或有事相瞒；如果对方还想补充什么或者想强调什么，抢先放下电话就会让对方失望；如果对方之前与你有过不愉快，抢先放下电话会让对方认为你心胸狭窄，尚在“记仇”；如果对方有事相求，抢先放下电话是拒绝的表现；如果对方身份较高，抢先放下电话是蔑视的表现；如果对方是不熟悉的人，抢先放下电话是不屑一顾的表现。

不宜在会客时长时间接打电话

会客期间长时间接打电话是不能使人容忍的。

你约好一个许久未见的朋友来家中做客，对方到来后，你一会儿接电话，一会儿拨电话，把对方晾在一边。这样做一方面会让对方认为你故作姿态，显示自己交际范围广、受人欢迎、事务繁忙，一方面会让对方认为你不是真心相待，有被欺骗的感觉；再者，你会让对方认为你用这种方式暗示“电话那头的人比你重要得多”。

接电话的一方不宜提出中止通话的要求

接电话时主动提出终止通话是不对的。

如果对方是长辈或老师，接电话的一方主动要求终止通话，会给对方以不受尊重的感觉；如果对方是比自己小的人或小学生，接电话者提出中断通话，对方会有受挫感。如果对方尚未说完想说的话，主动提出中断通话会让对方觉得犹如骨鲠在喉。

不可突然挂电话

突然挂电话会让人丈二和尚摸不着头脑，莫名其妙之余感到生气。

别人找你倾诉苦恼，你突然挂断电话，对方会认为你厌烦而更为苦恼；同学找你讨论问题，你突然挂断电话，对方会认为你不满意而心存疑虑；别人向你咨询问题，你突然挂断电话，对方会认为你没有耐心或能力欠缺而失望。突然挂断电话让人觉得突兀而无法适应，对方会认为你使性子、乖戾而不通人情。

即使自己有再紧急的事情也不应该突然挂断电话。

出行与游览礼仪

不随地吐痰

痰是人体的废物，从卫生角度来看，它是疾病的传染载体之一。随地吐痰会传播病菌，脏了环境。痰中有许多病菌，随地吐痰后这些细菌会随风飞扬，被人吸入。对于抵抗力差的人，可能会致病。在公共场合随地吐痰，是无视别人健康的行为。从礼仪角度而言，随地吐痰的姿态极为猥琐，令人厌恶。越是衣冠楚楚的人这样做，越容易给人留下表里不一的印象。一个职业经理人若无其事地向草坪吐一口浓痰，转身继续器宇轩昂地与业务关系的同伴高谈阔论，他之前所建立的完美个人形象必定因为那骇人的一吐而倒塌。另外，吐痰还容易让别人误以为你在暗示对对方的蔑视或不满，引起别人心理上的芥蒂。

不可在景点刻字留名

有的人造访某处景点，尤其是前往自己一生可能只去一次的地方，往往要留下“某某到此一游”之类的字迹，有的甚至用喷漆喷涂各种字迹。这是不文明的。

在景点刻字留名，会损坏建筑或景观的完整原貌，这不仅谈不上美观，更会对景观造成难以修复的伤害。如果你刻字的对象是重点保护的文物，你的做法简直就是对历史的亵渎。在景点刻字留名可能会给自己留下永久性的骂名，任何游客来到你留名的景点，都会知道你参与了违规的破坏行动。如果留下籍贯，你家乡的人们将被一并唾骂；出国旅游这么做，等于给国人丢脸。

不在公共场所聚众围观

远处人声嘈杂，听起来似乎是有人在打架斗殴，赶忙加快脚步跑过去看；看到有很多人围着高声叫卖的小贩，赶忙冲过去凑热闹；听说出了车祸，就赶快向人群聚集的地方奔跑……哪里人多去哪里，哪里热闹去哪里，这种做法是错误的。

公共场所不是自家小区，不是说书卖艺的剧场。众人汇聚，给人一种乱凑热闹、没有修养、没有自制力和是非观的印象。聚众围观，容易造成场面更加混乱，交通阻塞，不方便别人经过。从礼仪上讲，如果被围观的是无聊人的闹剧，你的行为无疑会令人不齿。如果你与人结伴而行时见到热闹就凑，不仅浪费大家时间，还会给同伴留下糟糕印象。

自觉排队

买车票时，在超市购物付款时，在医院排队挂号时，别人都在焦急等待冗长的队伍慢慢变短，你却公然加塞。这种蛮横、不讲理的做法是无法让人忍受的。

排队加塞也许是因为事情紧急，但无论如何，这都是令人难以接受的。这种行为破坏了正常的秩序，侵犯了他人的权利，在排队的高峰期，尤其容易引起众怒。如果你的理由是身份地位不一般，别人会对你的狂妄自大产生强烈反感；如果你的理由是帮助尊贵客人尽快解决问题，你的客人会因为众人的侧目而感到难堪；如果你在严守公共秩序的同伴面前加塞，对方可能因此不再信任你、尊重你。

不在地铁站内打闹

在地铁站内打闹不礼貌更不安全。

地铁通常是最繁忙的交通工具之一，人行通道上有时候会达到“站不开”的极度拥挤状况。在这种情况下打闹、嬉戏，无疑会影响其他乘客。在自动扶梯上打闹，容易撞到别人，阻碍其他乘客；在站台上打闹，容易造成危险，万一你掉下站台，或把别人挤下站台，会有性命之虞。上车后打闹，容易使身处拥挤环境中的人们更加烦躁。如果公然展示你和同伴的亲密或矛盾，是把自己的感受强加于别人的恶劣做法；如果你打闹中再加出言不逊或暧昧，更会令其他人反感。

乘公交车时要懂得让座

乘公交车时，如果车上人少，你坐在老幼病残孕专座上没问题，任何人都不会对你侧目；但如果车上人多，而又有年老体弱的人在场，不让座就会显得太麻木。年轻人不给老年人和小孩让座，是不懂得尊老爱幼的表现；健康人不为残疾、虚弱的人让座，是不懂得关心弱者的表现；男性不为孕妇让座，是不尊重女性的表现。公交车上不让座，是极端自私、冷漠的表现。

乘车要自觉买票

有不在少数的人觉得乘车逃票是“本事”，更是省钱的绝招，其实这么想的人太过狭隘了。

乘车逃票首先使车辆运营者的利益受到损失；其次是使售票人员的责任无法得到体现；再次，如果你以这种方式向同伴表示自己有能耐，而你的同伴恰好厌恶投机的行为，你的做法相当于给对方下绝交通知。如果有其他乘客揭发你的行为，想必你的表情不会太自然吧！

乘公交车不可堵着车门

乘公交车时我们常常遇到人满为患的情况，很多人上车后根本挤不到车中间，于是就顺其自然地堵在车门边上。这样做可不讨巧。

堵着车门容易妨碍他人上下车，如果你动作太慢，别人就可能因上不了车或下不了车而错过站点。此外，堵着车门也不利于安全。如果你被挤倒，很可能会撞到别人，引发小小的骚乱。在公共场所，一切事情都应该从大家的利益出发，否则就是对礼仪的蔑视。

使用公共游乐设施要照顾别人

公园、游乐场里，供多人同时使用或集体合作使用的游乐设施随处可见。既然是公用的，就不要不考虑他人的意愿。

坐碰碰车时不停冲撞，想撞谁就撞谁，不顾他人感受，别人必定会觉得你太莽撞；坐跷跷板时擅自离开座位，导致同伴突然落地，对方必定会为你的恶作剧而生气；坐人工推动的旋转木马时擅自加速或改换方向，其他乘客有可能会被你转得头昏脑涨。

使用公共游乐设施而不照顾他人容易引发矛盾，破坏大家的心情和友好关系，还可能造成意外事故。这是自私的表现，也是不礼貌的行为。

听音乐会要穿正装入场

穿着拖鞋、短裤听音乐会和穿着西装下游泳池一样令人感到匪夷所思。

即使我们不能像西方国家那样穿着正式的西装、套装去听音乐会，至少也不能穿得过于邋遢、随便。穿着拖鞋、短裤去音乐会场，会明显地与处处讲究细节的庄严会场产生强烈的反差，给人以不雅之感。在一群正装出席的表演者面前穿得过于随便，给人的感觉就像主人穿着睡衣接待客人。穿着拖鞋、短裤听音乐会是对演奏者和音乐厅的不尊重。

避免在音乐演奏时中途入场

一场气势非凡的音乐会对人们而言是绝对美好的享受，但音乐演奏中途受到打扰的话，人们的享受就会打折。

如果你是演奏者之一，演奏途中突然有人大摇大摆地闯进除了音乐没有任何杂音的音乐厅时，你必然会觉得自己受到了冒犯和轻视。由此可见，在音乐会演奏中途入场，必然会破坏现场的演奏气氛以及听众专心欣赏的心情。演奏中途入场，说明你是一个伪乐迷，不懂得尊重演奏者，同时也说明你是个自私的人，不懂得照顾他人的感受。此外，这说明你还是个没有涵养的人，不遵守音乐会的规则。

听音乐会要保持安静

听音乐会时，不要无所顾忌地聊天。

听来华访问演出的国外乐团演奏，边听边和同伴评头论足或者说家长里短的事情，你的声音必然会影响周围专心听音乐的人，让他们难以全心投入地欣赏音乐。如果台上的演奏者看到你的样子，必定会觉得中国人素质低。受别人邀请听音乐会时大肆聊天，对方可能会觉得自己邀请你是浪费门票和感情的做法，因为你不懂得欣赏音乐的基本礼仪——安静和专注。

第四章

气质修养

仪态优雅

优雅的站姿

（1）少女的站姿不完全等同于儿童时期，不但要讲求舒适，还要讲求优雅，讲求美丽。

（2）最优美、最正确的姿势是抬头、平肩、挺胸、直腰、收腹，两眼直视前方，两手自然下垂，两腿并拢直立，两脚稍微分开呈“V”字形，身体重心放到两脚中间，脸上带有自信，同时呈现出一种挺拔的感觉。

（3）另一种优雅的姿势是身体挺直，两脚分开比肩略窄，双手交叉放在身前或身后。

（4）切忌摆姿作态故意亮相，那会显得生硬不自然，并且缺乏女性的韵致。

美丽的坐姿

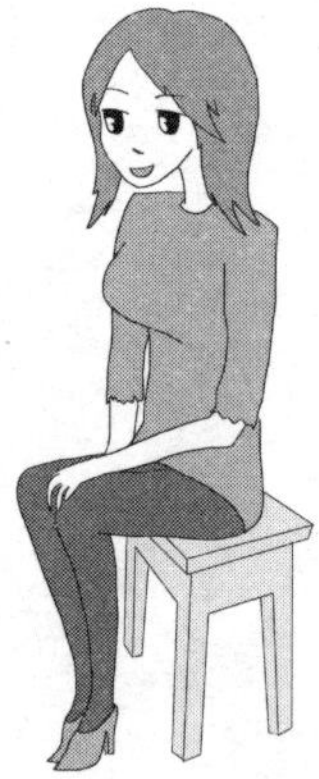

（1）坐下前先让腿进入基本站立的姿态。

（2）当后腿能够碰到椅子时，轻轻坐下，两手叠放在腿上。

（3）两个膝盖一定要并起来，不可以分开。

（4）腿可以放中间或放两边；如果要跷腿，两条腿必须合并，且脚尖向下。

（5）如果裙子很短，一定要谨防走光。

婀娜的走姿

（1）有些少女喜欢模仿模特走步，那可就错了，因为模特的步伐是夸张的，只适合在舞台上表演。

（2）正确的走姿是：抬头、挺胸、收腹、肩膀往后撤，手在身体两侧轻轻摆动，步伐也要轻盈。

（3）注意：步幅比肩膀应稍宽一些；脚跟先着地，再由脚跟向脚尖方向抬脚，走直线；脚尖指向目光正前面10～20厘米处。

（4）不要拖泥带水，让鞋子在地面上划出很大的声音。

优美的蹲姿

（1）正确的方法是：弯下膝盖，两个膝盖并起来，臀部向下，上体保持直线——这样的蹲姿既典雅又优美。

（2）另一种姿势是：并膝下腰，一脚在前，一脚在后，前脚掌基本着地，小腿大致垂直于地面，后脚脚跟提起，脚尖着地，微微屈膝，移低身体重心，腰背平直。

（3）切忌只弯上身，把臀部翘起。

典雅的取物姿势

（1）一定不要把手臂伸出很远去取物，这会让整个人看起来像在耍杂技，而且还有跌倒的危险。

（2）取物时保持头部挺直，身体不要夸张地左摇右晃。

（3）神态要温和、平静，不要显得过于急切。

（4）取完后的收回动作要有连贯性，不要太突兀。

动人的拾物姿势

（1）不要离物品很远，弯腰伸长胳臂去捡。

（2）不要只弯下腰，高翘臀部，甚至金鸡独立式地俯身拾捡。

（3）正确的做法是：走到物品左侧，两脚一前一后，错开半步，保持上身挺直，悠悠地弯腰下蹲，前脚脚掌着地，后脚脚跟离地，用右手从身体外侧捡拾起来，然后跨前或跨后一步，站起身。

下蹲时应避开人流

你正在走廊里匆匆赶往教室，对面的一位同学走着走着突然直冲着你蹲下去，让你躲避不及，差点扑到对方身上。此时的你，一定会感到这个同学很讨厌。你正在教室的椅子上坐着看书，同学突然面对着你蹲下来，捡拾落在地上的书，头部正好抵着你的腿。此时的你，一定会感到很不自然。你正在图书市场的书摊前低头看书，一个陌生人突然背对着你下蹲，硕大的臀部距离你的脸不到两尺。此时的你，一定会感到很恼火。

下蹲时如果不避人，就很容易出现各种冒犯他人的结果，于人于己都不方便。几个人同时下蹲，如果不避人还容易引起彼此碰撞。

站立时不可趴伏倚靠

站姿能体现一个人的风貌，也能毁了一个人的风貌，能促进交际的成功，也能加速交际的失败，就看你是否懂得站姿对于礼仪的意义。

站立时趴伏倚靠，显得无精打采、心不在焉，给人的印象要么是傲慢、目中无人，要么是懒惰、没有主见。教师讲课，站立的时候趴伏在讲台上，一定会让学生难以提起精神；礼仪培训师培训时仰身靠在椅背上，必然难以令人信服其职业的水平；演讲者发表演说时站立在台上背靠墙壁，无疑会令现场气氛沉闷。站立时趴伏倚靠，很容易使别人产生不快。

站立不可歪斜

“站如松”“玉树临风”“亭亭玉立”，从这些形容词中，我们能想象出优美的、笔挺站立的姿态。如果歪斜着站立，你必定与这些美好的形容词无缘。

歪斜站立，本身就传达出一种不恭敬的态度，任何人都不会对这样姿势的陌生人产生信赖感和与之交往的渴望。如果你参加重要的面试，面试尚未开始，对手就胜券在握了，因为你糟糕的站姿已经暗示出你的不自信和准备不足。

走路时不可用鞋底蹭着地面

脚蹭着地面走路，就是拖着鞋走路、鞋底不离地面。这样走路，即使再调整姿态也不会美观。

与朋友约会，拖拉着鞋、蹭着地面走，别人难免把注意力从对你的了解上转移到你的脚下；接待访客，对方难免私下认为你这样的姿态太不尊重人；洽谈业务，也许很好的一单生意就被你贴着地面的鞋子蹭丢了。脚蹭着地面走路，人会显得邋遢、散漫，没有魄力，还让人有不受尊重之感。

杜绝边走边吃的不良习惯

早上时间紧张，于是随便抓起一个面包，在上学的路上边走边吃；周末逛街，被街头的小吃所诱惑，拿一把麻辣烫边走边吃；食堂里新出一种麻花，令人垂涎欲滴，买一个来，不等落座就边走边吃。这样吃东西走路两不误的人，谁遇到了都要绕着走。

在家宴、自助餐会上边走边吃，让人怀疑你的素质；在公共食堂里边走边吃，让人笑话你的粗俗；在公园、景区等场所边走边吃，让人反感你破坏风景。无论在什么场合边走边吃，别人都会担心你把食物撒到他们的身上。

边走边吃，既有损自己的仪态，又容易给他人带来不便，显得很不礼貌。

吃出气质

中餐礼仪

（1）中餐入席，须讲究座次。一般居中居前的餐桌为贵宾席，每张桌子面对大门的，面向东面的或居左的座位为主宾座，不可擅自落座，要根据身份、地位、亲疏关系分坐。

（2）中餐的餐具主要有杯、盘、碗、碟、筷、匙等。在正式的宴会上，水杯放在菜盘左方，酒杯放在右方。筷子与汤匙可放在专用的碟子上，或放在纸套中。公用的筷子和汤匙最好放在专用的碟子上。

（3）中餐上菜顺序如下：先上冷盘，后上热菜，最后上甜食和水果。

（4）进餐伊始，服务员送上的湿毛巾是擦手的，不要用它去擦脸。上龙虾、鸡肉、水果时，会送上一只小小的水盆，其中飘着柠檬片或玫瑰花瓣，它不是饮料，而是洗手用的。以之洗手时，可两手轮流沾湿指头轻轻涮洗，然后用小毛巾擦干。

（5）入席后，不要立即动手取食，而应待主人打招呼，由主人举杯示意开始时，才能动筷。

（6）夹菜要文明，应等菜肴转到自己面前时再动筷，不要抢在邻座前面；一次夹菜也不宜过多；不要用自己的筷子给人夹菜。

（7）要细嚼慢咽，这不仅有利于消化，也是餐桌上的礼仪要求。决不能大块往嘴里塞，狼吞虎咽。

（8）不要挑食，不要只盯住自己喜欢的菜吃，或者急忙把喜欢的菜堆在自己的盘子里。

（9）不要把盘里的菜拨到桌上；不要发出不雅的声音，如喝汤时“咕噜咕噜”，吃菜时“吧唧吧唧”；不要嘴含食物和人聊天。

（10）嘴里的骨头和鱼刺不要吐在桌子上，可用餐巾掩口，用筷子取出来放在碟子里。

（11）不要用手在嘴里乱抠。可用牙签剔牙，并应用手或餐巾掩住嘴。

（12）避免大声喧哗。需要招呼服务员时可用手示意，切忌高声大叫。

西餐礼仪

（1）再昂贵的休闲服，也不能随意穿着上西餐厅，必须要穿套装和有跟的鞋子。

（2）最得体的入座方式是从左侧入座。当椅子被拉开后，身体在几乎要碰到桌子的距离站直，领位者会把椅子推进来，腿弯碰到后面的椅子时，就可以坐下来。

（3）正式的全套餐点上菜顺序是：前菜和汤；鱼；水果；肉类；乳酪；甜点和咖啡；水果；餐前酒和餐酒。没有必要全部都点，点太多却吃不完反而失礼，但稍有水准的餐厅都不欢迎只点前菜的人。前菜、主菜（鱼或肉择其一）加甜点是最恰当的组合。点菜并不是由前菜开始点，而是先选一样最想吃的主菜，再配上适合主菜的汤。

（4）用餐时，上臂和背部要靠到椅背，腹部和桌子保持约一个拳头的距离，两脚交叉的坐姿最好避免。

（5）不要用胳膊肘支在桌子上，或是两臂“趴”在桌子上。

（6）需要用胡椒、盐等调料时，可请邻座的人帮忙递过来。不要自己隔过别人去拿。

西餐的食用方法

（1）面包：应先用两手撕成小块，再用左手拿来吃，不要用叉子叉一块举起吃。但吃硬面包时，用手撕不但费力而且面包屑会掉满地，可用刀先切成两半，再用手撕成块来吃。避免像用锯子似地割面包，应先把刀刺入中央部分，把靠近自己身体的部分切下，再将面包转过来切断另一半；切时可用手将面包固定，避免发出声响。

（2）肉排：切记不能用手拿着排骨啃，如果排骨上有纸袖，可用手抓住来切肉。切时应由外侧向内切，切一块吃一块，不要为了贪图方便而一次将其切成碎块，这不但是缺乏气质的表现，而且会让鲜美的肉汁流失，非常可惜。割肉块时大小要适中，不要切得太大，以至于有嘴巴合不起来的危险。咀嚼食物时，务必将嘴巴合起来，避免发出声音，而且口中食物未咽下之前，不要再送入口。

（3）贝类海鲜：吃贝类时应该左手持壳，右手持叉，将其肉挑出来吃。吃龙虾时，可用手去掉虾壳后再食用。吃鱼肉首先用刀在鱼鳃附近刺一条直线，刀尖不要刺透，刺入一半即可。将鱼的上半身挑开后，从头开始，将刀放在骨头下方，往鱼尾方向划开，把鱼骨剔掉并挪到盘子的一角。最后再把鱼头和鱼尾切掉，放在盘边。由左至右面，边切边吃，吃到鱼刺时，可用拇指与食指捏出。

（4）汤：不能吸着喝。应用汤匙由后往前将汤舀起，汤匙的底部放在下唇的位置将汤送入口中。汤匙与嘴部呈 45° 角较好。身体的上半部可略微前倾。当汤剩下不多时，可用手指将汤碗略微抬高。如果汤是用有握环的碗装的，可直接抓住握环端起来喝。

（5）水果：水分多的水果应该用小汤匙取食。桃类及瓜类，餐厅会先削皮切片，应该用小叉子取食。草莓类则多放于小碟中，用匙或叉取食均可。另外，在吃水果时，餐厅通常会提供洗手盆，里面会放置花瓣或柠檬，以供洗手之用。

（6）甜点：一般蛋糕及饼类，可用小叉子取食；较硬的用刀切割后，同样用小叉子取食。至于冰激凌或布丁等，可用小汤匙取食。如果遇到小块的硬饼干，可以直接取用。

（7）咖啡和茶：喝咖啡或茶时，餐厅一定会附上一把小汤匙，它用于搅散糖和奶精，所以尽量不要用糖罐或奶精罐中的汤匙来搅拌自己的饮料。饮用时，把汤匙放在碟子上，用食指和拇指捏住杯把端起来喝，碟子就不必端起来了。

刀叉的使用方法

（1）右手轻握刀的尾端，食指按在刀柄上。如果感觉不方便，可以换左手拿刀。但不要更换频繁，否则显得粗野，边说话边挥舞刀叉更是失礼之举。

（2）切割食物时，先用叉子按住食物，再用刀子把食物切下，然后用叉子将食物送入口中。尽量避免刀叉相碰，发出响声。

（3）刀子一般只用来切割肉或涂抹牛油、酱料之类，不能用来扎起东西吃，有时也用于按压食物。

（4）使用过的刀叉不要放在桌布上，必须放在盘子里，主菜中不必切肉时，刀子放在盘子上。

（5）宴会中，每吃一道菜用一副刀叉，对摆在面前的刀叉应由外向内依次取用。未用的保持原状即可，不必放在桌子上。若不小心碰掉刀叉，可让服务生来收拾，自己不必动手。

（6）进餐时，需要休息片刻或临时离桌时，可把刀叉平架盘中，让刀头与叉尖相对成“一”字形或“八”字形，刀叉侧面向自己，这就表示用餐尚未完毕，侍者便不会去收拾餐具。

（7）用餐完毕后，可将叉子的下面向上，刀子的刀刃侧向内与叉子平行放置于餐盘上，刀柄朝向自己。切记，不可将刀刃一端放在盘上，另一端放在桌子。

汤匙的使用

（1）分清桌子上的汤匙、糖匙、咖啡匙等。

（2）喝汤时，使用汤匙，应用右手拇指和食指持汤匙柄，使匙侧起，顺汤碗靠自己的一侧伸入汤里，由后往前舀。注意汤匙不可盛得太满。

（3）汤匙舀出时，从匙的旁边喝，不要从顶端喝；若汤非常浓时，可把匙尖放入口中。最后可以一边把汤盘或汤碗倾斜一边舀汤喝。但不能将汤盘或汤碗端起来，喝个底朝天。

（4）汤若是用有手柄的碗盛时，可先用汤匙品尝两口，假如温度适中，就可端起碗来喝，汤匙可用来取杯底的碎肉块或蔬菜。喝完后再放到盘里或托盘上。但不能用匙咂着喝。

（5）用汤匙时不能发出声音，不能一勺分几口喝完，应一次喝完。

餐巾的使用

（1）通常是在点完餐后才将餐巾打开，一开始就将餐巾打开是违反餐桌礼仪的。

（2）将餐巾打开后对折，或折入 1/3，并将开口朝外置于膝上，目的在于防止错拉到餐巾，并且方便拿起擦拭嘴巴。但是对于经常会将胸前衣服弄脏的人，也可以将一整条餐巾张开夹在衣服上，主要以不弄脏衣服为第一考虑因素。切不可将餐巾掖入领口。

（3）餐巾除了用来擦拭嘴巴、手以外，也可以在吐出鱼骨头或水果核时，利用它擦拭嘴唇。擦拭嘴巴时，拿起餐巾的末端顺着嘴唇轻轻压一下即可，弄脏的部分为了不让人看见，可往内侧卷起，通常服务生会注意到并换上一条新的餐巾。

（4）如不想将餐巾弄脏，而用自己的手帕或面巾纸，是违反用餐礼仪的，因为餐巾就是让客人使用的。不过，用餐巾擦汗、擦鼻涕，或是将口红印在餐巾上则是不对的。涂了口红的人应在用餐前拿面巾纸轻压嘴唇，而不要将口红印在餐巾上。

（5）暂时要离开座位时，应轻轻地将餐巾折好，很自然地放在餐桌上或是椅子上。千万不要把餐巾挂在椅背处或是揉成一团扔在桌子上。

（6）吃完甜点后，就可以将餐巾拿掉了，轻轻折好放在桌子上即可离席。

腹有诗书气自华

必读的30部历代古典名著

春秋时期的“四书”，即《论语》《大学》《中庸》《孟子》，以及“五经”，即《诗经》《尚书》《礼记》《周易》《春秋》。

战国时期的《庄子》《荀子》和屈原的《离骚》。

西汉司马迁的《史记》。

唐朝韩愈的《马说》，柳宗元的《永州八记》。

宋朝范仲淹的《岳阳楼记》，欧阳修的《醉翁亭记》，王安石的《伤仲永》，苏轼的《前赤壁赋》和《后赤壁赋》。

明朝罗贯中的《三国演义》，汤显祖的《牡丹亭》，冯梦龙的《喻世明言》《警世通言》《醒世恒言》和凌蒙初的《初刻拍案惊奇》《二刻拍案惊奇》——俗称“三言二拍”。

清朝孔尚任的《桃花扇》，曹雪芹的《红楼梦》，李汝珍的《镜花缘》。

学习古文，无须在短时间内读完并且完全理解，其阅读目的主要在于诵读过程对少女知识面的扩充与精神内涵的熏陶。

必吟的经典唐诗

王勃：《送杜少府之任蜀川》。

王之涣：《登鹳雀楼》。

孟浩然：《春晓》。

王昌龄：《芙蓉楼送辛渐》《出塞》。

王维：《相思》《山居秋暝》《渭城曲》。

李白：《静夜思》《独坐敬亭山》《清平调》《黄鹤楼送孟浩然之广陵》。

杜甫：《月夜》《春夜喜雨》《望岳》。

岑参：《白雪歌送武判官归京》。

孟郊：《游子吟》。

白居易：《长恨歌》《琵琶行》。

杜牧：《秋夕》《清明》。

李商隐：《锦瑟》《春雨》《夜雨寄北》。

崔颢：《黄鹤楼》。

张若虚：《春江花月夜》。

张继：《枫桥夜泊》。

杜秋娘：《金缕衣》。

欣赏唐诗最美妙、最有效的方法就是吟诵与浅唱，吟诵是熟悉，浅唱是随性，当把一首唐诗读得滚瓜烂熟时，心里自然会有如歌的感觉。

必赏的30首传世宋词

柳永：《雨霖铃》《八声甘州》《望海潮》。

欧阳修：《采桑子》《踏莎行》《生查子》。

范仲淹：《苏幕遮》。

苏轼：《水调歌头·明月几时有》《念奴娇·赤壁怀古》《蝶恋花·春景》。

贺铸：《青玉案·临波不过横塘路》。

李清照：《武陵春》《如梦令》《一剪梅》《醉花阴》。

吴文英：《唐多令》。

陆游：《钗头凤》《卜算子·咏梅》。

辛弃疾：《青玉案·元夕》《西江月·夜行黄沙道中》《菩萨蛮·书江西造口壁》。

晏殊：《浣溪沙》《清平乐》。

秦观：《满庭芳·山抹微云》《浣溪沙》《鹊桥仙》。

宋祁：《玉楼春》。

李煜：《虞美人》《相见欢·无言独上西楼》《浪淘沙·帘外雨潺潺》。

欣赏宋词的方法是反复抄写，体会其中的内蕴，并且有感情地吟诵。词的简洁与细腻，对少女修身养性非常重要。

必看的50部文学经典

沈从文：《边城》。

林语堂：《京华烟云》。

张恨水：《金粉世家》《啼笑姻缘》。

徐志摩：《志摩的诗》。

巴金：《激流三部曲》——《家》《春》《秋》和《随想录》。

曹禺：《雷雨》。

张爱玲：《金锁记》《半生缘》。

傅雷：《傅雷家书》。

钱钟书：《围城》。

周国平：《守望的距离》。

余秋雨：《文化苦旅》。

李泽厚：《美的历程》。

海男：《女人传》。

铁凝：《大浴女》。

基督教经典：《圣经》。

古阿拉伯民间故事：《一千零一夜》。

格林兄弟：《格林童话》。

安徒生：《安徒生童话》。

柏拉图：《理想国》。

歌德：《少年维特之烦恼》。
莎士比亚：《罗密欧与朱丽叶》。
泰戈尔：《飞鸟集》《吉檀迦利》。
夏洛蒂·勃朗特：《简·爱》。
艾米莉·勃朗特：《呼啸山庄》。
玛格丽特·米切尔：《飘》。
托马斯·哈代：《德伯家的苔丝》。
巴尔扎克：《人间喜剧》。
小仲马：《茶花女》。
雨果：《巴黎圣母院》。
司汤达：《红与黑》。
列夫·托尔斯泰：《安娜·卡列尼娜》。
法布尔：《昆虫记》。
福楼拜：《包法利夫人》。
威廉·亨德里克·房龙：《房龙地理》。
紫式部：《源氏物语》。
川端康成：《雪国》。
村上春树：《挪威的森林》。
艾芙·居里：《居里夫人传》。
圣·埃克苏佩里：《小王子》。
叶芝：《叶芝抒情诗全集》。
海伦·凯勒：《假如给我三天光明》。
乔德坦·贾德：《苏菲的世界》。
米兰·昆德拉：《生命不能承受之轻》。
西蒙娜·德·彼伏娃：《第二性》。

上述这些作品堪称女人必读的经典之作，因为它们所讲述的故事都与三件事有关，一是女人，二是社会，三是性情。女性不仅需要在少女时代接触它们，更需要阅读一生。

必听的40首世界名曲

中国十大古典名曲

《高山流水》（古筝）、《广陵散》（古琴）、《平沙落雁》（古琴）、《梅花三弄》（笛子）、《十面埋伏》（琵琶）、《夕阳箫鼓》（琵琶）、《渔樵问答》（古琴）、《胡笳十八拍》（古琴）、《汉宫秋月》（二胡）、《阳春白雪》（古琴）。

外国经典名曲

莫扎特：《费加罗的婚礼》《魔笛》《唐璜》。
贝多芬：《英雄》《命运》《田园》《致爱丽丝》《月光》《欢乐颂》。
舒伯特：《野玫瑰》《魔王》《小夜曲》《未完成交响曲》。
肖邦：《第一号叙事曲》《英雄》《革命》。

柴可夫斯基：《天鹅湖》《悲怆》《睡美人》。

巴赫：《小提琴协奏曲》。

门德尔松：《乘着歌声的翅膀》《仲夏夜之梦》。

老约翰·施特劳斯：《拉德斯基进行曲》。

比才：《卡门》。

柏辽兹：《幻想交响曲》。

李斯特：《钟》。

舒曼：《梦幻曲》。

小约翰·施特劳斯：《蓝色多瑙河》《维也纳森林的故事》《春之声》。

有什么能比得上沐浴在音乐中的那种美妙感受呢？也许刚开始感受不深，那也没关系，只要感到愉悦就行了。接下来再层层深入：从欣赏直接传达的感情，到欣赏时隐时现的内蕴，再到欣赏自己的共鸣，感受心灵瞬间的触动。

必赏的古今名画

顾恺之：《洛神赋图》、《女史箴图》。

吴道子：《送子天王图》。

阎立本：《两代帝王图》。

周舫：《簪花仕女图》。

黄筌：《写生珍禽图》。

张择端：《清明上河图》。

元四家——黄公望：《富春山居图》，王蒙：《深林叠嶂图》，倪瓒：《水竹居图》，吴镇：《秋山图》。

明四家——沈周：《庐山高图》，文徵明：《万壑争流图》，唐寅：《秋风纨扇图》，仇英：《剑阁图》。

清四王——王时敏：《怪峦叠嶂图》，王鉴：《松溪渔父图》，王原祁：《云山消夏图》，王翚：《山阴积雪图》。

扬州八怪——汪士慎：《墨梅图》，李鳝：《秋葵图》，金农：《月花图》，黄慎：《醉眠图》，郑燮：《墨竹》，高翔：《弹指阁图》，李方膺：《游鱼图》，罗聘：《醉钟馗图》。

石涛：《墨荷图》。

任伯年：《苏武牧羊》。

齐白石：《河虾图》。

徐悲鸿：《奔马》《八骏图》。

张大千：《长江万里图》。

傅抱石：《山雨图》。

达·芬奇：《蒙娜丽莎》《最后的晚餐》《岩间圣母》。

米开朗琪罗：《创造亚当》《最后的审判》。

拉斐尔：《西斯廷圣母》《雅典学院》。

波提切利：《维纳斯的诞生》《春》。

提香：《天上的爱与人间的爱》《圣母升天》。

雅姆·蒂索：《美丽》。

扬·凡·艾克：《阿尔诺芬尼夫妇像》。

普桑：《阿尔卡迪的牧人》。

委拉斯凯兹：《纺织女》。

哈尔斯：《吉卜赛女郎》。

大卫：《马拉之死》。

雷诺阿：《红磨坊的舞会》。

德拉克洛瓦：《自由领导人民》。

中国画可以培养想象力，西洋画可以培养观察力，而艺术欣赏的目的就是让少女人得到美的领悟。当然，在欣赏某个大师的作品时，最好了解一下他的生活背景、生平经历，这有助于理解其风格特征和画面内容。

必看的15部国外经典电影

（1）《乱世佳人》：好莱坞电影史上的旷世巨作，凸现女人的坚强。

（2）《魂断蓝桥》：一首战争时期催人泪下的爱情绝唱，电影史上凄美不朽的爱情悲剧。

（3）《卡萨布兰卡》：以爱情故事贯穿起惊险的间谍行动，蕴涵着爱国主义的主题和反法西斯激情。

（4）《罗马假日》：流芳百世的浪漫经典，电影史上爱情文艺片的典范。

（5）《音乐之声》：人类记忆中最值得珍惜和回味的艺术佳作，尽显一个女人的智慧、美德与爱心。

（6）《人鬼情未了》：一幕杰出的爱情悲剧，体现了超越生死的浪漫柔情。

（7）《与狼共舞》：多元文化观在电影史上的成功折射，好莱坞历史上一部不朽的西部传奇。

（8）《情人》：一段让人痛彻心扉的异国之恋，一座无法跨越的叹息之桥。

（9）《阿甘正传》：一个平凡之人的不平凡人生，在困境中诉说的幽默。

（10）《钢琴课》：一个凄美感人、令人迷醉的爱情故事，细腻地展现了维多利亚时代一个哑女深邃的情感世界，反映了女性意识的觉醒。

（11）《西线无战事》：一部反映战争与和平冲突的经典影片，帮助了解人类内心的好作品。

（12）《勇敢的心》：一部反映保卫和追求自由独立的经典，展现英雄主义的佳作。

（13）《美丽人生》：医治创伤的最佳良药，让心灵重新拥有温暖的质感，清新、达观，而又生机盎然。

（14）《千与千寻》：一部自我救赎的英雄史诗，在人与自然的对决中探寻活着的力量和理由。

（15）《E.T.（外星人）》：帮助少女保持未泯的童心，代表着人类永恒的梦想。

第五章

身心的调剂

碰到帅哥，心跳一百

我今年高二，我知道我正值青春期，可是我除了满脑子都是男生的影子外，只要一看到较帅的男同学，不管是我们班上的还是别班的，心跳都会加速，心里也渴望能和他们有进一步的接触。可是，一旦我看到女生，不管是认识还是不认识的，我就是打心底讨厌，不想和她们接近。有时候，我一个人独处想一想，我是不是有问题？可是我又无法控制自己。我该怎么办？

给少女的话

所谓异性相吸，乃天经地义的事，你不要有罪恶感。其实每个女孩子在青春期时，对接触异性都有很多的憧憬和渴望，只是大家都很矜持和害羞，所以在表面上都说讨厌男生，不然就是嘲笑和男生谈恋爱的女生，其实心里不知道多么嫉妒。

你的反应其实是很正常的，你会排斥女生也只是这个阶段的现象罢了。在青春期时，你的生殖器官和雌性激素会使你想入非非，这不是你的错，你不要给自己太大的罪恶感。相信只要度过了青春期，你的问题就会解决了。

平平坦坦却是胸

我已经 16 岁了，胸部竟然平坦一片，不是普通的平，是真平！

很多同学和朋友都说我是真平妹妹，尤其现在是夏季，我又不能穿很多衣服来掩饰。我真的是很难过，甚至不敢面对别人讲话。我该怎么办？

给少女的话

在一般人的印象中，一个女孩子如果胸部太引人注意，通常大家就会把视线焦点集中在她胸部上面，反而对这位女孩的内在美和智慧没有任何印象。因此，从另一个角度来讲，胸大的女孩子也是很可怜的。因为大家对她们的印象，都是以胸部当作她的主体，她的人格和气质，别人总是记不得。你的胸部比较平，当然有违自然，或许是你的内分泌出点问题，不然就是你的营养不均衡，皮下脂肪不够多，或者是长得太瘦了。

总之，只要你自己觉得身体没有什么不舒服的地方就好了，在面对别人的时候，你可以展现你的内在美和气质，就这点来讲，你比那些胸大的女孩占优势。你根本不需要我来救你，当真平妹妹没有什么不好。

空气污染

我有个很要好的同学，她今年十六岁，我俩曾经是无话不谈的好朋友，但现在似乎退化了，因为她突然变得很爱放屁，最近更是严重，常在上课的时候突然发作，弄得全班空气污染，而且还有声音呢！

可能因为如此，最近她变得沉默寡言，脾气更是暴躁易怒，使得原本活泼爱玩的她，除了上课外，几乎足不出户，现在听说连学校也要让她办休学了，身为朋友的我，只好求助于你，请问有什么办法帮助她呢？

给少女的话

你是个很够朋友的女孩，你的朋友如果知道你为了她会放屁的问题来求助于我一定会感动得痛哭流涕的！

其实最好的办法，就是鼓励你的同学立刻到医院去做个检查，因为不断地放屁（而且还有声音），是生理器官出现了问题，应该到医院检查出原因，再针对问题医治，只有这样才能彻底解决问题。

美腿绝非难事

我是高三的学生，我全身上下可以说到达了一个近乎完美的程度，可是我却还是常常为了我的萝卜腿而烦恼。

我说过我的身材近乎完美，可是大腿、小腿却很粗，所以连裙子都不敢穿。我希望你能告诉我一种经济又不花时间的方法，改善我的萝卜腿，让我能达到完美，谢谢！

给少女的话

要消除你的萝卜腿，就要先找出形成的原因。而平常不正确的姿势，或站立过久，都可能形成萝卜腿。

要消除萝卜腿，首先要修正你不正确的姿势，此外多做腿部运动，只要你耐心地照着做，拥有一双美腿绝非难事。还有，你也可以从穿着来改善，如果现在流行紧身裤，腿不美的人最好让裤子宽松些；如果迷你裙又卷土重来的话，把裙子长度加长些，会更能显出你的美来。

照镜子时的发现

相信每个人都喜欢照镜子，尤其是我们女孩子。但是每当我照镜子时，总是感觉到镜子快要裂掉般的痛苦，使我感觉到很失望。

其实我没有什么大的缺点，只是我的眼睛一只是双眼皮，一只却是单眼皮，两眼一大一小实在显得很难看。

你能不能告诉我一个不用上整容医院，就能让我永远拥有一双双眼皮，使两眼的差别不再那么大的好方法呢？

给少女的话

天啊，你真是个善解人意的小女孩，因为你可以感觉到镜子的痛苦，我跟你一样，所以我家再也不装镜子了，你也可以试试看哟！

眼睛原来就不是两只一般大小，你的眼睛一只单眼皮，一只双眼皮，这也是常见的事，不必太过于在意。

如果你看了心烦，又不希望割一只双眼皮，那么不妨借助于化妆品，多参考别人的化妆法，用双眼线液、眼影、眉笔等，都能使你的单眼皮变成双眼皮，而且不易看出破绽。但是最好等长大了再说,因为你现在还小,使用化妆品为时为早。

闭嘴为好

我是个中学生，一直有一个问题困扰我，令我难以启齿，我本来是谁都不敢说的，因为怕一开口就没有人要听，全走光了，所以一直藏在心里，直到现在，我可以不用开口，写信给我，相信就不会有这种情形了。

我的问题是我有“口臭”，很严重的口臭，只要我一开口，方圆百里内的蚊子可能都会马上掉下来。

这真是一个天大烦恼，每当与人谈话时，总是会觉得很不好意思。除了看医生以外，希望您能替我想个办法，解决这个烦恼。

给少女的话

其实，每个人或多或少都会有口臭的情形。口臭引起的原因很多，所以，最好由医生诊断出真正的口臭原因，再做根本的治疗，这才是一劳永逸的好办法。

除了看医生外,要注意口腔清洁,多漱口,市面上的漱口水可以冲淡口中异味,嚼口香糖也可以减轻口臭的程度。口臭很严重的话，劝你还是去医院治疗，以免因口臭而产生缺乏自信心、自卑的心理。

大脚美人

我今年 15 岁，长得嘛，比平凡要好很多点，虽然称不上美艳动人，但是至少走在街上还可以被人多看几眼，可是，我却有一个见不得人的缺点，那就是我的脚，我的脚竟然比我的家人的都要大。

每次去买鞋，他们总是会开玩笑说：“天呀！真是大脚娘子！”或是“脚这么大，怎么嫁得掉？”我的好朋友居然还劝我干脆把脚割掉一块肉算了！

我知道他们都是无意的，可是我听了还是很难过，真想把脚给剁了。

给少女的话

千万别这么想不开，脚大有什么不好？脚大可以帮助身体平衡、脚大走路不会跌倒呀！你不知道，古代被强迫一定要把脚缠成三寸金莲的人多可怜呀！她们就是因为脚小，所以连出门都不方便，多痛苦呀！你愿意吗？

更何况你又不是蜥蜴，砍了脚还可以再生？所以，脚大就脚大嘛！选鞋子的时候，以能包住脚、使脚显得小的鞋为原则，不论穿什么鞋子都还是一样好看的。

别没事就猛盯着自己的脚看，因为难保不会越看越大、越看越不顺眼呢！

冷血动物

今年快20岁的我，不管是冬天或是夏天，都觉得手脚冰冷，每次朋友牵起我的手来都会说："你真像冷血动物啊！"听了真叫人难过。

请问这是否是心理上的病症，还是有其他原因呢？我不要当冷血动物，我在想，万一有一天我交了男朋友，他也这么说我，那我怎么办？

给少女的话

冬天一到，与你有同样烦恼的女孩可还真不少。

造成手脚冰冷的原因有很多，最常见的一种是血液循环不佳引起的。

要解决血液循环不佳，可以运动来克服，平常多多活动四脚、做做柔软运动，尤其是睡觉前，先洗个热水澡，再做暖身运动，保证你睡觉起来一身热烘烘的，手脚冰冷的现象就会渐渐消失了。

除了运动以外，也要多注意营养的摄取是否平衡，贫血也可能使手脚冰冷。

如果这些方法试了都不见效，那么你可能是身体某一部位有问题，就必须请医生诊断找出原因，才能对症下药了。

至于你担心交了男朋友之后，他会嫌你，那倒不用担心，因为他会用他的手来"温暖"你的。

课间尴尬

我觉得下课十分钟越来越不够用了，今天我一下课就直冲厕所，可是半个小时过去了，我还是痛苦地坐在马桶上，无论如何使劲，就是便不出来。这种现象已经持续了三天了，连老师都问我为什么要去厕所这么久。

我哪敢说呀，一说出来我不被同学们笑死才怪，我该怎么办呢？有可以"通便"的药吗？

给少女的话

你这种情形叫作"便秘"，有可能是粪便过于干燥，紧塞在肛门里。严重的话就会形成所谓的"痔疮"了。

当然，这不是没有改善的方法的，只要养成每天定时上厕所的习惯、适当地运动促进血液循环、避免食用刺激的食物、保持肛门清洁、勤换内衣裤、不要使用紧束的腰带或裤带、站立或坐蹲的姿势不保持维持太久，应该就会比较“顺畅”了。

若发现痔疮已形成，应尽快就医治疗。千万别相信电视上什么“××消痔丸”等药品，最好的治疗法就是找医生。

不是青春痘

我今年17岁，像许多女孩子一样，美丽的外表对我来说是很重要的，而我本来的条件也还真的很不错呢。可是就在最近，脸上突然冒出了一颗黑痣，注意，不是青春痘，是痣，那种黑黑的、大大的、很可怕的痣。

这令我非常烦恼，我想把痣去“点”掉，又怕留下后遗症，因此整天心绪不宁，连照镜子的勇气都没了。我该怎么办呢？

给少女的话

美，是所有的少女们所追求的，我也一样呀，可是你想想，只是个痣嘛，消除它的方法真的太多了，这里就告诉你一个简单又安全的方法。

这方法是什么呢？就是找医生！找个技术好的医生，把它给彻底除掉，千万别自己去除黑痣，万一处理不好那可就糟了。因为到时候，可能就不是一颗黑黑的、大大的、很可怕的痣了，而成了大大的、突突的、块状的、要开刀的恶性肿瘤了。

直面父亲

我真的不知道我为什么会这么倒霉，遇上这样一个爸爸。我的爸爸很好色，总喜欢骚扰我。

我的爸爸可以说是个莫名其妙的怪人，他喜欢对我动手动脚，还常偷偷看我洗澡，连我上厕所，他都会跑到屋外，躲在厕所的小窗外偷看。

除了对我进行骚扰以外，他也骚扰我那个14岁的妹妹。他总喜欢摸摸她的屁股和胸部，每次都害得妹妹大哭大叫，他才放手。当然了，他也是常常偷看妹妹洗澡和上厕所。

天啊！我怎么会有这种爸爸，我真怀疑他不是我爸爸，他可能已经被外星人调包了，不然就是中邪了。我和妹妹都告诉过妈妈，妈妈除了骂爸爸外，也别无他法。

请告诉我们该怎么办？如果可以的话，是否可以请一些科学家来检查我爸爸的脑子和身体？

给少女的话

我觉得最好的解决方法是找你爸爸出来，全家人好好地谈一谈。你和妹妹可以恳求他不要再做出这些不雅举动。接着你可以把爸爸歌颂成一个正直、伟大的爸爸，你的爸爸一旦觉得自己伟大，你就可以和他约法三章。

如果你的爸爸属于那种不讲理的变态爸爸，你们千万不要正面与他对立。

这个时候你们最好轮流守候，就是你洗澡时，妹妹守护；妹妹洗澡时你把风，尽量不让爸爸骚扰你们。再者，你们可以向妈妈抗议，要妈妈拿出魄力来。不然，就不洗澡以示抗议，因为你们无法免于洗澡被偷窥的恐惧。

男女之间莫涉深

我是一个女生，但是我却有一个难以启齿的烦恼，这个烦恼深埋在我心里许久，我也不知道找谁倾诉，这么久以来，我只跟我家的狗谈过这件事，不过它一直没反应。

我的烦恼是有关男女之间的事。事情是这样的，我在今年暑假认识了一个男孩子，刚开始我们保持着纯纯的爱，就像小说里的男女主角一样。

直到有一天，他带我回家去看三级片，看完之后，我就和他发生性关系了。之后，我们的性行为就很频繁，到后来，我觉得他只是喜欢和我发生性行为，每次办完事，拍拍屁股就走。

最近几天，我一直觉得身体很不舒服，下体也很疼痛，对于他的性要求我一再拒绝，他竟然要和我分手。天啊！这是什么爱情！请告诉我，我该怎么办？

给少女的话

青春期的你，应该是属于阳光和欢笑的年纪，性生活不应该是属于青春期的。其实，你所问的问题很好解决，只要你认清什么是你要追求的，是真诚的爱情，还是肉体的欢愉？我想你家的狗对你的问话默默不语，一定是有道理的。

基本上，我坚决反对青春期就开始有性生活，虽然青春期的孩子对于异性很好奇，但是我还是坚决反对，原因是你们的生殖器官虽然已开始发育，但还没完全成熟。尤其是女孩子，在未成年时就有性行为，将来罹患子宫颈癌的概率会增加很多，因为你的阴道和子宫颈的保护膜还不是很健全。而且，一旦不小心怀孕了，你该如何善后呢？

第二个反对的原因，是你们根本还不知道性爱和爱情之间的关系，性爱不等于爱情，爱情也不是必然要有肉体接触。再者，不管是谈恋爱或是发生性关系，这些行为都是要负责任的。

当然，你不要以为爱情和性爱是可以用金钱负责任的，在你还不能负起任何责任的时候，你就有了那些需要负责任的性行为，这会让你的人生，在一开始就背负了难以偿还的无形债务。

因此，性生活绝对不属于青春期。

身高不是错

昨天学校做身体检查，你知道吗，我的身高竟然已经175厘米了！我今年才15岁而已，我怎么会长得这么高呢？

我的同学们一看到我的身高，就开玩笑地说：女孩子长太高会嫁不出去哦；还有人说我“头脑简单，四肢发达”，我才初二，就长这么高，将来……

给少女的话

真羡慕你以后不用担心你太矮了。

你会长这么高除了可能是遗传外，也有可能是你营养较好或是比较好动吧。这没什么不好呀，身体高是令人羡慕的，但有些事也需要注意：走路时不可弯腰驼背、要多运动、注意营养的摄取，这样才会有又高又健康的身体哦！至于头脑简单，四肢发达的话，听听就好了，因为你一定可以用你的能力证明这句话是完全错误的，对不对？那嫁不嫁得出去的问题，你才初二嘛，怎么会想这么远的事，况且男生比你高的多得是，别担心了。

藏起自己的美丽

我是一个 16 岁的女生，很多人都说我长得像林青霞。

我有一个烦恼，那就是除我了脸蛋好看之外，身材似乎也愈来愈惹火，我的胸部曲线连我自己看了也有点受不了，还有我的大腿和小腿也是白嫩匀称的，还有我的腰也是令人赞美的部位。

其实这还不是最大的烦恼，最大的烦恼是有很多人在偷看我，其中有一个男同学，总是把我从头瞄到脚。有一次还在上课的时候，他一直注视我的胸部，一边注视还一边流口水，老师都已经站在他后面了，他还不知道。

我真怕哪一天他会侵犯我，人家说像我这样的绝色美女，很容易让男人失去理智。虽然这句话听起来有点恭维自己的意思，可是也让我打心底里害怕起来，怎么办？我会不会被强暴？请教教我该怎么去应付我这一身的美丽和罪恶？

给少女的话

长得美丽，并不是罪恶，但是不计后果地想展现美丽，就很危险了。因为你会特别去打扮自己，甚至有一些做作的言行，不管你有没有去勾引别人，你的意念和气质就会暗示别人：你希望让他们欣赏，你是个可以侵犯的美人。

因此，你这一身的美丽，还是留给自己喜欢的人看吧！平常最好还是用一些比较保守的衣服包装起来吧！

虽然这么做或许会使你变得不起眼，可是也不会引起别人想要侵犯你的念头，藏起自己的美丽，就可以得到安全，何乐而不为呢？

你也可以用不假以颜色的态度来对待那些对你垂涎三尺的人，告诉他们，你是美丽的，但不是随便或风骚的，请他们君子自重。

保护好“美目”

以前，我是一个再健康不过的人了，可最近我发现我渐渐地看不清楚了。我问过老师，老师说是近视了。

天啊！近视，那我不就要戴上那丑丑的眼镜吗？我不要、我真的不要，求求你一定要替我解决这个问题，我不要戴眼镜，这样会毁了我一双美丽的眼睛的。

给少女的话

我戴上了眼镜，仔细地看过了你的来信，突然觉得你好可怜，不知不觉眼“镜”就湿了……

近视真的是很难过的，因为眼镜可能终身都要戴着眼镜，非常的不方便。

首先，你可以先去眼科医院确定一下你是不是真的近视了，因为如果是所谓的“假性近视”那就还有救，只要常往远处看就可自动复原，千万别随便找个眼镜行去看，因为老板一定会尽力地说服你配副眼镜的。

如果你的近视还不是很严重，你可以自己保护好你的“美目”，只要平日注意不要在微暗的灯光下看书报、电视，且看书保持在20厘米，看电视保持在3米，多看大自然绿色的景致，并定期做视力检查，就可以了。

“冬瓜妹”

你知道吗？我不想再去学校了。

从开学的那一天起，我的同学们就替我取了个外号“冬瓜妹”。顾名思义就是说我很矮啦！矮又不是我愿意的，本来我还不是很在意，结果不料我暗恋好久的男生也这么叫我，我难过死了，我是不是不会再长高了呢？不要告诉我这是真的，我才14岁呀！

给少女的话

身材的高矮可能跟遗传有关系，你看看你的爸爸和妈妈是不是都不高呢？也或许是你平常不注重营养均衡所致。若你在平常多注意摄取富含钙、镁、磷等矿物质的食物，如牛奶、蛋黄等，应该可以再长高一点。

还有一点就是多运动，不要乱服药剂。因为乱吃药只会造成身体内脏的负担，不会帮你长高的。何况你真的还小，现在都还处于发育的年龄，说不定你以后还会担心比别人高呢！

体毛太多怎么办

我是一个15岁的女孩子，皮肤白净，长得也很可爱，但是我有一个很大的缺陷，那就是，我的体毛太多太长了。

我的手臂和小腿，还有脸颊和嘴唇上面，都有密密长长的毛，害得我不敢穿裙子，也不敢穿短袖的衣服。很多男同学看到我的毛都会吓一跳，还有人警告我尽量不要晚上出去，尤其是在月圆的那一天。

我真怀疑我是狼人，我真怕哪一个月圆的晚上，我会真的变成狼人。请告诉我，我是不是狼人？如果是，我该怎么办？

给少女的话

身体发肤，受之父母。你的体毛比较长，可能是青春期才有的短暂现象，长大之后，毛的长度和密度就不会这么长和浓了。要去除毛，就要事先请医生检查，不要随便乱拔。事实上，每个人都有自己的特色，只要你懂得欣赏自己，很多烦恼都会烟消云散。

胸大也是错吗

我今年只有13岁，但是我的胸部比较大。我的同学常常投射出一种看动物的眼光在我的胸部上，尤其是我在背书包和跑步的时候，他们更是目不转睛地盯着我胸部猛瞧。

我真觉得胸大不是美，害得我好像是一只怪物一样，走路也不敢抬头挺胸，恨不得把胸部用手挤到身体里面去。可是我发现我的胸部还在继续长大，我该怎么办？

给少女的话

建议你穿宽松的衣服，如果你还没有戴胸罩，赶快叫妈妈带你去买来穿，一来可以防止你的胸部变形，二来可以减少你在运动时的晃动。

只要你有自信，抬头挺胸向前走，每位同学都会对你肃然起敬。记住，胸大不是错！

痛不欲生的感觉

我今年17岁，每个月我都会有“痛不欲生”的感觉，那就是月经来临的那几天，我痛得连腰都直不起来呢！更常痛得无法上学。

我问过同学，很少人会这样的，那我是不是就有问题呢？

听有的同学说吃止痛药就会好一点，这是真的吗？就算是真的好了，也不能总叫我吃止痛药嘛！我该怎么办呢？

给少女的话

嗯……看你这么说，一定痛得十分难受了。

以前我的一个同学，还痛到昏倒呢！这实在是一个很大的问题。我不知道你的同学们怎么都这么幸运，但据我所知很多人月经来时都是会这么痛的。

一般来说，当然最好是去看医生，因为痛经如果像你这么厉害，都已经到不能上学的地步就很严重了，因为已耽误学习了。

还有一点很重要，就是千万别在痛经难忍的时候吃止痛药哟，因为那虽然会在短时间之内止住你的疼痛，但是长期下来，你可能就不只是痛经了，你可能会因为止痛药吃多了，造成别的地方一起痛了，不可以不注意哟！

14 岁的害怕

我今年还很年轻，才 14 岁而已，连初经都还没有来，可是从小学六年到现在，在我的内裤上常会有白色带状分泌物沾在上面，这情况是不是不太正常呢？

我没有做什么坏事，不会无缘无故地染上什么不好的病吧！我好害怕啊！都不敢告诉妈妈，害得我衣服都要自己洗了，你快救救我吧！

给少女的话

你一定要去医院，而且是立刻、马上！

为什么呢？

通常于阴道内存有某种杆菌，可抗拒杂菌的入侵或繁殖，以保持阴道内的清洁。

你连初经都还没有来，照理说是不会有白带的，所以最好的方法就是请你妈妈立刻带你去找医生看，千万不要怕给妈妈知道，反正你不是说你没做什么坏事吗？

崇拜偶像莫荒学业

我最近变了，以前爸妈给我的零用钱我都存起来，可是这几个月，不但没存，而且还不够用，经常向爸妈要钱，因为我崇拜周杰伦，把钱来买周杰伦的专辑了。

妈妈心里很担心，偶像崇拜会不会影响到我的课业？

给少女的话

偶像崇拜，是多数青少年都会编织的梦。这种梦会使你觉得生活多了不少乐趣，也多了一个重心。但梦毕竟是梦，如果将偶像崇拜转化成不切实际的冥想，而出现了迷恋、荒废课业、离家出走甚至自杀等行为，那么就得不偿失了。

换个角度想，如果你是众人的偶像，你会希望有人为了你而荒废课业，甚至伤害自己吗？

花费时间和金钱收集了一大堆资料、照片、CD，你觉得自己真的了解偶像吗？还是你只是了解了他的基本资料和外在呢？他们吸引人的地方，包括谈吐、才艺、仪态、反应，你都注意到了吗？

偶像多数是包装出来的假象。事实上，许多人迷恋的，只不过是偶像光鲜的外在而已，如果把他换一张脸，恐怕连正眼都不会瞧他一下了。

建议你多多充实自己、珍惜自己，让自己也成为别人的偶像！

作弊害己

秀月是班上的班长，她们班上的同学，有很多人常常作弊。一天，老师拿着全班的考卷问秀月：

“秀月，老师问你，这次考试班上同学是不是有人作弊？你要说实话。”

秀月不知道要怎么回答。

“如果没有，老师要处罚成绩太差的同学了！”

“老师，可不可以不要？”

秀月不知道该怎么办？因为如果不说，对那些靠自己力量，却没考好的同学不公平，可是又怕作弊的同学不原谅她，她心中感到非常的为难。

给少女的话

考试的成绩好，是人人都希望的，不过利用不正当的手法使自己的成绩名列前茅，只能算是自欺欺人，求学求知应踏实，而作弊若养成习惯，那么你就永远不知道自己的实力如何了。

秀月在考试中看到同学作弊，没有马上揭发，是因为不愿害同学受到处分，也不愿破坏同学的感情，为此，秀月不妨私下进行劝告。但应注意所说的话务必是诚恳的，而且要让作弊的同学相信大家对他们反感、轻视。如果他们仍在考试中作弊，你可以找同学们一起向老师揭发，这样不易破坏同学间的感情。

消解压力

“我不要再念书了啦！”

倩倩把书一丢，大叫了起来。

“怎么了，倩倩？”妈妈关心地问。

“妈，我不要念书了，一天到晚背、背、背的，一点意义也没有！为什么要受这种填鸭式的教育？”

倩倩的妈妈知道，这是因为高考将近，倩倩的心理压力越来越大所致，她该怎么疏解呢?

给少女的话

正常的生活及充足的睡眠、休息时间，让自己有平静的心情来准备高考是必胜的关键。

高考压力来自父母、师长、同学以及自我，着实让人喘不过气来，若是再加上自我认识不够，对自我期望过高，或低估自己的能力，往往会对目标产生心理不平衡的状态。所以，你目前最应该做的几件事是：

拟订读书计划：要视自己力量所能达到的范围，定下一个短期目标，达成之后，再继续定出中程目标，一步一步地朝目的地前进，切勿好高骛远或妄自菲薄。稳定自己的作息和情绪；在考前必须要有正常的生活及充足的睡眠、休息时间，让自己有平静的心情来准备高考。因为过度紧张，不仅无法达到效果，反而易使自己的精神崩溃。

增强信心：信心较强者，情绪往往会比较稳定，成绩也会进步较快。

正确观念：念书主要是为了扩大自己的知识范围，持这种观念对高考只要尽力而为就可以了。

择业与父母分歧时

美美快高中毕业，可是她一点也不快乐，因为她不知道自己以后该怎么办？

“妈妈，我想毕业以后去考美院，老师说我的美术很好，可以试试！”

“什么试不试的？画图的能有什么出息？你没看隔壁王妈妈的女儿读商校，现在在银行上班，多好，不愁吃穿的！”

“妈，可是人家喜欢美工！”

“别吵了！我说不准就不准！”

美美越来越希望自己不要毕业了，因为她真的不想读商校。

给少女的话

让父母了解自己未来奋斗的目标，然后耐心地与父母沟通。

美美喜欢美工，但却无法如愿以偿，心中的痛苦我能体会。记得我念专科时也为选科系与家人商谈许久，后来经由家人赞同，我依据自己的兴趣来念书。所以美美你应和父母再协调，当然应随时体谅、了解父母的想法，针对自己的能力、兴趣、家庭经济因素客观地讨论，寻求一个适合自己的途径，这样才不会与父母造成不可收拾的不良关系。

相信只要你能肯定自己的能力和兴趣，便能去面对毕业后的抉择；每个爱护子女的父母，都会愿意和那些真正想充实自己、发挥自己能力的儿女们平心静气地讨论，寻求出最适合的路。

当母亲偷看日记时

这天，秋蓉提早下课回家，才到门口，发现妈妈坐在她房里，正看着她的日记。

“妈，你怎么可以看人家的日记！”

妈妈吓了一跳，站起来说：

“没有，妈是把你的信拿进来，看你把日记放在这，就顺便看一下了！”说着递给秋蓉一封信。

秋蓉一看，又叫道：

“妈，这信怎么开了？”

妈妈边走出去，边说：

“妈妈看一下是谁寄来的呀！”

“妈，你太过分啦！”秋蓉哭着把门重重地关上。

给少女的话

每个人都拥有“隐私权”，也就是单独而不受别人干扰的权利。

父母亲在未经你允许之下，就把你的信拆开看，你觉得他们太不尊重你了。但是，你是否愿意换个角度去想想父母的动机为何呢？

可能是他们关心你的生活，想知道你交了哪些朋友，出发点是属于善的一面。

青春期比较容易受他人的影响，父母是担心你交友不慎，误入歧途。

如果信的内容均是探讨功课和对朋友、生活的看法，则也不需太在乎双亲的注意；但若信的内容引起他们的责备或不满，可能你也要想一想自己的做法和交朋友的态度。

不妨和你的父母说一说，大家取得协调之后，可能对你未来的交友会有帮助。

朋友是一扇窗子

美琪是个孤僻的女孩，每回班上有活动，她总是拒绝参加。

“美琪，星期天旅游，一起去吧！”“不去！”

“美琪，同学会你要表演什么？”“我不参加！”

尤其是当别人谈论或问到她家庭时，她就会更加的沉默寡言，因为她父母离婚了，她只跟妈妈住，所以她不愿跟人家接触，使得她一个朋友也没有。她该这样一直继续下去吗？

给少女的话

肯定自己生存的意义与价值，个性坚韧的人，终能战胜恶劣的环境，生活的历练未尝不是个考验的机会。

美琪，现今单亲家庭比例是逐渐升高，不只是你，其实世界上遭遇比你不幸的人很多，所以，大可不必觉得处处不如人而放弃交朋友的机会。

朋友有如一扇窗户，能拓展你不同的视野，所以应放宽心胸坦荡荡去交朋友，扩大自己的生活范围，多听别人的看法，多接触一些事物，不但能使自己的生活添加许多乐趣，而且也使自己更独立，不依赖母亲，对事情也比较客观，而不至于常钻牛角尖。

美琪！放宽心胸去接纳自己与别人，戴着一副冷漠的面具，只会使你的世界更加黑暗、狭小哟！美琪，加油！

面对家务活多时

美仪才到家，就听到哥哥在叫：

“美仪,今天晚上没菜,快去买!”

美仪知道，妈还没到家。自从爸妈离婚以后，妈妈就独立扶养她和一个哥哥、一个弟弟，非常辛苦，所以她觉得要替妈妈分担一些。她放下书包,正要去买菜,又听到哥说：

“美仪，等会把地扫一下，脏死了，还有，顺便洗一下衣服！”

美仪有点生气了，因为所有的事，哥都要她做，她根本没时间看书，她又不敢不做，她真的不知道该怎么办才好？

给少女的话

把心里的话向母亲说明白，请家人留一部分时间给自己运用，做一些喜欢的活动当作调剂。一直重复做相同的家事而别人都不做，心中难免愤愤不平，美仪我相信你是一位善解人意、懂事的女孩，换个角度想，趁你现在年轻时多做家务事也是一种基本做人处事、应对的训练，以后你到社会上，别人一定会称赞你是一位知书达礼、有家教的女孩。

可以与兄长沟通，请他帮忙做简单的工作，毕竟你是女孩子，有些繁重的清扫你可以撒撒娇，请男生代劳。

并且，美仪你不应过分埋怨，或许你的家庭背景较特殊，母亲一人忙里忙外，如果回到家还要一直忙着家事，那么母亲一定很容易累倒。

应该心平气和地和母亲、兄长协调，不要一味地怨恨，如此只会使事态更趋恶化，而没有任何的助益。

可怜天下父母心

王伯伯和王哥哥刚走，李玫的妈妈就开始唠叨了：

“阿玫呀，你看人家王哥哥多懂事，他也不过大你三岁，你哟……”

李玫早就知道会有这种后果，每一次有亲戚朋友来家里，结局都一样，她正想回房间呢，妈又说了：

“快回房念书吧！人家王哥哥前年考上第一志愿，你要学学人家……”

李玫想：难道人都要一样吗？我真的不如人家吗？为什么大人都要这样

比来比去呢?

给少女的话

先静下心来听听父母到底在说些什么，等到适当时机再表达自己的想法和感受。

父母指责、唠叨的背后，常带有深厚的关怀之意，这点是我们常常忽略的。

天下的父母都希望自己的子女是最好的，相对地，父母也会以孩子为荣。在现阶段的你，把书念好就是你应尽的本分，父母当然希望你能进入理想的学校，接受更好的教育，父母希望能够激励你，所以才会以他人为榜样。

李玫，你是否了解父母亲的用意了呢？能否设身处地站在父母的角度来看待他们对你的用心良苦了呢？

违背父母意愿时

星期日一大早，亦蓉就被妈妈叫醒："亦蓉，起来练琴了！"

亦蓉揉着眼睛说："妈，我不要练琴啦！"

"快起来，学琴的孩子不会变坏！"妈妈说。

亦蓉还是不愿意起来："妈，人家根本不喜欢学琴嘛！"

"快起来，别说了！"妈妈生气地对亦蓉叫着。

亦蓉只好勉强爬起来去练琴，可是她真的很不愿意练琴，因为她根本不喜欢呀！

给少女的话

把心中的意愿告诉父母，请父母留一部分时间给自己以心平气和的方式和父母讨论，找出彼此都满意的方式。

学音乐的目的是使人心情更愉快，涵养人们的性情；培养一个孩子，除了在文艺上陶冶他的气质，也应该让他从游戏中去体会更多音乐之外的成长，适当的游戏对孩子来说是必要的。

不妨告诉父母你真正的兴趣，并将自己的功课计划及预定目标让他们知道，表示对自己行为负责，请他们放心。

大哥你好

吃完晚饭，许晴正在房间念书，突然听到妈妈在叫："许晴，你的电话！"

许晴放下书，不晓得该不该接，她知道一定是克华打来的，克华是她在假期打工时认识的，每回她有困难或心情不好时，他总是她最好的听众，所以，她一直把他当大哥一样看待，可是，旁人总以为他们是男女朋友，让她非常困扰。

"许晴，快来接电话呀！"

许晴走出房间，可是她实在不知道该不该接？也不知道该用什么样的态度去面对克华。

给少女的话

异性间的交往并不局限于男女之情，但许多人常以为男女一旦开始往来，就是所谓的“恋爱”。

许多实际上的反应，大多是各人主观的感受，唯有设法认识对方，才能获得进一步的了解。许晴不妨用试探的方式了解克华对你是纯粹兄长之情，或是存有男女之情。去了解事情的真相总比一味地猜疑而失去一位朋友要来得好，不是吗？

许晴若将克华当作大哥来看，那么态度必须要相当清楚，以免让克华及外人有所误会，这样也能避免克华受到伤害，疏远、冷漠和避不见面非但不能解决问题，反而会使双方的感情愈加尴尬。最基本的解决之道，就是开诚布公地恳谈。许晴如果觉得这份友谊值得继续交往，就不妨多采取主动，以诚挚为出发点，终会让对方明白你们之间是友谊而非男女之间的感情。

面对比你强的朋友

一下课，一堆人又挤到文文的座位去了。

“文文，你的笔记可不可以借我？”

“文文，今天放学以后一起去玩吧！”

“文文……”“文文……”坐在文文旁边的文洁简直羡慕死了，她知道文文功课比她好、长得又较好看，她也一直希望能成为文文的好朋友，可是她又觉得和文文在一起的压力很大，她不知道该怎样才能跟文文在一起，也不知道要怎样才能像文文一样受欢迎。

给少女的话

朋友是共同成长的，适当地接纳良友，不论于品德上、学识上均能互相切磋砥砺，但若交到损友，则难保自己不会偏差了方向。

要有接纳的胸怀。接纳是一种对于既存事实的承认，人必须先接纳自己，也许自己不够高、不够漂亮、数学不好，但这些都是构成你的一些特质，如果你无力改变它，就只有心甘情愿地接受它。接纳了自己之后，才会接纳别人的优点和缺点。不必嫉妒他人的优点，同样的，也没有权利嫌恶他人的缺点。勇敢地面对你的知己，永远使自己对自己有信心，不畏艰难、烦恼，将压力转换为助力。

逃学心情

早就过了上课时间了，菁华还在家附近的公园坐着，最近菁华每天都是这样，根本没去上课，爸妈也一直都不知道，直到一天，她一回家。

“菁华，你去哪里了？”爸爸问。

“上课啊！”

“上课？老师刚刚才打电话来，说你已经好几天没去上课了！说，你去哪里了？”

“我……”

“快说！为什么不去上课？”

看着爸爸充满怒气的眼光，菁华大叫着：“我不要上课了！每次考不好都会被老师批评，我不要去上课了！”

给少女的话

逃学、说谎是一种逃避，只会使事态变得更糟糕。要学会解决问题而不是一味地躲避。每一个人的才智天赋皆不同，天才也是靠一分聪明再加九十九分的努力才能达到的，所以，如果你不努力而怨天尤人甚至自暴自弃，那么你真的会变成彻底失败的人。

菁华应勇敢地向老师、父母沟通，衡量自己是不是因为读书方法有误，而使自己所付出的努力与成果不成正比，而造成挫败感。

菁华也要想清楚，是否上课没有认真听讲？回家后是否没有复习功课？

或许老师关爱得太急切才批评教育，所以在你内心产生强烈的情绪，甚至厌烦、害怕。现在最需要的是让老师也能了解你心里的感觉，让他知道你的害怕和压力，也不妨告诉他，你其实是真的想念书。

若能针对自己的情绪作改善，也给老师一些等待和保证，相信老师的责备不再是压力和痛苦，而是辅佐和激励。

贪玩的女孩

心怡和秀梅是很好的朋友。

“心怡，放学一起去做功课吧！”

“不去了，今天我要去唱KTV！”

“可是快考试了，你最近又没来上课？”

“秀梅，你别大惊小怪的嘛，你不知道，我现在才发现，除了读书以外，还有更好玩的事呢！”

“心怡……”

秀梅知道，心怡又跟最近新认识的那个高中生去玩了，以前心怡很用功，可是自从认识了那个人以后就变了，她很想帮她，却又不知道要怎么帮？

给少女的话

少女在意志力、判断力不足的情况下，常会因一时糊涂而走入歧途。

在心怡这种年龄、意志力、判断力不足的情况下，常会因一时冲动而走入歧途。况且溜冰场、撞球场、咖啡屋、电动玩具店，常聚集一些心情浮动、对书本没兴趣的人，因为他们苦闷、没有寄托，一群人相聚以玩来麻痹念不下书的痛苦，这一切环境最容易让人迷失，难怪心怡变得让人无法接受。

秀梅不妨劝劝心怡避免涉足那些场所，人的玩乐心一旦滋长，想要压制就很难了。而且，“近朱者赤，近墨者黑”，慎重选择朋友是相当重要的，应该与那些不良的朋友划清界限才对。

喜欢上教师的女孩

美华升高三了，原本功课一直很好的，开学后，却成绩一落千丈，一下课就在办公室前走来走去，这种情况被她的好友小玲发现了。

“美华，你是不是喜欢上新来的那个男老师了？”

“小玲，我……”

“拜托，美华，他虽然很帅，可他是老师呀，你现在还是学生！而且又快高考了，你……”

“我知道呀！可是我就是没办法控制嘛，一没见到他我就会难过，我真的不知道该怎么办？”

给少女的话

欣赏一个人进而喜欢上他，是一种很自然的反应。但如果“喜欢”落入单恋，明明喜欢却又不敢告诉对方时，那种强烈压力所造成的心理负荷，是难以承受的。

美华便是陷入了这种压抑中，致使生活的重心偏移。所以我们建议：

高三学生，即将面临的就是高考。若能从充实自我的方向去努力，就不会在情感上钻牛角尖。

可以试着找辅导老师或一些可以互相沟通的长辈聊一聊，将对老师的感情坦白地做一番剖析，以寻求解决途径，不要压抑在心中。

检视一下自己对老师的感情，是不是只是一种崇拜的心理，而不是男女之间的爱情。“爱”与“喜欢”“欣赏”是不同的。又高又帅的老师，极易引起女同学对爱情的幻想与憧憬，但这往往是不切实际的。

重新调整自己生活与学习的目标，不要让自己一厢情愿地陷入感情的漩涡中。

多扩展自己的交友圈。生活范围狭隘的人，比较容易钻牛角尖，因此美华应多参加班上的团体活动或课外联谊活动，多认识一些其他异性朋友，放开胸怀与他们畅谈，或许事后回头看这段单恋的日子，会发现自己的幼稚与无知呢！

不知所措的电话

“喂！是小莉吗？”

“是呀！你是……”

“我是上次在演讲会中坐你旁边的那个，我们还讲过话呀！”

“你……你怎么会有我的电话？”

“打听来的……对了，明天晚上有没有空，一起吃个饭好不好？”

小莉拿着电话，不知道要怎么办才好，她对这个人并没有什么特别的感觉，但又不忍心拒绝，只听对方在电话那边仍在说：

“我很想跟你做朋友，再多认识你一点……”

“天呀！怎么办呢？”

给少女的话

异性间的交往并不局限于男女之情而已，很多时候还包括“纯友谊”，但很多人认为，男女之间哪有“纯友谊”？男女一旦开始往来，就算是“恋爱”了。

其实，对于异性间的“友谊论”，一直有很多不同的说法，有的男孩子在追求女孩时，是抱着“交朋友”的心而非“谈恋爱”心情，这种心态如果事先不讲明白，有可能会导致双方的误解，最后“老死不相往来”。

因此，小莉在拒绝这男孩的友谊前，不妨先明了对方的用意。如果只是纯交朋友，小莉也不必完全拒绝他；但如果是“郎有意，妹无情”，则不妨委婉地告诉他，或设法保持“君子之交淡如水”的友谊，别老是找借口拒绝他，否则搞不好连最基本的情谊也难保了。

难过的成绩单

今天学校发成绩单，莎莎考了第十名，莎莎高兴地一进家门就把成绩单交给爸妈看——

“爸、妈，你们看，我这次考第十名！”

“第十名？”爸爸看了一眼就把成绩单丢在一边。

“爸爸，我怎么……”莎莎看了觉得奇怪。

“好了啦！”妈妈接着说，“第十名而已有什么好看的？你哥跟你姐这次全是第一名都没说了，你才第十名，有什么好看的？”

莎莎难过极了，拿了成绩单，低着头走回房间去了。

给少女的话

自信，可以说是踏上成功之途的不二法门。为了找回莎莎的自信心，我们建议：

定下一个奋斗的目标，自我期许后，去与父母做双向的沟通。“比较”是人的天性，但却往往忽略了当事人感受，因此，莎莎可以将这种无形的压迫感告诉父母，并尽力达到自己设定的目标。

莎莎的成绩无法突破，或许与读书的方法错误有关。因此，可以借由请教哥哥姐姐们的读书方法，来调整自己错误的方式，并整理出一张读书计划表，依此逐日履行。相信在父母压力变小，读书方式正确的情况下，莎莎的成绩必可改善，并且寻回失去的自信心。

第六章

装扮青春的形象

怎样获得形象美

为什么有的人长得并不漂亮，却楚楚动人？为什么有的人本身挺美，却并不使人觉得她美？这关系到整体造型。

优美的造型是形体、性格、气质与美感的结合，是外在和内涵的组合体。

衣着、发型与化妆

天性爱美的少女们都希望把自己打扮得漂亮一点，于是乎，“时髦”成了抢手货。不少姑娘，只要看到时髦的衣衫、时髦的发型，统统照搬，结果不但破坏了原来的美，反而弄巧成拙。

选择衣服一要分寸，二要协调。款式、色彩，因人而异，并同自己所处的环境协调一致。

假如妈妈买了一块和你的年龄、个头、肤色都相称的丝织品，请不要盲目寻找时髦的模式，也许，不加任何饰物、褶子，而用最简单、明快的线条做成的一条连衣裙，反而更有神韵。

发型也是重要的，能为各种脸型扬长避短。梳理是一种情趣，良好的技法还可增添风采。

当你站在镜子面前，应该认真审视一下自己，倘拿不准，可找理发师做参谋。盲目效仿演员、明星的发型是愚蠢的。运动式、童花式、披肩直发式、各式各样的辫子等会给少女增添青春的秀美，不适宜少女的发式只会使少女失去独特的魅力。

化妆的目的在于弥补面貌的缺陷。不同的肤色，对化妆品的选择应用有所不同。

脸宽的人，扑粉前在两外侧打颊红，脸窄的人颧骨外略多打点粉。假如眼皮厚肿，可在上眼皮上用眉笔略涂一下。

涂口红要有立体感，棱角分明。显示出你的个性。可先画轮廓，再细心抹匀。过薄，给人刁滑的印象；过厚，也会令人觉得俗气。

化妆的浓淡也要注意，平时应淡妆，参加社交活动可浓妆。

情感、分寸与仪态

只注重人工化妆，对于外在的形象的修饰很欠缺，它会令人感到苍白、粉饰气，而大方、自然的仪态，才能使一个人的外在形象真正趋于完美。

微笑便是一种自然、平和的表情。微笑具有亲切、温暖的力量。质朴纯真的微笑，不但能反映出良好的教养，并能有助于自己轻松自若地待人接物，消除距离感。社交场合，微笑能体现高雅、彬彬有礼。故作惊讶，或仰头大笑，都有哗众取宠、故意卖弄之嫌，是有损自己形象的。

表达自己的感情要有分寸，适当的手势能增加形象感，但如果你与别人交谈后，留下的评价是“指手画脚”或“眉飞色舞”，那未免太难堪了。有必要做手势时，幅度要小，要柔软。碰到熟人，老远就用手指，这也是不雅观的，应微笑着向对方点头。分手时，后退一步，或向旁边迈一步，再转身离去。

如何美化自己

在社交场合，人的外表对交往的成败有着重要的作用。特别是初交，一位少女可以给人留下“看上去很舒服”的印象，也可能给人留下“看上去不顺眼”的印象，所以少女参加社交总要对自己美化一番，给人留下美好的印象。但是，如何美化自己，这就很有讲究。

一般人对美容的定义只限于保养皮肤、化妆这些小局面上。其实，美是整体的。皮肤保养得好，妆化得适宜，只完成了部分。如果你的衣饰没有搭配好，头发没有梳理好，或是穿了双不雅观的鞋子，都会破坏整体的和谐。

一个人的精神、思想、动作、心理，无一不与美有关。美就是由生活、心理、内在、外在的条件组合成的。如果你觉得追求美很麻烦，那么你已经把美拒绝在门外了。为此，你先要有一个整体美的造型观念。

有了内涵，气质自然高尚。美丽可以看到，气质却靠感觉。真正的美女不仅视觉上可以看到，更应使人能用心感受到她的举止仪态与内在的表达。

护发与病发处理

秀发垂肩，乌发如云。头发生长在人体最触目的头部，对少女的仪态容貌有着重要影响。怎样才算是美丽健康的头发呢？一般应从五个方面衡量：一是清洁、整齐，没有头屑；二是头发光润，丝丝可见光泽，具有弹性；三是不粗不硬，不分叉，不打结，有柔软的感觉；四是头发疏密适中，尤其发根要疏密匀称；五是没有病发，色泽统一，没有出现斑、白、黄、棕等颜色混杂，头发没有异味。

要达到这五个要求，有一头美丽的头发，必须学会护理好自己的头发，护发可从三方面着手：

擦发

有些少女以为清洁头发就是洗头，其实不然。每天早晚用梳刷擦头发几次，也是一种清洁方法。容易为少女们忽视的是，临睡前的擦发。空气中有许多灰尘和细菌，附在头发上与发脂腺混合在一起，便会成为头屑和污垢，不但有碍美观，且会造成脱发和病发。每天早晚，用刷子轻柔地擦头发 3 分钟，100 次左右，这是保持秀发柔美润泽的好方法。擦发能对头皮造成轻度刺激，使血液畅通，促进新陈代谢，保持活泼的生机，皮脂得以充分分泌。

按摩

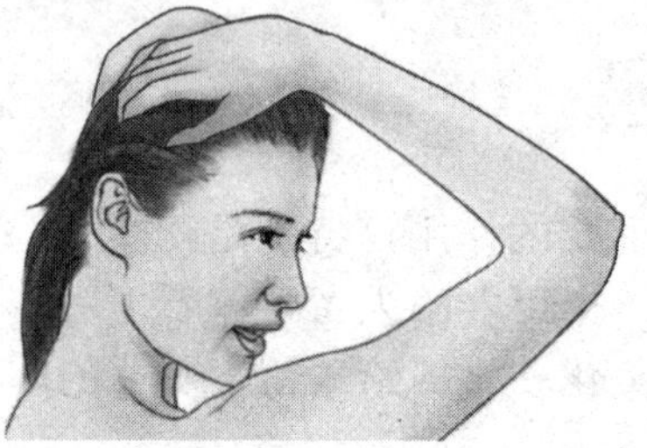

每天应按摩头皮一次，按摩头皮可以刺激毛发血管及毛囊，有助头发的生长，和调节头皮的分泌作用，并对油性和干性皮肤有治疗作用。按摩的方法是张开两手手指，按在头皮上，做压、捺转动。

根据头发的 4 种状况选择洗发水

干枯、毛躁的头发：头发干枯是由于水分流失使发质变干以及长时间缺乏护理和化学品残留在发梢所引起的，当然，精神压力、内分泌失衡以及饮食结构不合理等等，也会对发质产生或多或少的影响。在寒冷干燥的冬季和多风沙的春季，若想把失去的水分找回来，最好使用含顺滑性复合维生素的洗发水，它们能由内至外滋养秀发，改善发质。

过于服帖、缺乏生气的头发：由于头发细软，显得过于服帖，缺乏生气，并且容易折断。要从根本上改变发质，就应使用能让头发强壮和健康的护发产品，如蕴涵丰盈性复合维生素的产品，能加强秀发的内在强韧性，令秀发由发根至发梢都得到全面滋养，使头发健康，充满活力，富有弹性和光泽。

分叉、断裂、受损的头发：入秋之后至冬季，油脂分泌明显减少，头皮新陈代谢缓慢，容易造成头皮干燥。再加上低温、寒风、室内暖气都会带走头发中的水分，使发质变脆，失去光泽，甚至分叉断裂。特别是当风沙侵袭严重时，沾染上风沙尘土的头发更加剧了发丝间的磨损。这时，秀发需要加强型的特效修复护理产品。

头痒、头屑：干燥的季节常常会令头发滋润不足，而冬天往往洗头频率比夏天低，所以头部更容易产生头皮屑。最有效的去屑方法应首推使用含活效成分 1% ZPT（吡啶硫酮锌）的去屑洗发露产品，它能有效地将产生头屑的肇事微生物——糠粃孢子菌减少至正常水平，抑制头屑的产生。

正确洗发的 5 个步骤

洗发不仅是净发，也是保护头发的一种方法。

（1）洗发前应先用梳子或发刷将头发轻轻梳理一下，这样清洗时不会损伤头发。

（2）将头发弄湿，然后将适量洗发剂打泡，从头皮的中心向外倒涂；接着从发际向头顶按摩，以去污、止痒。

（3）清洗时应从发根洗至发梢，冲洗三四遍至水清，再改用凉水做最后一遍清洗，以便毛孔收缩，增强头发韧性。

（4）涂上护发素，并盖以毛巾或戴上头帽，保持 3 ~ 5 分钟，使营养渗入皮肤。最后用水洗净。

（5）喜用香波者，应有 2 ~ 3 种香波备用，经常更换，这样头发不仅清香常驻，而且光泽飘逸。

科学梳发的 4 个原则

梳发是刺激头部皮肤、加速血液循环、供给头发养分、促进头发生长的有效方法。

（1）将头低到胸部位置，用梳子从后面往头顶上梳。

（2）梳头手势应轻柔平顺，避免紧迫、突变或乱拉乱扯。

（3）长发少女应握住头发中间部分，然后一束一束慢慢往下梳理。

（4）每个人应备有三把梳子，一把用于日常梳理，摩擦阻力要小，以木梳子为佳；一把用于湿发梳理，梳齿应粗大些，以塑料的硬齿梳为好；一把用于平时外出随身携带，梳体宜小，但梳齿不宜过密。

使头发浓密黑亮的 3 个窍门

（1）洗头时，除用适量洗发液外，水中加一汤勺豆浆；清洗时水里加适量米醋，每 2 天洗 1 次，一段时间后，头发会变得浓密黑亮。

（2）用啤酒涂搽头发，其有效的营养成分对防止头发干枯脱落有很好的治疗效果，还可以使头发光亮。在使用时，先将头发洗净、擦干，再将整瓶啤酒的 1/8 均匀地搽在头发上，然后做一些头部按摩使啤酒渗透到头发根部。保持 15 分钟后用清水洗净头发，最后用木梳或牛角梳梳顺头发。

（3）用洗发液洗过头发后再用茶水冲洗，可以去除多余的垢腻，使头发乌黑柔软、光泽亮丽。

防治头皮屑的 7 个秘诀

（1）避免吃煎炸、油腻、辛辣及含酒精和咖啡因的食物，否则会刺激头皮油脂分泌过多及头皮屑形成。

（2）戒食过甜食品。因为头发属碱性，甜食属酸性，会影响体内的酸碱平衡，加速头皮屑的产生。

（3）用温水洗头。水过热会刺激头皮分泌油脂，令头油更多；水温过冷，毛孔收缩，发内的污垢就不能清洗掉。20℃的温水最适宜。

（4）勿用指甲抓头。应用指腹轻轻按摩头皮，不但可促进血液循环，还可减少头皮屑的形成。

（5）每隔 7 天换一种洗发水。洗发水的清洁对头发只是短暂性的，7 天后头皮会适应，就失去了清洁效果，宜同时买两种洗发水交替使用。

（6）喷发胶等化学性用品会伤害发质，刺激头皮，同样会加剧头皮屑生成。

（7）早晚多梳头，有助于增进血液循环、减少脱发和头皮屑生成。

茶水护发

在洗完头发以后，再用茶水冲洗，可使头发乌黑柔软，富有光泽。

醋蛋护发

先在洗发液中加入少许蛋白，调匀后洗发，并轻轻按摩头皮。然后洗净，用蛋黄调入少量醋，使其充分混合，顺发丝慢慢涂抹，用毛巾包 1 小时，再用清水洗净，头发乌黑发亮。此法最适宜干性和发质较硬的头发。

葱泥护发

先将洋葱捣成泥状，用纱布包好，用它轻轻拍打头皮，使洋葱汁均匀地敷在头皮和头发上。过几小时后，再将头发洗净，这样能消除头屑。

蜜蛋油护发

用一茶匙蜂蜜，一个生鸡蛋黄、一茶匙植物油、两茶匙洗发水和适量葱头汁放在一起，充分搅匀，涂抹在头皮上，戴上塑料薄膜帽子，再在帽子外不断用湿毛巾热敷。过一两个小时，将头发洗净。如果每天一次，过一段时间，可以缓解头发稀疏症状。

柚子核护发

用柚子核 25 克，开水浸泡，将其汁涂于发根，也可配合生姜涂搽，每天二三次，可以治疗秃发、发黄，加快毛发生长。

陈醋护发

取陈醋 150 毫升，加温水 1 千克，搅匀。用此水每天洗头一次，能去头屑止痒，防止脱发，还能减少头发分叉。另外，在理发吹风前，往头发上喷一些陈醋，可使发型耐久，并使头发柔软润泽。

病发处理

由于新陈代谢的作用，每天有少量脱发（50 根左右），早春秋末更多些，不属病态。但如果频频掉发，有时一天多达 100 根左右，就须注意了。如果脱下的头发发根黏黏糊糊的，可能是新陈代谢不佳，必须增加按摩头皮的次数。最常见的病因是脂溢性脱发，精神过度紧张或过多吃含脂肪多的食物都会促使皮脂分泌过多。头屑过多的原因有两种，一是皮脂太多，皮脂干了就成为细屑状，叫干性脂漏；另一种是皮脂太少，头皮细胞角质脱出，黏在头皮上，叫头部糠疹。头屑过多者，可适当洗头，干性发质者每周一次，油性发质者每周两次，洗头时可用药性洗发剂。

美发与脸型

适合 6 种脸型的发型

长方形脸：五官距离大，给人的感觉较生硬。可选择蓬松的发型，用头发的柔软线条遮掩脸形上的不足。

方形脸：整个脸部的长度与宽度几乎相等，缺少温柔的美感。可留直长发，侧分，使两边长发垂直，遮盖两腮过硬的线条，还可留一些刘海以遮盖额角。

圆形脸：五官的距离较近，双颊圆润。适合留高而长的发式，最好不留刘海。

三角形脸：上窄下宽，额头窄小，两腮突出。适合留长发，最好能披到肩上，可用刘海遮住窄小的前额，垂直的长发也可将过宽的两腮掩饰住。

倒三角形脸：额头很宽，下巴较尖。应将顶部及前额的头发做成遮盖型，以掩饰其上部宽度，在腮边及耳下让头发蓬松开，做成向下蓬散或向下卷曲的发型，线条柔和流畅，能起到缓和感觉下巴尖锐的作用。

椭圆形脸：是一种较为理想而标准的脸型，一般梳理任何发式都可以，不过简洁的发式更能体现自然美。少女的发型应以自然为好，不能过于花哨。

适合 6 种脸型的染发技巧

现在很多爱美的少女都很会装扮自己的头发，除了亮丽的黑发，有些人还将头发染成蓝黑色、深褐色、栗子色、浅棕色等颜色。不过染发需适当考虑自己的脸型，选择适当的位置着色，这样才会更加美丽动人。

方形脸：由于颌骨较为突出，要使脸形下颌部位的线条显得柔和一点，可围绕脸部四周进行间发染色。应注意由头发中段开始染发，而无须由发根开始，颜色选择不宜太深，否则轮廓的改变不易衬托出来。

圆形脸：染色范围应集中在靠近前额及头顶位置，可使脸形显得修长一些，而脸部两旁的头发染成较深色，使双颊看上去显瘦。

椭圆形脸：染发可在整个头部进行，无须顾忌太多。但要注意的是，在发线之后开始着色，而脸部两旁的头发宜保留较深的颜色，以突出椭圆脸形的完美轮廓。

长方形脸：可给脸部两旁的头发加点颜色，而头顶部的发色要比两旁更深，前额和刘海只需疏落地染上一些颜色即可。

小形脸：要在刘海处集中染色，使前额看上去显得修长一些，脸颊两边则宜进行均匀染色，会使脸部更迷人，更惹人注目。

倒三角形脸：给耳朵以上的头发染上颜色，在颌骨及其后下方的头发进行集中间发染色，可使脸部下方显得宽些。

化妆技巧

化妆

早上化好的妆要想保持一天不变样，需要以下一些小诀窍：

（1）开始化妆前用一片柠檬擦脸。

（2）或者化妆后喷一些凉矿泉水。

（3）当人的脸色显得苍白时，在耳垂处搽一点粉红色脂粉就可使整张面孔增加光辉。

卸妆

每天晚上都必须卸妆，而且卸妆后最好抹一层营养香脂。为了使其更好地吸收营养物质，可在脸上敷一层热毛巾。

口红

要想使描出的口红不变样，化妆时要注意下述几点：

（1）嘴唇应很干。

（2）往脸上打底色时，也应往嘴唇上打底色，并扑上一点粉。

（3）描上一层口红后，再扑上一点粉，然后再描一层。

（4）为了固定颜色，可用冰块抹一下嘴唇。

指甲油

（1）使用之前应摇晃装指甲油的瓶子，可以防止指甲油形成气泡。

（2）与其等待指甲油变干，还不如把手指泡在凉水里。

教你做颜面操

颜面体操包括伸展操、下颏操、颜面操、舌操、耳朵操、眼球操等。这里介绍一套颜面操，可供少女们练习。

做颜面操时最初由于肌肉僵硬，一般人不能很好完成。但随着肌肉变得柔软，就能做各种脸部表情。下面是三种基本模式，除此以外的请自己多下工夫，关键在于肌肉的伸展、收缩，然后是不断地松弛。一定要记住这三要素。

金刚脸

（1）面朝正前方，然后除鼻子外，其他所有肌肉都向外拉，做出表情；轻轻咬住牙齿，嘴周围的肌肉向外侧拉，眼周围的肌肉张紧，眉毛向上吊，眼突出，脸颊的肌肉向上提；想象一下你生气时候的脸。

（2）该表情保持 10 秒。

梅干脸

（1）与金刚脸正好相反，脸部肌肉以鼻子为中心聚拢起来，收拢嘴巴，眉毛下垂，脸颊的肌肉有意识地向下拉。

（2）该表情保持 10 秒。

能面脸

（1）脸部肌肉放松，这是做能面的表情的体操。

慢慢地深呼吸，眼睛安静地闭着，口自然地稍稍张开，脸部的所有肌肉都放松。

（2）保持 10 秒。

以上是连续的颜面体操，按金刚脸、梅干脸、能面脸的顺序重复三次。该用力时尽量用力，该放松时尽量放松，这样才能发挥作用。

苗条身姿从哪儿来

十七八岁的少女，对美的追求欲望呈现出一个高峰。往往非常关心自己的身材，希望有苗条俊俏的风姿。

苗条俊俏，亭亭玉立，大都成为女子美的赞誉词。谁不为之心动？然而，一些少女为追求苗条，盲目地节制饮食，饮减肥茶，减少睡眠，不仅得不到健美，反而坑害了自己。许多少女原来体型还可以，完全属于健康型，但风靡一时的减肥风使她晕头转向，缺乏科学知识，反而弄美为丑了。在妇科门诊，人们可以看到这样一些少女：因血糖过低晕倒在马路上的；因长期节食引发厌食症的；因追求苗条导致青春期乳房萎缩的；因盲目节食导致严重营养不良、极度消瘦引起月经停止的……

正常情况下，人体内应保证一定的脂肪量，它在调节女性的生育功能上起着不可忽视的作用。脂肪的多少会直接影响月经周期和激素代谢。一般来说，正常女孩在 10 岁前后的身体脂肪量约为 5 千克，10 岁以后迅速增长，当体内脂肪蓄积到 16 千克左右时，就为妊娠和哺乳提供了条件。如果身体内的脂肪丧失 1/3 时，就会出现下丘脑功能障碍，导致闭经。特别是少女，卵巢功能尚未完全发育成熟，就更容易出现闭经现象，一旦闭经时间过长，就可能影响今后的生育能力。在国外已有人根据体重、身高、年龄这三项指标，来估计女孩的性发育水平。所以女孩子们不要通过盲目的节食以求达到减肥的目的，真正应该减肥的姑娘要在医生的指导下进行。

这里，还须说明的，盲目追求苗条的少女，是她们的审美观有偏颇。她们有的认为，苗条才美，片面喜欢白皙的脸蛋，纤细的双手，富于线条的身材。而把丰满匀称、饱满厚实当作肥胖了。其实，身材美是各种各样的，既有苗条之美，也有壮实之美；既有玲珑之美，也有魁梧之美。人们对体型美的欢喜也是各有层次的，瘦弱羸羸、弱不禁风的女子虽有所谓苗条的身材，但并不健美，更不健康，缺乏少女应有的风韵。

盲目减肥，追求苗条，是有害健康，自我糟蹋。

我们应该通过锻炼而获得健康美，唯有健康美才是我们应该追求的。

苗条体形十知

（1）三餐定时定量，其他时间不吃零食和点心。

（2）绝对不用美食来犒赏自己。

（3）看电视，读书报时，绝对不吃零食。

（4）应酬时，多与人交谈，忌大吃大喝。

（5）少吃没营养、高热量的奶油、冰淇淋、饮料等，少吃油炸或勾芡等含热量高的食物。

（6）不要使自己成为剩菜剩饭的垃圾筒。

（7）吃饭时，细嚼慢咽，吃完饭马上离开餐桌。

（8）选择喜欢的运动，并持之以恒。运动后，忌大喝冷饮。

（9）平时养成宁走不坐车，宁站不坐，宁坐不躺的习惯。

（10）多做家务活，消耗体内多余的热量。

腿部健美徒手操

动作要领

（1）仰卧，两腿并拢，绷直，左腿慢慢抬起，到和身体垂直为止，放下，连续做5次后换右腿，再连续做5次。

（2）上半身俯卧桌子上，两腿悬空，上下交叉摆动，幅度要大，连续做10次。

（3）站立，两手握一小木棍，放在颈后，左腿先迈出成弓箭步，膝盖尽量向前移，后腿绷直，肩向前伸，和后腿成一直线，还原。重复做5次后，换右腿迈出，再连续做5次。

（4）仰卧，两腿像骑车一亲前后蹬动，边续做10次。

（5）侧卧，一手放头下，一手叉腰，两腿并拢绷直后慢慢抬起，尽量延长在空中停留的时间，放下，休息一会儿，再做。连续做5次后，换另一侧做，同样做5次。

青春期少女不同时期的体育锻炼

少女的青春期发育一般要经历4年左右，可分为3个时期：过渡期（11～12岁）、高潮期（12～15岁）、定型期（16～17岁）。

过渡期：处在这个阶段的少女易受外界环境的干扰，精力不易集中，动作也不准确、不细致、不协调。所以，在进行体育锻炼时，要多选择有利于发展协调、灵敏、速度、弹跳力等身体素质的练习，以促进神经、肌肉、骨骼的健康成长；可以通过灵活多样的体育活动，如篮球、排球、跳高、慢跑等练习，来提高心血管系统的功能。

高潮期：此时少女开始出现初潮，神经系统功能不稳定，是一生中发育最不协调、最不平衡的阶段，自我感觉为无力、欲睡、头晕、不想参加活动，原有耐力、速度、力量等素质有所下降。所以，要注意适当休息和补充营养，积极参加一些力所能及的体育活动，如打球、跑步、游泳等，以促使心血管系统的生长；还可参加体操、武术等项目，以改善协调能力。如果在教师指导下科学合理地安排适当的锻炼，可以更快地改变机体的这种不平衡状态。

定型期：各器官、组织系统已逐渐趋向完善，生长发育由量变到质变，进入稳定协调的成熟阶段。身高的增长缓慢下来，在20～22岁停止生长；心脏的工作能力与成人已很相近。此时，要注意全面发展，可逐渐参加强度大、耐力大的锻炼项目。

锻炼时需注意的3个问题

（1）处于青春期的少女，要根据不同的发育时期选择不同的运动项目，注意循序渐进，特别是前期和中期不可负荷过重。

（2）女性与男性不同，在解剖生理上有独自的特点。一般来说，女性的身材较矮，皮下脂肪厚，骨盆大，重心低，肌肉力量差，心肺功能也不如男子。因此，少女在选择运动项目时，要充分考虑自己的特点，有些锻炼项目并不适宜练习，比如举重、长距离赛跑、三级跳等。

（3）可根据自身的弱点，选择相应的运动项目，进行有针对性的练习。假如心肺储备力较低，动则心慌气短，那么可以选择滑冰、游泳、长跑、球类等锻炼项目。游泳就是一个非常好的锻炼项目，因为女性的骨骼比较轻，身体在水中的浮力较大，如果进行较长距离的游泳训练，非常有利于增强体质。

适合少女的4项运动

适合少女锻炼的项目很多，但最适合其心理、生理特征的锻炼莫过于健美操、踢毽子、跳皮筋和跳绳，这些项目对环境和条件要求不高，既经济又便于开展。

健美操：又称现代韵律操，长期参加，可使少女在柔韧性、协调性、灵敏度和耐力等方面得到良好发展。对塑造少女健美的姿态，培养节奏感，提高身体的表现力和音乐素养，都有良好的作用。

踢毽子：运动时，一只脚站立支撑身体，实际上是对人的平稳能力的锻炼；一只脚用脚内侧、脚外侧、脚背踢毽子，则可以锻炼踝、膝、髋、腰和颈等处的柔韧性和灵活性；两手随动作不停地动，一方面起着平衡的作用，另一方面可对肩肘进行协调性练习；还需要眼睛和腿的高度配合，极好地锻炼了神经系统的指挥能力；而且，运动时人的呼吸加深加快，血液循环加强，也促进了新陈代谢；如果再加上各种盘拐、对踢、平稳、跳跃以及抛接等花样配合，更具有趣味。

跳皮筋：皮筋举得越高，跳的难度就越大，对锻炼身体的作用也就越大，特别是对腰腿的柔韧性和各个关节的灵活性作用更大。这项活动，主要是跳跃动作，可对下肢骨骼产生一定的压力，使骨骼得到比较多的血液和营养，对少女下肢骨骼弯曲和扁平足有良好的预防作用。

跳绳：主要是以四肢活动为主，两脚跳跃、两腕旋转，肩、背、腰、腹、臀部、大腿、小腿直至脚的各个关节都参加活动，使全身的血液循环加快，得到更充分的氧气和营养供应；对下肢骨有较强的压力，对促进骨骼的生长作用较大；在自摇自跳时，需要上下肢的密切配合，对提高神经系统的协调性和灵活性也有较大益处。

根据体型选择运动方式

豆芽菜型：青春期少女如果缺乏体育锻炼，骨骼就难以粗壮，肌肉难以横向扩展，从而导致各器官及体型得不到很好的发展，最终长成又瘦又高的“豆芽菜”。要改善这种情况，可选择力量性项目，如跳绳、负重跳、俯卧撑、仰卧起坐、小哑铃体操等方式进行锻炼。

肥胖型：有的少女进入青春期后，皮下脂肪明显增厚，失去女性特有的轻盈、柔和的体态，稍一活动就会心慌气短。控制肥胖的有效锻炼方法是踢毽子、跳皮筋、登山、步行、长跑、打羽毛球、溜冰等。

腰腹过粗型：有的少女腰腹过粗，为了腰细就束腰，既影响身体的正常生长发育，又无实际效果。只有加强腰腹肌的锻炼，才能有效地使腰变细，达到体态匀称的目的。一般可采用单杠悬垂举腿、抱膝收腹、前后左右转体练习等方法。

健全少女性格的运动

运动心理学研究证明，各项体育活动都需要较高的自我控制能力、坚定的信心、勇敢果断和坚韧刚毅的意志等心理品质为基础。因此，有针对性地进行体育锻炼，对健全少女的性格有特殊作用。

（1）选择篮球、排球以及接力跑、拔河等集体项目进行锻炼，可帮助少女逐步改变孤僻的性情，更亲密地与同学交往。

（2）多参加游泳、溜冰、滑雪、单双杠、跳马、跳箱、平衡木等活动，能够帮助少女克服害羞、怕摔跌等胆怯心理，以勇敢无畏的精神去越过障碍，战胜困难。

（3）多参加乒乓球、网球、羽毛球、跨栏、跳高、跳远等活动，有助于少女积极抓住时机，发展果断的个性。

（4）多参加下棋、慢跑、长距离步行及游泳、骑自行车、射击等运动，能调节神经系统，增强自我控制能力，稳定情绪，改掉急躁、冲动的毛病。

（5）选择一些如跳绳、俯卧撑、广播操、跑步等项目进行锻炼，会使自信心逐步增强。

（6）多参加公开激烈的体育比赛，特别是篮球、排球比赛，能够锻炼少女的冷静沉着，遇事就不会过分紧张，更不会惊慌失措。

（7）选择难度较大、动作较复杂的跳水、马拉松、艺术体操等技巧项目进行锻炼，或者找一些高水平的对手下棋、打乒乓球或羽毛球，能够逐渐改善逞强、自负的性情。

要想使体育锻炼达到调节心理的目的，锻炼必须有一定的强度、质量和时间要求：每次锻炼时间要在 30 分钟左右，运动量应从小到大、循序渐进，3 个月为 1 周期，进行 2 周期以上方能有效。

适量运动健美身材

少女形体锻炼主要包括胸部、腰背部和大腿的锻炼。

胸部锻炼方法：

（1）双膝跪地，手臂伸直撑地，向下做屈臂动作，直到下颌和胸触地。屈臂时注意臀部不要后引。身体重心在手上，手臂支撑体重，静止片刻，使乳房充分下垂，然后再撑起。重复 8 ~ 10 次。

（2）仰卧地上，向上做挺胸动作，到极限时静止片刻。注意，挺胸时头和臀部不得离地。重复做 6 ~ 8 次。

（3）双腿站立，上体直立，双手合掌置于胸前。两手用力互推，做对抗动作。注意，肘关节不得下垂，前臂成“一”字形，挺胸抬头，配合深呼吸。重复 8 ~ 10 次。

腰背部锻炼方法：仰卧起坐，一次做 30 次左右。做时注意挺胸直腰。

腿过粗或过细的方法锻炼：背靠墙站直，双臂侧平举，掌心贴墙。左腿前抬至齐腰高度，再尽量向右摆移，还原，重复 6 次。换右腿做相同动作，重复 6 次。注意，腿举摆时膝盖始终要伸直。

在坚持上述锻炼的同时，少女还应做些走、跑、跳、身体波浪运动和柔韧性训练，以全面锻炼身体，塑造健美体型。

体格锻炼的测验

锻炼身体对人人都有好处，但是大多数人并不真正知道如何正确地去锻炼。不信，有 8 条测验题考考你。

对以下问题要回答“对”或“不对”。

测验题

（1）减少腹部脂肪的最好方法是做腹部锻炼，对不对？

（2）为了保持足够水平的身体素质，一星期仅仅需要锻炼两次就行了，对不对？

（3）为了达到减肥的效果，锻炼时要出很多汗才行，对不对？

（4）相同的距离，慢跑比步行更能消耗大量热量，对不对？

（5）如果在完成锻炼后的几分钟内呼吸还没有恢复正常，这意味着锻炼过于剧烈了，对不对？

（6）散步是最好的锻炼之一，对不对？

（7）剧烈的伸缩练习，能够保持肌肉的伸缩性，对不对？

（8）每天最低量的锻炼是 20 分钟，对不对？

答案

（1）不对。许多人以为只要特定的某个部位肌肉受到锻炼，脂肪组织（在此部位）就会耗损减少。事实上身体锻炼不是某种类型的锻炼，它所消耗的脂肪不是来自某一特定部位，而是来自身体各处。当然，如果你所进行的锻炼是全身锻炼，那么你当然可以看到你腰围变细的好效果。

（2）不对。美国国家航空宇航局研究表明，不经常锻炼的肌肉会非常迅速地失去它们的弹性。在你锻炼结束后的 48 小时到 72 小时之间，必须再次锻炼，以便恢复和保持肌肉的良好状态。美国国家航空宇航局的学者认为，坚持每天锻炼当然是最好的，而一星期坚持隔天锻炼一次，就可以保持人体的正常素质了。

（3）不对。出汗仅仅能降低体温防止过热，它不能有助于减肥。在锻炼后，你也许会立刻减轻些体重，这是由于水分的失去。一旦你饮用流体物质，体重又会恢复。所以，锻炼中的出汗，并不标志着达到了减肥的效果。

（4）不对。相等的距离，无论跑步或步行，消耗的能量是相等的，因为在两种不同的运动方式中，运动的距离是相等的，而速度并不重要。当然，如果你选择 30 分钟慢跑而不是 30 分钟步行，那么一定能消耗更多的热量，因为在 30 分钟内所跑的距离是长于 30 分钟步行的距离的。

（5）对。锻炼结束后 5 分钟左右，人的呼吸应该恢复正常状态，心跳不再剧烈，不再感到精疲力竭。有益的锻炼不应是过分困难的、不愉快轻松的、令人疲乏不堪的，它应是适度的，令人愉快的。

（6）对。散步有助于身体的血液循环，对健康有直接效果。

（7）不对。伸缩练习（如转体、弯腰）应该缓缓地进行，使肌肉达到放松效果。剧烈的伸缩练习只能使肌肉拉得很紧。

（8）对。在人的骨骼上共有 400 块肌肉。锻炼时要使它们全部伸展运动，这在 5 到 10 分钟之间是不可能做到的。实践证明，要达到足够的运动，20 分钟是最低限度的时间。

美容问答

1. 怎样保养脸部皮肤？

用温、凉水交替洗脸，擦干后用润肤水涂脸，再抹上雪花膏，如此每周一两次，能使脸部洁白柔滑。

2. 洗脸也有讲究吗？

洗脸时少用香皂，交替用冷热水洗脸，要从外向里、由下而上地洗，动作要轻柔，长久将使你年轻漂亮。

3. 怎样保持头发美？

要经常洗头，保持头发整洁。头发要经常梳理，以利头发生长。

4. 什么是正确的刷牙方法?

早晨和临睡前各刷一次。刷牙时应上、下、里、外都刷到。刷上牙由上而下地刷；刷下牙自下而上地刷，顺着牙齿缝刷。要特别仔细地刷磨牙咬合面。牙刷刷头要小，软硬适中。

5. 姑娘脸上长汗毛怎么办?

寻找遗传或内分泌的原因；对诊用药。小范围内可用电解术拔除，也可搽亮肤霜。

6. 怎样防治粉刺?

有粉刺的姑娘不宜用油质化妆品，不要用碱性重的肥皂洗脸。每天洗完脸后搽粉刺霜两三次，如果同时内服药物，效果更好。

7. 怎样防止雀斑?

夏季防日晒，每日洗脸后搽硅酮霜两次，也可用氢醌霜，但不能用腐蚀性强的药物，以免皮肤损伤。

8. 用甘油要注意什么?

纯甘油不能直接往皮肤上涂抹，因此在用甘油前先要了解是含水甘油还是纯甘油，如果是纯甘油，就要加入20%的水以后再用，不然会使皮肤更加干燥和引起灼伤。

9. 用花露水要注意什么?

花露水可当香水使用，但是花露水刺激性较强，只能喷洒在身上或头发上，不宜往脸上涂抹，而且皮肤过敏者也不宜使用。

10. 哪些食物对头发有营养?

头发主要是由角蛋白构成，它含有丰富的矿物质。要多吸收矿物质，应该食物多样化，不要偏食。主食和副食搭配要适当。多吃肝、蛋、海带及茶叶，也可增加矿物质，有助头发健美。

11. 哪些食物能使皮肤健美?

碱性食物能使皮肤健美，主要有：牛奶、西红柿、黄瓜、萝卜、胡萝卜、菠菜、橘子、葡萄、葡萄干、芋头、芹菜、芦笋、土豆、莲藕、豆腐、蕈类、竹笋、南瓜、苹果、梨、香蕉、樱桃、桃。

12. 怎样消除眼角皱纹?

有些姑娘眼睛近视却不愿戴眼镜，眯起眼睛看东西，有些年轻女孩爱挤眉弄眼，这样不仅外观不雅，并容易过早出现眼角皱纹。防护方法是将适量的鲜牛奶、奶油和白糖调配成混合剂，用纱布蘸着在眼周涂擦，可使眼睛常葆光彩。

13. 怎样选配适当的眼镜?

长脸宜配不透明的有色镜框镜架，能降低眉线，抵消长脸。短脸需配透明框底边或无框底边的镜架来提高眉线，使短脸得到平衡。方脸应配方镜框镜架，与脸型均衡。尖脸可配上宽下窄的镜框架，能使脸颊显得宽一些。瞳孔间距较窄的人，可配淡色或透明的眼镜桥镜架。近视较深的人，可配镜框小而不带框角的镜架。眼睛较大的人，可选用眉毛较细的桥梁架，显得斯文。

眼睛较小的人，则可选用眉毛宽一点的桥梁架，以补眼小之不足。镜架的色彩应根据各人的肤色深浅去选配。除了从脸型美因素考虑，少女也可从自己的个性特点方面选择能表现自己青春美形象的眼镜。

14. 怎样使牙齿洁白？

可到药店买一点白矾，压碾成粉，沾在纱布或牙刷上，轻擦数次；或者将墨鱼骨头去掉表皮，用来擦拭，也能让牙齿除黄增白。

15. 怎样使皮肤细嫩？

每天早晨可利用喝完的空乳瓶，用水倒入洗脸盆中洗脸，可以细嫩皮肤。

16. 什么是简易减肥法？

肥胖者每天原地跑步，一般人跑一两分钟就可以了。另外，再针对想变瘦的部位，每天做一次一分钟的体操，例如腹部太胖时，可做前屈、后伸动作，连续做 10 周，就能收到减肥的效果。

17. 哪些人不宜留长发？

额头窄小、鼻梁低的人，如果长发披肩，会显不出五官；颈粗脖短的人留长发，会给人以头颅连在肩上的印象；身体矮胖的人留长发，会显得更矮；头发稀少的人留长发，也缺少美感。

18. 皮肤多毛怎么办？

如果全身多毛，不能用拔除的办法，那样反会引起毛发增多。可采用脱色法、用加氨（或不加氨）的双氧水 20 ~ 30 份（每份 100 毫升双氧水加 10 滴氨）或用双氧水稀释下列膏剂使汗毛脱色：碳酸镁 40 克，麦淀粉 60 克。

19. 怎样选择太阳眼镜？

要选优质镜片，透明度和颜色合适，一般人选用灰色或茶色的镜片为佳，黄色或绿色次之。戴太刚眼镜切勿对准太阳观看，无阳光时则尽量不戴，以保持眼睛的健美。

20. 美容化妆品有哪些用途？

各种美容化妆品的用途不尽相同，下面简单介绍几种：

头油，能起滋润头发的作用，使得头发光滑乌亮。

雀斑霜，能治疗面部雀斑和黄褐斑。

花露水，夏季使用，能给人以凉爽舒适的感觉，并有杀菌、消毒止痒和防蚊的效果。

爽身粉，夏天使用，能起凉爽、干燥的作用。

痱子粉，可以爽身、预防痱子。

粉刺霜，对粉刺及湿疹有疗效。

头屑水，可除去头屑，留有芳香。

腋下香，专用于狐臭患者。

脱毛霜，清除皮肤多毛，使皮肤光滑整洁。

防皱水，滋润肌肤，预防皮肤衰老、松弛，有去皱防皱作用。

护养肌肤，白里透红

油性皮肤去油 6 法

（1）用室温蒸汽蒸脸 10 分钟，可起到疏通毛孔、抑制皮脂分泌的作用。每天或三五天蒸一次，可视皮肤油腻程度而定，皮肤越油蒸脸次数越勤，皮肤油脂减少则可减少蒸脸次数，时间也可减少到每次 8 分钟。蒸脸后用暗疮针清洁皮肤。

（2）每日用珍珠粉 2 次，既可去油又可细嫩皮肤，还可防晒。

（3）从内部调理，克服遗传性皮脂分泌过旺，使激素分泌平衡。适当服用维生素 E、复合维生素 B、蜂王浆、蜂蜜等。

（4）多用黄瓜片做面膜，有收敛作用，可减少油脂分泌，使皮肤光滑不油腻。

（5）洗脸能清洁皮肤。但不宜多洗脸，否则反会促进皮脂分泌。不可用碱性肥皂。

（6）注意饮食结构，少吃高脂肪、高糖类、刺激性食物，多吃蔬菜、水果、高纤维食物。多饮水，保持排泄通畅。

干性皮肤保湿 9 法

（1）由于干性皮肤特别缺水及容易因干燥而脱皮，因此可选用含蜂蜜、牛奶和维生素 E 等成分的洁面剂。但洁面剂不宜多用，每天一次就好，早上起床只用温水洗脸便可。

（2）洗脸后可拍上滋润型爽肤水以减少紧绷感，为皮肤加一层保护膜。

（3）趁皮肤仍湿润时，可涂上具有补湿及滋润功能的乳霜，以锁住肌肤中的水分及增加光泽感。如果等到脸上已完全干透才涂，就不会有很好的效果了。不要每次都涂上超分量的乳霜，这反而会闭塞毛孔，使皮肤出现暗疮。

（4）干性肌肤水分容易流失，日霜晚霜未必能深层滋润，所以每周要最少做一次保湿面膜以滋养肌肤。

（5）可以试用一下天然的材料，比如，红茶中含丰富的维生素 C，可以使皮肤变得滋润。方法是：将红茶与蔗糖各 20 克冲入滚水搅溶，再倒入适量面粉打成糊状，敷在脸上，15 分钟后洗净，每周 2 次，不出 1 月就会看到效果。

（6）平日洗脸时，在水中混入 2 匙白醋及半匙甘油，可减轻脸部的干燥感。

（7）保湿救急法：先做 5 分钟高水分补湿面膜，或用蜜糖、杏仁油加适量面粉敷面，再涂上滋润性强的润肤乳或凡士林，可以令干燥皮肤迅速补充水分。

（8）宜多吃含维生素 A 的食物，如牛奶、香蕉、胡萝卜等，以保护表皮和黏膜。

（9）每天喝 8 ~ 10 杯水，绝对戒除含咖啡因的饮品。睡觉前也要喝少量水，而且最好放一盆水在床头，可适当减少空气带走肌肤中的水分。

中性皮肤保养 5 法

（1）选择对皮肤有滋润作用的高级美容皂或洗面奶，坚持每天按时清洁脸部，以保持良好的状态，一般每日清洁脸部 2 次为宜。

（2）早上洁面后可用收敛性化妆水收紧皮肤，涂上营养霜；晚上洗脸后，用晚霜或乳液润泽皮肤，使之柔软有弹性，并且可以使用营养化妆水，使皮肤不松不紧。

（3）选择中性皮肤适用面膜敷脸 15 ~ 20 分钟。

（4）饮食方面，要注意补充皮肤所需的维生素和蛋白质，如水果、蔬菜、牛奶、豆制品等。避免烟、酒及辛辣食物。

（5）推荐使用的面膜：鲜牛奶 30 毫升、5 ~ 8 滴橄榄油、洋甘菊精油 1 滴、面粉适量，调匀敷面，20 分钟后洗净。每周使用 1 次，长期使用，可增加皮肤的活力弹性，使皮肤变得清爽润滑、细腻洁白。

春季护肤的 4 个注意事项

（1）保持皮肤清洁。可用性质温和的洗面奶，帮助杀菌和清洁肌肤。

（2）不要随意更改化妆品品牌，因为皮肤正在适应多变的气候，抵抗力比较弱，若此时更改品牌，很容易出现过敏。

（3）注意保湿，增强皮肤的抵抗力，最好使用清爽型、亲水性护肤品，避免使用含油多的护肤品。

（4）平时要多吃新鲜水果、蔬菜，少吃海鲜、笋类等。

夏季防晒的 6 个小窍门

防晒护理

（1）尽量少在上午 10 点至下午 3 点外出。

（2）外出时最好用遮阳伞或太阳镜来防晒。

（3）外出前半小时应擦抹防晒霜。

（4）适合东方人皮肤的防晒品，其防晒系数在 10 ~ 15 最佳。

晒后护理

（1）清洁：用冷水或浸过冷水的毛巾来缓和燥热的肌肤。

（2）冷敷后，使用温和、保湿度较高的保养品来护理皮肤，以补充水分。

秋季养颜的 3 个秘诀

注意保湿：选用保湿性能好的护肤品，以补充水分。

美白护理：经常使用具有保湿作用的美白面膜，美白效果会更好。

饮食宜忌：要少吃阴冷食品，多食银耳、百合、莲子、枸杞子、蜂蜜等，多喝开水，多吃水果和蔬菜。

冬季皮肤的 5 个护理指南

保持清洁：选用温和的洗面奶，用温水洗脸。

防寒防晒：冬天的紫外线较强，因此防晒也不能松懈。

更换护肤品：应选用具有保湿、御寒、滋润作用的护肤品，以补充水分和营养。

定期护理：要经常按摩皮肤，以促进血液循环；还可自制牛奶或蜂蜜面膜。

注意饮食：多喝水，多吃红枣、莲子、桂圆、银耳等新鲜蔬菜和水果。

防治雀斑的 7 个细节

（1）避免上午 10 时至下午 3 时外出，这段时间的紫外线最强烈。外出时一定要擦抹防晒霜，打遮阳伞或戴墨镜。

（2）用热水及碱性小的洁肤品洗脸；经常按摩有斑点的部位，可促进黑色素分解。

（3）多吃碱性食物，如蔬菜、水果等；少吃酸性食物，如鱼、肉、糖类。

（4）可在医生指导下服用维生素 A、维生素 C、维生素 E 等。

（5）保持乐观情绪，避免过度疲劳，切忌熬夜。

（6）可在正规的整容医院或医院美容科进行冷冻或激光治疗。

（7）服用一些祛斑的中药，帮助调理体内功能，阻断黑色素合成和沉积。

少女使用护肤品的 3 个准则

（1）要注意商标和出厂时间，不可随便购买粗制滥造和过期变质的化妆品。如使用劣质色素和香料制成的化妆品，就会刺激皮肤引起瘙痒症、神经性皮炎及过敏症等（如红斑、丘疹、小疱）。

（2）对未曾使用过的化妆品，第一次用时应慎之又慎，应先在皮肤上做一次过敏试验。方法是：在手腕内侧涂上约硬币大小的化妆品，覆盖纱布和塑料薄膜后粘住，24 小时或 48 小时后除去覆盖物，再过 1 ~ 2 小时，若在涂抹处出现红肿及斑疹，即为过敏性反应，不可使用。

（3）切记，对于少女而言，追求美决不可过分，“自然的就是最美的”，可别让化妆品帮了倒忙。

少女最好不化妆

少女的皮肤晶莹透亮，细腻光洁，富有弹性，具备特有的青春美，一般不化妆为好。如果需要化妆，基调应以暖色为主，以展现其天真纯朴、娇柔活泼的自然美。另外，青春期少女内分泌旺盛，为防止面部生粉刺，化妆应以淡妆、薄涂为好。

少女护肤的 3 个误区

误区 1：用粗糙毛巾擦脸。粗糙的毛巾在细嫩的皮肤上揉搓，不但会伤害并刺激皮肤，让皮肤长出细纹，还会带来细菌。更可怕的是，如果长了青春痘，又常用粗糙毛巾擦脸，很容易将痘痘搓破，里面的细菌就会沾在毛巾上，随着毛巾蔓延到脸上其他部位，以致脸上的痘痘连绵不绝地冒出来，难以断绝。

因此，洗完脸后应用毛巾或面巾纸将水吸干，这比用擦干的方法对皮肤的拉扯和伤害要轻得多。脸上长痘时，必须用面巾纸代替毛巾，并以按压的方式吸掉水分，这样才不会造成细菌感染。

误区 2：早上直接用清水洗脸。有的少女习惯早上直接用清水洗脸，认为反正前一天晚上脸已经洗干净了，不用再那么仔细洗了。其实，皮肤经过一整夜的新陈代谢后，上面既有分泌的汗液、油脂，也有新陈代谢所产生的老化的脱落角质。此外，被单、枕巾上也会有螨虫、灰尘等不洁之物沾染到脸上，仅用清水是无法彻底清除的。所以，此时应使用洁面乳，在彻底清洁的同时给皮肤以丰富的水分，使皮肤清爽舒适，恢复清新、柔嫩的感觉。

误区 3：脸上的白色小脓疱不能挤。事实上，如果小脓疱已长成熟（出现白头），又不处于脸部三角区之内，把它挤出来是完全可以的，但必须掌握正确的方法：在深度清洁脸和手之后，取一根完好的针用酒精擦干净，非常轻地弄破脓疱表层（小口），轻轻地挤出白色物质，再涂上消炎药膏（也可以用具有消炎作用的牙膏代替），帮助治愈。注意，一定不能用不卫生的手直接挤，否则容易感染，留下难看的瘢痕。

少女美容 3 不宜

不宜拔眉描眉：眉毛有阻挡汗水和尘埃以及保护眼睛的作用。少女的眉毛尚未长全，这时拔眉和描眉等于除掉了眼睛的屏障，使尘埃、细菌无遮拦地直落眼内，易致眼病。

拔眉对眼眶周围的神经末梢更是一种恶性刺激，会引起眼肌运动失调，造成眼眶周围皮肤松弛，成年后容易出现皱纹和眼睑下垂。

不宜扎耳戴坠：少女的耳朵娇嫩，扎耳戴坠可造成人为的耳外伤，甚至有感染化脓的危险。

不宜浓妆艳抹：人体每天可由汗腺排泄大量体内废物，少女如果浓妆艳抹，无疑就阻塞了体内废物排出的通道，又由于少女的皮肤十分娇嫩，因此容易受到废物的“侵蚀”。可见，保护皮肤健康远比化妆更为重要。

如果在某些场合必须化妆时，应注意：要化淡妆，以减轻化妆品对皮脂腺的堵塞；选用刺激性较小的化妆品，以保护皮肤不受侵害；化妆品不宜在皮肤久留，以免影响表皮细胞的气体交换；当使用化妆品后出现不适感觉时，应立即洗净，不可再用。

只要青春不要痘

饮食“三多两少”

“三多”：

一是多补锌。锌可增强抵抗力，促进伤口愈合。含锌的食品很多，如玉米、扁豆、黄豆、萝卜、蘑菇及各类坚果、肝脏、扇贝等。

二是多食含维生素的食物。维生素A有促进肌肤再生作用，富含维生素A的食物包括胡萝卜、菠菜、生菜、杧果、动物肝脏、鱼肝油等。绿叶蔬菜、鱼类含有的维生素B_2及维生素B_6，可参与代谢蛋白质，以及促进脂肪代谢，平复痘痘。新鲜蔬果中富含的维生素C能有效修复被痘痘损伤的组织。

三是多摄入膳食纤维。它能够促进肠胃蠕动，加快代谢，使多余的油脂排出体外。此类食品有全麦面包、大豆、笋等。

“两少”：

一是少食油脂丰富食物，如动物油、芝麻、花生、蛋黄等。

二是少食辛辣食物。辛辣食物易刺激神经和血管，容易引起痘痘复发，影响皮肤健康。

防痘的9个生活习惯

（1）避免手与脸过多接触。许多少女常常有一会儿摸摸东西、一会儿摸摸脸的小毛病，这种坏习惯会使污垢沾染在手上，继而沾染于脸部的肌肤上，造成细菌滋生，产生青春痘。另外，额头前的刘海也容易刺激皮肤，应尽量将它往上梳。

（2）常常与脸部接触的物品，如被子、床单、枕头、毛巾等，要时常清洗，并曝晒于阳光下，因为紫外线具有杀菌作用，可使细菌无法生长。

（3）对蛋糕、甜点、花生果仁类等食品要敬而远之，因为高碳水化合物食品最容易引发青春痘。

（4）养成每天运动的习惯，并且要持之以恒。因为适度运动可促进皮肤的新陈代谢，即使是每天3分钟的体操，也可保持肌肤美丽。

（5）常吃蔬菜，因为胡萝卜、菠菜等具有增强机体抵抗力的功效，而青椒、椰菜花则有抗菌效果。

（6）少吃速食、零食、夜宵，这些东西不仅对肠胃不好，而且容易造成便秘（便秘是青春痘的诱因之一）。应多吃一些不含人工添加物的天然食品，如蔬菜、水果以及乳酪等。

（7）多做一些让自己心情愉快的事情，解除每天的工作或学业上的压力。因为精神上的压力会造成皮脂分泌旺盛，也是导致青春痘的原因之一。

（8）肌肤的新陈代谢通常在晚上 11 点到半夜 2 点时进行，时常熬夜对肌肤有很大的伤害。所以，如果不想长青春痘，无论功课多忙，最晚也应该在 11 点就上床睡觉。

（9）每天洗脸勿过度，洗脸虽然是美丽肌肤的基本，一天早晚各一次或是流汗弄脏时再洗就已经足够了，过度清洗，会刺激细胞分泌更多油脂，形成恶性循环。

防痘 7 步洗脸法

（1）洁肤用品一定要选择清爽型、低刺激性的，也可以用洁面香皂。

（2）洗脸水的水温与体温差不多就可以。注意一定不能用热水，因为热本身就是一种刺激，会使皮脂腺分泌得更快。

（3）洗脸时最好使用流动水，而且一定要把脸部清洁彻底。一旦脸上遗留下洁肤品的残渣，其中所含的碱性物质就会刺激脆弱的脸部皮肤，有可能导致痘痘更严重。

（4）如果皮肤过油或青春痘严重，就最好洗两次脸，先用含有油分的洁面乳清洁一次，再用清爽型的洁面乳清洁一次，因为只有含有油分的洁面乳才能彻底清除同属油性的油污。

（5）用专用海绵辅助洗脸，可让油腻的皮肤变得清爽。方法是：把洁面乳倒在手心揉搓出泡沫，再用海绵令泡沫增加；用海绵在额头、鼻梁、脸颊、嘴巴四周、下巴、脖子等处按序轻刷，鼻翼、眼睛等细嫩部分用毛巾绕在指头上，蘸上泡沫擦拭即可，然后用水冲洗。

（6）洗完脸，用凉水轻轻拍一拍，这样有利于收缩毛孔，令皮肤更细致。

（7）洗完脸后，拍上清爽型的爽肤水，为皮肤调整 pH 值，然后涂上护肤霜。

快速除痘的 5 种特殊洗脸法

第一种：3 分钟洁面法

（1）准备一条干净柔软的干毛巾和一块刺激性小的中性肥皂。

（2）把香皂在温水（22 ~ 23℃）中揉搓起泡，泡沫越多越好。用双手把泡沫捧起来洗脸，洗约 1 分钟。不要太用力，如果觉得疼痛就停止。

（3）接着用热水（38 ～ 40℃）洗 20 秒，再换温水淋洗 20 秒，如此反复 3 遍。若用淋浴器更好，脸距喷头约一拳远，一边用热水喷淋面部，一边用手指肚轻轻拍打面部；再把水调温喷淋 20 秒。

（4）用纸巾把脸上的水吸去。

（5）涂上具有收敛作用的化妆水，涂后觉得有绷紧感，则可多涂几次。

（6）早晚各洗一次，对早、中、晚期青春痘都有明显效果。

以下几个洗脸法是本方法的扩展和延续。

第二种：纱布洗脸法

在应用“3 分钟洁面法”1 个月后，无论青春痘减少与否，都可转入本方法。

（1）准备一条毛巾、一块香皂和一块纱布。

（2）先将纱布折成一小块，蘸上香皂泡沫，擦洗额头、鼻子、下巴等处。

（3）再把纱布缠在食指和中指两指头上，蘸上香皂泡沫，轻轻擦洗两颊中心和整个面部。

（4）将纱布绕在食指上，蘸上香皂泡沫轻轻地擦洗眼睑下柔细的皮肤，如果觉得有刺激或疼痛就停止。若第二天还觉得疼痛，那是擦洗太用力的缘故。此时至少要实行 4 天，下面介绍的“紧急洗脸法”，等不疼后再用“3 分钟洁面法”洗脸。

（5）第一周每隔两天洗一次，第二周每隔一天洗一次，第三周每天洗一次。

第三种：高级洗脸法

“纱布洗脸法”进行 1 个月后，若有效果可转入本方法。

（1）准备一块香皂、一条毛巾和一副棉布白手套（质地薄的好），把其中一只手套的食指、中指和无名指处剪下来，形成三个指套。

（2）戴上不完整的手套蘸上香皂泡沫轻柔地擦洗整个脸部。皮肤细腻的人可在食指和中指戴上指套，蘸上泡沫清洗整个面部。

（3）然后食指、中指和无名指都戴上指套，沾上香皂泡沫轻轻擦洗额头、两颊和下巴。

（4）脱下指套，仅食指保留指套，蘸上泡沫轻轻擦洗眼睑下柔细的皮肤，最后清水洗净，用毛巾擦干水。

第四种：超级洗脸法

前三种方法应用后，若青春痘依然存在，可用此法。对青春痘已经形成疤痕的人更为适用。

（1）准备一块香皂、一条毛巾和一把轻柔型的儿童牙刷。

（2）将香皂在手心上搓起泡沫并用牙刷蘸取少许。

（3）用蘸上泡沫的牙刷轻轻地刷洗额头、下巴等纹理较粗的地方，然后用清水洗去脸上的泡沫，用毛巾擦干水。

第五种：紧急洗脸法

一般而言，长有青春痘的少女皮肤都是油性的，如果过分使用了脱脂香皂，会使皮肤干燥。此时可用本法来处理。

（1）将香皂用温水在手心中搓起泡沫，再把泡沫小心放入盛有温水的脸盆中，轻轻地搅和形成漩涡。

（2）等盆中的水即将停止旋转时，把脸浸入，让自然流动的泡沫冲洗脸部 20 秒。再把脸浸入另一个装有干净温水的脸盆中 20 秒，把泡沫洗净。如此连续 3 次，每次都要换泡沫和换水。

（3）到第三次用清水洗脸时，可在脸盆的温水中加几滴润肤油，再浸泡 20 秒。

（4）最后反复用毛巾擦干或压吸脸上的水分。

青春痘的药物防治

如果“青春痘”病情较重，就需要进行适当的治疗：

（1）常用温开水、硫黄香皂洗脸，不要随便使用可的松、氟轻松等激素类药物；不要用手挤压痤疮；不要用油脂类化妆品；少吃糖类和脂肪类食品，避免饮酒和刺激性物质，多吃蔬菜水果，保持排便顺畅。

（2）在医生指导下内服维生素 A、维生素 B_2、维生素 B_6 和泛酸钙，还可内服硫酸锌片，对一部分人有效。

（3）炎症较严重者，可用小剂量抗生素疗法。应在医生指导下选择合适的抗生素和剂量。

（4）中药宜以清肺热、祛肺风为主，如枇杷清肺饮：去毛枇杷叶 12 克、夏枯草 9 克、桑白皮 15 克、黄芩 9 克、银花 9 克、海浮石 30 克、生甘草 3 克，每日 1 剂煎服，连服 1 个月。

（5）对于症状严重而上述疗法无效者，可试用己烯雌酚治疗，但一定要在医生指导下进行。

（6）局部治疗：外擦樟脑洗剂、5% 硫黄霜，有一定的消炎、杀菌、祛痘和防止继发感染的作用。

青春痘治疗的 4 大误区

误区一：祛痘心切，耽误了最佳治疗时间。有的少女看到别人使用了某种祛痘产品治好了青春痘，自己也立刻买来一用。但事实上，青春痘的成因非常复杂，个体差异非常大，如果选用了不合适的产品本身又会有适用性，乱用反而会耽误最佳治疗时机。

误区二：用白醋和盐洗脸。虽然有一定效果，但要考虑对皮肤所产生的副作用。

很多少女都在用白醋洗脸，然而，醋本身就对皮肤刺激相当大，如果没有科学的比例调配和相关测试，用得越久皮肤就会越敏感。所以可以购买这方面的洗面奶，虽然效果不是很明显，但却是经过测试不伤害皮肤的。

另外，盐虽然可以杀菌和控油，但它对皮肤的伤害也是很大的。人的皮肤表面都有一层天然的酸性保护膜，最怕的就是盐和碱，如果被破坏的话，皮肤会变得敏感，出现红血丝。所以，千万不要用盐洗脸。

误区三：脸上有痘痘就擦药。在发现脸上长出痘痘时，千万不要急着涂祛痘膏，因为那不一定是青春痘，扁平疣、汗管瘤、粟丘疹和面部湿疹都是发于脸部的皮肤病。有的少女祛痘心切，脸上一长痘就马上涂抹祛痘药品，但其往往含有刺激性，会加剧皮肤的过敏反应，使皮肤病更加严重。

误区四：螨虫引起痘痘。不少女孩总是将“除螨”与“祛痘”联系起来，认为青春痘是皮肤上有螨虫所致。实际上，人体内分泌、饮食习惯、遗传因素、情绪变化以及环境、气候的改变都有可能成为青春痘的诱因，和螨虫并没有必然联系。

化解青春痘造成的心理压力

对于青春期少女而言，心理与生理都面临着极大的变化，青春痘不只会对皮肤造成伤害，甚至会影响心理，造成少女精神上的压力与负担，使得焦虑与忧郁成为青春痘患者的普遍现象，患者闷闷不乐，反而使青春痘更加恶化。

而外观上的影响又会使患青春痘的少女在同伴间受到嘲笑与冷落，以致产生自卑感和社交上的逃避。因此，在心理建设上，青春痘患者最重要的就是能够面对自己——包括容貌，了解自己的价值与特色，不要因为青春痘而完全否定自我。

喜欢自己：人不可能十全十美，想要别人喜欢自己、肯定自己，首先要自我接纳与肯定。要懂得发掘本身的优点及特色，努力弥补缺点，让自己过得更好，不要因为青春痘让生活黯然失色。

搞好人际关系：要想拥有良好的人际关系，就必须靠自己积极经营，但是长青春痘的少女常会因为自己的外观而自卑，逃避与他人接触的机会，这样更难建立良好的人际关系，所以，要学习放开心胸，主动与他人交往，克服心理障碍。

饮食与美容

女孩进入青春期，生理上会发生很大的变化。此时，身体突变，体重猛增。由于少女成长迅速，活泼好动，消耗较大，因此在饮食方面应该合理安排，以保证获得身体所需要的各种营养。

饮食与少女的美容密切相关，如果少女时期营养不足，就会造成发育不良，如身材矮小、瘦弱等，严重时还会引起多种畸变或月经失调等病症。所以，这一时期的少女应该多吃各种营养丰富的食物。

不过，在强化营养时，也要注意营养结构的合理化。如果营养过剩，就会使姑娘们发胖，失去青春女性特有的魅力。少女们在饮食上要注意合理搭配，不能偏食。在主食方面，应粗细粮搭配食用。

看你的美丽能打几分

你想知道自己有多美吗？不妨做做下面的测验题，这是根据国内外专家提供的数据编制的，总共是 100 分，看看你的美丽能打几分？

一、头部（共25分）

1. 头发（符合下列各点共得5分，如有不合，每点减1分）

（A）你的头发保持清洁吗？

（B）你的头发显得光亮吗？

（C）你的发式同脸型相配吗？

（D）你的头发经常梳理吗？

（E）你所戴的头饰适宜吗？

2. 眼睛（健康的眼睛共得5分，如有下列各点，每点减1分）

（A）你的眼睛近视吗？

（B）你患有斗鸡眼吗？

（C）你患有色盲症吗？

（D）你的眼神黯淡吗？

（E）你的目光迟钝吗？

3. 耳朵（健康、美观的耳朵共得5分）

（A）如果你的耳朵外向太直，呈“招风耳”，减1分。

（B）如果你离开4米远，不能听清楚别人的谈话，减3分。

（C）如果你佩戴的耳饰不适宜，减1分。

4. 嘴巴（共有5分，如有下列各点，每点减1分）

（A）你的嘴唇淡薄吗？

（B）你的嘴唇毫无艳色吗？

（C）你用嘴巴进行呼吸吗？

（D）你的口角显得不快乐吗？

（E）你的嘴型只能显露一丝笑容吗？

5. 牙齿（共有5分，如有缺点酌情减分）

（A）如果你的牙齿不卫生，满口黄牙、不洁白，减1分。

（B）如果你镶金属牙齿，减1分。

（C）如果你的牙齿排列不整齐，露出牙肉太多，减3分。

二、手部（共5分）

（A）如果你的手部不光滑细腻、不清洁，减1分。

（B）如果你的手背露出筋骨、掌肉薄硬，减2分。

（C）如果你的手指甲没有经过细心剪修，减2分。

三、脚部（共有10分，其中脚的内缘从大趾到脚跟成一直线，显得苗条，应得5分；鞋子与身材配合适宜应得5分。如有以下状况，酌情减分）

（A）如果大脚趾不直，整个脚趾又不伸开，减3分。

（B）如果脚上有皮肤病，减3分。

（C）如果脚小却穿过大的鞋，减2分。

（D）如果鞋穿在脚上显得别扭，减2分。

四、皮肤（健康的皮肤共有10分，如有以下各点，应减分）

（A）皮肤看上去缺少光泽，或肤色不健康，减2分。

（B）皮肤上有明显斑纹，减 2 分。
（C）皮肤下面的肌肉显得不结实，减 2 分。
（D）皮肤显得不清洁，减 2 分，
（E）皮肤上有小小伤痕，减 1 分。
（F）脸部及嘴唇不鲜明红润，减 1 分。

五、身材（共 20 分，根据你的年龄，其身高、体重、胸围、腰围、臀围都有适当的标准，如果与标准出入过多，每项减 4 分）

下面是我国 18 岁少女体型的一个平均数据：
（A）身高 160 厘米。
（B）体重 52 千克。
（C）胸围 80 厘米。
（D）腰围 62 厘米。
（E）臀围 88 厘米。

（由于各地少女在不同年龄阶段的体型标准有着差异，因此少女的体型以生长发育正常为美的基本依据。）

六、姿势（共 10 分，若姿势不雅酌情减分）

1. 站立姿势（共 5 分，下列各点不合者各减 1 分）
（A）你的站立姿势是否做到了两个肩头一样平？
（B）手臂以自然姿势下垂。
（C）腹部不过分突出。
（D）两脚平行并列着。
（E）两脚彼此稍微分开。

2. 坐着姿势（共 2 分，下列各点不合者各减 1 分）
（A）脊椎骨贴着椅子背，姿势端庄。
（B）两手适当自然地放着，膝部稍微靠拢平行或交叉。

3. 行动姿势（共 3 分，有下列各点者各减 1 分）
（A）走路显得脚步太重。
（B）脚部不向正前方伸出。
（C）行走时缺乏轻快的风度。

七、声音（共 5 分，少女声音以柔和悦耳、抑扬有致为佳，若不符下列者各减 1 分）

1. 音色（共 3 分）
（A）声音清脆，而没有喉咙沙哑。
（B）吐字清晰，而没有含糊不清。
（C）说话有乐感，而不是刺耳难听。

2. 声调（共 2 分）
（A）声调和谐，而不是单调乏味。
（B）声调稳健，而不是轻浮放浪。

八、服装（共 5 分，不合下列者各减 1 分）

（A）衣服尺寸与身材体型相适合。
（B）衣服颜色与肤色相配合。
（C）服装款式随季节而变换。
（D）服装设计随年龄而变化。
（E）穿着风格与少女身份相符合。
九、健康（共10分，详见下列各点，不符合者则各减其相应分数）
（A）体型苗条，不胖不瘦。（2分）
（B）体态姿势优雅平衡。（3分）
（C）身心强健，富有青春气息。（3分）
（D）心情开朗，性格活泼。（2分）

胖瘦女孩巧穿衣

体胖型

像这种上身显小、下半身胖的身材，着装要想办法增加上半身的宽度，如在衣服上加上垫肩或加些适当的点缀，颜色要浅，也可以鲜艳些，使人特别注意你的上半身。最适宜穿西装型的衣服，但不能使其贴身。另外，裸露较多的衣服会显得肩膀更窄。而下半身最好穿颜色较深的裤子或者长线条型的裙子，这样可以从横向视觉上收敛下半身。注意千万不要穿大图案或大格子的裤和裙。百褶裙、超短裙有夸张臀围、腿的作用，而长裙、直身裙能帮助你掩盖以上缺点。顺便一提，有些女孩喜欢在连袜裤外再套上带花边的短袜，这样会使腿部更显短粗。当然，体胖的少女朋友们还应注意体育锻炼，使肌肉结实，从而使自己胖得有型有力度，显示青春健美。

体瘦型

身体瘦的女孩宜选择柔软而看起来饱满的衣料，色彩要明亮，基调以暖色为主；服装线条应温柔些，选择小花纹横线条、质地厚的衣料；穿宽松、柔软、双排扣的式样可显得身体丰满；要多利用打褶，增加身体厚度，用饱满的袖子会令肩部丰满。穿有腰带的宽松上衣，或者穿吸腰式的宽松上衣，臀围处加横条、横格、花边装饰。如此使上身和臀围丰满，呈现曲线。不宜穿窄腰或领口很低的紧身衣服和直线条、V字领的服装，穿没有腰带的连衣裙、窄裙会暴露过多的缺点。腿细者的裙子不能太长或超短，应配以浅色的长袜和细致的低跟鞋。多参加体育锻炼，如游泳、打球等以增加上身宽度和四肢肌肉，这对穿着美会有很多帮助的。

发型与服装的相配

少女的发型应是最方便的天然直线型，只要层次分明与服装相配，直发最容易配服装，垂肩长发尤其能配青春派的便装，而且可以随着服装变化随心所欲地梳成发束，或高或低，佩戴上相衬的饰物，给人以一种焕然一新的感觉。如脸型较小的少女可以剪一头奔放的短发，又舒适、又精神，还能赋予你一种与众不同的感觉，爱穿运动装的女孩尤其适合此种打扮。

款式与色彩

少女的服装款式力求简洁，不但宜于饰物的搭配，而且穿上更显轻松随便，符合少女身份和性格。例如一件宽大圆领印有特别醒目印花的T恤，配以浅色的牛仔裤，这种装束充满青春气息，更符合今日少女的穿着习惯。又如一件鲜艳的加长外套，胸前或背后印有随意的运动图案，下身配以灯芯绒或针织料的短裤或内穿一件针织面料的裁剪合体的连衣裙，然后在胸前挂一条仿金或仿银的长链，最好自己动手，用各色丝带连接起来，每隔一小段加一种颜色的小星星，这种自制的小工艺饰物，既美丽又省钱，还可以展现少女特有的精神品位。少女服装的色彩讲究单纯，整体用色最好不超过三色，过多的色彩不仅难以组合，而且显得很热闹，容易失去少女清丽、纯洁的本色。

最后想对少女朋友们说的还是那句话，不要过于为自己身体的缺陷而苦恼，愉快地接纳自己。美丽只能使一部分女孩自信，但自信能使所有的女孩美丽。

裙子配色的奥秘

暖暖的春天，炎炎的夏季，什么服装最受少女青睐？毫无疑问，色彩缤纷、款款别致的裙子最能体现现代少女的风采。裙子以它独特的造型，使人深切感受到它那红花般的浓丽，翠柳般的柔美，白云般的飘逸，修竹般的典雅，香草般的温馨。

美在和谐。裙子的美不是单独存在的，它要和具体的人结合在一起，才显示出妩媚的风韵来。裙子的色彩选择有着举足轻重的作用。这里告诉你一些裙子配色的奥秘，它能使你更添魅力。

裙子色彩要与肤色相配

如果是皮肤细白，色泽红润的妙龄少女，用嫩黄的色调做连衣裙，能收到良好的审美效果。如果肤色较粗黑，应改穿色感较沉着的土黄或带有含灰调的黄较为合适。如果肤色太红，要避免浅绿、蓝绿色。脸色苍白的人，不宜穿菜绿色的裙衣，否则在菜绿色的映衬下，脸色更加显得灰白。白色与任何肤色都能配，尤其能使某些肤色带有病态（如血色不足、脸色发黄或青灰）的人显得比较健康。介于较白较黑二者之间肤色的人，应选用介于偏浅偏深二者之间的色彩，不宜用与肤色相近的裙色。皮肤较粗糙的人，不宜选用粉红、粉绿等嫩色，因为嫩色反衬皮肤的粗糙，反而弄巧成拙了。

裙子色彩要与体型、脸型相配

瘦小体型的人，裙子色彩宜用浅色，因为浅色有放大感，使瘦小的身材丰满一些。肥胖体型的人，裙子色彩宜用深色，因为深色有收缩感，能减弱体肥的轮廓线。窄肩膀的人，宜选用全身同一色调或下身偏深色的裙装。腰节低、腿短的人，宜选用全身统一色调的裙装。臀部较小、大腿较细的人，宜选用略暗色彩的裙装。长脸型者，宜用浅色或中性的裙料。圆脸型者，应选用深暗色的裙料。黑色或深色裙衣能使圆脸轮廓线分明，变得秀美。

裙子色彩要与场合相配

你如果和父母一起走亲访友，可穿上色彩明朗、鲜艳的连衣裙。俏丽的连衣裙配以可爱的脸庞，绽开如花娇艳的笑靥，让人感到赏心悦目。当你外出访问对方有丧事，不应穿花花绿绿的衣裙，而应穿色调深沉、朴素的裙装。假如你参加舞会，不妨穿上色彩洁雅亮丽的连衣裙，裙上印有五彩条纹，更富有浪漫温雅的色彩，与舞会的气氛十分合拍。如果你在家里穿着裙装，可以选择淡色彩、对比不强烈的裙料，因为色彩对比强烈、明度高的裙装，在家庭环境下特别刺目，不协调。总之，裙子的色彩要与目的、场合协调统一，这样才能显示出整体美。

巧制随意多变裙

这种裙装制作简便、穿着随意、经济实惠，深受女士们的喜爱，引起了国内外服装界的浓厚兴趣，还获得了国家专利。

以身高 160 厘米、体重 50 千克左右的人为基准，选一块 100 厘米宽、220 厘米长的面料，最好选择悬垂性强、质地柔软的如真丝双绉、人造棉、富春纺之类的织品。把面料上下对折，中心线左右对折，从顶端中心线向外量取 15 厘米，向下 5 厘米，画一弧线，剪出一长度为 30 厘米的圆领，两侧留 24 厘米的袖口后缝合，一条极宽松的基础裙，也即新潮裙就做好了，不用裙带，也不用其他任何扎结，显得宽松自然，飘逸潇洒。

再用相同的面料做两根肩带（长 100 厘米、宽 3 厘米）、一根腰带（长 165 厘米、宽 3 厘米）备用。

在新潮式基础上，腰系裙带，用两根肩带分别把领口下方与袖子合系起来，使原来的有袖扁圆领变成无袖大方领，胸、臂袒露适宜，便成舒适的凉爽式。如将肩带推至肩头，方领变圆领，再配以其他腰饰，又成另一效果。

在新潮式基础上，用两根肩带分别把袖口与领口合系在肩头，再用一根腰带系在胯部，把上衣腰部抻松，略遮裙带，裙下摆提升到膝上部，就成为长裙短摆的套裙式，活泼俏丽，热情奔放。在套裙式基础上于腰部加扎一腰带，变成三节式裙，层次感强，适合学生上学穿，如把一方肩上结扎的带子移至领口下方，圆领又变成三角领形。

在新潮式基础上，用一根裙带穿过两袖合系在胸前，使之形成 X 领形，便成潇洒浪漫的海滩裙式，置身海边，惬意无穷。

环绕新潮式的裙摆贴边处穿一条 45 厘米左右的松紧带，使裙摆收拢，上部宽松，整个裙体像金钟倒置，就成自然大方的倒钟式。再将下摆松紧带上提至大腿根部，裙体自然下垂，又成无拘无束、热情欢快的活泼式。两肩可扎肩带，也可不用肩带，用松紧带抽拢，在活泼式基础上，把前领叠成 V 领形，用胸针别住，腰部系带，便成活泼向上的青春式。

在倒钟式基础上，将裙摆上提至胯部，裙体下垂，用不同颜色的宽带束在下腰部，结头系在后腰处，宽带上部裙体抻松，形成上衣宽大，下裙小巧的超短式，帅气十足。

穿出青春的活力和动感

选择牛仔服装的注意事项

（1）带有珠片的牛仔服装特别容易出现珠片脱落的情况，在购买之前应当先翻过来检查一下线头是否牢固。如果有条件，可以在买回家之后重新缝一遍，否则一旦珠片脱落，就会影响整件衣服的美观。

（2）印花的牛仔服装质量相差较大，要特别注意印花的质量。选购时可以用指甲在布面上划一下，如果划痕很快消失，说明印花质量比较好，反之最好不要选购。

（3）不要贸然选择带有荧光的牛仔服装，因为很多劣质的荧光粉都含有对人体有害的化学成分。如果实在喜欢，则一定要选择可靠的品牌，虽然价位会比较高，但质量有保障，也不会对皮肤造成伤害。

（4）选择拉毛牛仔服装时，要检查拉毛底端的缝合是否牢固，不然脱线的话，会十分尴尬。

（5）金属拉链和扣子是牛仔服装上最耀眼的装饰，在购买时要格外注意，不妨多试几次。因为是机器压扣，如果出现问题，在家里是解决不了的，必须在购买时仔细检查。

根据身材选择牛仔裤

身材矮短：选用腿长效果超凡的弹性靴型裤，可使腿部显得细长，还可调整全身的平衡感。建议搭配有一定鞋跟的鞋子，更可衬托出修长双腿。

臀部过大：穿厚质而富有弹性的牛仔裤，能特别起到提臀伸缩的效果，把立体的感觉调整出来，同时让双腿在裁剪得体的裤管里变得修长而自信。

臀部扁平：选用臀后有口袋的款式，以便形成提高臀部的感觉。大腿处完全服帖的弹性牛仔裤，效果也不错。

有小腹：选用看不到小腹的低腰款式，最好是用弹性材料制成的窄身靴型裤，可将腹部于中间分段，起到不经意间遮饰小腹的作用，并且在长度刚刚合适的窄身靴型裤的修饰下，修长的腿部会显得更为纤瘦。

腰粗：应选用腰部较高的直筒牛仔裤，能遮饰令人介意的腰或臀部。适当的剪裁，不会勒紧腰部，穿起来也很舒适轻松。

双腿整体粗胖：应选用宽宽的直筒裤，可以起到隐蔽腿部、勾勒线条的作用。特别是针对小腿粗胖的体型，有着较强的修饰效果。

大腿粗壮：应选择大腿处宽松的直筒裤。臀部以下直直的线条，会给人高挑的感觉。如果是深色的牛仔裤，同样也有收缩的效果。

选择运动服的 8 个窍门

青春期少女活泼好动，运动服可以说是最常穿着的。一般来说，选择运动服时要从色彩、款式、大小、质地等各方面去配合自己的体形，以突出优点弥补缺点为原则，具体为如下：

（1）过瘦的少女，可穿颜色鲜艳的横条运动装，利用束带之类的装饰来强调腰部。

（2）胸大的少女，运动衣的质地宜富有弹性并具有支持力，长袖为佳，避免短袖。

（3）平胸的少女，可穿领口有花边的运动衣，色彩宜鲜明，使胸部显得丰满。

（4）方肩少女，应避免有袖饰的运动装，宜穿背心或前面打褶的上装。

（5）有小腹的少女，应在紧身衣外罩一件长 T 恤或宽大的上衣。

（6）臀部大的少女，可穿腿部裁得特别高的紧身体操服，束一条腰带把别人的视线引到腰部，再配上一条黑色或深蓝色的紧身裤。

（7）大腿或小腿粗肥的少女，宜选择深色或直条的运动衣。如果穿暖腿套，在近足踝处束上便成，切不可将它拉平上至大腿。

（8）小腿太瘦的少女，宜穿尼龙质长裤，会显得双腿较丰满，加上暖腿套，能美化腿形。

穿着短裤的 6 个秘诀

女人特别是妇女穿短裤看上去很不雅，但少女穿短裤，只要注意以下情况，就会穿出活泼、青春和亮丽。

（1）不要穿有明袋的短裤，会显得臀部很大。

（2）不要穿翻边的短裤，会显得大腿粗短。

（3）不要穿太短的短裤，不仅看上去不雅，骑车、坐下也不方便。

（4）不要穿裤脚太窄的短裤，会有压迫感。

（5）可选质地柔软打褶的短裤、裙裤、网球裙裤，看上去青春活泼。

（6）矮个少女别穿过膝短裤，但也不能太短，膝上三四厘米为好。

偏胖女生的 3 点着装建议

（1）体型肥胖的女生购买成衣不易买到合身服装，可定做，但要掌握好加放尺度。一般常见的上装加量方法是：先在腰围部位系一条带子，前后高低要求水平状，其目的是先确定腰节的部位，然后量前后腰节的长度，以两者的差数为体形的补放尺寸。

（2）不宜穿浅色衣裳，不要选择白、灰等浅色的裤子。而深色、单色或柔和色效果会更好一些。

（3）不宜选择有皱褶的裙子，也不宜穿着有横向图案的无袖短衫，应尽量使服装设计简单，松身合体，起到遮掩的效果。

偏矮女生的 9 个着装细节

（1）从上至下的穿戴要有一个基本的色调。

（2）穿里外反差明显的衣服，例如黑色高领羊毛衫、黑色裤子，外面一件米黄色的外套。

（3）不要穿有横宽条图案的或者上下衣色彩反差很大的衣服。

（4）一般来说，不要穿有卷边的裤子，除非袜子、鞋与裤子的颜色相配。

（5）衣服上的图案不应大于自己手掌。

（6）穿宽松的衬衣或夹克时，下身宜穿短裙或窄裤。

（7）衣料不宜粗厚，否则会使整个人看上去很笨重。

（8）皮带与衣服的颜色应协调，颜色反差不能太大；另外皮带不能太宽。

（9）短袖上衣看上去很漂亮，但不能太短，否则会使本来就很低的臀部显得更低。

穿出个性美的 6 种方法

（1）在一件普通的短袖 T 恤里穿一件紧身的长袖衫，撞色也没关系，露出一双袖子，会显得活泼、可爱。

（2）身材高挑的女孩，夏季不妨试一下七分裤，再加上一双坡跟凉鞋，既凉快又新颖。

（3）穿深色的长裙，配一件鲜艳的上衣及帽子。

（4）紧身的迷你裙，配一件短袖上衣，古典味浓郁。

（5）试穿一下男式衬衫，再用丝巾在颈上打个结，搭配一条流行的格子长裤，便多出了一种俏皮的风情。

（6）穿格子短裤，戴一顶鸭舌帽，又一个青春形象便跃然而出。

小小饰物锦上添花

领导潮流的 5 种饰物

看上去很普通的衣服，只用小小饰物便能穿出流行的感觉。以下 5 种饰物可以帮助少女达成这一愿望：

围巾：在颈项、肩膀处戴围巾，随着绑法的变化能呈现出不同的流行样式；还可将围巾绑在腰部或臀上。

丝巾：短领巾系在衬衫领里，可增加立体感；长领巾可当作领带来使用，赶上时髦军装风；短领巾搭配“V”领上衣，可以代替项链。

腰带：颜色复杂的腰带可以令单色的衣服鲜活起来，相反亦然。

帽子：人气较高的有军帽、贝雷帽等。

胸针：在高领毛衣的领子上别一个胸针，韵味十足；在素色上衣的正上方，别个特别的胸针，可锦上添花；胸针别在丝巾结上，更显得与众不同。

尽显青春魅力的6种帽子“戏法”

（1）身材高大的少女宜戴宽边帽子；身材矮小的少女宜戴窄边帽子。

（2）脸形长的少女可以戴形状扁平、颜色较浅的帽子；脸形圆的少女可以戴样式高耸、颜色较深的帽子。

（3）正戴帽子使脸型显得较宽，斜戴帽子可使脸型显得瘦削一些。

（4）脖子粗短的少女宜选择窄边的帽子；肤色较黑的少女宜选择浅色的帽子。

（5）长发披肩不妨戴卷边、小巧的帽子，衬托出一头秀发；梳髻或短发可以戴颜色较深的、有花饰、带褶皱的帽子，突出帽子的装饰作用。

（6）帽子还要和服装相配，比如，白色草帽配花裙，彩条鸭舌帽配T恤衫、短裙，黑色棒球帽配牛仔服，铜盆帽配同色风衣等。

巧选眼镜框，打造亮眼小美人

眼镜往往令爱美的少女心烦不已，但如果所选择的眼镜框美丽得体，就完全可以增添个人魅力。所以，在选购镜框时，最好请母亲或姐姐陪同仔细选购。

（1）要选择轻巧的眼镜框。

（2）外国进口的眼镜，不一定适合东方人的脸型，要谨慎选择。

（3）选择适合自己脸型的镜框：圆形脸，要选择横向架较长，镜框向两侧上翘的镜框；蛋形脸，要选择富有个性的棱角镜框；长方形脸，要选择稍呈圆形的镜框；倒三角形脸，镜框的左右两端不宜过分上翘，要略带圆形；三角形脸，宜选用略呈椭圆形的镜框；菱形脸，镜框下方及左右两端不宜呈突出的形态。

异彩纷呈的7种手腕饰品

（1）布质手带有质朴、素净的效果，给人以复古的感觉，配以休闲装、牛仔装最为贴切。

（2）表带式手带戴着方便且中规中矩，而宽宽的皮带与几圈细皮绳相系显得别致又新潮。

（3）用麻线编织，穿些装饰性的小石头或翡翠、玛瑙等，抑或干脆用黑的、白的、绿的、紫的麻线编成的宽宽的手带，多采用传统的“中国结”编法，传统、古典的韵味自然显现。

（4）塑料手带不仅像果冻一样可爱透明，晶晶发亮的颜色令人心生爱怜，而且大小不一，多套几个定会使少女灵气顿现。

（5）纸手带里面添加的锡使之质地变硬且闪闪发亮，最大的好处就是可以随心所欲，要捆要绑任由自己。

（6）缀珠、亮片、花花手带能够与背包、服饰搭配出或时尚、或民族、或青春的感觉。

（7）用五彩玻璃珠串成的手链既可以装饰手腕又不过分夸张。

少女服饰穿着3不宜

不宜穿高弹裤：女性阴道黏膜经常分泌一种具有防御细菌入侵能力的酸性液体，所以女性外生殖器总是湿润的。内外衣裤宽松时，由于空气流通，湿气容易散发出去，但高弹裤紧贴在皮肤上，不仅正常的湿气不容易散发，而且身体的汗液还会冲淡阴道分泌物的酸度，使防菌能力降低，容易引起会阴部皮肤感染和泌尿系统感染。另外，在过分潮湿的环境中，外生殖器和会阴部的皮肤经常摩擦，会引起疼痛甚至破损。

不宜穿高跟鞋：处于发育阶段的少女骨质柔软，极易变形。穿高跟鞋时，全身重量主要落在脚掌上，破坏了正常的重力传递负荷线，使骨盆负荷加重，容易引起骨盆口狭窄，给成年后的分娩带来困难；还可能使骨盆发生不易察觉的转位，影响骨环的正常结合，导致骨盆畸形；也会使足骨按照高跟鞋的角度完成骨化过程，容易发生跖趾关节变形、跖骨骨折及其他足病，引起足部疼痛，严重时影响行走和活动。

因此，少女不宜穿高跟鞋，平时以穿坡跟鞋或鞋跟不超过3厘米的鞋为宜。当然，大小合适的跑鞋、球鞋也很适合，既可减少足部内外侧肌群及韧带的劳损，又可维持足弓。

不宜长期戴墨镜：墨镜又叫太阳镜，当太阳光强烈时戴上它可以保护眼睛。但是有的少女却把它当作一件装饰品，不论晴天还是阴天总是戴着，以致对眼睛产生损害。

如果长期戴墨镜，使眼睛处于黑暗环境当中，容易使眼睛的暗适应能力下降，造成暗光下的视力减退。另外，在光线不足的环境中戴上墨镜，只能加重眼睛的调节负担，日久必损害视力。

第七章

做人处事靠智慧

男孩爱和什么样的女孩交往

在男孩心目中，最喜欢结交的女孩有如下几种：

具有女性美

这里主要是指外貌美、天生丽质。例如，五官端正，眉目清秀，齿白唇红，大眼睛，双眼皮，长睫毛；优美的曲线形体，丰满的乳房，白皙细嫩的肌肤，圆润、修长的双腿，纤细的腰肢，灵巧的脚腕，乌黑的云发，等等。举止言谈、举手投足、一颦一笑，都招人喜欢。当然，人无完人，真正十全十美的女性即使有，也是极个别的。衡量一个人美不美、并不是看她所有的部位都能“达标”，而要看其牛耳。中世纪哲学家托马斯·阿奎对人体美的观点值得借鉴：“人体美在于四肢五官端正匀称，再加上鲜明的色泽。”“美有三个要素：第一是一种完整或完美，凡是不完整的东西就是丑的；第二是适当的比例或和谐；第三是鲜明，所以鲜明的颜色是公认为美的。”

个性突出

如上所说，对于男性来说，初次见面，女性美貌往往是直接的吸引力，男性都喜欢自己认为是美丽的女性，都希望自己的女友美丽动人。然而，随着交往和了解的加深，真正能吸引男性的却是女性的个性（在外貌满意基础上的个性）。常常是她的某种细微的表情、某句话，最容易在他心中留下深刻的印象。加之有个性的穿戴、化妆，都会产生吸引效果，使他动心。因为，这里面蕴涵着她自己的特色，是在别人身上找不到的。

温柔

温柔是女性的本色和天性，这是由她们的感情特点所决定的。女性富于同情心，比较关心和体贴他人，比较容易让人接近，这些都是男性们自愧不如而心驰神往的。英国诗人罗伯特·白朗宁说：“它是最美丽的美容标本，是金钱所难以买到的。它是柔软的枕头，它是深沉而细腻的声音，它是盖过一切甜美东西的美丽的微笑，它也是一种纤细的声音，只要你听到一次，就会终生难忘。”柔情似水，似乎是软弱无力的，但水可以穿石，柔可以克刚。所以说，温柔是女性的可爱处之一，缺乏温柔的女性，就像花朵没有芳香，是不招人喜爱的。

聪慧

聪明的女性对男性有较大的吸引力。善于思考问题，表达独特见解，思维活跃，反应灵敏，有一定的个人爱好，生活情趣浓厚，能使人触发灵感，这样的女性自然会使别人产生兴趣，跟她在一起，生活会变得充实，有着无穷的乐趣。

善良开朗

富有同情心，有人情味，能理解男性的心理，不勉强男性去做他不愿做的事情。自尊自重，不轻易委身于人，一旦爱上一个人，又肯为他做出牺牲。性格开朗、乐观、活泼。活泼是生命力旺盛的表现，活泼中显现着热情，显现着希望和追求，显现着对生活的热爱和自信。人们在交往中，需要热情，需要乐观，需要和谐融洽的环境，需要周围都是一些活生生的人，一些生命之火旺盛燃烧的人。从这些开朗、活泼而浸透神韵的人身上，可以得到鼓励，可以触到生活脉搏的跳动，可以体会到青春的诗意。

整洁

衣着打扮反映着一个人的精神状态，男性最容易以此判断一个女性的性格和风度。整洁合体的装束会使人感到清爽、利落；新颖别致的服饰会使人楚楚动人，增添几分魅力。相反，不修边幅的女性，不仅会降低自身的价值，而且会使男性认为是对他的不尊重。

少女怎样与不同的人交往

少女与人交往的技巧

少女时期是青春勃发的时期，是走向生活、走向成熟的重要阶段，也是思绪纷纭、充满幻想、渴望友谊、追求幸福的如花季节。但少女时代又是多事之秋。在这多事之秋，如果能打开交往之门，真诚地待人处世，就会良朋如云，一生潇洒自如。那么，该如何谱好一首优美的交往奏鸣曲呢？

1. 学会说“你好！”——交往奏鸣曲的前奏

少女涉世未深，面对大千世界，芸芸众生，既新鲜又陌生。她们急于了解世界，了解和她们同龄的人，一般地说，她们在群体中与陌生人相处，会表现得不错甚至很出色，一旦孤身进入陌生领域，会表现得娇羞拘谨甚至胆怯。如果怯生生的少女能够走出温馨的家独自来到人群中时，勇敢地用“喂，你好”向年龄相仿的女孩主动搭讪，往往会收到很好的效果。为什么用“喂，你好”这样简单的交际语言呢？其一，“喂”表示招呼，人们在长期的人际交往中，已经习惯于说“喂”听“喂”了。其二，“你好”是礼貌用语，看似普通，实则亲切，充满人情味。你主动与人搭讪，一般会得到应和，然后再根据对方的情形和反应决定可否作较深一步的交谈。经过一段时间，如果自我感觉与陌生女孩子交谈很随便，像熟人一样无拘束之感了，那么再选择年长的陌生女性乃至陌生的异性进行主动交谈。如此反反复复，胆怯的心理一定能被克服。这样，便顺利地走进了交际的大门。

2. 用“情”和“理”与别人交往——交往奏鸣曲的第一乐章

少女在交际中自然会遇到形形色色的人。但不管是谁，交往的总原则是以情感人，以理服人。情在理先，理是情的坚强后盾。在生活中，不可避免要遇到各种麻烦、纠缠甚至侮辱。当此不利环境，切戒嗔怒，这会有损于自身的形象，让对方瞧不起，从而陷自己于更不利的地位。正确的方法是用“理”作为有力的武器，即所谓动之以情，晓之以理。同时，也要戒用“情”过度或者得理不饶人，一切均在适度之中。只要善于驾驭情、理，你就掌握了交往的原则，就会应付在交往中出现的各种情况。

3. 和更多的人谈得来——交往奏鸣曲的第二乐章

在交往中，抓共同语言、抓共同感兴趣的东西很重要，这样才有话可说，才能深入地交往下去，否则，话不投机半句多。在交谈中，拘于刻板，循规蹈矩，会使人感到寡淡无味，丧失兴趣。少女应该学会和更多的人谈得来，使谈吐优雅大方，妙语连珠。同是要表达一个内容，会有数种说法，用不同的话说会产生不同的效果。怎样说能收到最佳效果，需要在实践中不断探索和总结。少女不妨把交往中遇到的特殊事例简要地写下来，加以研究，一定会有所收获。时间久了，日积月累，将会感悟到语言的无限魅力和奥妙，当你觉得和许多人能够会心地交谈时，交往便达到一种更高的境界。

4. 用身体语言显示自己的魅力——交往奏鸣曲的第三乐章

少女本身就是一部博大精深的诗集。身体的每一部分都辉映着生活的折光，散发着对生活的感受。挥手摆手，点头摇头，一颦一笑乃至于穿着打扮，无不向外界无声地传导着自身的信息。或欣赏或厌恶，或赞成或反对，或欢乐或悲伤，或潇洒或深沉，无须言语，别人一望而知。少女在和别人交谈时，应善于运用自己的身体语言。一般来说，从衣着打扮上，喜欢穿红的女孩，性格开朗活泼，感情炽热；喜欢着绿着蓝的少女，性格文静大方、感情充沛；喜欢灰色一类的衣服，性格内向沉稳，感情专一。从神态上，面含微笑，表示对交往对象或某件事有好感和兴趣；面色沉郁，表示有心事。像这样的神态有许多，如回眸一笑、留恋的目光、专注的神情，等等，不一而足。

使用身体语言要注意让对方明白你的意思，切忌模棱两可含含糊糊，也不要过于直露。表达不清，别人往往误会；太过直露，别人会认为你轻浮。

5. 培养独立的个性——交往奏鸣曲的第四乐章

在人际交往中，人们往往喜欢和有个性的人交往，那些失去本来面目、处处带着假面具的人只能招致别人的厌恶。少女在生活中，也应当朝独立的富有个性的方向发展，碰到别人要求做而自己又不愿做的事情时，要坚决反对；对自己认为错的东西勇于提出不同的意见，大胆直言，表明自己的立场和态度。决不能逆来顺受，这样不但失去个性特点，使人觉得软弱可欺，而且可能导致身不由己的境地甚至某些方面的憾事。

少女在和别人交往时应记住，个性就是自己的身份证，是交往成功的一个必备条件。

6. 学会保护自己——交往奏鸣曲的第五乐章

少女在交往中加强自身的修养，洁身自好，十分重要。一个人一身正气，邪恶不加身，在人们心目中形象自然丰满。倘若随波逐流，沾染各种恶习，势必毁了自己。所以，树立正确的人生观、加强自身的修养是保护自己的首要条件。其次，少女在交往中，会遇到不同的人，正直的、善良的、丑恶的都可能碰到，在人生的大舞台上，天真无邪的少女处世要处处留心，多多设防，从细微处看人，由表及里地分辨人，看清善恶，善者近而恶者远，即所谓近贤者远小人。对那些心术不正的人，一旦认清其面目，就该当机立断，不再交往，免得贻害无穷。另外不要轻易相信素不相识的人，最好不要与陌生人单独同行，特别是夜深人静时。

怎样与妒忌的人交往

一般人的错觉，以为女人才妒忌，实则妒忌男女都有。同性之间的妒忌，多出在家庭及一般交际场中，但异性之间的妒忌，多发生在学习或工作之中。例如，我们常见在一起学习的同学、伙伴，而又是年纪相差不多的，那就最易发生妒忌了。本来我的才能比他强，你的成绩比他高，这对于一个正直的人来说，是不发生影响的，因为你是你，他是他。但对于一个妒忌的人来说，那就不然了，对于才能胜过他的，他一定想办法中伤对方；成绩高过他的，他一定想方设法攻击对方。

碰上这种妒忌的人，通常是不能正面跟他们理喻，只可常存谅解宽容心，以免刺激对方的妒忌病态心理。进一步可在交往中使他感到你的人格魅力，变妒忌为敬佩，这是一个积极的办法。

怎样与奸诈狡猾的人交往

凡奸诈狡猾之人，外表都装得诚恳、忠厚，而内心却是阴险狡猾。要是缺乏辨别能力，是很容易上当受骗吃亏的。

至于奸诈狡猾的人，怎样辨识呢？有句话说得很对：“其人心中不正，必眸子动。”看一个人，可从他的目光透视内心活动，通常那些心术不正的人，都不敢正视人，或视人带有图谋意念。再进一步，还可以从历史来跟寻对方，奸诈狡猾的人都可能有许多不光彩的历史记录，一个人行为写下来的历史是永远涂抹不掉的。

与奸诈、狡猾的人交往，我们必须有坚定的意志，丝毫不能感情用事。否则就会被对方抓住弱点，运用其奸诈、狡猾的手段。因此，与奸诈狡猾的人来往，只能“虚与委蛇”，似是亲密，实是时时戒备；似是尊敬，实是求其疏远。只有如此，才能使其无机可乘。

怎样与诚实的人交往

诚实的人说一句话，做一件事，必定以诚为本。诚实的人不一定能暴富，但诚实的人因为人所乐用、倚重，他们的生活、工作大都稳定。

不要以为诚实的人不易致富而无乐趣。诚实的人多守本分，生活安定，工作无虑，心安理得，他们有别人所难以体会的乐趣。我们能结交诚实的人，可说是人生一件大好事。在社会中，事业不可限量，一旦有所开展，就需要帮手，而用人时又常常为诚实与否这一难题所困，如能在朋友中广交诚实的人，那就大可为我所用了。

退一步说，在众多的朋友中，能交诚实的朋友，总比交狡诈、虚伪的好。诚实的朋友无疑是我们的诤友。虚伪的朋友，虽然处处体贴，但不外揣测我们的心理，达到他们的目的，交这种损友，又有什么好处！

交诚实的朋友，我们不能以为他们诚实可欺便任意指使，如果我们不是认真、守信，以诚实待人，到头来诚实的朋友也要离开我们而去。

怎样与爱贪小利的人交往

实际上爱贪小利的人并不一定个个满身铜臭，在人际交往中要作具体分析，究其原因，大体上可以从生活习惯和生活观念两个层次上去考虑。

有些人贪小利的毛病是受社会环境（尤其是家庭环境）的影响而形成的一种生活习惯。这样的人往往缺乏远大的理想，胸无点墨，生活作风随便，自尊要求低，然而这类人心地并不坏。同这类人打交道要注意正面批评，引导他们在工作和学习上下功夫，以提高理想层次。对这一类人的贪利毛病切不可姑息，但也不可进行讽刺挖苦。

还有一些贪小利的人，他们的行为是受一定意识形态支配的、贪小利的行为反映了生活观念，这类人往往具有比较特殊的生活阅历，在生活中受过磨难，生活观常常表现为以“自我”为中心。恰当的方式是真诚地与其相处，用自己博大的胸怀去感化对方。

怎样与势利的人交往

势利人就是“小人”。古语说：“小人群居终日，言不及义。”这是势利人的很好写照。为什么说“小人群居”呢？原来，一般人都是讨厌势利人的，势利人只有和势利人才能交朋友。为什么又说“小人群居，言不及义”呢？这是势利人的特质，正如俗语说“见高拜，见低踩”，他们都是趋炎附势的人，当然不会有什么道义可说了。

知道了势利人的本质，而我们又要跟他们交往，那只有采用两种方法：

一是积极方法，“反其道而行”，凡势利人所看不起的人，或者他们不愿交往的人，我们都与其交往，并借此来教训他们、挫败他们，使他们有所省悟而有所改变。采取这个方法，要先具备一些条件，那就是自己有足以挫败他们的各种能力，而进行的方法也不能使他们太难堪而发生反感，否则，就将招来双方关系破裂，从而成为敌人。

二是消极方法，不得不与势利者交往，便也绝不对他们有谄谀行为，以免受其折辱。如能表现出自己人格的高尚、志向的远大，他们就不得不对你另眼相看了。

与势利人的交往，切勿投其所好、处处迁就。否则，久而久之，你自己也变成势利小人了。

怎样与强横的人交往

强横的人的性情，暴戾凶狠兼而有之。碰着这样的人，本来没有什么交际的必要。不过强横的人也并非有特别的招牌挂在身前给我们认识。在我们的交际生活中或亲戚朋友群中，偶尔也会结交上这样的一个人，等到我们知道他是个强横而又不讲理的人时，互相间已经有了某种程度上的来往了。

凡处在这种情形下，交往的方法有二：

一是与之疏远，这是上上的办法，由疏远而使互相之间的感情淡薄，待往来减少了，就可以结束这种一般朋友的关系。

二是虽与之交往，但处处谨慎，用极温和坦然的态度来应付对方的强横暴戾。如对方仍不知进退，就只能采取远避或绝交的方法。除此，可能是没有更好的办法了。

事实上，强横残暴的人并不多，但亦不是没有。所以，交朋结友不能不慎重。

怎样与忠厚的人交往

忠厚是最好的品德，忠厚的人，是最值得交往的。

凡是忠厚的人，他们大都是以不损人为处世出发点，进一步就能益人。所以，忠厚的人，总能急人之急，痛人之痛，他们的朋友一有危难，很少有得不到帮助的。

另外，凡是忠厚的人，大都是心慈情善的。所以，我们与忠厚的人交往，必须本着他以忠厚待人，我亦以忠厚报他的原则。古语说“与善人居，如入芝兰之室”，就是这个道理。

我们与忠厚的人交往，如果我们也处处以忠厚待人，对方一定是非常高兴的。反之，如待人刻薄，不离欺诈，即使欺诈的对象并不是这位忠厚的人，但只要他知道你是这种人，也必定会疏远你。

怎样与搬弄是非的人交往

在人际交往中，我们既会遇到宽宏坦诚的人，也会遇到那些热衷于搬弄是非的人。尽管人们不愿同这些人打交道，但一味避之，也是不科学的。只要能掌握一些诀窍，是不难和这些人相处的。

我们倡导在社交中的“自重”和“互重”原则。“自重”在与不同类型人的交往中有不同的表现形式：与比自己强的人交往，需要诚恳、虚心；与不如自己的人交往，需要谦和、平等……而和那些搬弄是非的人交往，则需要正直、坦荡，换言之，就是对闲言碎语不听、不信、不传。看问题全面，有自己的见解。除了“自重”外，“互重”也是很重要的。背后议论人是一种不道德的行为，帮助别人改正这种习惯是应该的，而方法却是尊重对方，以朋友式的态度，善意地去规劝对方；再就是，想法巧妙地引导对方获得对自己的正确认识和正确认识别人的方法。比如，当对方谈论他人时，可以先顺着他说几句这个人确实存在的缺点，然后再大谈其人的长处，从而形成一个正确的结论。如果有些人搬弄是非的恶习已成为其性格特点，那么就干脆不理他，听见了也听当一阵耳旁风。不要一听到搬弄是非的话，就立即去找对方对质，这样不仅大家都难堪，还解决不了什么问题，使别人把你同对方等同起来，看成是没见识的人。

怎样与谄媚的人交往

社会上有些人是很会谄媚的。这种谄媚的人，大都不知廉耻、好逸恶劳，他们谄媚的目的，不外是向被谄媚的人求助取利，所以说他们是“谄媚小人”。

谄媚小人的目的，不外是邀功取利。如果我们没有立刻给他们取利，他们也不会来对我们谄媚了。因此，可以说，凡是谄媚小人，对我们都是有百害而无一利的。他们常常为达到目的而不择手段。如果我们身边有这样的一个人，其他真正的朋友必然与我们渐渐疏远。

谄媚的人大都有他们的一套取悦方法；被谄媚的人，也必定被这一套手法弄得飘飘然。因此，凡是来谄媚我的人，都应对他冷淡，他说好话也好，说坏话也罢，只能是一笑置之。久而久之，他觉得乏味而退，否则就难免不受他们的伤害！

怎样与懦弱的人交往

懦弱的人，不是出身富裕，就是饱经世故、历尽沧桑的人。故懦弱的人多爱安定，遇事畏惧，怕失败，而绝无远大的志向。在交际场中，这种人虽然可以作为知心的朋友，但却不能作为共患难的朋友。因此，交懦弱的朋友，不可不有这种思想上的准备。

还有，我们与懦弱的人交往，也不能因他们生性懦弱，对我们无助，便生厌恶之心。反之，我们应该处处帮助他们，增加他们战胜困难的勇气，虽然他们不能全部改变懦弱的性格，但至少可以减少一些。

至于与他们共谋一事时，则切不要期望他们有决断及领导的能力。

怎样与自私自利的人交往

自私自利的人，往往是只替自己打算，不理会别人的利益得失。

一个人要替自己打算是并不为过的事，但只替自己打算，而不理会别人的死活，那完全是自私自利的结果。我们在交际场合中与这种自私自利的人来往是最可怕的，偶一不慎就会成为他们的牺牲品。

所以，我们在交际场所中，要防自私自利的人，首先就必须学会辨别自私自利的人。一般来说这种人在平时是没有什么特殊表现的。他们交际应酬，可能会使你感觉到他是个忠厚又很能体恤别人的人。但到事情来临，他要达到目的，就一定不管你的死活。因此，我们要认识这种人的本质，就只有在平时的行动中观察一个人。而这种观察，最好放在看对方是如何对待他至亲的人，如父母、妻子、兄弟等。如果他对待至亲的也显得极其自私，那么就更不用说了。

确定对方是一个自私自利的人，我们与他交往就应处处小心，步步为营。

小的事情吃亏还不算得什么，大的事情遭对方暗算，那就不值得了。

怎样与孤僻的人交往

有一位心理学家说过:“人类得到情感上的满足有四个来源:恋爱、家庭、朋友和社会。一个人的孤独程度，取决于他同这四个方面的关系如何。”一般地讲，性格孤僻是因为处理不好上述四种关系所致。同性情孤僻的人打交道，首先必须深入了解这种人的心理特点，同时在以下五个方面多做工作：

（1）给性格孤僻者增添温暖和体贴。

（2）注意交往中的谈话艺术。性格孤僻的人喜欢抓住谈话中的细枝末节胡乱猜疑。因此谈话时要特别注意，遣词造句都要仔细斟酌。

（3）与性格孤僻者打交道，有时很容易遭到对方的冷遇，如果遇到这种情况要有耐心。

（4）有了初步的交往后，要多引导对方读一些有关的书籍，帮助对方树立正确的世界观、人生观、价值观，逐步建立和谐的人际关系。

（5）与对方共同参加文化娱乐活动。促使对方从孤独的小圈子中解脱出来，投入社会怀抱，变得开朗起来。

怎样与刻薄的人交往

刻薄的人，都是不能成大事的，纵有所成，也是不能持久的。古语说:“刻薄成家，理无久享。”待人太苛刻，必招来种种疏远，一旦有困难发生，就很难得到别人的帮助。

凡与刻薄人交往，唯一方法就是以宽厚来对待对方，但并不是无原则的，原则是你的宽厚能不能使对方有所改变，对其有所影响。就常理而言，你以宽厚待他，又得法，时日久了，或者他所受的教训多了，又不是根深蒂固刻薄的话，多少会改变的。如果他以刻薄待你，你却以宽厚待他，一而再，再而三，他都没有反省改过，那么你也不必再宽厚待他了。

怎样与性情正直的人交往

正直的人在社会中生活，一般是重义而不重利，待人以诚不以诈。不义之财哪怕能以一获万，他们也不屑一顾。

正直的人的性情多数是坦率、直爽，在言谈上一般是直言不讳。对不合理的事情，总是毫不顾忌地予以批评，甚至虽然是自己的亲属，也不会掩饰。我们常说的“大义灭亲”，就是出于这种刚正不阿的人。

我们既然知道了正直人的本质，根据他们性格与其交往，那就容易成功了。

凡是与正直的人做朋友，绝对不能存有一些虚伪的言行。正直人对虚伪是水火不相容的，虚伪能瞒一时，而不能永久。因此，虚伪、狡诈、好玩弄手段的人，是难与正直人成为知己的。

但正直人也非不能容人，如我们与正直人交往，偶有所失时，能坦白地承认错误，正直人通常能对你谅解。

与正直人交际，我遵循不欺不诈还是不够的，从积极意义上来说，自己也应处处“守正不阿”，能直言不讳。只有这样，正直人才觉得你的可敬可佩，而不是为与他们结交而迁就于一时一事。

少女交际中的十二种不良习惯

少女们在日常交际中，有时过分追求交际的广泛，而忽视成功性，下面列出 12 种交际中不良习惯，引以为戒。

（1）不尊重别人的人格，随便伤害别人的自尊心，缺乏同情心，不关心他人的悲欢情绪，甚至把别人当作自己使唤的工具。

（2）自我中心思想强，只关心自己的利益和兴趣，忽视他人的处境和利益，只能与他人建立肤浅的关系。

（3）圆滑，伪善，待人不真诚，以获利为前提与他人交往。

（4）过分服从并取悦别人，过分惧怕权威而又欺凌弱小，过分依赖他人，丧失自尊心，寡廉鲜耻。

（5）反抗性和嫉妒心强，过分使用防御功能，对他人戒备心、猜疑心、报复心强。

（6）心胸狭窄，小气，刻薄，尖酸。

（7）情绪偏激，蛮横粗鲁，刚愎自用，喜怒无常，不接受他人规劝，怀有偏见且固执。

（8）过分自卑，缺乏自信心，孤僻，冷漠，不合群；或者相反，过分清高孤傲，目中无人。

（9）对人际关系过于敏感，对他人批评过分，完成工作任务后过分自夸，喜欢背地里议论人、整人。

（10）情绪孤立，过分内向，不喜欢与他人交往。

（11）势利眼，喜欢巴结上司或有权势的人，溜须拍马，趣味低级庸俗，喜欢打听、传播小道消息，热衷于谎言、流言。

（12）好高骛远地提出过高要求、过高目标，苛求他人。

以上 12 种不良个性是影响人际关系的主要原因。因此，要想建立良好的人际关系，就必须首先摒弃这些不良个性。此外还必须克服以下几种心理障碍：

1. 怯懦心理

怯懦是束缚人的思想和行为的消极心理状态。在人际交往中，如果你表现得十分胆怯和紧张，不仅会影响人际交往的效果，还会给别人留下诸如不成熟、阅历浅、自卑甚至无能等不好的印象。

2. 自卑心理

有自卑感的人，往往只知其短，不知其长，甘居人下，缺乏自信，无法正常地发挥自己的特长和优势。如果不加以克服，人就失去了独特的个性，同时也失去了前进的内动力。

3. 冷漠心理

冷漠心理一般是在心灵被摧残、良知被愚弄之后而形成的一种心理状态。具有冷漠心理的人往往孤芳自赏，落落寡合，在待人接物时常常表现得态度孤傲、言语尖刻，因此往往造成人际关系的紧张。

4. 猜忌心理

有的人总是用不信任的眼光看待外界的人和事。这样的人喜欢捕风捉影、节外生枝，造成人际关系的紧张，与此同时，他们自己也平添了许多烦恼，终日疑神疑鬼，背负着沉重的心理负担和精神压力。

以上种种心理状态都妨碍良好人际关系的建立和维持，必须予以克服。

少女如何学会接近人

人与人之间的接近，不仅表现为空间距离的缩短，而且进一步体现在心与心的沟通。

人们从互不相识到成为知心朋友，接近是维系双方的纽带，双方从带有疑惑的目光到转动信任的双眸，接近是眼神转换的制动阀。

接近，是生活的艺术，是人际交往的基本课题之一。

接近，受一种强的意识、愿望所驱使，接近最希望达到主观愿望。如爱情的发生，从接近到好感，从好感到友谊，从友谊到倾慕，从倾慕到结缘。

不论是哪一种接近，都有一种目的。接近的目的无非是发生经济的、社交的关系，满足一方或双方的需求。

笑是最好的介绍信

在接近的一瞬间直至一次交往的结束，如能以微笑开道，以含笑结尾，那笑的价值不言而喻。微笑，对接近人来说，是一种诚意与善良的表征，是愉悦别人的良好形象。而对被接近人来说，是一种比较易于接受的方法，是引起兴趣、好感的温泉。有人曾说，微笑是一纸更能取信于人的介绍信。反之，如果我们去接近人，面孔铁板，措辞尖刻，那么回报自己的将不是发生联系，或是发生了联系也很勉强，缺乏一种吸引的魅力。可见，微笑是接近人的“热线”。

弄清接近的目的

交往总是服从一定目的的。接近的时间、地点、形式都各有差异，但目的如果不加掩饰的话总是明显的。

接近，纯粹性的相识而已，这种接近，或出于慕名，或出于交往联系，没有太多的其他意思，具有偶发性。如举行电影首映式，影迷们主动接近迷恋的影星，以能相识为快。

接近，表达某种发展意向的愿望，希望接近导致某种结局。如与营业员接近，期望能给予方便。这种接近，以主动渗透为开端，继而企求对方能给予某种便利、认可。

要学会推销自己

推销，已不再是经销者的“专利权”和术语了。在现代交往中，把自己推销出去，让别人有机会、多侧面、多层次地了解自己，这也是使别人迅速决定接近自己的前提。推销自己，是指合适地表露自己，来一个适度的“亮相”。而一个人躲躲闪闪，含糊其辞令人捉摸不透，别人是难以接近的。比如在社交场合，可通过有分量的话语来留给别人咀嚼，并露一露某方面的特长。在关键时刻，挺身而出，也会让人感到有力量。只有推销得不俗不傲，不倚不轻，那么就能更好地被人接受。

选择有趣的话题

交谈是一种渗透，也是接近的交流方式。话题选择要同接近目的吻合，而且话题要相当明确。话题选择还要引起双方兴趣。谈恋爱，头一回介绍相识，这种话题的选择同能否接近就很有讲究了。一上来就发问“工资多少，房子有吗？”对方不会再交谈下去。另外，话题选择要会变化，如对方眼神、动作、语言已告诉你表示厌烦，那么或者变换话题，或者结束话题。因此，话题的针对性、互导性、有趣性，是双方迅速接近的催化剂，也是从表面接近走向内向接近的传导器。

增加联系的密度

我们往往碰到这种情况：有许多过去的好朋友，如果一旦分手，不再经常联系，那么无论过去多么亲密、交往多么投机，终归会导致陌生，接近不能成为现实。尤其是要接近人的内心，保持联系的经常化、渗透化是必须的。

在接近时，倘能注意礼貌和举止，放下架子，主动招呼，运用目光、表情、动作、姿态，亦能产生很好的效应。

愿我们在接近人的交往中，拓宽朋友面，既赢得友情，也赢得知识。

少女怎样获得知心朋友

为获得更多的朋友，应该遵循以下信条：

对别人真诚的感兴趣

最有效的结交朋友的窍门是对别人真心诚意地感兴趣，如果老是在别人面前表现自己，只想别人对我们感兴趣，我们将永远不会有许多真诚的朋友。

努力学会为别人效力，做那些不惜花时间、精力和诚心诚意为别人设想的事情，才能获得真正的朋友。

与初次见面的人建立友谊的5个法则

（1）真心地微笑：微笑能使初次见面的人感到你的可爱、宽容、诚挚和谦虚，在尚未交谈之前就能感受到你所要传递的理解、关心和爱护。微笑是与初次见面的人建立友谊的金钥匙。

（2）真诚的赞美：赞美会迅速拉近与初次见面者之间的距离，迈出友情的第一步。恰如其分地掌握和运用赞美的艺术，是取得对方认同的最好方式之一。

（3）适度的幽默：运用幽默会使你在初次见面的人面前显得魅力无穷，让他人对你顿生好感，友情也发展得更快。

（4）认真地倾听：与初次见面的人开始交往时要以对方为中心，所以倾听是重要的。倾听有以下几层含义：聆听即认真听取他人的讲演、指示或学术报告等，以便达到与说话人同步思维；认真听取意见，给别人一种受尊敬的感觉，这是一种“暗示性赞美”。在与初次见面的人交往时多倾听对方的谈论，不仅能使自己受益匪浅，也能为自己赢得一份友情。

（5）注意安全：别人有困难时要主动提供帮助，但也要有防人之心，不可放松警惕。如：不要随便接受陌生人提供的物品、食物，以保障自身安全；对陌生人的信息要适时采取怀疑的态度，有危险应向警察等可以信任的人求救。

与人交往的9个准则

（1）检查第一印象的正确性：俗话说“先入为主”，说明与陌生人首次接触所得到的印象对日后的交往影响很大，因此，应适时检查一下自己对人的第一印象是否正确。

（2）选择合适的人际称呼：人际称呼不仅意味着如何看待对方，也意味着在人际交往中与对方的情感关系，不可忽视。

（3）向交往对象请教：少女正处于长知识的时期，主动向老师和同学请教，相互学习，最能使人际关系变得密切。

（4）懂得助人为乐：当他人遇到困难时，应该伸出友谊之手去帮助对方。

（5）增加交往频率：人际关系的亲疏和双方交往的频率有关，经常在一起学习和玩耍，关系会更加融洽。

（6）容纳各种类型的人：如果你对许多人都很友好，就会给人留下非常良好的印象，大家都会愿意与你交朋友。

（7）不要干涉对方：即使是最好的朋友，也不用时刻在一起，一方可以做自己愿意做的事情，而另一方不必一定参加。

（8）主动做出沟通思想的表示：如果发现对方误解了自己，那么，最好主动找对方沟通，及早消除误会，以免积重难返，这样做并不会伤害你的自尊心。

（9）对不良关系持分析态度：人际关系和谐是每个人的愿望，但有时事情并不尽如人意，这时你应该以冷静分析的态度自觉调整人际关系。

与朋友沟通的7点建议

（1）朋友讲话时要注意倾听。

（2）陈述自己的观点时思路要清晰，态度要诚恳且要保持自信。

（3）记住，别人会用不同的方式看待世界，每个人都有自己的观点和认识，这是很正常的。

（4）不要断然对他人的“错误”观点“盖棺论定”，注意使用像“我认为”“我想”等语气谈这些问题。

（5）努力使问题有一个折中的解决方案，因为每个人都期望有一个满意的结果。

（6）不赞同或保留自己的观点是可以的，朋友之间不必总是对每件事情都持相同的态度。

（7）切记，没有任何人是这个世界唯一的责任承担者，每个人的观点和看法都是重要的。

给人以真心的微笑

微笑表示我喜欢你、很高兴见到你、使我快乐的是你。不过，这必须是一种真正的、发自内心的、令人感到温暖而又愉快的微笑。那种不真诚的微笑是骗不了任何人的。

敞开你的心

爱情是两颗心的相互撞击，而不是一颗心去撞击另一颗心。友情亦如此，真正的友谊不是一颗心的奉献，而是两颗心的相互奉献。

助人为乐

白天的太阳虽然灿烂，却没有黑暗中的一丝烛光更让人珍惜，在朋友最困难的时候，请给他一丝温暖。

尊重你的朋友

不懂得尊重朋友的人肯定不会拥有知心朋友。不要无故伤害你的朋友，不要在别人面前讲朋友不愿讲的隐私。

耐心倾听朋友的诉说。当朋友不顺心的时候，他会找你诉说，你只要做一名忠实的听众，不加评论地耐心倾听。如果连这一点耐心都没有，就不可能拥有知心朋友。

懂得什么是真正的友谊

这一点很重要，因为有些人是看中你的钱财或其他原因才向你亲近的，所以交朋友时要擦亮眼睛。患难中的朋友才是真正的朋友。

真正的友谊不是依附

在友谊的水平线上，朋友间都是平等的，不存在主宾的关系。不要为使朋友满意，而去干你不愿干、也不应该干的事。如果真是这样，那他就不是真正的知心朋友。

少女交友的9个禁忌

忌自以为是：少女独立意识和自尊心的发展常常会导致一种自负的心理。如果自吹自擂、自命不凡、看不起别人，就会与别人越来越疏远，最终成为“孤家寡人”。

忌功利心重：有些少女受家庭、社会的影响，把人分为三六九等。凡是对自己有利者，就热情相待，交往甚密；对自己无利者，则冷眼相加，爱答不理；对有地位、家庭条件好者，笑容可掬，十分巴结；对待一般人，则态度不冷不热……这些都是不可取的。

忌虚伪嫉妒：有的少女明明知道朋友做的事情不对，却还一味吹捧；有的少女处处显示自己的优越感，而当别人超过自己时，就无法容忍，乃至产生敌意——其实这样反而会失掉自己在朋友心目中的威信和好感。

忌交友不慎：交友要慎重，正所谓“近朱者赤、近墨者黑”，所以一定要选择那些品德高尚、性情贤良的人做朋友。

忌斤斤计较：友谊就意味着给予和付出，如果有利必争，有荣誉就抢，有责任就推给别人，或对他人过于苛求，就很难交到知心朋友。对朋友身上的不足和缺憾，应抱着宽容的态度，并给予真诚的理解。

忌好传隐私：切不可拿朋友的隐私开玩笑，更不可恶意中伤。当然，这种保密也是有原则、有条件的，要站在正义的立场上。

忌忘恩负义：知恩图报是一种社会美德，忘恩负义则是一种丑陋行径。他人施恩于己，切不可忘记；对于朋友的恩德，一定要设法回报。

忌过于随便：不拘小节的不良习惯，不仅会损害自身形象，还会使朋友敬而远之。

忌不守信用：说话算数，说到做到，这是交友的基本准则。把承诺当成儿戏，骗取友谊与信任的人，永远也得不到真正的朋友。

少女交际要超越自我

人生活在社会中，更多的是活一种境界，少女亦如此，和人交际的同时，就是实现自我的超越。

作为一个人，一生中注定要接触一些人，一些形形色色、各式各样的人。

而在这个世界上，你接触最多的就是你自己——一个最熟悉，而又最不熟悉的人。

你——一个外在的你，一个内在的你；一个大写的你，一个小写的你；一个自然的你，一个社会的你；一个思想的你，一个行动的你……

你将通过别人进一步地熟悉自己，认识自己。当然，你也会从熟悉自己、认识自己中去进一步地熟悉别人、认识别人。

人，最首要的就是坦诚。首先对自己坦诚，然后对别人坦诚。

坦诚是一种品格，它是通向自信的阶梯。不论你的能力大小，不论你的地位高低，也不论你有没有多少知识，只要你坦诚，你就会自信。

坦诚境界

坦诚的最高境界就是坦荡。“君子坦荡荡，小人长戚戚。”

坦荡可以是平静的，也可以是汹涌澎湃的。坦荡是一种自尊，是一种神圣而又强烈的自尊。而自尊既是理想的，又是现实的。

由自尊达到尊人。尊重所有的人。对所有的人平等地尊重。由尊人达到尊重集体,尊重集体的意志,尊重集体的利益。由尊重集体达到尊重人民,尊重国家。

作为一个人，应认识到你的权利以及做人的尊严。你的思想是自由的，精神是自由的。正如蒙田所说：“智者心底里应让自己的思想摆脱流俗，令其无拘无束地对事物做出自己的判断。”

你不必巴结任何人，也不必讨好任何人，更不能崇拜偶像。作为人，在人格上都是平等的，都应有自己的尊严。

看人，应看其本质，看其德行，看其知识，看其才能。那些地位、权力、财富等都是附加的，世人往往把后者与前者相混。

你不必自卑，但你也不必自傲，因为你没有权利自傲。自傲在某种意义上说是一种无知的表现。

你也不必虚荣。虚荣说明了自己的空虚。你应该是一个排除了一切虚荣，而又激情饱满的实实在在的一个人。

你的性格应该是稳定的,情绪也应该是稳定的。你的情感丰富而又单纯，保持着一种良好的状态。你可以羡慕别人，也可以与别人竞争，但不应该嫉妒。嫉妒、猜疑、小心眼……这些都会使你陷入苦闷，走向封闭，走向极端。它消耗了你的精力，浪费了你的时间，它在扼杀着你宝贵的生命。

人，应该不断地充实自己，纯洁自己，改变自己，从一个境界到达另一个更高的境界。

少女应交的五种朋友

现代生活竞争激烈，一个少女若想在未来的社会中立足，不仅需要知识技能，更重要的是要有一种前卫的思维方式，通过交友，简单地就能够达到这样的目的。

青年人对孤独和寂寞不会感到吃惊，也不会因此而高兴。因为它们总像影子似地纠缠着生活在青春期的人们。而且正是这影子才使得青春之光格外耀眼。有可能的话，你尝试着把友情放在这光和影的交界处，因为友情不只是喧闹的欢笑，也不仅仅是得到互相慰藉。

友情更是不同的思维方式的相互撞击，是不同的人生内容的相互交流，这些不同会为你打开一个又一个世界。

你每交一个新的朋友，就意味着一个新世界向你敞开。

少女应结交五种不同类型的朋友，实质上是让你更深地结交五种不同的思维方式。这五种类型是：

（1）位高职尊的朋友。

（2）善于倾听的朋友。

（3）使你感到畏惧的朋友。

（4）对你一生有裨益的朋友。

（5）另类（边缘人）的朋友。

这五种不同的思维方式会对你的思维方式发生冲击。你在友情的浸润下，不知不觉地会发现自我的人生是如此丰富。

向你所建议的五种不同类型朋友，他们的思维方式很有一种典型性。

位高职尊的朋友

他们的思维方式往往是综合型的。

综合型的思维方式是以这样一种世界观为基础的。这种世界观认为，人们对于什么是事实没有基本一致的看法，重要的是他们根据获知的事，做出判断，以及他们对这些判断持什么态度，所以这类思维方式很适合做领导工作。

只有综合型思维方式的人，一般富于挑战性和好奇心并且很有创造性。他们想要理解世界，控制世界，对于别人认为他们是否有能力，是否值得尊敬十分在意。当他们试图把各种不同的观点综合起来时，他们会表现得十分苛刻，十分严谨。

交这类朋友，会锻炼你的综合分析能力，会使你在人群中摆脱“观众”的角色，成为“主角”。

善于倾听的朋友

他们的思维方式往往是实用型。

具有实用型思维方式的人，主要关心使工作和他人完美下去。他们希望自己有一种积极主动和忙忙碌碌的感觉，他们并不一定要取得某种最终的或理想的结果，而是满足于走到哪儿算哪儿，有时候仅仅是从

这儿挪个地方到那儿。

他们认为事业总是一步步发展起来的，这是他们基本的世界观，在制订计划的时候，他们往往主张防止意外事件的产生。

在日常情况下，只有实用型思维方式的人多善于倾听，由于并没有哪一种特定的理论和方法与他们的利益相关，因此他们能以妥协的方式解决问题。他们很能容忍，因为他们并不想马上就去对付整个世界。

与这类人交朋友，会使你增加宽容和承受力。

使你畏惧的朋友

他们的思维方式往往是分析型的。

具有分析型思维方式的人固执，死抠教条，思想保守，拘泥细节，他们往往被其他行为随便的人称之为直线式思维方式的人。他们的思维过程一旦沿着某一种思路开始，即使面对与之相矛盾的证据，也很难使他们改变自己的观点。具有这种思维方式的人，不论是外向型的还是内向型的，都是有很强的攻击性。

具有分析型思维方式的人，他们将竭尽全力去使世界恢复本来面目。他们需要感到自己是有能力的，是自立的。

与这类人交朋友，会使你变得“强硬”起来。

对你一生有裨益的朋友

他们的思维方式往往是交际型的。

交际型思维方式的基础是一种经验式的世界观。他们认为，世界就是自己所感觉到的那个样子，各种事实是客观存在的，每个人都可以看得到。对于这些事实，任何两个有理智的人虽然无能为力，但可以形成一致看法，正是这一致看法的形成使这种类型的人对他人往往有很大帮助。

对这类人交朋友，会使你具备一颗“爱心”。

边缘人朋友

他们的思维方式往往是理想型的。

这种人经常谈论目标和崇高的价值，他们追求自由，对现实往往采取一种抗拒的态度。他们往往很浪漫，海市蜃楼在他们看来是一种现实，他们往往追求新的价值标准，对他人他们采取一种远离的态度，他们有着一个自足的世界。

与这类人交朋友，会让你懂得“反叛”现实以及勇气。

如果在人生路上，你真的结交了这五种类型的朋友，那么你的世界观将丰富起来，你的世界将完美起来！

第八章

亲情求学添魅力

家庭礼节与亲情

礼貌待家人

对别人要有礼貌，对家里的人也要有礼貌，假如你对家人的基本礼貌都没有，更不用谈对外人多有礼貌了。

虽然是一家人，但也如同一种较亲密的人际关系，大家生活在一起，时间和空间比外人更长久而亲近，彼此要以礼相待，互相尊重，关系才能和谐，生活才会温馨。

如果家人关系不好，经常发生争吵，互相敌视，如同外人，那这种家庭值得检讨。失去真正的亲情意义，没有礼仪的存在，彼此不会相互关怀体谅，生活在其中的成员没有快乐可言，个性也会过于孤僻。

家人之间有时会引起不快，如姐妹间偶尔说些刺伤的话，即使自知不对，又往往以为是自家人而无所谓，这就是忽略了家人应有的礼节，争端就从此小节引发了。

家是培养性情让身心得到憩息的所在，如果你想要愉快地和家人融洽相处，就应该对家里的每一个成员保持该有的礼节，如果随便拆看人家的信件，不经过人家同意穿用衣物，不帮忙分担家务一味推给别人，对事斤斤计较等，都是不合乎礼的行为。应该彼此尊重与关怀，对生活礼节有正确的认识和遵行才是。

何况在家中所培养的礼仪，在学校或将来走向社会工作时，一定会派上用场，使你成为人们眼中有礼貌，受人喜欢，有教养的好女孩。

感谢母亲

当你母亲为你连夜编织了一条羊毛围巾后，亲自披挂在你脖子上时，你应该如何表示心中对母亲的感激呢？

你一定要非常高兴地说：

“妈妈，谢谢您！”然后很快围起那条围巾，在镜前满意地照来照去，“妈，很适合我呀，妈织这条围巾辛苦了。”做母亲的听到女儿这样的感谢与体贴的话，所有的辛劳都变成满怀的欣慰了，这样的表达是正确的，不要忘了在欣喜时向母亲道一声谢。

送给爸爸的礼物

遇到家人的生日或有什么祝贺的事，要送礼物前最好先和大家一起商量后，再做决定，不要自作主张，结果送的礼物未必令人喜欢。

送给爸爸的礼物，不妨送他平常需用的东西如自动刮胡刀、领带、皮带等，或是探知他最想要什么东西，在能力范围内买回做礼物亦是恰当。

家人一起商讨送礼物，往往含意最深，是父亲最感动的心意，也是最好的礼物。不要因为家中有人送了，自己就不送了，相信爸爸也一定会期待你那份诚心的祝福的。

倾听父母意见

对于某件事的看法，自己的意思和父母的建议相违背时，你会采取何种态度？

天下的父母没有不关心自己儿女的，站在他们的立场，父母总会关心你的事，告诉你他们的建议及意见。何况他们年长心智深，经验丰富，所以应该多加考虑他们的意见才对。

也许你会认为自己的事应该自己决定，可是自己的决定未必对，身为子女应该听从父母的意见，作为参考，然后自己再作决定。不可因想法不同就不听，这种态度是不对的。

有客来访时

明天要交很多作业，晚上你正在忙于写功课，当爸爸公司的同事来访时，你会出来向客人打一下招呼吗？正确的态度应该是：再忙也得出来向客人礼貌性地打个招呼。

虽然不是你的客人，既有客到家里来，你都必须出来打个招呼，这是应有的礼貌。打完招呼后，不可一直坐在客厅不走，听他们的谈话也是失礼的。如客人有话问你，必须答复客人问题后再行告退。

客人要回去时，必须再一次出来向客人辞别。

把朋友介绍给家人

你带着好几个朋友到家里来玩，一定要介绍给家人认识，即使是好几个，也要将每个朋友都简单地介绍给在家里的人。介绍时，只要介绍名字即可，让大家都觉得受到尊重。

如默默地带进自己的房间，有如无视于家人的存在，对家里的人来说是件很不愉快的事，你的朋友们也会因此而觉得不自在。

也不能想要赶快和朋友玩，家人中只介绍妈妈，或者嫌麻烦干脆以一句“这是我的朋友”，就省略了介绍。

男友寄来的信

假如男朋友寄来的信，爸爸要你拿给他看，这时你会拿给他看吗？这时，应该给他看才对。因为坚持要看信的爸爸，是基于关心你的立场，并不是他的霸道或不对，你应该体谅爸爸的一番心意。

爸爸想看信，是想知道男孩的人格如何，你们交往的程度又如何，他担心你交友不慎误了自己，因此，不但信要给他看，你也应该将男友的事详细告知爸爸，并介绍男友给爸爸认识。

这样一来，爸爸了解你们交往的情形，以后就不会强迫你再拿信给他看了。

自己的小窝

生活条件许可的情况下，少女们应该都有属于自己的房间，可以关上门，避开外面的世界，沉浸于自己的小天地里。如果你有这样的一间卧室，你应该感谢父母尊重你的隐私，为你保留一个这么自由的空间。

你可以用颜色、图案、家具、装饰品来美化你的房间，反映你的个性与品位，将房间打扮得漂漂亮亮，舒适而温馨。别忘了把居住空间打扫干净，保持整齐。你不是住在旅馆里，没有服务员每天来替你清理房间，虽然母亲也许会为你收拾，可是这应该是你自己的工作，你的母亲没有理由为你打扫。

你的房间应该自己打扫，天天保持整齐的清洁，这才公平合理。

多久整理一次房间，你可以自己安排，原则上一星期整理一次较妥，不要拖太久，以至于房间很脏乱，不容易清理。你也许不喜欢打扫房间或一时没空，你可以与妈妈达成协议，帮她做些她特别不喜欢的工作，请她打扫你的房间，作为交换。

如果你有自己的房间，你可以灵活地布置成坐卧两用而不单是睡觉的房间，在里面可以工作、睡觉、休息、读书和接待朋友。你可以利用植物、书架或珠帘分隔房间。如果想改变房间的布置，一定要先与父母商量，不可擅自乱搞，尤其是装修必须花钱，先要清楚父母亲是否能支付这笔费用。在选择家具时，应以物美价廉为原则，不要过于昂贵，否则会加重父母经济上的负担。

避免与父母发生冲突的 5 个技巧

（1）不要跟父母起正面冲突，聪明的女生应该用理智和沟通去代替激烈的口水战。

（2）多说甜言蜜语。比如，可以夸妈妈漂亮、身材好、勤快等；夸爸爸能干、有责任心等。

（3）训练柔顺的耳朵，对父母的唠叨耐心地听。

（4）控制自己的腻烦情绪，提醒自己“父母是爱我的”，久而久之，就会恰当地调控心境，驾驭情绪。

（5）学习谈判的技巧。比如，再试一下、以柔克刚、以物易物等。

应对代沟的 4 个方法

理解、尊重父母：有时，父母的思想可能会与时代有点脱节，但思想上的陈旧并不代表他们不比女儿有更为丰富的人生阅历，因此不要看不起父母。

身为女儿不一定凡事都要听从他们，但必须尊重他们。

坦诚沟通：父母其实并不像孩子想象中那么蛮不讲理，可以向父母提出合理的要求，并说明原因，给他们发表他们看法的机会，成功率肯定会大大提高。如果一开始便抱着父母肯定理解不了自己的态度，即使再据理力争，也只是徒劳。父母很希望儿女跟自己商量些什么，以表明他们的重要性，他们心理上得到了满足，自然会留给你更大的自主空间。

正确分析对错：如果真是父母的问题，女儿就应该诚恳地跟他们解释清楚，自己毕竟已经长大，可以拥有独立的观点，千万不要怨恨父母；倘若是自己错了，就乖乖地认错。无论哪种情况，打破僵局的都应该是女儿，因为父母永远是长辈，应该尊重他们。

不妨听听父母的劝告：很多时候，女儿会发现自己的决定只是一时冲动，往往缺乏周全的考虑，事后再想“早知听爸爸妈妈的了”也没用了。父母毕竟有丰富的处世经验，看待问题更加全面、客观，而这些只有等女儿经历了才能明白。

孝敬父母力所能及的 8 件事

（1）时时记住父母的良苦用心，发生矛盾时不闹对立。

（2）常与父母谈心，让他们了解自己的学校生活和朋友关系。

（3）有事多和父母商量，听取他们的意见，特别是父母不大放心的事情，不要自作主张。

（4）提出购买物品的要求时，先要了解家庭的支付能力。

（5）做错了事主动检讨，不逃避责任。

（6）对父母做出的承诺要说到做到，跟父母建立诚信。

（7）了解父母的工作，体谅他们的难处和面对的压力。

（8）学习父母的良好品德，在生活中帮助父母，在精神上支持父母，做父母的朋友。

学会花钱

对于金钱的运用，从小开始，你就要学会。你要了解金钱的价值以及如何使用支配它。

当父母给你零用钱时，你就可以开始了。最好要求父母按时给你固定的零用钱，如果你不知道该要求多少，你可以问问年龄相近的朋友，她们的零用钱是如何与日俱增的。

有的家长只给孩子一点点零用钱，但遇有需要时就会付给孩子所需的钱数。有的家长给孩子比较多的钱，至于孩子需要什么东西让他自己负责，家长并不另给，他们的用意，无非是希望孩子养成理财能力。

最好能让父母了解你用钱的情况并且利用其中一部分于储蓄上，你可以请父母为你在银行开个账户，虽然存的钱可能很少，但积少成多也是一笔大数目，最重要的是让父母知道你是懂事而不会乱花钱的女孩，以后，他们就愿意给你更多点的零用钱。

不管你得到的钱是多少，你要把钱分成三份，一份用于储蓄，另两份花在不同用途上，但要花得适当。如果有一天你想要买某种大件或贵重的东西，你应先问父母："愿意帮我付一部分的钱吗？"相信只要你肯自动付一半的钱，你的父母也一定会答应分担剩余部分的。

父母生你，有责任供你生活上的一切需要，但你要知道爱惜与感恩，重视父母的钱财。如果你带朋友回家里一次请客就把家里储存的水果全吃光，这时，你应该以自己的钱买回原有水果放在冰箱里，这才是正当的态度。不要以为吃家里的是理所当然的，你可以一分不花。如果只想着让父母花钱，那就是不重视他们的钱财了。

中学毕业后，升入高中仍需父母的经济资助，别以为这是父母应尽的义务，其实不然，你应该体会父母的恩惠，感谢他们的帮助。

完成学业后，你必须去找一份工作，自力谋生。那时没有权利再花父母的钱了，如有需要，可以向父母商借，但以后一定要还，因此也不可借得太多。

女孩子到了高中以后，如有可能的话，利用假期或课余时间找点兼职的工作也是好的。除非你因为学业疲累而无余力工作，否则课余打工是有百利而无一害的，可以让你见识一下社会的面貌，提早实习，适应这个社会。

我想有个圆满的家

不和谐之音

人们都有幸福的温暖的家庭，但是由于时代的改变，社会背景的复杂，促使人际关系变得不单纯。不但人与人之间有不和谐的现象，就是夫妇之间也因思想、价值观、感情的差异等原因，产生不协调的疏离，于是各种家庭问题就出现了。

现在的问题家庭不少，严重的足以破坏多年建立起的家庭，分居与离婚的情况，时有所闻，显然是不以为怪的事了，而受伤害最深的就是无辜的孩子了。父母若想到这一点，就该以孩子的幸福为重，维持现有的婚姻，使孩子有个温暖而圆满的家。

父母离婚，儿女所受的痛苦和父母一样深，有时更甚。当父母婚姻有了裂痕时，也许你还小，但你也会感受到他们之间的对立关系。看他们日夜不停地吵闹、发生纠纷，或者严重到了要闹分居或离婚的地步，那是令儿女感到最伤心的情景。

从前的专家们，总会对父母做这样的劝告：为了孩子，要勉强在一起。

但是夫妇的争吵依然不断，更令人叹息的是，父母在儿女眼中变得彼此如外人般地冷漠寡情，互不关心。做儿女的可以感觉到父母是为了他们，才不得已的凑合一处，这种假象的团圆失去了真实的意义，还不如分手的好。

父母分居的情况，有时在家里已经开始了，如各住一间卧室，吃饭的时间或互不理睬。儿女在家里看不见父母的亲密关系，有时带同学来家里，会被以奇怪的眼神问到这种情况，你想解释也不是，不解释又不行，总之，很令你为难，有的人根本不愿带同学去自己父母失和的家。

家庭关系正趋破碎时，不幸的你会经常遇到父母互相指责和冷漠沉寂的气氛，深夜你躺在床上听着父母打架、争吵，你会感到无助和恐惧。这时你别以为父母的争吵是因你而起，自己产生莫名的内疚。事实上，你并非父母的累赘。造成家庭不和谐的紧张气氛，这种过错在父母并不在你。

收拾破碎的心情

当你得知父母要分居或离婚时，你的心情必然十分迷惘慌乱，这是正常的反应。因为你所熟悉的世界即将要崩溃了，你不知该怎样去面对不正常的单亲生活？你会有不安全感，你害怕将来会跟你不大喜欢的爸爸或妈妈同住，你担心他们是否能照顾你，不过这种心理随着时间的转移，你会发现这些担心是没有必要的，有的问题比你所想象的要容易解决。

父母离异的青少年对他们家长都会感到怨恨，怨恨地不想见他们其中的任何一个，拒绝爸爸或妈妈来看你。你会对人隐瞒父母分开的事实，那是你引以为耻而感到丢脸又自卑的事，甚至，你会觉得别人在看不起你。如果你有这些感觉的话——找一位了解你的年长亲属，如祖父或祖母倾诉一下，他们会安慰你，会告诉你重要的是父母最终的幸福。

你应该感到如释重负，比起过去的争吵情况，现在分开后的安静令你心平气和些。你再不必为爸爸或妈妈说话，你不会再受紧张、不和谐的家庭气氛所折磨了，你开始可以集中精神读书、交友、生活。

让时日来冲淡不快的心情，一段时间后，你不会感到环境有多大的变化，你仍然住在本来的屋子里，仍然可以见到父亲或母亲，也许你在寻找失落的感情，你可能得不到无缺的圆满，但也不特别感到沮丧。

我有自己的权利

父母离异的你，有权利要求他们离异后应该给你所需求的，不论是精神方面还是物质方面的要求。

（1）父母应表示他们依然是关爱你的，他们依然和你的生活保持联系。

（2）父母应安排时间定期来看你。

（3）父母应经常在周末或假期，一起带你出去玩。

（4）与你一起生活的一方家长应该有能力抚养你，不可阻挠你继续与另一方保持亲子关系。

（5）父母双方应该让你了解他们分手是大人的事，并无损于你和父母之间的关系，你依然可以去探望他或她。

（6）父母虽不属对方，但他们依然是属于你的。

（7）应让父母了解他们之间保持友好，你和他们的关系才容易保持下去。

除非你喜欢其中一个而与另一个合不来，否则，你很难决定要跟父亲或母亲一起生活。

你可能感到母亲可怜无助，她需要你的照顾，你也可能担心选择一方，会使另一方恼怒。在你做出这个困扰的决定之前，我们的建议是——不如自私些，你得要把自己的幸福放在前面。你有自己的生活，你的父母是成年人，他们会照顾自己。所以适合与你一起生活的一方就是你应该选择的一方。也许选择的权利不在你，不过，你应该有自己的意见，至少你要让父母知道你的选择。假如他们忽略了你的意见，你可以告诉年长一点的亲属朋友，甚至可以找老师谈，请他们代自己与父母沟通，使自己的意见受到父母的重视。如果你已长大成人，事情就容易多了，因为你已经有选择与谁一起生活的权利。

直面变化的生活

打破家庭常规是令人惶恐的改变，我们都需要生活中的安全感，但你必须勇敢地面对现实。

首先，面对新的家庭环境，离开原有的家庭，是你要面对的、最令人伤心的事，对此你要有心理准备。你可能要换学校，也许再看不见好朋友，你甚至没有自己的新房间，你可能发现新的家不如旧家好，你会感到气愤、伤心或抑郁，但别忘了你的父母也会有同感。

父母分手会使你变得郁郁寡欢，把自己关在小天地里，自我保护不再受伤害，甚至对交朋友缺乏兴趣。不过，有些青少年觉得父母分手对自己的成长反而有益。如以后照顾弟妹的责任落在你身上，你必须协助打理家务，你的责任感自然加强，你会觉得成熟了，自律性和自信心也随之增强。

如果你因父母的离异而成熟了，长大了，你会知道虽然父母离婚了，但他们曾经愉快地在一起生活过，离婚不会把婚姻中积极的一方面一笔勾销的，只要双方努力，分离一段时日后，有望重圆也说不定。这可以帮助你正确对待家庭的破裂，并且使你有信心去面对改变的生活。

亲人离去

现在的社会，由于离婚率的增高，或是各种原因造成父母之一的丧亡，而有了单亲家庭的现象。单亲家庭可能由父亲或母亲抚养子女，父母或许有经济能力而且坚强，但是，问题就出在单亲家庭的子女身上，他们对于单亲的感受异于双亲家庭。

无论你的父母是突然身故或是长期抱病身亡，其中之一的去世，对你都会是个沉重的打击。或许你会以看书来暂时忘记这个不幸，或想象他或她还在屋子里，一切没变，可是一旦想象停止，你又回到了现实，悲伤的阴影又深深地笼罩了你的心灵。

面对这个令人难以忍受的事实，在这一段时日，最好与家人亲近的相处，不要独处。如果你有兄弟姐妹的话，就跟他们以及健在的家长在一起，这样会减轻你的痛苦，而且不会感到害怕与没有安全感。这时，一家人在感情上靠得极近，彼此有相依为命的安慰。

亲人死了，你可能在悲恸之后，不想讲话，不想见任何人，不想做任何事，你可能只想一个人坐在自己房间里沉思。这时任何人的安慰对你都没有作用。这种情况是正常的，但是时间不能太长，连续两三个星期后，你应该开始恢复正常。开始与家人说话，偶尔外出，去看看电影，开始整理书本，准备振作，开始正常的生活。丧礼已过，死者已矣，活者还要面对明天升起的太阳。

另外，还会有一种独处时的害怕，这是可以理解的，因为死亡对于我们来说总是一种令人恐惧的阴影。你可能害怕一人去洗手间或在卧室，你可能无法安然入睡，希望有人在身旁陪着你。你可以坦白地告诉爸爸或妈妈，说你感到害怕，你希望和她或他睡在一起，相信大人会理解那种心理的。

朋友们看见你，会过来安慰你，你也许会觉得很厌烦，没有人喜欢受人怜悯，这时你可以诚实地告诉他们说："事情已经过去了，我也没有什么了，请不要再提这件事。"

鼓起生活的勇气

如何抒发心中的悲伤？哭是种可行的法子，尽情哭出来，对你是有帮助的。有时和爸爸或妈妈抱头痛哭一场都是好的，假如看见他或她一边做事一边流泪，你不妨走过去搂着他或她，互相安慰、互相鼓励，坚强起来。写日记也是个好法子，日记好比一个听你倾诉的朋友，你可以将内心的苦闷尽情地写在纸上，吐露愁绪后，你会感到愁云惨雾的事似乎已完全过去，自己的心灵得到很大的解脱，不再受痛苦的煎熬。

以后，你会去想一些事：父亲或母亲去世了，会变得穷了吗？谁给你送午饭？放学后谁会来接你？谁会给你零钱？等等。千万不要为了这种种小事想得你心烦焦虑，这些事到时自然会迎刃而解。首先你要分清事的缓急轻重，再来逐件解决。把你认为最重要的事解决了，其他的小事就容易了，何况别人也会想办法帮助你。

另一种解决问题的积极办法是将自己认为能解决的事情用笔写在纸上列出来，也许经过思考后，你会发现有几种可能解决的办法。当你陷入困境时，即拿起纸和笔写下可能解决的步骤和计划，可以减轻你没有必要的忧虑。

也许丧失父亲或母亲后，你在家里要分担责任与工作，要照顾弟妹，帮忙家务等，你会感到自己应该填补死者所留下的空白，在某种程度上，这会使你忘记悲伤。做事，是医治创伤的药方之一。

再婚之家

假如你的爸爸或妈妈在另一半过世后，结交了男友或女友，并且可能要结婚时，你会感到亡父或亡母的地位将被不相干的外人取代，这对死者是不公平的，而你更是不愿意。你知道没有人能取代他或她的位置，可是你也要设身处地为在世的爸爸或妈妈想想，他（她）很孤独，需要伴侣，需要帮助和支持，也可能需要经济上的援助，而这种种需要都不是你能代替或解决的，何况让活着的人忍受孤寂与面对困窘，度过余生，也是不公平的。

所以做子女的你，应该体谅他（她），为他（她）的幸福着想，诚意地赞同与祝福他（她），相信他（她）的幸福，也是你新的幸福。

对于母亲，在父亲逝世后，想出外工作，为了谋生，也是想找些新朋友，建立更多的友谊。这时，你应该鼓励她，若让母亲为了顾及你而天天待在家里，这是不对的。

懂事早当家

生活在单亲家庭里的成员都会感到难受，越来越多的父亲（母亲）要兼负母亲（父亲）的责任，照顾家务和孩子，他们甚至不得不放弃工作，暂时照顾家中的事，或者为了生活依旧去做事，让家中的孩子过着无人看顾的可怜生活。如果是母亲，生计的重担更令她透不过气来，在家中工作之间分身乏术，不知如何是好。而身为这种家庭的子女，自然能感受到这种难处的忧苦，这时，你应该怎么帮助他们?

你应该会明白，父母最担心的是供养子女生活方面的需求，你也许会注意到，为了让你依旧过好的生活，他或她自己省吃俭用，他们可能因为不能提供你衣着，不能让你参加旅游而忧虑。所以，对他们不要多做非分的索求，并且要时时表示自己的感谢与满足，让他们感到安慰，感到你是懂事的孩子。

家庭中少了爸爸或妈妈时，落在你肩上的责任将会加重，不仅为了自己，如果还有兄弟姐妹，更该为了他们，付出一分力量。每个人都必须为家庭倾尽全力，全家合作无间，为爸爸或妈妈分忧担劳。

你要学会对事物有自主能力，平时要帮助爸爸或妈妈操持家务，照顾弟妹，尽量使家庭的状况在自己的努力下过得好些。要做的事可能多且劳苦，如煮饭、缝补衣物，打扫房间等，甚至是去找一份兼职工作帮助贴补家用，认真而精明的管理家庭账目，使收支平衡，等等，如果你都能做得好，你的父亲或母亲会因你而得到极大的安慰，进而减轻失去另一半的沮丧与无力感。

继父母问题

“我们不想他在这里，我想他应当离开。我一直在想这不是他的家，这是我们的家，没有他的份儿。”

这是一个刚有继父的女孩写的日记，日记中充满对继父的厌恶与不满，继父的不当行为也许值得商榷。但是，子女把新来的人看作是扰乱原有家庭的平静，夺走爸爸或妈妈关怀的第三者，这样的心理是可以谅解的，因为新来的继父或继母，不仅在感情上，你会感到受威胁，甚至还有被遗弃的感受，仿佛属于你的空间已被侵犯者占据了。

总之，你与继父或继母之间的新关系，必须互相谅解地慢慢培养，一下子就适应是很难的。

首先，要在心理上克服害怕失去父亲或母亲的忧虑。你必然害怕这个新来的外人会取代已经离开了你的亲人，你会因他或她的加入感到愤怒而与新的权威采取敌对态度。

不过，后来你会发现许多继父母并不想侵占你的亲生父母的地位，他们反而特别重视你的存在，他们只想给你如亲生父母般的关爱。

甚至，你会感到再婚的爸爸或妈妈似乎快乐了些，家庭也因而温暖安定多了。也许你想通了，你会有一种宽慰感，因为你不必为爸爸或妈妈的孤独和不幸感到悲伤了。

新来的弟弟或妹妹

在你有继父或继母的同时，你可能还将面对更复杂的问题，那就是由继父或继母带来的子女，你异父母的兄弟姐妹。要坦然接受这种关系并不容易，你会发现中间有许多竞争和矛盾，你与他们之间可能会因小事出现争吵和小摩擦，你可能会由衷地讨厌他们，对他们怎么看怎么不顺眼，主要的心理因素就在——他们是异父母的子女而非家庭的真正成员。

他们搬到你家来住，关系更显得复杂，尤其是住的空间因而缩小了，关系就会更紧张，忽然让这些新来的人共同分享你的家，你会感到愤恨。

拥有一颗宽容之心

尽管存在这一切困难和问题，但新关系还是必须去面对，时间和接触会使事情容易得多，互相的关系会逐步改善的，只要你为再婚的家长着想，不要使他（她）感到为难，努力去适应，相信这种复杂的新关系问题会变得容易处理些。

有些想法可以使情况变得轻松一点：

设身处地地为你的爸爸或妈妈想想，他们的处境也是很困难的。

你的异父母兄弟姐妹也同你一样感到迷惘和没有安全感，他们也不想今天这种寄人篱下的情况，你不妨问问他们的感受。

尝试向前看，事情总会有变好的展望。

把你的不安想法开列出来，并且安排个时间，请大家聚在一起沟通沟通。

尽量以一颗宽容的心，接纳他们，将他们当作是自己的亲兄弟姐妹。

与异父母兄弟姐妹之间发生不快的事，不要立即任性地发作，最好向朋友倾诉，或是写在日记里，或自我做理性反省。

考试心经

考试秘籍

读书的收获和成效并非是一朝一夕可得，而是必须坚持学习，需要毅力、勇气和信心，才是难能可贵。所以，对于学校过重的课业，必须以晚间的长时间来加以温习。

当你感到自己的读书意志正在崩溃，不怎么坚强时，没有人能给你鼓励，只能凭自己鼓起困难的勇气，或者找师长谈谈，他们或许可以给你一些有益的启示。请教他们怎么自我调适挫折的心理或不稳定的情绪，也可以和父母谈谈，让他们知道，你需要鼓励。

读书是否用功，必须借着考试来测知，成绩即是学业优劣的证明，这点是不可否认的，所以，你得接受考试，认同考试的重要。

如何掌握解答试题的诀窍，以下的一些提示可能对你有帮助：

（1）看过试题后，简略地想想答案，用铅笔将之写在另一张白纸上。把要点一一列出，它们或许会触类旁通地唤起你对有关答案的记忆。在一开始做到这一点，你会减轻压力，感到轻松，你会变得镇定、沉着，思维也会变得特别活跃、明快。

（2）书写要清楚明了。各内容之间要留一两行空行，使改试卷的老师评卷容易，能轻松地批改，从而满意地多给分数。

（3）可能的话，在第一句或第一段就简明扼要地回答整个问题。这样，老师会知道你已胸有成竹地了解问题的实质，不用太过仔细地多写，就能得到应得的分数。

（4）各科情况都不同，有时图画得清楚可多得分数，因为图解可说明你已经吸收了知识并能以图形表示。

（5）如果问题有几个部分，要加上小标题并加下画线，使批卷老师可以很快地浏览你的试卷，并清楚注意到每部分都有详细的内容。

（6）使自己的答案有开头、有中段、有结束。像写文章一样，设计完美，会使老师感到充实有序，从而给更高的分数。

（7）如果是回答一个你不太了解的问题，不要焦急，首先把你记得的有关这问题的资料一一写出来，写的时候，可能会带出你对主要答案的记忆，不致一时心急得想不出该写什么。

临考前的 4 种调整

心态的调整：女生考前普遍存在紧张心理，唯恐考试失常，此时不妨求助于老师和家长，在他们的帮助下，让自己拥有良好的心态。

学习的调整：总复习和各种形式的考试测验后，学习水平已经基本定位，不应再大量做习题、难题，可以有针对性地翻阅一下课本和笔记，对各科的重点知识加强记忆。

身体的调整：经过长时间的紧张复习，女生的体力消耗大；而接下来连续几天的考试，同样需要一定的体能做保证。所以，参加考试的女生首先要休息好，同时也要进行适当的户外活动，不过要避免强度大的体育运动，以防意外受伤。

饮食的调整：为考前女生准备的饮食，一要有营养，二要好消化，三要绝对卫生。否则在考场上突发疾病，就后悔莫及了。不过也不要大补特补，这样女生的身体一时吸收不了，反而会出现副作用。

达到考前最佳状态的4个策略

（1）平时遇上小测验，可有意识地把它想象成意义重大的关键性考试。这样，既有助于帮助自己养成平时抓紧学习，避免临时抱佛脚的习惯，又可对自己进行适应性的心理训练，消除大考时心情过于紧张的现象。

（2）大考前夜，不要“开夜车”，而应比平时适当提前上床休息，以争取第二天精力充沛，保证在考场上大脑能够及时进入最佳兴奋状态。

（3）临进考场前，千万不要再去学习什么新的内容，也不要苦苦回忆旧的内容。如果人还未进考场，已过早地在大脑皮层上形成兴奋点，进入考场后便会影响所需兴奋点的兴奋质量。何况，临考前的“突击”未必有用，而心境被破坏才是最大的损失。

（4）自信是消除考试时心情过于紧张的关键。要相信自己在平时已尽了最大努力，面对考试已做了最大限度的准备，这样想往往就能消除过于紧张的情绪，从而达到良好的智力状态，考出最佳成绩。

考试中应对记忆卡壳的4个方法

在答卷时自己早已熟悉并牢记的或者差点就能想起来的事实、概念，突然因记忆力卡壳而答不出来了，该怎么办?

（1）不要惊慌失措。记忆卡壳只是暂时的记忆提取困难，很可能是因为自己太紧张了。此时要先镇定下来，做几次徐缓的深呼吸，同时对自己说“放松”，然后再来思考。如果还是想不起来，就先放下这道题，一会再回过头来做。

（2）利用联想。回想一下课本和笔记，试着回忆那些与眼前记不起来的事实有关的内容，把它们写下来，看能不能从中得到一些启发和线索。或者回忆一下与问题有关的内容在书本或笔记本中的位置，想一想它们前面是什么内容，后面是什么内容，再试着把它们联系起来，尝试回忆卡壳的部分。

（3）利用试卷上的线索。试卷上其他的试题内容有时也可作为消除记忆卡壳部分的手段，尤其是是非题、选择题，很可能给出一些启示和线索。

（4）为了防止记忆卡壳，在答卷过程中，如果偶然记起了一些与解答其他试题有关的有用材料，就要马上把它写在试卷的空白处或演算纸上。否则，之后万一想不起来就后悔莫及了。

有效分配考试时间的5个方面

（1）在初览全卷时应花一两分钟的时间考虑如何分配答题时间，这样可避免由于时间分配不合理带来的弊病，如先松后紧，难题上花太多时间而易拿分的题目却没顾上答，等等。不过，在以前的考试中曾有以下情况的考生，则不必在答卷前通览全卷，可以采取直接从头开始、按序答题的方式，在准确的前提下求速度，以免时间不够用：预览试卷时一看全卷题量多、难度大，便心慌意乱，不能静下心来答题的考生，或因为看了后面的题目，便总是对前面题目的回答产生干扰的考生。

（2）历来各科目的试卷中难易试题的比例多呈阶梯型。多数试题属于基础题，难度较小，且常排在前面；少数试题综合性较强，难度较大，一般排在后面。所以应先做较容易的题，保证这些基础题的得分，再集中精力和时间攻克难题，以免在难题上耗掉大量的时间却劳而无功，回头做简单题目又因时间仓促而忙中出错。

（3）也可结合时间统筹安排，优先解答单位时间内分数比值大的题目。就是说，应先做每分钟得分多的题，再做得分少的题，最后做可能没有把握得分的题。比如，花 10 分钟去完成一道分值为 15 分的大题无疑是比花 10 分钟去攻克一道分值为 1 分的选择题有价值得多。

（4）在答题过程中，一方面要注意原来的时间安排，另一方面也要注意灵活地调整原定时间，而不是墨守成规。比如，一道题目计划用 5 分钟，但若 5 分钟过去了，仍然没有一点眉目，你就应该暂时跳过这道题；但如果已经接近成功了，就可延长一点时间。

（5）留出 5 ~ 10 分钟的复查时间。不过，如果题量很大，而自己对做过的题的准确性较为放心的话，也可缩短或取消检查时间。

最节省答卷时间的 4 个阶段

第一阶段：从卷首开始，依次答题。答题过程中，每做一题都要全神贯注地读题和思考，然后谨慎地解答，力争一次成功。第一阶段完成时，全卷的试题会被分成四种类型：一是已做且无须再检查的题，二是已做但需要再检查的题，三是未做完的题，四是暂时放弃的题。这时，有把握的题即总得分的 80% 已到手，且大都不需要检查，考生可以用比较踏实的心情来攻克较难的题目，这样时间浪费会相对较少。

第二阶段：专做第一阶段未完成但又希望做出来的题。注意，每做一题都要重新审题、重新做。一般来说，这类题中的大部分，在第二阶段时大多可以完成，但不要在某一个题上纠缠时间过久。第二阶段完成，剩的时间一般不多，但必须留一些时间进入第三阶段。

第三阶段：检查那些认为需要再检查的题，检查之后如果还有时间，就继续做第二阶段剩下的题。

第四阶段：是全面检查阶段，但最忌从头到尾一个题一个题地查看。在短短的时间里看许多题，自然不会很细，如果轻易地更改，常常会把做对的题改错。应是重点检查那些把握不大的题。

考试获胜的 15 个技巧

（1）拿到试卷，要把整份试卷快速浏览一遍，看看字里行间印刷得是否清晰、完整，如有部分漏印或字迹模糊不清，应立刻请求更换试卷或加以补救；也要记得翻看试卷背面是否还有题目，及注意有无接续的第二页，或折叠在次页的题目，避免漏答考题。

（2）要看清命题方式和作答方式。比如，选择题，是要求选“对”“错”，还是“单项”“多项”选择；是非题，使用的记号是用“+”“-”，还是用“√”“×”。

（3）了解各大题的出题形式及给分标准后，选定最有把握、较容易做或给分较多的题先做。

（4）数理化的计算题或语文科的作文题常常是题目卷和答案卷分开印制，所以要注意作答前是否需重新抄题，还是只要求标明题号即可，也要看清是否要求按照题号顺序作答。

（5）做选择题时，如果没把握选出对的，可用排除法，即先淘汰第一个最可能错的备选答案，再去掉第二个可能不对的答案，这样，选对的机会就有 1/2。

（6）选择题的备选答案有好几个，一定要把所有的备选答案都看过之后再做决定。因为前面的答案也许只说对了一部分，而后面的答案却说得更完整、更准确。

（7）看题目时要一字不漏，多加推敲，冷静思考，切忌心浮气躁、自以为是。因为有时仅一字之差，却是影响题意的关键字，最常见的是加个“不”字，或“最高”“最弱”等，容易被忽略而混淆判断。

（8）有的考生一见到某题好像是自己考前猜到的题目，兴奋之余常常提笔埋头就答，却没仔细看清其差异之处，结果失之毫厘、谬之千里。所以，面对类似题，一定要审清题。

（9）考试题目中常有一些看似有点关系，而实际上却又毫不相关的内容，迷惑或误导考生，一定要小心识破玄机，追根究底，求得正确的解答。

（10）把试卷中会做的题目快速做完后，就要来做那些空着未做的题目。此时必须当机立断决定是否作答，千万不要白白看了好几次题目，却仍然没有动手写，浪费了宝贵的时间。

（11）遇到演算不出答案的题目，要暂时丢下，等回头有空再想，千万不可跟它纠缠太久而浪费时间和精力。

（12）数理化的应用题、计算题，在出题目时必会把跟解题有关系的假设或条件一起放进题目里，以免变成假设不成立或条件不充足的试题，所以试题的内容其实也隐藏了解题的线索，应明察秋毫，找出蛛丝马迹。

（13）考试时常会因过度紧张而一时忘了某个字、句怎么写，这时可从试卷题目中找寻答案。例如语文的难字、成语，英文的生词、句子，适当运用、套用或转换，就能助你一臂之力。

（14）数理化科目常会出计算题、实验题或作图题，题目内容说明很长，感觉好像很复杂、不好做。其实，只要把握关键性的公式、定理或定义等，试着写出计算式，或画出图表，或分析所附图表，就能一目了然，轻易做出答案。

（15）当拿到语文考卷时，应先看一下作文题目和题意。接着在做其他考题时，心中可略微思考、组织一下内容，想一想有什么名言、警句、成语可引用，或如何写开头、结尾最好，这样就在无形中多出了一段准备时间。

考前彻底放松身心的方法

经过长时间的复习加上紧张的模拟考试，女生的身心肯定已经相当疲惫，需要彻底地放松。那么，不妨试试下面这套用时只需 20 分钟的放松方法：

在一个舒适的地方，找一把椅子或一张床，让自己很舒适地坐着或躺着，慢慢闭上眼睛，微微张开嘴，然后默念以下放松引导语：

“放松，轻轻地动一下额头，让额部的肌肉开始放松；

“放松，轻轻地动一下嘴唇，让脸部的肌肉开始放松；

“放松，轻轻地耸耸肩膀，让肩部的肌肉开始放松；

“放松，轻轻地舒展一下手掌，让手掌和手指的肌肉开始放松；

“放松，轻轻地动动脚趾，让脚部的肌肉开始放松。

“好，现在我已经放松了，从上到下、从头到脚都彻底地放松了，我感觉到有一股暖流自内向外、自上而下流遍全身，舒服极了。”

体验一会儿——再体验一会儿，反复多次，慢慢睁开眼睛，你就会觉得大脑很清爽，并看到了一个很清晰的世界。

克服考场紧张的 4 个妙招

积极的自我暗示法：走进考场、老师还没有发卷子前，心中可以默念“放松，放松，再放松”“镇静，镇静，再镇静”“能考好，能考好，一定能考好”。这些自我暗示的语言，可以起到稳定情绪的作用。

闭目养神法：遇到难题，无法应对时，可以进行十几秒至几十秒的闭目休息。

深呼吸法：太过紧张时，可以试着做几次深呼吸，即吸 4 秒，呼 4 秒，停 4 秒，再反复吸、呼、停。这样可吸入更多的氧气，改善大脑的缺氧状态，加速全身的血液循环。

按摩内关穴法：内关穴处在掌心面手腕横纹正中上约三指宽（4 ~ 5 厘米）处，可以用右手拇指尖按压左手内关穴几秒或十几秒，继之用左手按右手。

修复考试挫败心理的 4 个办法

补偿法：如果你有一个和睦温馨的家庭，父母又通情达理，那你不妨把自己受挫后的苦闷倾吐出来，父母不仅能分担你的痛苦，而且会比平时更多地在感情上给你抚慰，父母之爱的力量可使你尽快从困扰中解脱出来。

转移法：寻找健康、幽默的方法，将集中在脑海里的焦虑和痛苦转移掉。例如，在苦闷、烦恼时不妨去听听音乐、跳跳舞、打打球，借以松弛一下自己绷紧的神经，或者将消极的情绪转化

为行动的力量。

交谈法：与志同道合的朋友促膝畅谈，把受挫的经过和目前的心境说出来，不仅可以得到同情和摆脱困境的力量，还能听到对方的分析和忠告，忧愁和烦恼便随之烟消云散。

自我解嘲法：无法实现目标时，为了避免精神上的痛苦和不安，可以找出一种合乎内心需要的理由来说明或辩解，如：考试成绩差，就说是试题超出了考试大纲；大学没考上，就说不上大学也可成才等，从中得到慰藉；也不妨试试鲁迅笔下阿 Q 的“精神胜利法”从而自我调节。

当然，这些方法只是为了取得暂时的心理平衡，并不是让人逃避现实，你最终还是要面对现实，冷静地、实事求是地找出失败原因，尽力弥补。

一点失败算什么

有竞争心的女孩都害怕失败，事实上，这种心理反而会使她们更加勤奋用功，这点是和男孩子不同的。女孩失败了会责怪自己，而男孩总会埋怨别人，然后放弃努力，女孩则会继续埋头苦读。

不要轻易责备自己不够聪明，除非你相信依靠运气和朋友的馊主意（如作弊）比依靠自己更实际。要成功首先要相信自己，相信自己的能力，还要靠自己的努力，才能去争取高分。

不要因用功过度而病倒或致精神崩溃，这是不值得的。身体是最重要的财富，所以要注意健康。如果感到学习压力太大，使你吃不好、睡不好、精神如紧绷的弦，你就该休息一段时日，暂时悠闲地阅读或看看电视。

用功也需要休息，不要成天只读书，一刻也不放松自己，这对读书效率反而会减低。要给自己规定读书时间，看多少页书，写多少东西，记忆多少单字等。一旦达到了要求，就可以腾出时间娱乐，尽情投入到各种活动中。

读书感到疲累时，有一个使你立即完全轻松的方法，是做户外运动，甚至步行半小时也会平静你的神经，减轻头痛，使你精神焕发。经常运动对读书也有帮助，会较有体力与精神支持你长时间的读书，使你每天都精力充沛。

消除“惧考症”

现在很多青少年都得了“惧考症”，以至于无法将自己的实力发挥出来，这实在是件很可惜的事情。心理学很多的实验都证明，心理的状态对头脑的影响非常大。

这也符合了古人的一句话“境由心生”，只要你认为自己行，久而久之，梦想便会成真。

不要说丧失自信的话

在日常生活中，我们常会听到一些口头禅：“我不行了！”“算了吧！”“没办法了！”，而这些话，无形中在我们学习上都会造成很大的阻力。一旦我们认为自己不行时，精神上便不再集中，结果就真的不行了。

因此，你不妨每天反复地念：“我一定成功！”“我会胜的！”“我一定做得到的！”等等，这种方式在心理学上称为“自我暗示法”，这可以使人在不知不觉中恢复自信心，进而使读书效率提升。

深呼吸能缓和情绪

有的人一坐在考场中，就全身发抖，或是手心冒汗，心情上也极为不稳定。此时，不妨用腹式呼吸的方式，大大地吸一口气，然后再缓缓地吐气，这样可使得自律神经恢复正常运作，心情也就可以慢慢安定下来了。

定小目标取代大目标

人总难免有好高骛远的心态，结果不仅大目标达不到，最后，连整个目标都放弃了。这对你而言，是件得不偿失的事情，因为达不到目标，便会使得你自信心逐日衰退。

所以，在制订计划时，先立一个最后的目标，再将目标规划出几个小单元来。自己每天便朝着这些小单元来奋斗，这样就可一步一步走向大目标了。

以坐禅克服心烦意乱

“坐禅”是一种被公认最有效的精神集中法，其中“呼吸调息法”不仅简单易学，而且效果甚佳，只要吸气（把气吸足直到下腹部鼓起），然后慢慢地吐气，如此反复几次以后，可使自律神经的活动平衡，舒缓心肺的压力，使身心各方面稳定下来，然后，再开始读书或下笔写考卷。不过，可别“调息”过头反而睡着了哦！

自我奖赏

善用能分散我们注意力的事物，来使我们反而集中注意力，这种学习的方法，效果非常好！

举例来说，有时我们会在需要专心用功的时候，却总是不由自主地想吃点东西或想看一会儿电视，这时你不妨定个小目标：只要我把这一章读完就可以去吃东西，或是我只要读到十点就可以去看电视了，相信你会赶紧用功把书读完或集中注意力在课本上，而不会心浮气躁、思绪分散了。

认清考试真面目

考试考试，无非就是考验测试，没什么大不了的。有些同学因学校考试压力太大临阵脱逃或想不开，实在是很可悲的事。其实，人生的考验无所不在，生命中的任何一个阶段也都有难关和低潮，每个人都一样。学校中的考试，如果这些考验都无法应付，可想而知，往后走向社会的人生旅程就很难走下去了。所以说，被考试考倒的人，是非常可悲的，一点也不可怜。

要如何认清考试的本质呢？这要从价值观下手。首先，同学们在考试前一定要有一个正确的概念，考试只是测验你个人学习的能力和效果而已，这是教育体制下检定个人能力的一种方式，一种不是很完美，却是目前最适合、最客观的检定方式。

因为，这个制度不是非常完美，当然也不可能绝对公平，所以，只要你了解这一点，尽力而为，不管结果如何，你都没有必要太在意、太钻牛角尖才对。

毕竟，一个人一生的成败并非完全决定于学校成绩和考试能力。

你应该也常听到，某某人在学校功课顶呱呱，一旦出了校门，除了读书，什么也不会，到头来一事无成，一生黯淡。

或者某个小顽皮在学校老是不读书，考试吊车尾，他的前途不但老师、同学不看好，连路边的野狗野猫也懒得看他一眼。结果，竟然在商界或其他领域闯出名堂，再也没有人看不起他。这类故事，相信你一定耳闻不少。

这就可证明，考试并非人生审判，学历也不是成功的保证书，所以你大可敞开心胸、信心十足的应考，即使失败了也并非全盘否定你的人生价值。

每个人的存在都是独一无二的，每个人的价值也不是考试可估算出来的。当然，每个人都希望自己有个好成绩，我们也很希望每位同学都读点书，都有不差的成绩。

不过，许多人性价值和才能是无法用考试考出来的。比如说，你的胆识，你的机智、你的创造力、你的判断力和艺术、体育方面的才华，都无法在学校的考试中被发现。就像“尽信书，不如无书”的道理一样，天底下没有什么东西是绝对的，每个东西、每个制度都有它的缺点，相对的，也都有它的优点。同学们一定要有这样的全方位观点才对。

你旷课或逃学吗

有的女学生觉得学校生活枯燥无味，更厌于读书，盼望着能早日脱离学校，找份既能赚钱又能给她们带来乐趣的工作。这些女孩往往学业成绩都很差，认为女孩的谈情说爱与结婚生子比读书更重要。因此，她们不想在学习上努力，宁可花心思在男女交往与穿着上，真是幼稚可悲。

有的女孩则是觉得学校非常枯燥乏味，日复一日，年复一年，总是一成不变。课程反复，作业繁重，认为学校里所学的不一定实用，学生不能自选课程，只能读自己没有兴趣的科目。此外，又像个小孩似的被学校管得不自由，她们想逃出学校，过一种“自由自在”的生活。常有旷课情况出现，甚至逐渐养成了常常不上课的逃学习惯。

女孩逃学比男孩多，但女孩的逃学与行为不检无关，她们只是以这种方式表示对学校千篇一律的生活及那些无聊的规则所做的一种抵制。另有一种情形是不得已的缺课，如被逼在家照顾弟妹或做家务，以致不能去上课。这种情形应该请老师谅解，找父母谈谈，设法帮助你回到学校去正常的上课。

旷课是作为一个学生不应该常有的事，这同工作的人不能无故不来上班造成旷工是一样的道理。你想想，时常不请假不来上课，能学习到什么呢？还有你将学校的制度不放在眼里，任意旷课，这也不是办法吧！为什么你不想去上课？讨厌学校生活吗？其实外面不见得比学校安全自在，而且没有老师、校规来保护你，在你尚未完全成长前，只有学校适合你，有一天，你会发觉还是做学生的日子最单纯快乐。你厌倦读书吗？可是这是你学习做人处世的基础教育，没有读书，什么都不知道，怎么参与社会做事，独立自主的生活呢？有一天，你会厌倦社会，因为你羽翼未丰满，飞不起也飞不高，只有落人之后。那时，你就会后悔当初怎么不多读点书，加以充实自己。

如果你有旷课的坏习惯，最好趁早约束自己的怠惰心理，有问题找老师或父母谈谈，以改变你放任的心态，回去正常地上课才是。否则，旷课的心理与习惯，任其继续的话，将会变成更严重的逃学，逃学在外所滋生的问题更难处理，如与不良少年厮混，流连不正当场所，被坏人诱骗等，少女们为了自己好，千万别以为逃学就是解脱的自由，那是出了问题的求学心态，最好找老师谈谈，以免自误。

做个受欢迎的学生

师生之间

如有课业上的问题、同学之间的问题，都可以到办公室找老师研讨，否则不要常去，以免打扰老师。

有的老师个性严肃不可亲近，但不妨拿出勇气去请问，试着接近他，也许你会发现老师原来亲和友善，平时常和老师接近，多少会从老师那里得到帮助与启示。

与老师研讨问题时，若见解有所不同，千万不可与老师发生争执，只要将自己的意见向老师表明即可。讨论结果，如果自己见解错误，应该谦和地向老师道歉，勇于认错，亦不失为一个好学生。

老师规定的事要切实地遵行，对于所交代的事，一定要负责到底，按时做好。这是使老师信赖的方法，能够让老师感到放心和欣慰的学生，当然是一个好学生了。

学长、同学之间

学校或社团的成员包含有高年级和低年级学生，参加的成员如属低年级或后进，都应遵从高年级的意见，因为高年级或先进的经验比较丰富，身为团员或学校一分子，分派到任务就要切实去做，负责到底。如果学长的要求超过能力范围，就应适度地表明态度，不可自作主张，即使有好的主张也应征得学长的同意才是。

在活动上不要因师长或学长在座，就不敢发表意见，对于同学的意见不可盲从赞同。举手发言时，要把自己的见解充分说明，说明要与会上讨论的主题有关，切不可东拉西扯的没有连贯性。还有重要的一点，就是参加社团活动应遵守时间，不可迟到或早退。

平时应多和学长们有接触，保持联系以增进情谊，因为学长经验较为丰富，能增长你的见闻，扩大你的生活层面，在学业上也可向其请教，共同研究，帮助你解答课业上的疑难，获益良多。

热心班务

对于班上的活动要积极热心，即使不是班干，也应该尽力参与，如有好的意见，不妨提出以供全班同学参考，进而引导大家建立正确而积极的观念。

利用休闲时间，大家不妨一起来安排娱乐活动，如同聚会、郊游等项目，共同商议细节，借此沟通意见，增进同窗情谊。

对于班上通过的规定，务必遵守，不可任意破坏。班级是个小团体，难免会有分歧的意见，当对方反对你的意见时，你应该心平气和地向她说明你的意见，使她在了解之后也能接受你的提议。不可自以为是或不听从别人的意见，最好和大家共同商量讨论，征求多数人的建议。这样，才能充分发挥团队的精神。

校有校规，它有约束学生平日行为，达到学校教育的目的。校规固然显得严格，但有其执行的原则与必要，因此学生必须遵守。如果校规有不合理的情形时，大家应做一番探讨后，向老师提议，由大家研讨提出新的规范，以作为日后的遵行，切不可故意以违反的行动来表示抗议。

假若要使用教室开庆祝会，必须征得老师的许可，向老师请示时须就使用目的、时间日期、人数多寡的情形大略报告，待老师同意后，方可使用。使用之后，必须收拾好场地，保持原状，若打破东西必须赔偿或处理善后。使用后，应向老师致谢。在学校遇见访客，应面带笑容表示欢迎，可向其鞠躬或微笑点头，态度要自然大方，显出自己的礼貌态度。在课堂上，当老师介绍访客时，应该热烈的鼓掌以表示欢迎之意。如访客向你询问时，必须和颜悦色的回答，不可怯生生地说不出话来，掉头就走，这样是很失礼的行为。

读书有方

书到用时方恨少

接受良好教育是为了将来，我们有足够的智慧处理自己的问题，过着幸福而自由的生活。

为了使你的成长有所增进，并且能一一克服成长路上可能发生的种种难题。你必须明白教育的重要性，坚信教育自己，是你人生的首要大事。

作为一个现代女性是自由而幸福的，可以接受教育，可以选择自己的生活方式。

读书是为自己，而不是为了父母。

女子的受教育也关系着将来的家庭，有句俗话说：“教好女儿就是教好全家人。”

一位教育学者如是表示她最单纯而基本的教育目的，她说：“直到我度过青年时代，我才意识到教育给我带来的那一种自由，是一生中没有别的事物能比得上的。有了学历资格，就能参加各种工作的竞试，我有能力，我不再为生活发愁，我有房屋，有吃，有穿。

我受的教育使我在人生之路上坚强而独立，不仅在经济上，而且在感情上也可能有所认知，我有力量去追求我所喜爱的东西，以及做主观的自我选择。”

这些表白，相信已能使少女们对教育的好处，有了粗浅的概念。在以后的人生中，你自会深感它的受用多多，非笔墨能明言。有句话说“书到用时方恨少”。到那时，你自然能知道教育的必要了。

再让我们听听那位教育学者的真心话：

“受了教育意味着即使你在生活中感到悲伤孤独时，你都能找到依靠和寄托，知识可给你丰富的内心财富。无论在工作或待人接物上，你都有分析问题的能力，解决问题的办法和做好工作的能力。”

制订最佳学习计划的 4 个要点

与学习目标相结合：每个人各科的学习基础不同，所制订的学习目标自然也不尽相同。应把学得较薄弱的科目作为重点攻克的目标，在做计划时分配出较多的学习时间，不能平均使用力量。

学习目标一般可分为长期目标（学期目标）、中期目标（单元目标）和近期目标（周目标），相应地，学习计划也应分为学期计划、月计划、周计划及每天学习计划。学期计划应与学期目标相对应，订出一个学期学习的重点及各自的计划要点；月计划要与单元目标相对应，订出一个月的学习重点及备用的计划要点；周计划要与周学习目标相对应，订出一周的学习重点及每天的计划要点。

与老师的教学计划相配合：具体地说，就是要与每天课程表上的课程相配合，与每门课老师的讲授进度相一致。例如，早晚自习时间学习计划的安排，不但要与当天课堂上老师讲课的内容相配合，而且还要与前一天和第二天老师的教学内容挂钩，不要抛开老师的教学进度计划，另搞一套。

有一定的灵活性：制订学习计划时要有一定的灵活性，不要把时间排得太满、太死，要留出必要的休息和娱乐时间，还应留出一点机动时间来应付可能出现的紧急情况。

用坚定的意志执行：不少女生学习计划制订得比较详细、具体，却不能切实地去执行，主要原因就是意志薄弱，无法抗拒外界的干扰和诱惑；还有的女生原来学习无计划，松松散散，后来制订了计划，安排得过于紧凑，与以前相比，感到比较劳累，意志薄弱的便会叫苦不迭，半途而废；还有的女生是“理想挂在嘴上，计划贴在墙上，时间用在玩上”，这样的计划无疑是废纸一张，无法起到推动学习进步的作用，理想也变成了泡影。因此，女生们一定要用坚强的毅力去落实学习计划。

高效学习的 3 个绝招

抓好课堂基础知识的学习：在课堂上，要求做到耳到、眼到、手到、口

到和心到。老师讲到哪儿、写到哪儿，就听到哪儿、记到哪儿。积极思考老师讲授的知识，积极回答老师提出的每个问题，使自己的大脑始终处于积极的思维活动之中，力争当堂理解和消化老师讲的知识。比如，外语课老师领着念单词时，要一边跟着老师念单词，一边掌握单词的读音和含义，一边在纸上拼写单词，等念完了，这些单词也就基本全掌握了。

拓展知识的广度和深度：利用每天晚上 2 小时和节假日的时间，阅读像《十万个为什么》《英语辅导报》等一些书刊杂志，演算《中学生数理化》等辅导书上的习题，参加各科兴趣小组的学习，收看、收听电视台和广播电台的外语、数学等课程，自学一些古文，背诵一些唐诗宋词。这样既丰富和加深了学习内容，也开阔了视野。

培养分析和解决问题的能力：在学习中遇到困难时，不要轻易问别人，要善于自己解决。比如，遇到一道难度较大的几何题时，要相信自己有能力找出答案，静下心来，一点一点抠，把“题解”都搞清楚。有时，碰到过于难解的题，经过努力还做不出来，就先把它放下，等复习完别的功课后，回过头来再解决它，也许到时便会迎刃而解了。

5 步有效读书法

粗览：先概括地审阅一下书的内容提要、前言或后记、目录、大小标题，寻找一下其中哪些知识曾见过、学过，对全书有个大体的了解，知道大致内容，发现其中的重点、难点。

发问：再次翻读全书，进一步审查大小标题及其他显要部分，参照标题进行提问，并试着解答。这样可以提起自己的学习兴趣，对今后理解、记忆、复习都有益处。

精读：带着疑问进行认真、仔细地阅读，准备好笔记本、卡片，调动整体感官，做到眼到、心到、手到。这是 5 步中最重要的一步，须扎扎实实地进行。记读书笔记、用卡片认生字和生词，都可在精读中完成。有习题的书要做出详细答案并力求准确。

回忆：精读后可休息一段时间，然后再回到书中，对自己提出的问题再次试答，并合上书复述全书主要内容，列出一张回忆表，从中发现遗漏或未能理解领会的地方，再进行深入复习。这样做花费时间少，记得牢，掌握知识全面。

复习：分大复习和小复习。小复习不一定用专门时间，可利用零散时间，如入睡前、起床前、等车时，等等，回忆某个章节，背诵书中的精彩片断。大复习则用大块时间对全书做出概括、总结。

增强记忆力的7个诀窍

集中注意力：注意力越集中，脑细胞的兴奋点越强，对事物的认识越深刻，也就记得越牢固。比如，认真阅读2遍，要比心不在焉地读10遍记忆效果更好。

一次记忆的数量不宜过多：一次记多少内容要因人而异，每个人应该在实践中逐渐摸索出适合自己的规律。以记外语单词为例，有的女生一次只能记5个，有的女生一次可以记10个。检验是否合适的标准，是看记过以后所保持的比例。如果记得多，忘得也多，记得快，忘得也快，显然就是不合适的。

采用间隔时间记忆法：人不能在较长一段时间里连续不停地记忆，中间要留出一定的时间间隔，使大脑得到适当的休息，减少可能出现的遗忘。比如，一天要记10个单词，没必要用整整1小时连续去记，完全可以将这1小时分成6段，在一天的不同时间里分6次，每次花10分钟去记忆。

适当变换记忆的内容：不要用半天或整天的时间只记一个学科的内容，而应是文科和理科、形象和抽象等不同内容交替学习和记忆。

加强理解，不断重复：理解的过程就是记忆的过程，真正理解了的东西，就不容易忘记。不要只是死记硬背书本条文，而要让自己充分理解，融会贯通。经常复习是巩固记忆的一种好方法。

丰富课外知识：记忆力与知识量是互为因果的：有了良好的记忆力，才能获得丰富的知识；有了丰富的知识，又可以促进记忆力的提高。因为各门科学知识都是互相联系的，知识越丰富，联系的方面越多，就越能加深记忆或是找出更有效的记忆方法。因此，要多多阅读课外读物。

左手锻炼：大脑的右半球支配左半身，左半球支配右半身。人们一般习惯使用右手，所以，左脑功能较强，但易于过度紧张和疲劳。倘若左脑疲劳，就会出现全身无力、记忆衰退。所以应多锻炼左手，以加强右脑功能，减轻左脑负担，提高记忆力。

掌握复习的6个要领

制订一份有个人特色的复习计划：

（1）计划要全面，要兼顾到所学习的各个学科，不要忽略或放弃任何一门课的复习。

（2）要将单元复习、期中复习和期末复习都纳入复习计划中，不要忽略平时的复习。

（3）在制订单科复习计划时，要根据教材的知识量、自己过去掌握的量统筹安排分配时间。

（4）制订复习日程表，分为单元复习日程表、期中复习日程表和期末复习日程表，列出每周每天每个不同时段要复习的主要内容和复习方式。

（5）把老师的教学计划纳入进去，使之成为自己复习计划的一部分，相互补充，相得益彰。

重视基础知识的复习：首先要抓好课本复习，注重对基础知识的理解，在融会贯通的基础上加深记忆。当复习达到一定阶段，已系统掌握了基础知识，较好地完成了基本功的训练时，可适当精选一些课外题，作为补充练习，进一步巩固已经取得的复习成果。

适当做些复习笔记：复习笔记主要是对复习进行整理和总结，将复习中的要点、难点列出来，把复习成果用简练、形象的形式记录下来。在平时进行单元复习时，将复习成果整理成复习笔记，等到期中、期末复习时，再把复习笔记拿出来看一看，就可以迅速达到已有的复习高度，减少不必要的重复劳动，使复习一次比一次深入。

合理安排时间：可把整块复习时间均等地划分成三段。第一段时间把规定学科的知识复习到及格的程度；第二段时间达到良好的水平；第三段时间是精益求精，争取通过复习使对知识的掌握达到炉火纯青的地步，并对各个科目的知识始终保持一种整体感。

分清轻重缓急：学会寻找突破口，向弱科要分数，因为把一门功课从60分提高到70分的难度,往往小于把另一门功课从80分提高到90分的难度。应力争做到“强科更强，弱科不弱；强科无弱项，弱科有强项”。

复习时段合适：每个女生都应清楚自己一天中黄金时段在什么时候，定出在情绪高涨时复习什么功课，在精神低落时又该做什么题目。如果觉得一时情绪不佳，就做一些兴趣较浓厚的题目，有助于进入学习状态。

保持稳定学习心态的5种方法

（1）实事求是地设定考试目标。女生学习时的紧张情绪与本人或家长的考试期望值过高有很大关系，实事求是地设定考试目标，有助于缓解紧张与焦虑。

（2）加强与外界的沟通和交流。紧张的学习生活使女生产生某种程度的焦虑在所难免，关键是应将内心的焦虑情绪尽快释放出来。可以把自己的不安告诉要好的朋友或亲人，内心的紧张就会逐步得到缓解。

（3）通过各种方式放松自己。学习间歇，可以做一些简单的放松活动，如深呼吸、摇头、扩胸、伸懒腰等；或在疲累时洗把脸、唱唱歌、散散步，也可以达到放松的目的。

（4）进行积极的心理暗示。如“未经一番寒彻骨，哪得梅花扑鼻香”“成功属于坚持到最后一刻的人”“昂首之前，必先埋头”“谁笑到最后谁笑得最好”等有激励作用的座右铭，可先写在纸上，再贴在墙上，每天多看几眼，多念几遍，会对放松身心产生一定的效用。

（5）积极进行体育锻炼。学习是艰苦的脑力劳动，长时间的脑力劳动之后，大脑会感到疲劳。这时，最好的休息是进行适度的体育锻炼，可以使大脑的兴奋点得到转移和调节，从而使思想得到放松。但注意不可太激烈。

缓解学习压力的10个细节

（1）从忙碌的学习气氛中解脱出来，躺在床上睡个好觉、做个好梦。

（2）虽然不能躺在乡间的稻草堆上数星星，但躺在舒适的床上数窗外的星星也别有一番轻松意境。

（3）看一场电影，放松一下紧张的心情。

（4）跟好朋友聊天，传递温馨的话语和感情。

（5）对朋友诉说烦恼，不仅可以发泄内心的苦恼，还可能因此解决了问题。

（6）不要提前担心可能糟糕的考分，毕竟那是将来的事，否则，就只能天天生活在担心、害怕、痛苦中了。

（7）心情不佳时，可以开个"个人演唱会"，尽情发泄。不过要把窗户关严，不能扰民。

（8）别在意别人对自己的想法，活在别人的议论中太累了。

（9）与好友逛街，买一些自己心仪的小东西或衣服。

（10）送自己一束鲜花，是一种心灵的安慰、一份特殊的浪漫。

时间管理法

上天对待世人是公平的，他给予每个人同样的时间，可是有些人却直嚷着时间不够用。这个问题的关键，便在于时间未能被善加利用。

因此，我们必须将有限的时间，发挥极大的效能，使你在读书方面得到更多收益。

使生活规律化

现在很多青少年认为，只要"开夜车"便是用功的表现，在效果上一定是不错的。事实上，开不开夜车都无妨，只要你的生活规律化，在一定时间内，做一定的事便可。这样一来，只要每天时间一到，你的头脑开始活跃起来，读书的效率也一定很好。偶然的开夜车，使自己头脑在半休息状态下活动，效果是会大打折扣的。

重视间隔的休息

有些人一读起书来，就像拼命三郎，一坐就是好几个小时不肯休息，这种方式很不值得效法。因为，大脑一直处于活跃的状态，会慢慢地疲乏下来，读书的效果便不会太好。因此，你不妨读书到一个段落时，就休息片刻，做一些琐碎的事，这样会使你就像充电一般，当你再拾起书本时，又可以精力充沛地全力读书了。

善加利用闹钟

闹钟，这个每家必备的物品，一般人只将它的功能限定在叫人起床。事实上，闹钟也可以运用来划分时间。因为，人有一种热情，常会专注于一项课业中，而忘了时间，如果某个科目占去太多的时间，反而会耽误了别的课业进行。

这时候，闹钟就能发挥其效用了。事先设定好这科要看到几点，只要铃声一响，你就必须断然地放下手中的书本，开始另一项工作。这样，也能逼着自己在一定时间内，完成一定的工作进度。

利用零碎时间

每个人一天之中必定有一些零碎的时间，用之嫌短、不用可惜。比如说：等公车的时间、用餐的时间、下课的时间……这些时间看起来微不足道，但是累积起来却也相当可观。虽然，这些琐碎时间或许没办法算数学题、查字典、背课文，有时候连翻书的时间都不够，但是，如果好好设计一下，也可以有效地用来复习一些功课和加强记忆。

比如说，有一些比较难记的英文单词或者简单资料，你可以做几张小卡片，随时放在口袋中，一遇到零碎时间，马上拿出来复习。或者你可以将一些关键字记在手上、贴个小纸条在手表或项链上，随时可以看到而加强记忆。

等到这些单词或关键字都背熟了，再换新的资料上去，假以时日，你累积的读书时间和效益，无形中便会比别人多了许多，也许决胜的关键就在这几个单词或关键字上，可不要小看这些时间上的小兵小卒哟！

避免给自己时间压力

根据心理学家实验显示，同样一份功课，在不同的时间压力下去学习，得到的学习效果截然不同。这里所提到的时间压力，就是指一定量的课业要大脑去消化吸收的时间如果愈少，相对的压力就愈大。

打个比方，如果你目前可以一秒钟阅读三个字时，大脑的消化情形良好，但是，有一天要你一下子增加到一秒钟五个字，你可能也做得到，不过大脑对资料的吸收情形一定会消化不良。可想而知，学习效果必定大打折扣。

所以，切记一定不要给自己太多的时间压力，读书一定要按照计划来读，临时抱佛脚或通宵开夜车，不仅浪费时间、体力，又得不到好成绩，实在划不来。

总之，奉劝你一句话：少年时，读书跟做人一样，要脚踏实地才行。

创造适合读书的氛围

人有着适应环境的能力，也有改造环境的能力。我们总希望由自己的努力创造出一个最适合自己的环境，并且在这个环境中，将自己的能力发挥到极致。

与好朋友研究功课

古人说："独乐乐，不若与人乐乐。"一个人单独守在书房里读书，终究会有厌倦的时候，这种情形在心理学上称为"心理饱和"。

而和朋友一起研究功课时，可以借着讨论将"心理饱和"消弭于无形。此外，有人参与的共同工作，也会激起个人学习的兴致。即使你念书时很怕别人干扰，你也应该抽出一些时间，和朋友一起研究功课，以吸收别人的读书心得。

在房间张贴东西

很多人喜欢在房间四周，张贴上自己所喜欢的海报，内容不外乎风景、人物、漫画，或是明星照片、格言等。因为自己心中所憧憬的一切，能使自己的精神集中，这样对自己读书的效果上，有莫大的助益。

不会休息就不会学习

很多人夜以继日地苦读是为了寻求高分数，却也因此牺牲了自己的健康。可是请想一想，这种代价不是太大了吗？没有健康的身体，哪有未来可言？更何况，科学家也证实，身体适时的运动，不仅不会使头脑疲劳，反而更能促进头脑的思考力。

晚上熬夜　　白天精神不佳

所以，切记一句话："休息是为了走更长的路。"

适时改姿势

长时间保持一定姿态，让全身静止在一个固定的形式内，倦意就会渐渐袭上心头，而倦意的来临便降低了学习效果。

为了克服这个大敌，我们不妨隔一段时间便伸伸手、举举脚、将身子往后仰等等，改变一下自己的姿态，让头脑获得一丝新的刺激，精神便能为之一振。

站起身来做运动

有些人在读书读累的时候，常常是整个人瘫在椅子上，目光呆滞地注视前方。实际上，这对恢复精神没有多大的帮助。

此时的你，站起身来扭扭腰，踢踢腿，转动一下头部等，或者是听首流行音乐，让血液沸腾吧！这样可以使疲劳一扫而空。根据研究，这是最积极的休息法。

在车上好好休息

身为学生的你，很多的时间，都耗费在坐车上了。如何利用这段时间，就因人而异了。

有些人利用时间在车上听音乐或是看书，但大部分的人都是摆好一个舒服的姿势之后，随着车子的律动，在短时间内使脑的活动力降低，慢慢地进入睡眠状态。

利用坐车的时间，让身心得到完全的放松是很理想的。下车的时候，你又是生龙活虎了。

不要睡得太多

相信你有一个经验，那就是睡得太多时，整天都会昏昏沉沉的，办任何事都没有什么效率。

适度的睡眠，能促进头脑的活动力，但是过多的睡眠，依旧会使得大脑的活动力下降。

所谓“过犹不及”就是这个道理。

善于发挥脑力与潜力

很多的青少年抱怨说：“你们说我不用功，实际上是我的脑筋不好的缘故。”其实，个人的资质没有多大的差异，差异的产生，主要在于你是否善加运用自己的智慧罢了。面对堆积如山的知识，如果没有好好地接纳而加以运用，那就仅仅只是堆废物而已。因此，节选资料是相当重要的。但是，该如何发挥记忆的最大功能呢？

以具体的方法来记忆

有些书本在叙述某个概念的时候，很容易用一种较为抽象的方式来描写，虽然便于了解，但却不易记忆。因此，你可以把抽象的概念，化为具体的用语或实物来表示。

例如：液体在某种温度下，会结成冰块。你就可以实地拿盒水，放进冰箱里，观察它结冰的情形。

利用联想力来衔接

有的人会很疑惑地问：“人的脑袋那么小，能装得下多少的东西呢？”事实上，这是多虑了，根据研究报告指出，人脑的开发使用仅占大脑的不到10%而已，尚待发掘及使用的空间还很多。

因此，为了记得更多，且记得好，就要使用技巧。利用类似游戏的记忆法，不但会使你记得牢，而且记得久。

有次序地去记忆

记忆虽然可以容纳很多的资料，可是过于零乱的记忆方式，常会使你徒劳无功。此时，你必须将每项事物重新归纳一番，将相似的地方做个连线，贯穿所有的事物。这个方法运用在史、地、社会等科目上，非常有效。例如：中国历史的王室之乱，在商有管蔡之乱、在汉有七王之乱、在晋有八王之乱、在明有燕王之乱等。

善用肢体来帮助记忆

中国古时候的读书人主张：手到、口到、眼到、耳到、心到。从今天的观点而言，前四者有必要同时存在的。例如：你在背英文单词时，只有眼睛看，心里默读，它存在在你记忆中的时间不会持续太久。可是如果你大声地念出来，或是动手在纸上写一写，借着嘴的动作，以及手的运动，它会使你的记忆力持续较久。而且当你的脑子中一片纷乱之际，无形中你需要的资料也能脱口而出、顺手写下。

总之，感觉器官的综合使用，会使你的记忆更灵活。所以切记古人说到手到、口到、眼到、耳到、心到这五到吧！

不要忽略插图的重要

在书本或教科书里，常常附有一些图片或照片。很多人在阅读时，把它当作充版面的东西，而略去不读。事实上，这种做法实在是太可惜了。因为那些图片和照片都是配合文章内容而来的，它可以帮助你了解文字以外的东西，去了解事情本身存在的因素。

例如：法国大革命的原因，为什么是在路易十四的身上呢？我们可以看路易十四的画像。在画像中的路易十四，穿金戴银，在服饰上极为讲究。一个在生活上极尽奢华的人，很容易好大喜功，因此他常常出兵，结果国库便因此虚空。当他死了之后，他所种下的后果，就由他的孙子路易十六承担，当然最后就被送上断头台，来了结这段因果。

所以，不要轻易地放弃插图和照片，它可是帮助你记忆的关键呢！

阅读技巧

对现在的学生而言，教科书和参考书的功用，仅仅是应付考试的工具而已，其余的时候则没有任何功效。而且使用的方法，只有在教科书或参考书上面，画上几道红线，或是写上一般重点罢了。

这种将物品的用途用死的例子，在生活中比比皆是，形成了“物役人”的情况，如何才能“物役于人”，这就有待你好好地开发自己的智力了。

不必过分爱惜书本

从小我们的父母便对我们说：“要爱惜书籍，不可撕书或践踏书籍。因为那是对孔老夫子的不敬。”所以，很多人特别爱惜书籍，课本一摊开，便是干干净净的，或是一些画得整整齐齐的线条。在感觉上，他们对于使用书籍有所顾忌，而不能畅快地使用它。

你必须设法让自己很便利地使用书籍，充分地活用它们的功能。例如，有些参考书很大一本，在使用方面很不便利，那你不妨把它给拆了，抛弃舍不得的心态，要知道，教科书和参考书等，就是一种消耗品，当你将一本教科书和参考书用得又破又烂时，也代表你已经将书的功用发挥到极点。所以，把书给拆了吧！再根据内容重新排列，让它的实用性取代它的美观性。

常用书籍放在易取处

古人说：“工欲善其事，必先利其器。”一个人想要做好所有的事，就必须将他需要的工具，准备妥当。这样才能随时随地，充满信心地迎向每一件事情。

其实，你可以想一想自己在做功课时的情形。当你好不容易定下心来要好好做功课，可是一会儿要找字典，一会儿要找笔记本，就这样东摸摸、西找找，不但浪费了时间，也影响到你的情绪，效果上自然会大打折扣。

因此，在读书的时候，请你把需要的书籍准备妥当，安安稳稳地定下心读书。

了解读书的步骤

有些青少年在功课上很卖力，可是硬是没有什么成果出现，使得读书的意愿越来越低。其实，是他们不懂得如何去掌握读一本书的步骤，在本末倒置的情况下，虽然时间花费了很多，却得不到应有的效果。下面就将读书的步骤略为说明：

1. 读目录

目录暗含着牵引你读这本书的方法，它也是一本书的纲领所在。你也可以根据目录，找出你所需要的而淘汰你暂时不需要的项目。

2. 略读

面对越来越多的书籍，我们已经无暇一本一本详细阅读。为了掌握新知，就须借助略读。略读的功用如下：一是在略读时，先在脑海建立一个印象；二是借着略读使得我们可以省去那些没有用的段落，找到重点所在；或者是借着略读，来决定我们需不需要精读。

3. 精读

精读是整个读书方法最后的步骤。在精读中，你必须逐字逐句地推敲，然后加以记忆，并仔细做笔记。

4. 画线要谨慎

教科书或参考书到每个人的手中时，许多人会毫不犹豫地画上线，以区分重点。但这也造成了日后在学习上的倦怠感，每次反复读到有红线的地方时，心里总觉得此处已读过，不必再次阅读了，因此忽略了它。

做好抄写笔记

抄笔记是同学们在上课时最辛苦也是最充实的一件工作。记笔记是为了帮助我们日后复习用，所以一定要建立一套适合自己的抄写方式，才能达到最好的效果。

抄笔记的原则：

（1）工整、易懂。笔记是抄给自己看的，所以可以不必抄得太详细，但自己一定要想看、看得懂才行。为了增加上课时抄写的速度，你可以使用一些自创的略语，以节省时间。

（2）标出重点。上课时老师大多会强调哪一段很重要，抄到这部分时，你可以画上特别的记号或用红笔画线，以提醒自己多注意这部分的内容。

（3）一科一本笔记。抄笔记时，最忌在一本中同时抄了好多科的内容，因为这样不仅查阅不易，抄写时也常会被迫跳页写。最好的方式是一科抄一本笔记，既方便又清楚。

将笔记本趣味化

抄得整整齐齐规规矩矩的笔记本，往往会使我们失去了复习的兴致，你不妨在笔记本上加点变化，使自己对笔记本爱不释手。例如，你可以在笔记本的空白处贴张可爱的贴纸、画个小图，或是写些心情小语等，这样看起来，不就生动多了！

抄笔记的方式

为了阅读、查询方便，笔记可以直接抄在课本上。但这主要是针对需要抄的内容较少的科目而言，如果需要抄的内容很多，老师又补充了一大堆资料的话，就不太适合直接抄在书上了。抄的时候一般都是利用课本的空白处，亦可以使用市面上卖的自粘便条纸，抄完贴完在课本上即可。抄在小卡片上这种方法只适合用在需要死背的科目。最好准备各种不同颜色的空白名片，以便于分类。用名片抄笔记的好处是携带方便，在公车上、上厕所时，随时都可以拿出来复习一番。

抄笔记的技巧

四分法

把笔记本分成左上、左下、右上、右下四个部分，左上部分可以写成当天上课的内容，左下则写新教的生字或重要的名词，右上部分写上问题与解答，右下可以贴上或写出一些补充的资料。这种方法最适合语、英、史、地等文科使用。当然你也可以视需要改成二分法来抄。

多运用色笔

妥善利用蓝、红、绿、黑等颜色的圆珠笔，以及各色的荧光笔，使笔记中的重点一目了然，整体看起来也不会太枯燥。但是，千万不要同时在一页用上太多的颜色，否则反而会使你看得眼花缭乱，使效果大打折扣。

多换页

当笔记抄到一个章节段落时，请换到下一页再开始抄，这样以后查询起来，便会非常的方便。

参考其他同学的笔记

成绩好的同学，他们往往有一套很好的抄笔记方式，你不妨向他们借来参考看看（当然不是借来影印），也许你能得到不少启示哦！

规划你的未来

升职高

假如你因为某些因素，而不准备上大学的话，你不妨考虑读职高。职高是以培养青少年实用知识和生产技能为目标，目前的职业学校种类非常多，包括：农业、工业、商业、海运、水产、医事、护理、家政、艺术等，你不妨多倾听父母、师长的意见，再根据自己的志向、家庭的期望、社会的需要，做一个明智的抉择。

升专科

专科是以培养专门职业的中级人才为目标，学校的种类与职高类似，但是在师资、设备、课程深度等方面，都要比职高更为加强。目前的专科学校包括有：农业、工业、商业、医事、体育、海事、家政、艺术、工商、外语等，你最好能先了解自己的志向、家庭状况等，再下决定。

升大学

大学因为是针对国家和社会的需要所设置的，所以学系的种类相当广泛，可说是一应俱全，大体上可以归类为下列几个学院：文学院、医学院、农学院、法学院、商学院、管理学院。如果顺利地考上大学，但是却无法进入自己喜欢的学系就读的话，仍然可以靠转系或插班的方法补救。

升军校

目前军校已经不再是男生的专利了，女孩子一样可以进军校就读。不过，录取的名额、招生的科系都非常有限。

升警校

警校又分为警官学校和警察学校，每年都有许多女孩子报考。

就业

当你离开学校，走入社会时，你才会发现“社会大学”的学分是很难修满的，而且其中充满了变数，让你难以捉摸。因此，如何做个快乐的工作者，也是一个需要学习的课题。

当你衡量升学与就业的轻重之后，决心投入就业市场后，诸多烦人的事便会接踵而至，像找什么样的工作？怎么找？适合不适合自己，等等。这些事都困扰着每个想找工作的人，但是一般人往往是人云亦云，而摸不清楚自己的兴趣所在。像好几年前掀起的广告热，大家便一窝蜂找广告公司工作，而近几年来掀起电脑风，便又有一堆人投入电脑市场。

这种跟着别人后面走的作风，实在是不可取。所以，要根据自己的专业，结合自己的爱好，选择适合自己的工作。

找工作的心态

有些青少年杞人忧天，常常慨叹“哪里才是我容身之处呢？”这种恐慌的心态是不必要的。因为一打开报纸的分类广告栏，在密密麻麻的铅字中，我们可以发现，有太多的公司需要人才。因此，你在就业市场上必可获得一席之地。

虽说如此，仍要特别注意的是：找工作最好不要在暑假期间，因为在这段时间内，大批毕业生涌入就业市场，而雇主对于员工也就精挑细选，对你较为不利。最好是利用春节期间，因为春节过后，人事异动频繁，求职的机会较多。

找工作时考虑什么

人生是一连串的赌注，在每个赌注下每个人都希望是赢家。但是赢家唯有努力，赢的概率才会提升。在求职的路途上，你也必须先考虑到一些主要的因素，才能让你掌握必胜的契机。

1. 找一个适合自己兴趣的工作

一个人如果能人尽其才，就如鱼得水，效果是事半功倍。因此自己必须找个适合自己兴趣的工作，这样自己的兴趣和工作相结合，在工作中便能发掘出无限的趣味来。相对的，责任感和荣誉心也会应运而生。

2. 这个工作单位有多大的发展潜力

任何人都希望自己能投入到一个安定，且又有发展前途的公司机构中。因为如果公司稳定的发展，自己便不必时时担忧现在的工作随时会没有了，而能毫无顾忌地将自己全副的精神投入到工作中，并在努力之后有一定的成果回收。

所以，当你将要进入这家公司时，请考量它的潜力。

3. 考虑经济问题

如果你不需要背负太多家计的压力，在薪水的待遇上，就不是你优先考虑的项目，毕竟你才进入就业市场，要求太高的薪水对你无益，你应该眼光放远些，从工作的基层做起，多去学些东西。这就是你将来要求高薪的筹码。

4. 考虑自己的安定性

在前面我们曾经要求自己工作的公司，必须具有安定性。相对的，我们也要考虑一下自己的安定性。根据统计，年轻人在刚投入就业市场时，更换工作的比率非常高。其中的原因包括：嫌工作太累、嫌薪资太低等，将原因归结一点是：青少年的定性不够，常常三心二意、眼高手低。

因此，当你将要进入就业市场时，必须将一切该注意的事项询问清楚之后，然后在心底自问，你为什么要进入这家公司？从这公司中你能得到什么？当一切想清楚之后，就安安心心地工作吧！此外，你要记住，你挑公司、公司也挑你，在劳资的关系上，大家都是平等的。

如何争取就业机会

在现在这个社会里，任何事都必须靠你主动出击，才能得到机会。所以，当你锁定目标之后，就要从各种渠道中去争取机会。当然，在寻找工作时，挫折感是难免的，所谓“天下没有白吃的午餐”，当挫折来临时，勇敢地面对它，千万不要丧失自信心，昂首挺胸地面对挑战。如果你丧失了一份工作机会，其中蕴涵着许多因素如：老板不喜欢你的长相、工作已经内定了、要求相关科系的学生等。

这是一个需要“自我推销”的时代，只有你自己去创造机会、寻觅机会，你才能突破竞争的压力，脱颖而出。下面就介绍一些可行的途径：

注意各类考试信息

一般而言，政府机关及一些较具规模的企业机构，在工作流程及升迁的程序上有一定的制度及规定，所以在人才的选拔上也要求公平公开。所以，只要你有实力必有机会。

要时时注意各大报刊登的考试公告。不过，你也可以透过专门办理这类考试的补习班，先获得一些考试资料。

看广告应征

看广告应征工作，是大多数觅职的必经过程。而应征的方式有寄履历表及面试两种。在写履历表及面试时,你应该尽量把自己的优点和专长表现出来。

不过，利用广告觅职的风险很大，因为这些工作机会好坏掺杂，陷阱也布满其中，令人防不胜防。因此，你必须学会如何从广告的用词及公司的称谓上，做初步判断的工作。而到达一个陌生的地方应征时，要多方留意是否有可疑之处，或者请人陪伴一同前往。

写好自我介绍

很多青少年在觅职时，往往有个最苦恼的事，便是不知道履历表及自传要如何填写，才能获主考者的青睐。下面我们就针对这个问题，提供应聘者们一些小小的意见。

1. 履历表

内容包括姓名、性别、年龄、籍贯、学历、曾任职务等，这些都必须详加填写。

首先要注意的是，字迹工整，千万不可潦草或任意涂改。因为漂亮的字迹，是博取良好印象的基本条件。

其次，要注意的便是“曾任职务栏”。这点对于刚毕业的青少年而言，真有不知如何下笔的困惑。你可以将你曾经工读的工作，或参加过的比赛等写进去，让主考者知道，纵然你没有实际的工作机会，可是你的能力或耐力都是不可忽视的。

2. 自我介绍

写自我介绍宛若是一个人简单的自我介绍，文字上过长易惹人厌，过短则会让人贬低了你的能力。所以一般而言，自我介绍在一千五百字至两千字比较适宜。

此外，在自我介绍中你应该写下出生年月、家庭状况及成员、成长的经过、兴趣及专长、工作经验及心得、个人的工作抱负等。其中，尤以工作经验及个人抱负，最为主考者所重视，他们可以从这里了解你对公司将会有怎样的助益。所以，在这部分要写得特别详细。

勤工俭学

近年来，许多青少年逐渐懂得利用课余时间和寒假勤工俭学，这可增长见闻、充实人生经验，并用自己的血汗来赚钱，这真是一种很好的生活体验。

但是，决定勤工俭学也不可过于一厢情愿，有几点前提是必须先考虑的：

（1）家人是否同意？

（2）是否会影响学业？

（3）工作是否正当？

（4）工作条件是否合理、有保障？

（5）工作环境是否安全？是否会危害健康？

打工不难

事实上，现在这社会已经接受勤工俭学的风气，所以在寒暑假总有大批的广告征求工读生，你可以从学校的公告栏寻求机会。

也可以从报纸、海报、电视等的广告中，来选择你感兴趣的工作。不过，由于难以考察招人的公司是否合法、可靠，所以你必须格外地小心判断。

勤工俭学的心态

现在很多公司在用过几次学生之后，就不再用了。理由是：许多的青少年少不更事，定性不够，做没几天就嫌太累、薪水太少，没隔多久，就拍拍屁股走了。这对公司的运营有很大影响，所以他们往往就不再用学生了。

所以，虽然只是临时的工作，依然要有责任心，在工作的时候依旧要卖力。这影响到你将来正式踏入社会时的心态，千万不要只想玩玩而已。

小心陷阱

青少年涉世未深，因此有些不法分子便借机欺骗青少年，以获取利益。因此，同学们在打工时，非得多一份防人之心才行，尤其是女孩子们，根据一项调查报告显示，每年到了寒暑假时，失踪的女学生特别多，因此，对打工的机会要特别谨慎地判断才行。

在应征时，须注意：

（1）报纸的分类广告中，语意不明、强调高薪等看似简单的工作机会，最好不要贸然前往。

（2）电话询问工作内容时，对方言辞闪烁，说不出什么具体的工作内容，甚至不肯告知公司名称，可是却一直游说你去面谈，这类的工作最好放弃。

（3）面试工作时，务必要结伴前往，有男伴陪同最好。若担心主管认为你不够独立，不妨请友人在公司外稍等，约定十分钟以后再入内，以免遭遇到麻烦时孤立无援。

（4）尽量选择知名公司的工作机会，对于工作性质、时间的起讫、薪资的计算都要问清楚，否则日后再想争取，就太迟了。请抛弃你的羞怯心，为了不让自己白忙一场，你就必须将一切细节弄明白，争取应有的权利。

（5）由于打工者属于短期劳工，很多公司都不愿帮打工者投劳保，往往很多青少年在打工时，遭受到职业伤害，甚至是终生伤害，却没有一丝保障。因此，当你做较具危险性工作时，你就必须主动要求公司为你投保，甚至自己掏一些钱来投保亦无妨。毕竟安全比工作更加重要。这是最重要的一点，也是你务必要注意的。

第九章

多才多艺有情趣

插花

插花是一种通俗而实用的技艺，它不仅能陶冶心性，更能美化你的家哦！

基本插花法

不论是东方插花或西方插花，多有其基本的的形式。东方式插花乃是以三根主枝为骨干，构成高、低、俯、仰各种形式；西式插花则喜作大堆头插法、丝条或图景插法。以下就是几种基本常见的插花法：

（1）密集式插花：这是最简单的一种插花形式。但需要的花量较多，否则容易不平衡。

（2）全景式插花：这种插花法是使用宽颈的容器，且在插花时要特别注意，花要由中心向外放射，不能彼此交叉。

（3）长低式插花：这类型最适合放在桌上，插时最好插成圆形或是椭圆形。

（4）正面式插花：适合靠墙放置，重点应在后缘，插时最好插成半圆形。

插花用具

对初学者来说只需要剪刀、剑山、喷水器等就可以了。

（1）剪刀——可使用园艺用的剪刀。通常分为草本茎和木本茎两种花剪。

（2）剑山——固定花材用，可以用吸水海绵代替。形状可任意挑选，有长方形、正方形、圆形、半月形、椭圆形等。

（3）喷水器——在花朵未插时及插好后，必须喷洒些水以保持花的鲜度。

（4）黏土——使用于西洋插花时，将剑山固定于盆里用。

此外，在插花以前，必须将花材依所需长短修剪好。

（1）细的花茎——为增加固定面积，宜剪成直角切口。

（2）粗的枝茎——宜剪成斜面。

（3）粗木树干——用锯子锯成直角，再用刀子切成斜面。

干燥花

干燥花是一种使花卉能长久保存的方式，所需要材料十分的简单，而且也没有特别的限制，所以很容易学习及制作。

材料与用具

（1）鲜花。

（2）干燥剂。

（3）烘箱或烤箱。

（4）线、铁丝。

基本技巧

（1）在干燥、天气晴朗、花朵尚未开足的时候，连茎带花从植株上采下，去掉茎上的叶片。

（2）以线将花札成小束，倒挂在阴暗、干热、通风处，使花干燥，但要避免日光直射。

（3）可用硼砂、明矾等化学干燥剂来吸潮。

（4）吸完潮之后的花朵可以放入烤箱烘烤一下，但注意温度不要超过12℃。

押花

押花的基本做法，就是将花朵的水分抽离，使其保持原形色泽，并利用分解和再组合的方式，创作出各种丰富的图样。

押花的技法

一般而言，押花的表现方法和技巧有以下几种：

（1）写实技法：表现植物与花卉的真实及特有风貌。

（2）设计押花：将各类的花朵组合起来，以花篮等花器搭配来表现花朵。

（3）创作押花：强调个人的艺术欣赏，特色是在花材的选择及画面的构成上。

（4）花瓣画：利用花卉的色彩、外形、搭配叶、茎的部分，做出人物、小鸟、昆虫、动物等作品。

（5）押花造景：利用押花来表现各种情景。

押花的材料

押花的主角是花朵，选材以中小型花卉为主。

押花的用具

有了花材之后，第二个步骤就是准备器材了，押花的器材简便易得，在一般教学中心和手工艺品都买得到。

（1）棉纸：便利花材分层排列。

（2）剪刀：长柄、刀尖锐利者比较好，可以处理复杂、细致的花材。

（3）美工刀：用于枝、茎的处理，最好选择不锈钢刀片者较好。

（4）镊子：适合较精细的制作，选择头部尖锐、细致且弹性佳的。应避免长时间使用，以免手部疲劳。

（5）押花专用胶水：一般是无渗透性专用胶水。

（6）压平板：隔绝作品与外界空气接触。

（7）发色剂：可以刺激色素的显现，补足作品在干燥后失去的原色。

制作注意事项

想做好押花首重花材的干燥，目前常用的干燥法有：

（1）重石押花法：是最原始、最简单的方法。把所需的花材以棉纸包好，放在厚重的电话簿中，再以石头压到其干燥为止。

（2）熨斗押花法是很省时、便利的方法。用棉纸包好，盖上一条手帕，以低温熨斗反复加温，但此法会使花材的色素流失，容易褪色。

而在处理花材方面，有以下几个要点：

（1）先确定欲做作品的形状、格式、尺寸及用途。

（2）避免花材受损。

（3）胶水勿使用太多，以免影响画面。

完成后的作品，为了避免褪色，应该放置在干燥的地点，但应避免日光直射；也可以在书框后面放置干燥剂，定期更换就不会让作品因潮湿而失色了。

人造花

鲜花容易凋谢，须勤于更换，所以开支较大，对想以花朵装饰，但却没有足够的时间或预算的人而言，人造花是个不错的选择。

材料与用具

（1）剪刀：必须准备一般剪刀和剪铁丝用剪刀两种。

（2）电熨斗：包括电熨斗及一种以上酌熨头，较常用的有三种：圆形、凹槽、筋痕熨头。

（3）接着剂：用来接合花的各部分。

（4）着色用具及染料：白色小碟子、刷子、水彩笔、报纸、脱脂棉及染料等。

（5）镊子：夹布浸入染料或夹取小东西用。

基本技巧

做人造花最重要的是细心、耐心和创造力，具有这些条件，就可以进入人造花的世界了。

1. 剪裁

先在纸上描出花叶外形，剪下来放在布的背面，再用铅笔描出图样，沿着铅笔线内侧剪。

花瓣及叶子要顺着布的斜纹剪，花心、茎布顺着纵纹剪，才不致伸长变形。

2. 着色

首先，取少量染料放在小碟内，用热水分别溶解，再一一调配出自己要的颜色。

在调配的时候要特别注意黄色和牡丹色。黄色颜色强，在调配时用量要少一点，牡丹色比黄色更强，分量要更少，要用这两种颜色最好专门用独立的调色盘和笔，以免混色。

另外，布质不同，成品的颜色也会有差异，最好先用一小块布试试再上色。

3. 使用电熨器

着好色的花瓣或叶片，阴干后放在有点潮湿的布上熨烫。

花的形态不一样，方法也不一样。弧形花瓣可用大的圆形熨头，左手拿电熨台、两手同时用力，即可熨出来。

叶脉则用筋熨头来熨烫，由叶柄到叶尖所需要力量不同，应由中心向边缘熨烫，一半时就放松力量，让叶痕渐渐消失，使叶脉看起来自然。

4. 组合

人造花的组合方式因花种不同而有差异，可以依个人喜好来组合，原则是尽量让花叶弧度呈现自然为主。

编织

编织是一种技术，更是母亲对儿女、妻子对丈夫的深情厚谊。

毛线的选择

毛线的好坏是决定毛织品品质好坏的关键，所以选择品质优良的毛线就成了很重要的事。

毛线的种类

（1）天然纤维——分动物及植物两种。动物纤维，例如羊、兔、骆驼等动物身上的毛。通常采用的是绵羊毛，富弹性且伸缩自如、具保温性、不易变形；植物纤维如棉、麻等，伸缩性小，但吸水性强，适合夏天衣服用。

（2）化学纤维——分半合成、合成和无机质纤维三种。

毛线的品质

（1）好的毛线——轻盈、有弹性。若用手掌用力握毛线，毛线可以很快恢复原状，即显示其质地较轻。

（2）不好的毛线——弹力较差，编织起来会呈不规则形，不易达成所要的形态，用手搓极易松散。

编织用具

编织的基本工具除了毛线以外，棒针、钩针、卷线板等也是必备的工具。

（1）棒针——从最细 0 号到最粗的 15 号皆有，针尖最好选圆形的，可避免线头分叉。此外还有麻花针及轮针。

（2）钩针——分蕾丝针以及钩针两种，从 0 号到 12 号都有（号码越大，针越细，可钩部分越小），其中钩针又有竹制、塑胶制及金属装三种。选时注意针尖平滑，且倾斜度适当的较好。

（3）长钩针——是棒针及钩的结合体，但使用上较不便。

（4）各种辅助用具——中空编织尺：中间呈中空状，其中有一块可移动的活塞，可以随时掌握编织进度。

目数段数记录器：用在计算所织的针数及行数，还有一种目数段数计录器适用于花式编织上。

棒针橡皮固定器：这是为了防止针眼自棒针上滑落，也可以用在将针眼移向另一根棒针时使用。

防解别针：一共三枚，分两种尺寸，可根据针眼数目分别选用。

卷线板：同时编织许多颜色时，可将每种颜色的毛线绑在各卷线板上，普通纸板也可以代替。

基本技巧

（1）棒针的用法：分美式和法式两种。美式是将线挂右手食指上，以食指贴近棒针；而法式则将线挂在左手食指上，食指抬高。

（2）钩针的用法：钩针编织的技巧比较简单，所以钩起来很快，同时也可以有多种变化。以左手拿线、右手拿针为标准，右手和拿铅笔的姿势相同，中指也可用来压住针眼。

（3）长钩针的用法：长钩针结合了棒针及钩针的特色，所以必须很熟悉棒针及钩针的技巧后，学长钩针编织才比较不费力。

一般说来，用什么针都是随自己喜欢，看哪种较顺手，就用哪种针钩。若要细分的话，棒针打起来的织目较小，通常用在毛衣、背心、围巾等物品上；而钩针则多用来钩小饰品，如桌巾、茶几垫或帽子、背心等。至于长钩针不论编织什么都很适合。

刺绣

所谓刺绣，就是一般我们所说的“绣花”，在已经织好的丝绸布帛上，以绣花针和各色彩线，运用多种针法，缝绣出种种图纹。

材料与用具

刺绣所需的用具相当简单，如针、剪、起子等，许多是家庭常备品，而材料则在手工艺店便可以买到了。

（1）布料：对初学者来说，最好先以布料为材料，等技术熟练以后再做变化。选材最好以素色布为佳。

（2）绣线：有丝、缕的绒线以及棕线、棉线，也可以使用毛线及其他线种。

（3）针材：一般常用 3、5、9、15 号针，3 号为粗针，针眼可用来穿金线；5 号针适合绣棉线；9 号针适合绒线，而 15 号则多用来绣珠花装饰。

（4）剪刀：剪刀可以用来剪布形或纸形；小剪刀则可用来剪线头。

（5）绷纸：亦即刺绣时可以把布拉直撑开的一种工具。

（6）其他工具：例如铅笔，可以描图用；一字起子，可以用于塞棉花时。

基本技巧

刺绣的体裁很多，应用也很广泛，但其制作过程却不是很难，可以约略分为以下几个步骤：

（1）构图：可以先找自己喜欢的图样，或是自己设计自己喜欢的图样，是第一步。

（2）配色：找到了图案后，不妨多印几份备用，然后在图案上着色，以所上的颜色来选择绣线。

（3）描图：利用复写纸把图描在布上，需注意线条不要太明显，淡淡的就好。

基本绣法

描好了图以后，就可以把线穿好开始刺绣了。然而刺绣并非用线将图形填满就好，它有几种基本的绣法，介绍如下：

（1）平针：即平绣的一种，比较简单，一般多用在绣在小花瓣或叶片。平针因针脚和其排列法的不同，又分为：

直平针：直线方向运针。

斜平针：45 度斜向运针。

横平针：水平方向运针。

人字针：左右斜向呈人字形运针。

（2）撤针：是一种放射状的运针法，亦屑平绣，一般用于绣羽毛或枝叶。

（3）缉针：多用于鱼鳍、鬓须和山水等图案，以此种针法绣出的案平贴而顺畅。

（4）行针：针法简单，属于线纹针绣，但需注意的是针脚和所取的间隔要相等，才会美观。

（5）铺绒绣：以直行针为底，再用绒线挑花作绣，呈左右对称。

先熟练了以上的绣法之后，只要再增强整体的设计，便可以绣出精美的作品了。

裁缝

裁缝是一种比较专业、需要较长的学习时间以及需较多工具和技巧的一项手工艺，且其工具也必须妥善保养，才能做出好的作品。

材料与用具

（1）直尺：用来画线的工具，有多种尺寸和材质，可以自由选择。

（2）曲尺：用于绘制衣角、领子、侧边线。

（3）L 尺：可用来画直角线。

（4）卷尺：量身时常会用到，也有多种尺寸及材质可供选择。

（5）缩尺：制图用尺。

（6）其他工具：铅笔（HB、2B 以上略粗者佳）、橡皮、制图方格纸、牛皮纸等。

剪裁用具

（1）剪刀：

裁布用——24 ~ 28 厘米。

剪纸用——16 ~ 26 厘米。

剪纸用——普通剪刀，方便使用即可。

（2）缝衣机：一般型家用缝衣机即可。

（3）针：种类很多，常用的是角针，号数愈小针愈细，注意应以布料厚度选针。

（4）线：常用的有棉线、缝扣眼线，和缝扣子的麻线，市售的线号数越小线越粗。

（5）拆线器、锥子、镊子：用于推送布料、拆除缝线以及拔除记号用。

（6）顶针：选择适合中指大小者。

（7）针插：用来插放针的东西，可以用废弃的布料自行制作。

整烫用具

（1）熨斗：如蒸汽熨斗、电熨斗等，是裁缝不可缺的工具之一。

（2）熨台：市面上即可买到，最好是可以调整高度或折叠的。另最好加购熨垫，在熨烫小地方时可用。

（3）烫布：用来隔离热度，使较薄或有花边的布料不会受到伤害。

（4）整理用刷：大型毛稍硬者佳，可清除残留在布料上的线头或碎屑、灰尘。

（5）喷洒器：辅助整烫用。

基本技巧

缝制衣服只要能把握缝制、裁剪、整烫的技巧，并不是件难事，以下就是一些简单的技巧：

设计方面

（1）量身要正确。包含头、颈、胸、腰、臀、腕围及胸、背、肩的宽度、背长、衣长、裙长、袖长、裤长、裤裆等长度都要正确。

（2）制图要精细。制作图样时水平线、垂直线都要准确，曲线也要自然。

（3）制图与剪裁符号要确实了解和使用。

剪裁方面

（1）注意布料是否会缩水变形，所以在制作之时，就要先处理过。

（2）注意纸型的标示及定位。做好的纸型要以大头针固定在布料上，再用粉片绘出形状，绘好后剪下。

置衬方面

（1）较薄的布料用非棉织的衬布，较硬的布料则用麻纱类的衬布。

（2）普通的棉质布料可用薄帆布做衬布。

（3）厚实的衣料可用合成纤维混纺的衬布。

（4）针织适用薄的棉织衬里。

缝制方面

（1）手缝法—以手持针线缝纫，以平缝、细针缝、回针缝三种为代表。

（2）机缝法—即是以缝纫机来缝制，首先装针、穿线及装底线，之后即可依自己的喜好来缝制。

拼布

拼布是一种将各式不同花纹、质料的布缝在一起的手艺，兼具实用性和装饰性，它只要用到基本的缝补技巧，就能展现出无限的创意，所以自从引进国内之后，深受女性朋友的欢迎。

拼布的布料

任何布都可以作为拼布的布料，但是原则上，还是以花纹特殊、易于缝补的布料为佳。而布纹大致可以分为下列几种：

（1）素色：单色、没有花纹的布。

（2）几何图案：具有规则或不规则的点、线、图、方形等图案的布。

（3）印花：具有各种花朵造型的布。

（4）图案：印有各种抽象、写实图案的布。

布料的处理

新布在制用前应先下水然后熨平，以免制作后缩水或褪色。旧布在制作前则要清洗干净。

布料的搭配

布料的搭配是拼布最大的重点，一个搭配合宜的拼布作品，即使所用的布料不是很高级，看起来仍会呈现很精致、美观的感觉；相反的，如果你用了很好的布料，但是却搭配不当，那么做出来的作品便会显得很没有质感。

基本上，拼布在搭配时需要考虑几个重点：

（1）色彩：可以采用两种组合方式，一是调和式，也就是使用的布块都是同色系或近色系的颜色，作品较为大众化；另一种是对比式，也就是使用明度或彩度差异很大的布料，作品看起来会呈现强烈的个人风格。

（2）纹路：布纹的纹路，也会影响作品给人的感觉，如果你准备的布料纹路很明显，你就得仔细考虑直纹、横纹、斜纹哪一种搭配起来比较好看。

（3）面积：并不是用来拼布的每一块布都一定要一样大小，若是加上布块的大小变化，作品会让人看起来格外的活泼、有特色。

彩绘

试着把身边的东西变幻另一种色彩，让它呈现另一种风情，就是彩绘的意义。一般而言，用普通的水彩笔即可，但若有更好的彩笔，作品更能吸引人。

材料与用具

（1）颜料：各式的广告颜料就可以了。广告颜料因为可以稀释使用，所以对初学者来说很适合。

（2）笔刷：应视选用的颜料来选择笔刷，如水性颜料来选用软毛的笔等。

基本技巧

彩绘一样东西，最重要的便是底色，有均匀的底色才能增进上色的方便度。

玻璃制品

玻璃表面十分光滑上色不易，可以分为以下几个步骤：

（1）用酒或清洁用的苏打把瓶子洗干净。

（2）选用油性的颜料，如油画用颜料或是油漆，也可有广告颜料加上洗衣粉或洗碗精调和。

（3）细心的描绘出所要的图案后，阴干即可。

木质制品

木质品因本身有纹路，所以才在彩绘上需要多一些工夫。

（1）先将木质制品上的纹路及粗糙处先以细粒砂纸磨掉，使其较光滑，并拍去上面的灰尘。

（2）以白色的颜料为底色，再一层层刷上，每一层都必须干了以后再刷上另一层。

（3）为保护作品，可以在成品完全干燥，刷上亮光漆。

蜡染

蜡染是近年来兴起的一项很有特殊风味的手工艺，学习上并不难，所以颇受大众的喜爱。

材料与用具

蜡染所需的工具不少，若购买不便时，也可就地取材。其中以白色平纹棉布最适合蜡染。

（1）蜡料：一种植物胶蜡，富黏性且质地松脆，又称为爪哇糊。要特别注意的是蜡液温度要适中，太冷不易涂匀，太烫则易透过布面漏掉。

（2）染料：指印染纺织品的油墨，也可以用一般染料。

（3）炉架、灯、小锅子：因蜡在常温状态下是硬块，这些用具是用来加热用的，需特别注意火候，以免把蜡烧干了。

（4）铜笔和唧筒：铜笔是为了传热，使上蜡时，蜡不致冷却变硬。唧筒是用来喷洒蜡料。

（5）着色笔：即在成品上上色，用水彩笔、毛笔等都可以。

（6）染盆：染盆的功能是盛染料，以利作品确实平均地浸染，要特别注意每一种颜色所用的染盆最好分开，用普通的脸盆也可以。

（7）海绵：采用局部点染时必需材料，可以防上染料漏滴，破坏作品。

（8）晒架：可支撑作品，使其充分通风的木质制品。

基本技巧

蜡染制作上，最大的特点便是染料，以下便是创造出一副好的蜡染作品的一些技巧。

（1）拟稿：初学者可以从简单的图形开始，在纸上勾勒出一个简单的轮廓即可。

（2）涂蜡：把描好的图案不需染色的部分先上蜡，以隔绝染料，要特注意速度，千万别让蜡凝固。

（3）染色：蜡冷却后，就可以放入染盆染色。由浅到深，以免颜色不均匀。

（4）除蜡：染好颜色之后的蜡料，可以放入沸水中，加些肥皂漂洗。要注意的是，画好一种颜色，就必须除一种染料，如此一直反复，直到画布干净了为止。还可以采用熨斗烫的方法，但缺点是不能回收蜡。

绢印

绢印其实就是一种简单的印刷，它和印刷制版的原理类似，但制作时不像制版般工程浩大，所以受到许多年轻人的欢迎。

材料与用具

绢印所需的材料较多，但有很多是非消耗性的，所以可以使用的时间非常长。

（1）网版：网版包含框架和网布。框架以选用木质坚硬、没有裂痕的木材较佳，只要不易变形，都是理想的选材。而网布种类就多了，只要吸墨性佳者都很好，目前市售以绢布居多，因其弹性好、拉力大、遇水变化小且易保存，所以较受欢迎。

（2）刮刀、刮槽：通常是用不锈纲制，是用来存放感光剂的小槽；刮刀则是用来推压油墨，使其迅速透过网布网孔而印出图案。选材最好以耐油墨侵蚀者为佳。

（3）颜料：可以自由选择，有水性、油性两种。网布吸水性强则用水性，反之则用油性。

（4）溶解剂：清除墨迹用，可以用汽油、松节油取代。

（5）透明片及黑笔：透明片是为了方便描图，而黑笔则是为了描出不透光的图样。

（6）感光剂、感光台：感光剂市面上就可以买到，是为了让网版感光用。感光台可以使用灯桌，或是在玻璃茶几下置灯。

基本技巧

前面说过，绢印其实就是简单的印刷，所以每一个步骤都需要细心，否则就容易失败了。

（1）先在描图纸上制作底稿。为了让图案完全不透光，一定要用黑色颜料制作，要做到没有任何缝隙才行。

（2）其次用刮槽把感光剂均匀涂在网版上，然后用吹风机吹干，需注意不要让日光直接照射到。

（3）进行曝光。把图稿放在灯桌上，把网版压上，要切实对齐，并把网版以等面积之不透光物压住，减少反射，进行曝光。时间在一至三分钟。

（4）曝光完毕，立刻把网版浸于水中一至两分钟，使曝光稳定。此时可以看出曝光时间是否恰当。

（5）曝光稳定后，置于水龙头下冲约两分钟，以吹风机吹干并仔细检查漏洞后，再开始印制。

（6）网架下放纸，网架架高，以刮刀将油墨倒入网凹槽，刮匀，就可以将图案转印至纸上了。

最后，为了便于下一次的使用，记得一定要清洗网版，以及其他工具，如此一来才可以延长工具的使用寿命。

礼品包装

礼品的包装和人的穿着一样，必须要得体才能显出它的价值。

材料与用具

包装所要的材料在普通的文具店、书店都可以买得到，当然，在选择上一定要配合礼品本身。

工具

（1）剪刀：普通的剪刀，只要好用顺手即可。

（2）美工刀：裁纸用。

（3）双面胶带：为了怕胶带在包装纸外面破坏美观，所以选用双面胶带。

（4）胶带。

（5）订书机。

（6）锯齿剪刀：包装作花边用。

包装材料

（1）各种包装纸类：包含棉纸、云龙纸、皱纹纸、铝箔纸、餐巾纸等，可以依礼品本身的性质来选纸。

（2）装饰花结的材料：

缎带：材质有布、丝、彩纱、金线、银线等，可使礼品更高贵。

纸绳：纸绳运用的方法和缎带相同，可以用来捆扎礼物，或是制作装饰的纸花。

其他：纸绳、缎带之外，还可以多加运用贴纸、印花布、礼盒等。

除了以上的材料之外，还可以用卡片来搭配。

基本注意事项

礼品包装可以视材料和喜好做不同变化，不过，要特别注意受礼的对象，以下便是几个例子：

（1）晚辈：送礼给年纪较小的小孩子，可以选用亮丽、鲜艳的包装纸，上面再装饰一些小饰物，就很得体了。

（2）同辈：跟我们年纪差不多的年轻人，可选用个性化或较鲜艳的包装纸，样式可依礼品形状变化。

（3）长辈：以庄重为原则，颜色对比不要太强烈，也不要太花哨。若是女士，可以加些纸花，包装纸色彩也可选柔和一点，若是男士，则以暗色调为主。

剪纸

用剪刀或刻刀在绘好图样的纸上，依样裁出，这就是剪纸了。

材料与用具

剪纸所需的工具很少，一把刻刀、一支画笔就足够了，除非一些特殊的复杂图样，才需要辅助工具，否则根本不需大肆准备。

（1）剪刀：一把锋利、顺手的剪刀是必需的工具，在圆弧形或不规则线条上，比较好用。

（2）刻刀：大多用于直线。因为刻刀较剪刀易掌握。

（3）彩纸：剪纸用纸必须质地坚实，纸薄且松。最常用的是宣纸、棉纸。

（4）画笔：以铅笔为主，用来打图样稿；画笔应以色彩较深者为主。

（5）订书机、图钉：用来固定图样。

（6）切割板：为免破坏桌面用，以橡皮垫、塑胶垫、玻璃为材料均可。

（7）衬纸：作品完成以后，可以用渐层纸、粉彩纸来衬底，增加作品色感及完整性。

基本技巧

剪纸的基本动作就只有画图样以及剪刻而已，但要能做出好的作品，还是有一些要注意的事项。

（1）首先就是要打一个好的画稿，以铅笔定稿，需注意线条必须相连，以利剪刻。

（2）图样定了之后，以订书机固定。需注意的是剪纸的量，一次不要超过三张，以免剪口不齐。

（3）剪刻的程序是由左到右，由上到下，由里到外，慢且细心的刻剪，慢工才能出细活。

（4）剪刻好的作品须要粘贴，这也是很重要的一个步骤，若没做好，很可能整个作品就报销了。

（5）将作品背面向上，放在一张纸上，在背面涂抹糨糊，记得要涂抹均匀，以衬纸盖在背面，压平即可。

折纸

你折过纸吗？听过“千纸鹤”的传说吗？传说中说，如果折了一千只纸鹤就能心想事成，你要试试看吗？

材料与用具

（1）色纸：一般文具店都可以买到，颜色很多，价钱也便宜，适合初学者使用。

（2）和纸：花色繁多，但价钱较高，折出的作品质感很好。

（3）进口纸：种类很多，依纸质和纹路而有不同的价位。

（4）其他：家中、手边常见的纸都可以用来折。

基本技巧

折纸本身并没有什么特别的技巧，勤练和熟悉基本技巧后，就能“创造”出更有特色的作品了。

（1）熟记折纸符号：必须充分了解各种记号所代表的意义，熟记在脑中，以便随时运用。

（2）依序制作，一般折纸的步骤都有图样，只要依标示顺序一步步折即可。

（3）注意折角及折痕：每一个折痕都要切实对好，以免影响作品美观。

第十章

日常生活巧安排

衣

选购

选购牛仔裤时，最好穿适合搭配的鞋子买，才不会买回来却找不到适合的鞋子可以搭配。

月事来时胸部会发胀，身材易起变化，所以月事开始和结束的一星期前后，最好避免购买内衣，以免尺寸不合。

切记，不要在刚吃完饭或肚子空空时购买裙子、裤子。

选购衣服时，要检查两边的袖子和身体左右两边的花纹是否对称。特别是格子或花的图样，要是没有对称会影响整件衣服给人的感觉。

选购外套时，若是配裤子，要选稍微能盖住屁股的长度，若是配裙子，则长度要短一些，以免给人老气的感觉。

在日光灯下颜色会和自然光下有极大的差异，建议你不妨拿到店外或窗边，利用阳光仔细察看。

购衣时应有品质为上的观念。在许可的情况下，应优先考虑品质与耐用程度如何，而不要因为大减价就乱买一堆衣服。

清洗

洗毛衣时，最好在刺绣部分的上面盖块布后再洗，才不会损伤美丽的图案。

牛仔裤洗后会缩水，所以若要改尺寸，最好等洗过一次后再改。

洗长袖衬衫时，最好先将袖子的纽扣扣在胸前的纽扣孔上，如此一来，衣服就不会再卷在一起了。

脱水时，应该把衣服一件一件地放入脱水机中，而不要整团放下去，否则脱水以后，打结的衣物就很难解开了。

衣物要清洗时，应先把裂开的地方缝好，并把较好的衣物放入洗衣袋。此外，鲜艳的衣物要翻过来洗，以免褪色。

可在衣服上预先喷上防水喷雾。如此一来，即使不小心沾上任何油污东西，也能立刻处理干净。

毛衣可以用手洗，但最好使用 30℃左右的温水，然后加入中性洗衣粉，并以两手轻轻压洗。

毛衣若含化学纤细 50% 以上，则可以用洗衣机洗。但需注意要放进洗衣缸内，并用温水来洗，以免洗坏衣物。

女孩子最好不要将清洗内衣的工作假手他人，一定要亲自手洗，洗时可以加入一滴自己喜欢的香精，会有意想不到的效果。

用洗衣机洗内衣裤时，最好放入洗衣缸里，时间在 3 分钟以内，然后再以 30 秒的时间来脱水，此外，洗时扣钉或扣子一定要扣上。

丝袜要放入小洗衣缸内以温水洗。洗好后，最好连洗衣缸也一起晒，并将松紧带朝上，好让水流干。

衣物粘到污垢的处理方法是立刻拍一拍，再依类别以水、汽油、肥皂来清洗，如果还是不行，则只好赶紧送洗衣店。

套装最好整套一起送去洗衣店。送洗前，要先将脏的地方做记号，并将纽扣、拉链等小地方都先处理好后再送洗。

最好能详细告诉洗衣店衣服的污垢性质，此外，衣物上容易掉落的附属品也要清点清楚。

从洗衣店拿回来的衣服，一定要立刻从袋子里拿出来通通风，否则容易发霉。此外，干洗后衣服上可能还有残留某些毒性物质，所以不要即时穿上干洗后的衣物。

尽管成衣制造厂愈来愈喜欢将衣服列为只宜干洗，但事实上却不尽然。对丝质、棉质和麻质的衣物，其实可以用冷水或温水来小心洗涤，也能达到同样的洁净效果。

晾晒与保存

晒毛衣时，要先把形状整理好再晒。

晒衣服正确方法是把衣服翻过来晒。

第一个扣子扣上再晒，是晒衬衫的重要原则。

手帕洗好后，贴在瓷砖上，可以保持平整，就不用每天烫了。

牛仔裤、厚裤子要把里外翻转，比较容易完全晒干。

毛衣穿一天就要休息一天，以避免弹性疲乏，至于灰尘可用刷子刷掉，汗水则可用毛巾蘸温水吸掉。

松了的袖口可用线先缝缩成原形，然后再用蒸气熨斗熨，干后把线抽出即可恢复原状。

丝袜对折卷成圆形收藏较不占空间，也不会失去弹性。

丝袜戳破时，可以用指甲油涂破洞的四周，洞就不会扩大了。

穿衣技巧

宽松、有细条纹的黑色牛仔裤，在视觉上有使腿显得更修长的效果。

全身都穿同一个颜色，可以让人看起来较苗条，深色的效果尤佳。

穿横条衣服一般来说会使人显得较胖，若是穿两种颜色的交错的粗横条衣服，则会使你看起来反而更苗条。

穿白色长裤时要注意不要穿深色内裤，最好穿与肤色相似的内裤。

穿着质料较好的高级衣服时，最好先穿上棉质的内衣，以防汗水弄污了衣服，如此一来就可以减少清洗的次数，便能延长衣服的寿命了。

胸部过于丰满的人，睡觉时可以穿运动用胸罩。

胸罩的正确穿法是：上半身往前弯下，使胸罩将整个乳房罩住后，把多余的肉塞进内衣中，然后往上拉好，并使肩带保持一只手指可以插入的紧度。

运动时，胸部易受冲击，最好戴胸罩，可以防止摇晃。

不要为了减肥而穿小一号的内衣裤，太紧的胸罩或束腹只会让多余的肉溢出来，而显得更难看。

穿上内裤后，要把前面和后面拉到和胯下相合，使臀部和腰围贴身，再把两边的裤角拉一下，让臀部全部包在内裤里才算正确。

夏天穿丝袜可以先在脚上扑些爽身粉，会使你感觉更干爽。

皮衣要收藏前，要把灰尘打掉，口袋里的垃圾拿掉，拿到室外透风，若有霉粒，可由周围往中心将它擦去，以免扩大。

皮衣在处理干净后，收藏之前可以先涂上专用的皮衣保养油，以延长寿命。

皮质衣物怕水，若沾到水要立刻擦干。

食

厨具

洗菜盆，最好用不锈钢的，因它耐热、耐用，油污也容易清理，还可直接放在火上煮汤。

洗菜盆、篓子，最好都用不锈钢的；密闭的容器则选用玻璃制的。

选购小锅，选择有把手的好用。

不粘锅的锅是经过特殊化学处理的，所以炒菜最好用木质勺子或竹筷，才不会破坏表面。

无论是以保温性、导热度、成本等各方面来看，选用铁制的平底锅较为适宜。

切蛋糕、面包前把刀子泡在热水中温一下，用布擦干后，一刀切下去，就不会粘在刀子上了。

买菜刀时，一定要自己拿拿看，平衡感不错就可以了。

菜刀用完要用热水冲洗，若生锈了，可用清洁剂将它去掉。

磨刀子不一定要用磨刀石，可以使用盘底粗糙部分来磨。

菜刀长时间不用时，可涂上缝衣机油之类的矿物油，用报纸包起来放到干燥的地方。

砧板在使用前要弄湿，用后将它悬挂起来会比直立起来更容易使水滴干，偶尔应拿到太阳下晒，以彻底杀菌。

买砧板时，选较大的比较好用。

砧板用固定的一边来处理鱼类食品。用后可用盐和姜去腥。

砧板可用醋来清洗，既杀菌且不容易产生黑色的斑点。

清洁

锅子内顽固的焦垢可用粗盐去除；锅子外部的，则干烧一下就可轻易刮除。

使用过的锅子不只是要把油污擦去，还要用水清洗，才不会破坏下一道菜的美味。

炸东西时在地上铺上报纸，可以预防喷出的油弄脏地板。

木头做的食器在用过以后、收起来之前要晾干，否则容易滋生细菌。

清理厨房时，缝隙间的灰尘可以用牙刷，小地方可以用棉手套来代替抹布。

因为煮东西时，常会有溢出来的汤或喷出菜的油，煤气炉的承盘上如加点水，就比较不容易脏。

铝锅若是煮焦了，可用二比一比例的醋水，入锅煮沸 15 分钟，等焦黑的部分变软后，就很容易刷洗干净。

在水中加入少许的醋来清洗玻璃器具，可以使它闪闪发光哦！

其他处理

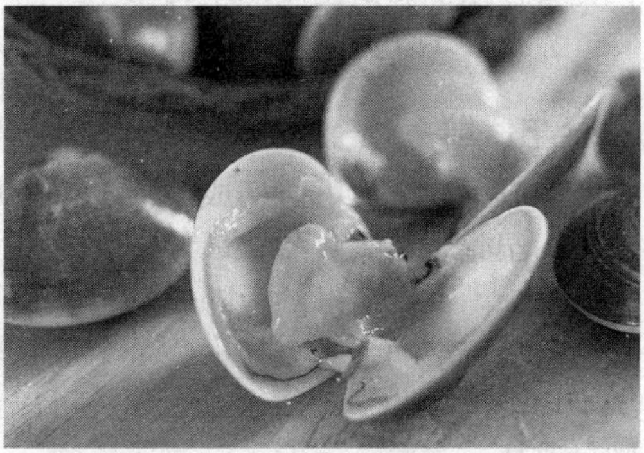

蛤蜊应先在盐水中放一晚让它吐沙。最好使用较大的平底容器，以免彼此重叠沙会吐不干净。

受潮的煎饼、青紫苏、芝麻等可放在纸上，然后放入微波炉中干燥，美味即可再现。

大口喝冷饮对胃是沉重的负担，慢慢喝较好。

海藻类对造血非常有帮助，对有贫血的人是最适合的。

切除的菜根、菜叶不要沾到水，因为一沾到水便很快就会腐坏。

处理蔬菜时，尽量不要用刀子切成段或切碎，最好用手来折断，营养较不易流失过多。

摘选菜叶时，不一定只留下嫩心的部分，粗老的梗亦可适度地保留下来，因为可以增加大量的纤维质，对身体有极大的助益。

要让贝类吐沙，可放入 3%的盐水中。

出外旅行带的便当菜味道可浓些。一定要等凉了以后再装入，以免腐坏。

有裂痕的蛋在水里加少许醋或盐煮，蛋白就不会溢出了。

用盐水浸洗蔬菜，具有消毒作用，并可避免肠道疾病发生。

新鲜的蛋煮好后比较不好剥，如泡过冷水后再剥，就容易多了。

肉如需切薄片或丝时，可将肉先冷冻，待半解冻状态再切。

鸡肉的黄色脂肪有腥臭味，可放进热水中，等肉表面变白时，放进冰水中浸洗便可把油去掉。

调制鱼肉时，可加点柠檬汁，能帮助去除腥味，或者可加些醋，不但可去除腥味，又能使肉质柔软且更容易入味。此外，醋还有一项功用，便是能溶解食物中的钙质，帮助人体吸收，有益健康。

土豆的芽有毒，若变成绿色部分也有毒，一定要把它切除干净。

萝卜的头端可用来磨酱，尾端适合煮汤，中间适合用来炖东西。

萝卜汁可促进消化，适合当作用餐后的饮料。

煮章鱼或墨鱼时，加入萝卜一起煮，能使章鱼和墨鱼更柔嫩。

酸梅干有消臭的功能，把它含在口中，感觉会很清爽，而且可把口臭暂时祛除。

柠檬汁可消除雕花玻璃杯雕刻部分累积的污垢，只要用硬刷沾上柠檬汁来刷就可以祛除。

在做蛋糕时以一个蛋白对一个小汤匙柠檬汁的比例，在蛋白打成泡状以后加入，可去除蛋腥味、增加香味。

罐头一打开，就必须倒入别的容器，以免罐内溶化出锡而使食物腐坏。

牛乳一瓶的热量比不上白饭一碗的热量。虽然营养价值高，但怕胖的人可尽量饮用低脂或脱脂的牛乳。

在兴奋或情绪不稳而容易生气时，可饮牛奶，使心情稳定。

保存与保鲜

肉或鱼，应尽可能切成薄片，一片片分开来冷冻，味道才不会散失。

用塑胶袋包装食品，最好使它成为真空状态，食品才不会变干变酸。

夏天不要把煮好的饭随便翻动，否则容易酸掉。

要节省空间，马克杯可一个个挂起来；高脚杯则一个正一个倒的放。

切肉丝时要一边沾水一边切，可以去掉多余的水气，但要马上烹调，否则会腐坏。

蔬菜存放时保持它在田里时的姿势，较不会失原有的风味。像白菜就让根部朝下；玉米就把须的部分朝上。

萝卜先把叶子去掉，保留茎部 2 ~ 3 厘米。荷兰芹、香菜、空心菜先洗净，插在水杯内用塑胶袋包好才放进冰箱。水杯中滴入 1 ~ 2 滴酒，可避免细菌繁殖。

番茄、土豆、南瓜等不要放入冰箱里。洋葱、大蒜放入旧丝袜中，找一空气流通处挂起来。

肉、鱼解冻时，最好是由冷冻库移往冷藏室，以一天或半天来慢慢解冻，这样就不会损伤或腐坏。

面包如未吃完，用保鲜膜包起来放入冷冻库中，想吃时取出用烤面包机烤来吃，一样柔软可口。

碎肉很容易腐坏，所以应避免把生的碎肉冷冻，最好一次就使用完。

肉若太硬时可把切成薄片的洋葱，贴在肉上，放一夜即可变得柔软。

买回来的鸡肉要避免腐坏，可倒些酒进去，不但利于保存，而且能增加味道。鸡骨头及皮洗净后用来煮汤，也是十分美味的。

酱油最好不要放在火旁或太阳直射的地方，以免颜色变浓，味道变差。

冰箱内的火腿变硬，使用牛奶浸泡可恢复火腿的鲜度，变得更美味。

剥完皮的土豆，赶快入水中，才不会黄掉。

桃或苹果削了皮用淡盐水浸泡，就不会变成褐色了。最好是削好马上食用。

将香蕉切成二段，以保鲜膜包好放入冷冻库，可避免香蕉变黑。

食物的挑选

挑选薯类要看弧度好、皮光滑没有损伤的。形状凹凸不平的较不好吃。

南瓜要选条纹清楚重量足的。

小黄瓜要挑表皮有刺、颜色鲜绿的才新鲜。

菠菜要挑选叶子坚挺、鲜艳、颜色深绿的才好。

芦笋则选肥肥胖胖的，但注意根部带紫色的既硬又不甜。

西红柿要挑球形才好吃，小西红柿则看蒂来判断是否新鲜。

茄子要选表皮有光泽、无腐坏、蒂上的刺摸起来会刺人的才新鲜。

姜要选整块颜色带点黑色，茎要粗，且要肥大有厚度的才好。

选择萝卜要挑选有叶子的。叶茎是空心的话，萝卜本身也是空的。

选择没有鱼鳞而有黏性的鱼才新鲜。

选购罐头的重点，是敲打时声音清脆，盖子上没有膨胀现象的。

买冷冻食品时要注意，不可购买袋子里结了很多霜的商品，袋子有小破洞的也不要买。

烹调小技巧

煮意大利面时，在热水里加入多量的盐，煮好的面才有劲。

意大利面放入沸水中时，让它散开，在煮时搅拌一次，快煮好时再搅一次即可。如搅多次会变得糊糊的。煮的时间应比包装上指定的时间短一些，取一条用指甲切断看看，中间留一点白色的芯才好。

食用冷冻过的咖喱，最好用热水把浮在上面的脂肪冲掉，使用两种不同味道的咖喱来煮。味道会更浓。

如果把咖喱弄稀，可使用葡萄酒或汤精来调稀，可使原味不变。食后必须将餐具马上清洗，不可浸泡。

熬汤的海带，表面有一层白粉，那是增添美味的因素，不可洗掉。但剪断它的纤维，煮时味道会更好。

油豆腐、甜不辣等不要直接煮食，可先用热水煮 2 ~ 3 分钟去掉多余的油，再换水重新煮过，汤会较澄清。

煮火锅时蔬菜应分量放进去，以防煮得太熟。肉类则可先放，煮出肉汁才能更美味。

煮贝类火锅不可太久，以免变硬就不好吃了。

鱼要煮得好，须待水煮沸之后再入进去。如在鱼身上划 1 ~ 2 刀，更可使味道浸进去。

鲜虾煮过后最好等汤凉了再剥壳，就不会有水水的感觉了。

用鸡肉煮火锅时，可放进少许的米，米中的淀粉变成黏糊状态，可将鸡肉的腥味消除，且增加其美味。

炒菜时顺便放入少许醋，可减少蔬菜中维生素 C 的流失量。

玉米中虽富含维生素 A、维生素 E 和矿物质，但不易为人体吸收。所以在烹调时最好添些面粉或豆粉，使营养物质能够互补，易于吸收。

炸、烤：烤鱼时，可先将鱼两侧用火烤一下，然后在上面涂油或醋，这样烤的鱼就会非常漂亮。

在煎锅贴时，先在面皮的表面洒些太白粉，这样不但不会黏锅，也不会煎得焦焦的。

炸土豆时先将它泡水里一段时间，再把水分去掉再炸，就可以炸得脆了。煮时最好以少量的水短时间煮熟，才不会含过多水分，吃起来才干爽好吃。

冷冻的炸肉块等，用中温的油分少量炸，才可确保食物熟透。

炸过东西的油，为免受空气或日光、温度而酸化，待温度降下后过滤，然后倒入棕色的瓶子保存，下次再炸东西时，加入一些新油即可。

原则上，炸过数次食物的油最好丢弃，不要再用。因为食用油在多次高温使用后，容易变质，有害人体健康。

炒、炖：鸡蛋炒饭时，蛋炒好之后先铲出来，待饭炒好了，再把蛋倒入，蛋所吸入的油可全数渗入饭内。炒出来的蛋炒饭就好吃多了。

炖汤太咸或太辣时，可放一个土豆进去，它会吸收盐分，就不会太咸太辣了。如炎夏时没有食欲，可作一些含醋的食品，促进食欲。

尽管调味料能使食品更加可口味美，但还是要避免吃过度加工的食品，因为它常含有过量的食盐、人工甘味香料和脂肪、附加剂、防腐剂等，所以购买前请先细心阅读包装上的说明和原料，不要被鲜艳的外表给骗了。

盐：盐的功能很多，如刷牙时可收敛牙根部分，使口腔清爽；放入冰枕时，可使冰溶化较慢；脚累了，用热盐水浸泡，可消除疲劳；茶杯、玻璃杯上的茶垢可沾盐来刷洗。

削芋头皮手痒，可以沾盐来回搓揉后，用水洗净，就可止痒。

饲养的金鱼如没精神，可将它移到别的鱼缸，在水中加少许盐，就能恢复生气，活泼的游动了。

糖：煮豆子的时候，砂糖分开几次加入，豆子便可以煮得很柔嫩。

煎蛋或炒蛋时可加一些糖进去。砂糖会吸收蛋里的水分使蛋白不会凝固，可使所煎炒的蛋更柔嫩美味。

烧肉或炖肉时如马上加些砂糖进去，可以使肉煮得更柔嫩。

酱油：炒饭加酱油，可直接倒在锅底，不但可马上蒸发且还不会粘锅。

烤东西或炒东西，在关火之前才加酱油，其风味不就会消失。

炒肉丝时，先把肉拌上一些油，炒起来就不会结成团了。

烹调绿色蔬菜时，尽量用大火快炒。避免煮太久或太烂，以致食物变色及营养素大量流失。

调味料：要促进食欲可能加一些咖喱粉、辣椒酱、姜等辛辣物。

调味料可消除腥味，增加香味。如白胡椒适用于清淡的鱼类料理，黑胡椒适合于较咸的肉类料理。八角则可用于炖猪肉或红烧猪肉块时。

辣椒粉可用来调肉汁汤。芥末加醋溶解开后再加酱油，可用来煮汤，全呈现一种别具风味的辣味。

大蒜干燥后连皮放进米桶，米就不会生虫。用来炒蔬菜，也可因它具有的杀菌作用，而杀死青菜上附着的虫。

牛排的肉块表面上涂上色拉油，可保持颜色和味道。肉质硬的浇上色拉油，放上 2 ~ 3 小时，便可变得柔嫩。

加上和色拉油同量的奶油，可增加所炒东西的风味。做法是：先在锅中倒入色拉油，等它一热，再把奶油加入即可。

醋有刺激唾液和胃液增进食欲的效能。

米饭：太硬的米饭，可加些酒或水，放进微波炉中加热就可以了。

洗米要轻要快，不可用力搓洗，以免使 B 族维生素流失。

不可用搅拌器或钢盆来洗，那样煮不出鼓胀的米粒。

在电锅里煮白饭在煮好后 3 ~ 5 分钟以后再煮一次，会更美味。

白饭如不能一次吃完，可在变硬前，用保鲜膜包起来放入冷冻室，要食用时再用微波炉加热。

新旧米的辨别法是把手放入白米中，如会粘上白粉就是旧米。

沙拉的制作

在做沙拉酱时，盐、胡椒、醋先一起搅拌，最后再加入沙拉酱搅和。做出来的沙拉酱才有圆滑、柔和口味。

做生菜沙拉时，生菜最好不要用刀切的，用手撕碎比较容易与沙拉酱融合，且又不会沾上刀子的铁锈味。

吃生菜沙拉时，不要贪图方便而做了一堆，最好现做现吃。因为切好后的水果或蔬菜，会随着时间渐渐失去其维生素。

香蕉冰冻后会变黑，所以最好不要放在冰箱里。

西瓜汁有提高水分代谢的作用，具有利尿的功能，并可防上便秘、消除水肿。

表面覆盖一层白粉的葡萄较为新鲜。在整串的葡萄之中，靠近树枝的部分是最甜的。

草莓清洗时要连蒂一起洗，以免营养流失。洗后应尽快食用。

奇异果要在有弹性时吃。

能连皮吃的水果就尽量不要削皮，洗净后连皮一起吃，可以补充纤维质，促进肠子蠕动，以利排便。

将橘子或柠檬插上丁香或肉桂，可以当作室内清香剂使用。

在蔬菜之中，荷兰芹的维生素、矿物质和铁质的含量最多。但煮热后不能吃太多，最好是和菠菜一起汁饮用，可补充大量的铁质。

姜具有整肠的功能，并可促进新陈代谢，所以常饮用加有姜汁的果菜汁，对身体十分有益。

恶心呕吐时，榨姜汁以开水服用十滴左右，即可见效。

维生素

维生素 A 可以预防肌肤老化，维生素 B_2 则对减肥很有效。

蔬菜剁碎也会让维生素 C 迅速减少，营养价值降低。

多吃维生素 C 可预防感冒，但光从食物中摄取是不够的，可以由维生素丸中补充。

维生素不是提神剂，此外，维生素本身并不含有热量，也完全不含有可产生能量的任何物质。

维生素并非是其他营养素的代替品，所以光吃维生素而不吃食物，就会健康或是就可以减肥的想法，是非常错误的。

维生素本身，不是构成我们体内组织的唯一要素，而维生素也因为种类的不同，而具有不同的效用，更无法随意取代。

你相信吗？一支香烟，会破坏 25 毫克的维生素 C，所以为了你的美丽，还是不要抽烟的好。

经研究证明，维生素 C、维生素 E 和高丽菜，对于某种发癌性物质，具有强力的抑制作用，因此可当作安全的抗癌抑制剂，而且没有副作用。

假如，你想从生蔬菜中，获取充分 B 族维生素和维生素 C，就不要将蔬菜长时间浸在水中，用活水冲洗即可。

尽量不要用铜锅烹调食物，因为它会破坏维生素 C、叶酸和维生素 E。

想从土豆中，获得最多维生素的方法是连皮一起烧烤或煮沸。

烹调时间越短越好，而且只要加入少量的水即可，这样将可以使营养的破坏，达到最小限度。

急速冷冻豆类中所含有的维生素，高于放在箱里一星期的青菜。所以，如果你不是在两三天之内，就要食用的话，建议你采用超市里出售的冷冻食品。

外出用餐

在餐厅用餐，如果刀子掉到地上时，不需去捡起来，应该请侍者重新换过。在正式的场合，即使有人帮你捡起，只要微笑点头表示感谢，不用太过声张。

在喜宴上，转动转盘时，礼貌的方式是顺时针方式转。记住自己右边的人夹完才换你夹菜。

如果餐桌上没有公筷的时候，千万不可以用筷子的另一边去夹，因为这样反而违反了餐桌礼仪。

即使是女士优先的国家，进入餐厅的正式礼仪还是由男士前导，女士尾随。

适合女性的饮用酒以香槟和葡萄酒最具代表，其他还有桃子汁和其他一些饮料。

在餐厅用完餐完毕后刀叉摆在盘内呈“4 点 30 分”的位置。如果有剩余食物，不要随意地散落整盘，而应整理在盘子的一角，才不会显得没礼貌。

为了避免在酒杯上留下唇印，在吸饮第一口之前，可先用舌头轻舐杯缘，这样便能使唇印不致留在杯缘上头。但要注意动作不要夸张，以免引起别人的误会。

住

美化空间

直筒日光灯会比环形的好。若有闪烁现象时就表示该换新的了。

餐桌最好使用灯泡。灯泡离饭桌 60 ~ 80 厘米时，最能使菜的色彩显得突出。最好不要用日光灯，以免使菜肴看起来无味。

在墙上装饰物品时，以视线的略上方为基准来装饰较佳。

在房间的墙壁上，挂一面大型的镜子，能使眼睛产生错觉，给人房间变大的印象。

镜子最好放在角落，或是放在比较不容易照到的地方，以免产生幻影。

摆设衣框时，最好不要贴墙，至少要留 5 厘米左右的空隙。

房顶较低时，可以选择离地面较近的矮沙发或家具，可使房间看起来较大。

选择寒色系或无色系时，可使空间显得较为宽广。但使用的颜色必须要属于同一色系，否则会给人杂乱的感觉。

在面纸盒的背面贴上双面胶，便可以把整盒贴在桌面下，使用起来方便多了。

利用小藤篮来装杂物，例如橡皮圈、手表、书籍、手帕、装饰品等，并固定放在门口，那么出门时，便可以提醒你不要忘记。此外，也可以拿来当垃圾筒，非常的方便。

整理内裤或内衣时，最好卷起来直放。此外，毛衣类也是一样，折好袖子后，再轻轻地把它卷起来。

把芬芳的香皂放到放内衣的抽屉内，淡淡的香味便会渗透到衣物中，穿衣时使能使心情感到舒爽多了。

收藏衣物时，高级的衣物和丝制品，最好放在衣柜上面的抽屉；耐湿气的棉制品和平常的衣物放在下面抽屉。

用衣架挂衣服时，将同样长度的挂在一起，下面腾出来的空间，又可另外利用了。

整理书籍时，顺着架子前方来排列。这样后面就可隐藏私人日记或书信、钥匙了。

厨房的流理台下面，可用来存放纸袋或塑胶袋。

洗脸架下用小型重叠式的篮子来整理毛巾或香皂牙刷等零碎的东西，既方便又可以增加容量。

在太阳西照的房间里，挂上一片淡色的百叶窗，既可使房间看起来宽敞，又可遮光。

选择窗帘时以颜色为重点，挑选与地毯或墙壁、家具等同一系列的颜色，将可使房间看起来有整体感。

清洗

百叶窗很容易粘上污垢，所以平时清理很重要，可在使用前喷上静电防止剂，使污垢和灰尘不容易沾上。

清洁百叶窗时，最好先戴上塑胶手套再套上工作手套，才不会割破手，然后蘸取洗洁剂，一片一片来擦洗。

开始使用窗帘前时，先喷上防水剂，可用来防止灰尘、香烟的烟雾，就是脏了也不至于渗透到布里。

洗窗帘时，先把它折叠成蛇状，放进洗衣机清洗。脱完水以后，就把它挂回原处，使它自然风干。

在一桶水中倒入10毫升的醋，然后使用海绵沾着擦洗浴缸，就可轻易去除污垢。桶子里放一半的水加上半杯的醋，再用布轻擦床上脏污的部分，效果会很好。

选购家具

买家具最好选择下雨天再去，因为湿气的关系，有些家具会发生开不开或抽屉拉不出来的情形。

买家具时，一定要画一张房间的图形和家具的尺寸带去。

买不能组合的沙发或衣框等大型的家具一定要先量一下房子或大厦的楼梯、窗子或大门的宽度、尺寸，不要买回来却进不了门。

选购家具时，要考虑可以放多少东西，以后还会增加等因素，可能的话选择大一点的。

购买床铺，尽量选择低短的样式，使房间感觉宽敞。

购买桌子和椅子，一定要实际坐坐看，最好能把鞋子脱掉再坐。

找房子、搬家

找房子以与单位的交通是否方便来决定取舍。

房子的挑选则以房租、隔间、楼层等顺序来考量希望的房子。

搬家时要准备厚纸箱、绳子、报纸、剪刀以备用。

捆包东西时，分成三大类：马上要用、到时要用、过些时候才用的东西。

冰箱前一天要清理干净，用胶带把门贴上才安全。

新家事先需大扫除，以免家具搬进去以后，就不容易清扫了。

打扫卫生

厕所内的卫生纸最好选用白色。可早期发现病变。

卫生纸不可丢入马桶中，以免造成阻塞。可准备一个套着塑胶袋的垃圾桶以便丢卫生纸及卫生棉用。

洗澡夜晚最好用温水浸泡，可去除一天中的汗水和污垢，并解除疲劳。若早晨的话，则用热水来冲洗。可使头脑清醒，睡意全消。

饭前饭后 30 分钟内最好不要入浴，以免防害消化功能。

居家安全第一

一个插头不可插上太多的分线，以免过热引起火灾或漏电。

拔插头时最好要拿住插头才拔，不可拉着电线拔，否则会产生危险。

朋友到家里玩时最好先照会邻居，以免太大声打扰到邻居。

冬天天气冷得睡不着时，可以在背后铺条毛巾，就会比较暖和了。

从温暖的室内走出时，可在脖子上或肩上围一条围巾，跟加一件厚外套有同样的功用。

倘若家里遭小偷了，在警察来之前，务必保持现场。

长时间外出不在时，请人代收邮件，免得让歹徒得知家中无人。

难入睡时，可以喝醋来代替安眠药。另在热红茶内加肉桂，可以止咳、解热、消炎，帮助入睡。睡觉的姿势最好是侧向右睡，可以减少心脏的负担，枕头的高度为 6 ~ 8 厘米。

手脚冰冷睡不着时，可以用微温的水泡身体较冷的部位即可。

在盛夏睡不安稳时，可用冰块来做冰枕使用，会睡得较安稳。

炎热的夏天里。用薄薄的床单来盖身体最舒适不过了。

酷热的夏夜，使用草席可以让空气流通，较能使人舒适地睡一觉。

天气如果太热，最好睡在较弱的冷气房内，会比一直用电风扇吹要好。

行

骑车与驾车

用自行车载东西时，前面的篮子最好只放 2 ~ 3 千克，3 千克以上放后座以保持平衡。

骑车时的服装可以穿着轻便一点，最好不要穿着束腹等紧身的衣裤，那会十分不舒服的。

积水的地区一定要减速慢行，以免水溅起，弄脏行人的衣服。

下雨天，紧急刹车容易打滑而造成危险，所以刹车时要分一两次，慢慢地将车子停住。

靠地图走新路线时，一定要记下回程时的路标，才不会出差错。

骑车旅行，也有危险的一面，最好将身份证随身携带以防万一。此外，紧急的联络人、电话、地址也要一并写好放在一起。

骑车稍觉累时就下车做做伸展体操，让膝盖能够缓解疲劳不再那么紧绷。

团体的自行车或机车之旅，一定要在出发前向每个成员说明清楚目的地或集合地点，万一走散，也可直接到目的地会合。

骑车旅行别忘了一定要带件外套和雨衣，以防天气的变化。

驾车出游时，请先计划行车路线，选择最畅通和最短途的路线，并尽量避开市中心，因为塞车不仅浪费时间，也白白浪费汽油。

乘车

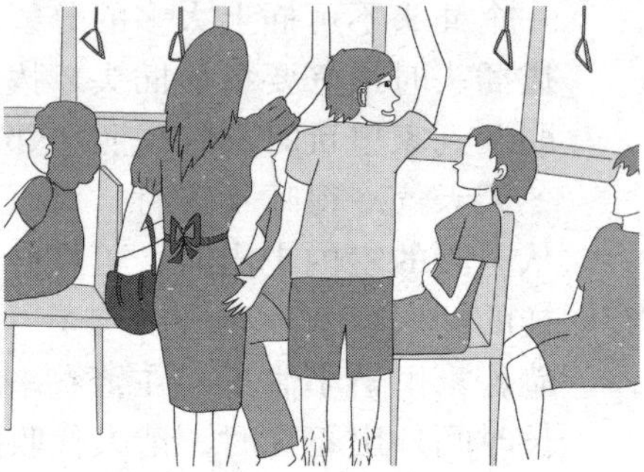

搭公车时若碰到色狼，要大声斥责，千万不要默默地任其上下其手。此外，平日搭车时，应避免站在车门边，以免无处可躲。

在拥挤的公车上要把长发束起来，以免弄得别人不舒服，这是应有的礼仪。

女生晚上搭车时，最好是三四个人搭同一辆出租车，或者请男性的朋友帮你叫车。

搭乘出租车时，务必要说清楚欲前往的地点，否则司机不了解，绕了远路，既浪费时间又浪费车资。

乘坐火车时应尽量靠车厢中段；搭飞机时尽量选最后面的位置；轿车则选后座中间的位子，较为安全。

和长辈一同坐车时，长辈应坐在司机的后面，第二人就坐在长辈旁，而最年轻的就坐在司机旁边的位置即可。

不幸被车子撞到时，要让肇事者确认自己的被害情形，并要求看其身份证明文件，以免事后对方不认账。

发生事故时，先不管谁对谁错，最好马上报警来处理。

发生事故之后，在住院治疗时，即应清楚地与肇事者交涉赔偿金问题。不管车子是否借的，第一个要交涉的是肇事者本人。

自己或他人发生车祸时，要先稳住情绪，并尽可能地把现场的情况记下来，然后立刻将伤者马上送医院急救，切勿因事发突然就完全失去应变能力了。

步行

下雨天，最好选择鞋底凹凸不平的鞋子，有防止滑倒的功能。穿鞋底平滑的平底鞋较容易滑倒。

找个机会利用测步计时器，测一下自己走路的速度，这样以后出门时，就可以掌握大概需要花费的时间了。

电线杆基本距离是每隔 30 米一根，用这种方法可以算出自己到底走了多少距离。

参观美术馆或博物馆时，因为需要四处走动，挤来挤去，停停看看，应穿着轻便的布鞋或球鞋，可舒适又悠闲地尽情观赏。

汽车在转弯时，后轮通过时会比前轮更靠近右边，所以不可站得太靠近路口，否则，在交叉路口脚有可能被右转车的后轮压到。

在等灯号时，有时候不得不停在道路上汽车的后面。这时候要小心排气口可能会喷出污水。

建筑中的楼顶若有东西掉下来，不可往马路上跑，而应该靠大楼方向闪躲。

登山健行时，脚力比较不好的人应该走在中间，熟悉路的人走在前面，以免走散。

走山路鞋子易弄湿、弄脏，预先喷上一层防水剂，不但不易弄脏，突然下雨也不怕弄湿了。

健行时，为怕脚磨破皮，可以预先在易起水疱的拇指及脚后跟贴上胶布。

创意地过日子

地毯上的家具印痕，可用熨斗烫平

当你想改变家具的位置时，却发现地毯上深深地留下家具的印痕。这时，只要用熨斗一烫就解决了。

毛的质料，一遇蒸气熨斗，毛便会竖起来。另外，混纺、合成纤维等，用洗衣专用柔软剂稀释过后喷洒在上面，然后再用蒸气熨斗烫平。诀窍是不能太大力挤压，用蒸气慢慢蒸。

臭皮鞋用除臭剂除臭

皮鞋发出的臭味令人受不了，尤其是气温高及湿气重的时期，脚更容易长湿疹。把除臭剂，装进棉制的小袋内，放进皮鞋的指尖处，如此一来，臭气全消。除臭剂可重复使用多次，用完后装进塑料袋里保存。

上厕所后用火柴除臭

上完厕所后，如要使臭味马上消除，使用火柴效果最佳。上完厕所后，划一根火柴，火柴中的磷可燃烧瓦斯，讨厌的臭气即可一扫而空。

项链缠绕在一起时，撒痱子粉解开

当项链缠绕在一起时，很难解得开。尤其外出前，匆忙之下情况更糟。这时，只要往缠绕着的部分撒一些痱子粉或滑石粉，就可以轻松地解开来了。

用肥皂防止镜子起雾

洗澡时，镜子会起雾，很烦人，此时，可用肥皂直接涂抹，再用干布擦干。那么，即使热气上升也不会起雾了。

另外，刮胡膏，花露水等化妆水，洗发精都可发挥效用。把其中一种倒在海绵上涂抹在镜子上即可。这些都是洗澡时随手可得的道具，很方便。

榻榻米沾到墨水，用牛奶便能清除

墨水一沾到榻榻米便会留下污渍。为防止留下污渍，先用纸或是布吸一吸，然后，用湿抹布好好擦拭一番，再倒些牛奶上去，用布擦拭，重复几次之后，榻榻米就干净了。

另外，被油滴到时，马上撒下去污粉，用牙刷刷一刷再用吸尘器吸净。

准备一个外出时放卫生棉的袋子

在外上厕所，若没有垃圾桶，而把卫生棉丢进厕所冲掉是很不道德的。由于并非到处都备有垃圾桶，所以可以事先准备一个小小的袋子。在文具店可以买到大小合宜，有封口的袋子。再用卫生纸包起来，要丢的时候也方便。

找隐形眼镜可用吸尘器

隐形眼镜掉进地毯时，很不容易找到。这时，把吸尘器吸口处，用一双丝袜网住，再把地板吸一遍。即使掉到手伸不到之处或是狭窄处，也可以很轻易地找回来。

用牛奶除去衣橱中的恶臭

衣橱及盥洗室往往有种特殊的臭味。可将一杯牛奶煮沸，装入马克杯中，然后放到发臭的地方。待牛奶冷却的同时，讨厌的臭味也自然消失了。

弄湿重要书籍时

弄湿的那一页的上下皆放纸张夹住，轻轻吸取水分。再以中温的熨斗烫，即可恢复原状。杂志及笔记本也可以用这个方法。

用土豆皮擦白皮鞋

在穿白鞋之前若能保养一下，便不容易脏。方法如下：用酒精擦拭或用土豆皮擦鞋都很有效。这么一来，就会很有光泽了。请务必试试看。

另外，若是上过了亮光油，建议你再用发胶喷一次。这么一来，不但能保持光泽，也不太容易沾上脏东西。

用芹菜及牛奶防止口臭

急着要出门，却吃下味道极重的食物，真糟糕。对于口中的味道你一定在意！最好能事先预防。另外，紧急处理的方法有吃芹菜叶或喝牛奶，或者含一颗酸梅也可以。

用捣碎的草莓去除牙齿黄斑

牙齿泛黄，用牙膏怎么也无法洗净，真令人生气。没想到，用捣碎的草莓刷牙，居然会有意想不到的效果。认真地去刷，便能使牙齿永保洁白。

别忘了，刷过后要记得漱口。

洗净脚尖，清除脚臭

脚被丝袜闷得有点发臭，却必须脱鞋……真是难为情，只要把丝袜脱掉清洗脚尖，然后用手帕吸干水分就好了。湿湿地穿上去，马上就会干的，没问题！

铺地毯有规则

家中铺地毯，毛的方向应朝向窗户，如此能避免日晒，兼延长使用寿命。

茶叶澡多滋润

用茶叶煮水洗澡，不但能清洗掉污垢，把体臭消除，又有保护皮肤的作用。

茶叶做蚊香

市面驱蚊的蚊香，远不如茶叶制的蚊香驱蚊有效。将泡过的茶叶晒干，倘在室外，被蚊虫侵扰，点燃茶叶当蚊香，对人体丝毫无害，且真正能驱蚊。

过期牛奶有妙用

过期牛奶倒掉可惜，用来擦地板，去污垢，地面光亮如新。

蛋壳置盆景增加养分

家中的盆景，用蛋壳放铺其上，不但洁白好看，又增加养分。

柠檬可去冰箱异味

冰箱放各色各样冷冻食品，易变质生异味，在冰箱中放两颗柠檬能消除冰箱异味。

旧报纸妙用多

旧报纸是随手扔进垃圾桶，还是论斤卖给收废品的？那太可惜了，隔天的旧报纸，妙用多多。有兴趣在家做羹汤的话，拿旧报纸垫在餐桌上，当作餐巾使用，饭罢，碗盘送洗，而桌面只要旧报纸一卷，不就菜屑、骨头全包进里面？往垃圾桶一丢，方便又清洁。

旧报纸也可作毛笔习字帖练习，供小朋友练习书法。学校需要的剪报资料，也可从其中剪获。

吃水果时，旧报纸更管用，果皮纸屑全集中在报纸上，吃完要收拾残局，也不过是用两手卷卷报纸。

切蛋糕奶油有妙方

奶油凝固之后，需切成薄片才可以食用，而块状奶油太难切了，要切得干净工整，谈何容易？怎么办？有个方法，要免除刀面沾满奶油，可先在奶油上铺层薄纸，或 PP 膜，轻压刀背来切，这样一来既可利落地切，又不必去清洗刀面奶油。

菊花茶可去口臭

口臭原因多，肝脏不好尤其容易引起，教你一小秘方，可去中药店买菊花，冲泡开水，或以煮茶方式做菊花茶，然后依口味加放少许蜂蜜，则成为不折不扣的美味药茶，植物性饮品，养颜美容去口臭，口齿必留香。

胶布粘掉发方便多

女孩子早晚梳发，免不了会有头发脱落，地面、桌椅、床上都有落发，要一根根捡？太难太费时了！改用胶布去粘，既省事又快速。

口香糖可清印章

印章在印泥上盖用一阵子，都不清楚了，刻痕显得不洁，如何是好？用口香糖来清洁印章，黏取残垢，与用毛刷来刷洗印章，有异曲同工之效。

硼酸水去汗臭味

留芳香不留汗臭，女孩子的衣物鞋袜假如也跟男生一样充满臭味，臭男生的封号岂不要移转到少女身上，变成名副其实的臭女生？这怎么可以？袜子最容易臭，洗好袜子，最好再泡在硼酸水中片刻才拿去晒干，保证没有臭味。硼酸水比例，硼酸比水约 1 ： 20。硼酸属化学品，可用来漱口。当然靠硼酸水洗臭袜、衣物还不够，最重要的是个人要勤于洗换。

洗洁剂用过量不管用

如果你认为洗衣服多放一些洗洁剂、洗衣粉，衣服会洗得更干净，那就大错特错了！衣物太脏时，多放洗衣粉不但不能如预期洗得更干净，说不定会减低，正确方法是多洗两三次，洗衣粉、洗洁剂不必太多。

干燥湿皮鞋的方法

有干衣机的话，用干衣机来烤烘皮鞋、球鞋最简便了。自然干燥时，不妨在皮鞋内塞报纸，报纸揉成一团，或利用棉纸、卫生纸塞进鞋内，可缩短干燥时间。下雨天进家门，应在门口铺报纸，吸收鞋子衣服水分，并避免鞋底泥巴带进屋子。

热水泡圆珠笔书写流利

写着写着，圆珠笔断墨了，笔管拉出来瞧，明明有墨却写不出。用火烤固然是方法之一，但容易疏忽变形烤坏了，所以安全的处理法是泡在热水中，再取出立即浸到冷水中，热冷处理后，圆珠笔又书写流畅啦！

夏天用清水拖地板

很多人为舒适起居，听信广告，使用擦地蜡、地板净来洗刷地板。冬天尚可，夏天若使用往往黏腻，因夏天人体脚心易冒汗，所以夏天以清水来拖地板是真正实用的方法。

胶布替电话消音

电话铃响，声音太大，吵得人不舒服，又无法随意调整音量，实在困扰。有一简单方法可以消除烦恼。用胶布贴住电话铃外壳，依所需音量大小，决定胶布要贴几层。保证可以减低音量到所需的程度。

热毛巾消除吻痕

与男友散心，花前月下，情意绵绵，免不了会亲吻，万一不小心吻痕留在脖子上，怎么办？为免同学、好友看笑话，用热毛巾来敷吻痕，最恰当不过了。多敷几次，紫色痕迹即可消除。也许你会奇怪，何以亲吻也会留痕？因为该处急速充血，未能扩散，所以最好的办法是热敷加搓揉。

食物存放冰箱要盖保鲜膜

鲜肉、切开的瓜果直接存放在冰箱里是错误的。真正要冷藏，任何食物，务必用保鲜膜盖住，如切开的西瓜，或鱼，或剩下的菜肴，一定要以保鲜膜覆盖才可保新鲜。

夏夜莫晒衣物在外面

蚊虫到处飞的夏夜，衣服若潮湿，容易吸引蚊虫将衣物弄脏，所以夜间洗衣，白天晒最恰当。

银质餐具的保养

银制的餐具相当高雅精细，相对地，价格也不低。如果你有机会拥有，别忘了定期的保养，以使其保有完好的外观。

保养的方式很简单：只要将柠檬汁与香烟烟灰混合之后，涂在餐具上，来回摩擦一段时间之后，再冲洗干净即可。

有柄铝锅的清洗法

有柄铝锅的清洗并不是件容易的事，尤其是锅底变黑之后，更是困难。以下为你介绍一种既方便又有效的清洁方式。

在一块旧海绵上放些砂子，然后以海绵用力搓洗铝锅锅底。你将惊异地发现，锅子竟在霎时之间恢复了光亮的外观。

锅底沉淀物清除法

家里常用的锅盆、茶壶底部，常常会积留一些白色的石灰质残留物。

要去掉这些讨厌的沉淀物并不难：在容器内放些水以及土豆皮，煮很长时间之后，它们自然会消失掉。

发霉的酱油可用大火煮

“啊！酱油发霉了！”等等，别丢掉！酱油发霉对人体无害，还可以用。可是，味道比较差，所以，必须稍微加工一下。把酱油倒入锅内，用大火煮开。把浮起的白色泡沫捞出来。接着，把酱油倒入咖啡过滤器过滤。

这么一来便可恢复原味，可安心地照常使用。

用湿抹布清除玻璃碎片

玻璃弄破了，那些肉眼看得见的碎片，可用胶带粘干净，然后，再用湿抹布或湿的化妆棉块清除，最后再用吸尘器就万无一失了。

衣物保养常识

用盐水防止牛仔裤褪色

这个方法可推荐给喜爱穿牛仔裤的人。首先，牛仔裤买来马上在浓盐水里泡一天。之后仍照一般方法清洗，即可保持色泽鲜艳。

用海绵去除衣物上的棉絮

清洗过后的袜子及上衣，常会粘有细细的小棉絮。这时，可用微湿的海绵擦拭，那些连清洁刷都刷不掉的棉絮马上被一扫而光。另外，用胶带粘也是很有效的方法。

尽量在洗后要晒之前检查一下，在还是湿润的情况下，用衣刷也可以很快地清除掉。

丝袜放在冷冻库可防止脱线

丝袜要穿之前，先放进冷冻库里，再让它自然解冻后，可有效地防止脱线。

另外，用少量的醋洗过后会变得很耐穿。还有一个方法是放一大匙糖溶于水中，把丝袜放入糖水中清洗效果也很好。无论如何，买回来之后马上进行，以备不时之需，既经济又实用。

衣服的褶处，可用醋使其更明显

有褶裙或打褶的衣服，想要把皱褶处表现得更明显些时，可用布蘸醋，仔细擦在褶处，再用熨斗加热，这样，便能使皱褶明显，不过，要注意醋不要使用过量。

防晒油的油渍，有克星

沾在泳衣或浴巾上的防晒油膏等的油渍，很难消除。这时，可向药房买“乙基乙二醇”的5%溶液。然后，在油渍处轻轻擦拭，便可完全清除。

拉链上蜡再洗衣

衣服洗好，拉链居然拉不上，气死人！不必生气，以后衣服要送洗或自个儿动手之前，先在拉链上加蜡，蜡会保护拉链不易受损、变形，等你把衣服弄干，发现拉链依然滑溜溜好拉。

贵重的衣物要送洗

随着生活水准提高，你必然也拥有高级名牌衣物，如果你为节省一些生活开销，舍不得衣物送洗，可能最后要落得得不偿失。

贵重的衣物质料好，容易变形。最佳明智的选择是好好使用，脏了就送给专门的洗衣店清洗。洗衣店会提供你该衣物究竟水洗还是干洗的专业意见，如此一来，你才不会因小失大。

汽水擦汤汁的污渍

不小心浓汤溅到衣服上，免不了心疼，不过不要紧，更不必慌张，用汽水擦就可以。以手帕或干净的布沾上汽水，直接擦拭衣服所溅及的汤汁，十分管用。

衣服免烫妙方

今晚洗衣，明天要穿，又怕洗得皱了，明天不能穿，怎么办？你可以用手洗，不要借助洗衣机。衣裤洗净之后，不要用脱水机脱水（即使要脱水，时间务必非常短暂，只略将湿水一部分脱除），再以衣架小心撑起衣裤，把有皱纹的地方拉平，垂挂于通风的阳台，则第二天衣服干了，也不会留下讨厌的皱纹，不必再拿熨斗烫了。

而不明显的皱纹，使用喷水处理，略湿，再将衣物挂上衣架，等干了，皱纹也会自然消失。

毛衣不变形有妙方

毛衣洗后晾晒时，其中含有的大量水分会使毛衣变长变形，看得好心疼。要避免毛衣变形，把毛衣铺于空板上或木板上晾干，效果较佳。

温水烫过丝袜韧性强

穿新的玻璃丝袜之前，先用温水烫过玻璃丝袜，可使其韧性佳，较不易破。

流汗就须换洗

穿在身上的衣物，一经流汗，就要马上换下来洗，不要存放起来，久了衣服会变黄，更不易清洗。

刷衣的正确方法

学校的制服，冬季的外套，春季的洋装及运动装等，都容易沾上头皮屑、头发、灰尘等，不雅观也令人不舒服。在家里，用刷子刷干净，刷的方法应由上往下刷，由里向外刷，尤其是领子部分更要刷干净。

衣物防尘

刷干净的衣服挂在房间里，由于空气中的灰尘，几日后依然会沾上白蒙蒙的灰尘。应该收挂在衣橱中，或是在衣服外面罩上一层封套。

毛衣和T恤的保养

穿毛衣或T恤工作，会发现两肘部分容易摩破。这时，最好将袖子卷起，或加套个护肘，就可防止手放在桌上时的摩擦。或是加穿专用的罩衫，如此不但可以集中精神，且能提高工作效率。

洗涤衣物的顺序

白色或不太脏的衣服先洗，已褪色或太脏的衣服，最好留到最后才洗。

裤袜或棉、线质内裤最好用手轻轻搓洗，不要和衣物放入洗衣槽里，比较不会坏。

太脏的衣物，最好多洗几次，尤其是在衬衫的领口或袜子底，必须以手用力多搓揉几下才会干净。

洗衣粉泡在水中尚有泡沫时，表示还有洗净力。

由洗衣粉水中捞起的衣服，必须多冲水，才能彻底地洗干净。

在脱水机中脱过水的衣服，要先拉平后再晾干。

各种晾晒法

睡袍、睡衣在竹竿上横穿挂起。

胸罩、长衬裙要整理好后，挂在衣架上。

长袜可挂在椅背上，不用拿出外面晾。若要快干也可翻出反面，挂在竹竿上晾晒。

衣物除尘方法

大衣或裙子，拿到太阳下晒晾时，用手拍拍，灰尘就会掉下来。

用厚的热毛巾按在衣服上，这种方法也可以把灰尘吸出来。

物品的收藏

内衣、长袜子应该卷起来收藏，下次要用时容易找到。如果是手提袋、帽子则放在衣柜上面，避免压坏，小东西要放在方便取到的地方。衣服可挂在衣架上收藏好，大衣或是外套可用牢固的衣架挂好，裙子、长裤使用有夹子的衣架较为方便。

各式各样的小装饰品或小东西，先装入格状的盒子，再放入抽屉中，取用时方便。

鞋子或拖鞋放在原来的鞋盒里，也可用塑料袋或纸装好，以便收存。

各种小东西的保养

皮带先卷好再收藏，有时可用油擦擦，使收藏起的皮带保持光亮。

塑料制品的戒指，可用温水加洗洁剂擦拭，如有不易擦到的地方，可用柔软的牙刷清洗。

手提包收藏前，先用柔软的布擦拭提包的边缘，注意金属扣等容易沾上灰尘的地方，要特别地擦干净。包内若放有东西，顺便加以整理好。若是布制的，先轻轻洗净，再弄好原状，晒干后收藏。

布帽先用肥皂水轻轻揉搓后，再用清水加以洗干净。

鞋子一个月擦一次油就够了。用绒布或尼龙袜擦鞋都很好擦，不过如要去尘埃，就要用毛巾或棉布擦。

鞋子湿了要先使它干燥后，里面再塞入旧报纸后阴干。

尽量保持漆皮靴的干燥，不潮湿就不会裂开。

短筒靴的处理先用刷子去尘，然后涂上鞋油，待10分钟以后，再慢慢地刷亮它。

使长筒靴帅直的方法，一只先装旧报纸，然后把另一只和它夹在一起，如此靴子就不会萎皱了。

居家

电器使用、保养

烤面包前，先把烤箱预热，可以很快烤出香喷喷而又有弹性的面包。

打雷时，应立即关掉电器，离开浴室、厨房等有水的地方。在屋外时，则不要靠近大树或电线杆，拿掉身上的金属饰品，且蹲下身体。

电器用品须常清理灰尘，收藏时，如有电池在里面必须取出，以免伤害电器。

电器最好买新的，寿命会较长。

新旧电池不可一起使用，且最好使用同一厂牌的。

方型电池和普通电池的正负极位置不同，不可弄错而造成短路。

碱性电池适合需要强力电流的电器使用，普通电池则相反，适合微弱电流的手电筒、计算机等。

电池在常温的状态下可保存2 ~ 3年，通常放在冰箱内是最好，不过在室内阴暗处也一样，所以可以多买几个备用。

普通的电池用完了就丢，但充电式的电池可以反复使用，不过价钱较贵。

注意水银电池不可随便丢弃。可把它放进有回收箱子的地方，才不会污染到环境或危害到人体。

少开关冰箱，以免冷气跑掉，造成食物腐坏。

温的食物一定要等凉了以后再放进冰箱。

保管与存放

银行的存折和身份证分开保管，万一被偷的话，要赶快打电话通知银行止付。

画过线的尺，要擦拭一下尺边，以免弄脏衣物。

玻璃杯重叠在一起拿不开时，可以在杯子里加冷水，再将杯子放入热水，就可以分开了。

盐在冷、热水中融化的速度是一样的，不过用汤匙搅拌一下会溶得比较快。

要保管重要的物品，可以利用银行的保管箱，既安全又便宜。

假如手边有一笔暂时不用的钱，最好利用银行的定期存款，因为它会比普通存款的利息高出很多。

新鞋在穿之前，涂上鞋油磨光，这样的话，会更为耐穿。

生病受伤

小的伤口须先用水清洗，再拿双氧水或碘酒消毒，最后用绷带贴起来，若不是很严重，可不用绷带，以便透气。

切到手指时，按住手指两边就可以止血了。

刺到大块的玻璃时，应立刻找医生，不要自行将玻璃拔起。

手被门夹到，先用冷敷，然后赶快去看医生，以免有内出血或骨折自己没有察觉。

撞伤时先用冷敷，这样疼痛或内出血会较少。严重撞伤时千万别乱动，如果是撞到胸、腹部，请暂时不要吃东西。脚扭伤先不要乱动，应立即把鞋子脱掉、冷敷，因为脚若肿起来，鞋就脱不下来了。

烧伤时马上用水冷却。但注意水量不可太大，最好将伤处全泡在水里。

处理水疱或脓，要用消毒过的针来刺破，再以双氧水消毒，并用干净纱布包住伤口。

保健之种种

鼻塞时侧着睡，呼吸道会变宽，鼻子会比较通顺。

脚若抽筋，可将脚的拇指向着头部弯曲，或用热毛巾敷小腿，并以手按摩。

打嗝时候，可停止呼吸，一口气喝下冰开水，即可止住。

脖子扭到不能动时，可热敷之后按摩脖子肌肉，使紧张的部分变轻松，会比较舒服。

有沙子跑进眼睛时，只要眨眨眼就可以让沙子和泪水一起出来了，不要用手揉眼睛。

减肥的要领是，早餐要丰富，晚餐要简单。吃过饭后不要马上睡觉。

平常穿的衣服，如感觉背后变紧的话，就是变胖了。

要有一口美丽的牙齿，最好用尼龙制成的牙刷，而且把手是直的才好。刷时不要忘了舌尖也要刷，这样不仅会感觉很清爽，又可防止口臭。

生理期中头发很容易脏，要仔细地清洗。

生理期中去游泳，容易引起大量出血，所以千万要避免。

生理期时若不小心让血液沾到裤子，要立刻用肥皂搓洗裤子，并用冷水冲洗，不能用热水。

上厕所后，若粪便浮于水上，则表示肠胃消化不太好，可能是体力不足、疲劳造成的。

冬天嘴唇容易干燥，不要用舌头舔，最好擦上护唇膏。

运动中流汗是为了保持体温正常。大量流汗要补充充足的水分，以免造成体内水分不足。

早晨起来若发现眼睛浮肿，别紧张！用冷敷马上就可消肿了。

在光线不足的地方读书，眼睛容易疲劳，近距离看电视也一样。

吃药

吃药最好是用热开水服用，才不致减低药物的效果。

服食镇痛或解热的药物时，最好能配合大量的开水，切忌空腹时吃药，才不会引起胃痛。

便秘的药物不可多吃，不然会养成习惯，日后不吃药就排不出来。

吃药时药粉倒入口中会很苦，可先含上一点水，使药分浮在水面，喝进去时就不会感到太苦。

吃药的时候若是喝咖啡、红茶以及牛奶，都会减低药物的效果。

服用药之前，要先详细阅读药品上的注意事项。

信件与包裹

在夜里或生气时所写的信，在投邮前要再看一次才妥当。

把信封打开时，若有一股香气传来，不是别有一番风情吗？所以把信纸放入信封时，不妨洒上一点香水。

如用印上贺词的贺卡，切记名字要亲笔签上，再加上一些问候的话，才不会觉得不亲切或没有诚意。

收到贺年卡后，最好做上已回或未回的记号。倘若今年已到了元旦，尚未回函的话，明年这些就要先寄上贺年卡。

最后一张信纸不可只书写姓名，最好再写上两三行字，才不会失礼。

写安慰信最好选择没格式的信纸。折叠时，折三折，在上面挪出一点。打开时，马上可以知道从那里开始看。

明信片可用来问候，也可当成贺年卡片使用。

给长辈贺年卡最好用毛笔书写或自来水笔。不宜使用圆珠笔或铅笔。

贺年卡上，多写些愉快的事，不要写些不如意事，那是不礼貌的。

寄国外的信件或包裹，收件人的姓名和地址最好用油性笔来书写，水性的笔若沾到水，字体会消失。

寄包裹往国外时以小包裹较方便又便宜。重要的物品或高价的东西，必须上保险，万一遗失可以得到补偿。

第十一章

营养饮食保健康

青春期少女的日常营养需求

谷类食物：每天 400 ～ 500 克。还可以适当吃一些杂粮，如玉米饼（窝窝头）、红（绿）豆粥等。在南方食米地区，每天还应吃含谷类约 1/3 的面粉类食物，以提高膳食中 B 族维生素的水平。

新鲜蔬菜和水果：每天约 500 克，其中绿叶蔬菜不应低于 300 克，水果至少 100 克。但是不能以水果代替蔬菜。

动物性食物：每天至少喝牛奶 300 毫升，以获得足够的钙。每天也应吃鸡蛋 1 ～ 2 个，其他动物性食物如鸡（鸭）、鱼、肉共 150 ～ 200 克。

大豆及其制品：每天 150 克左右。

纯热能食物：食用油 15 克、食糖 10 克。

每天盐的摄入量以不超过 6 克为宜。

青春期少女的饮食调理

（1）青春期少女，对热量的需求要比成年人多，每天需要的热量为 10878.4~11296.8 千焦（2600 ～ 2700 千卡），主要来源为糖、脂肪和蛋白质。有些少女不吃早饭或不吃饱，会导致热量供应明显不足，必将影响身体的生长发育，所以早饭一定要吃好。

（2）青春期对于蛋白质、矿物质、水分的需要相当大，而且还要全面。少女对蛋白质的需要为每天 80 ～ 90 克。不同食物中的蛋白质组成即氨基酸的种类不尽相同，所以食物应该多样化，才可以全面补充。切记不可挑食。

（3）青春期的少女要注意在经期避免食用一些食物，否则容易损害健康。这些食物主要有三大类：①生冷类，即中医中所说的寒性食物，如梨、香蕉、西瓜、荸荠、石耳、石花、地耳、螃蟹、田螺、蚬肉及各种冷饮、凉拌菜等，容易造成痛经、月经不调等症状；②辛辣类，如肉桂、花椒、丁香、胡椒粉、辣椒、蒜、姜、葱及酒、茶、咖啡等饮料，容易导致痛经、经血过多等症状；③酸涩类，如杨梅、石榴、樱桃、杧果、柠檬、柑橘及醋和以醋为调料的酸辣菜、泡菜等，会引起经血不畅、瘀阻，引起痛经。

（4）青春期少女在进食前后要注意休息，如果饭后剧烈运动，则胃肠道的血供应就会减少，必然导致胃肠功能下降，引起消化不良及一系列的胃肠不适，所以进食前后要注意休息，以保证胃肠的供血。

少女变声期饮食

（1）注意胶原蛋白和弹性蛋白的摄入。因为发音器官主要是由喉头、喉结和甲状软骨组成，这些器官主要是由胶原蛋白质和弹性蛋白质构成，声带也是由弹性蛋白质薄膜构成。为此，变声期的少女应多吃些富含胶原蛋白质和弹性蛋白质的食物，如猪蹄、猪皮、蹄筋等。

（2）摄入足量的B族维生素和钙质。维生素B_2、维生素B_6能促进皮肤发育，也有利于声带发育。钙质可以促进甲状软骨的发育。

（3）少吃或不吃辛辣刺激性食物，如辣椒、蒜、胡椒粉等，同时远离烟酒，以防刺激声带黏膜，引起急慢性喉炎、咽炎。

（4）进食时应注意细嚼慢咽，切忌狼吞虎咽，尤其吃鱼时更应注意，以防鱼刺扎伤咽喉。同时，还应多吃些软质食物和精细食物，不宜多吃粗、硬、干燥的食物，以防损伤咽喉。

（5）适量饮水，减少或清除喉腔的分泌物，以防止咽炎发生。此外，在变声期切勿大声呼喊，不要疲劳过度或睡眠不足，情绪不宜过分波动，以免因咽喉充血而引起声带损伤。

少女必须补足钙

雌激素是一种性激素，主要由卵巢合成，它有帮助女性从血液中吸收并贮存钙的作用。但是少女月经初潮时，由于卵巢尚未发育成熟，因而不能充分地分泌雌激素，从而使钙质的吸收利用受阻，进而引起子宫肌肉或身体某些部位产生痉挛，严重时还会引起全身抽筋。所以，少女初潮前后应特别注意在饮食中补充钙质，以减轻或消除上述现象。

（1）坚持喝牛奶：每100毫升牛奶含钙高达125毫克。

（2）多吃含钙多的食物：如骨头汤、乳制品、豆制品、虾皮、蛋类、鱼类和绿叶蔬菜等。

（3）口服钙剂：如各种钙片或钙粉。口服补钙时，应注意不可与植物性食物同食，因植物性食物中大多含草酸盐、碳酸盐、磷酸盐，这些盐可与钙结合生成“多聚体”而沉淀，从而阻碍钙质吸收；也不能与油脂类食物同食，如大油中的脂肪酸、蛋白质分解出来的氨基酸，可与钙结合形成不易被吸收的钙盐。

（4）增加户外活动时间：接受阳光照射，可促使皮肤中维生素D的前身物质转化为维生素D，而维生素D正是人体吸收钙质所必不可缺的媒介。

青春期的健美饮食

（1）在少女生长发育期，钙、磷需求量增多，如摄入不足，就会影响骨骼的生长发育和身体的均匀发展，破坏体型的优美。因此，日常必须多食用含磷、钙多的食品，如牛奶、鸡蛋、虾及黄豆、芝麻油、菠菜等。

（2）维生素也是青春期少女不可缺少的。维生素 A 能维持身体的正常生长发育，使人目光明亮；维生素 D 不足可导致佝偻病或骨质疏松症；维生素 C 缺乏容易引起出血；维生素 B_1 可使皮肤光滑。这些维生素多存在于动物肝脏、蛋类及鱼肝油、菠菜、胡萝卜、辣椒等食品中，新鲜蔬菜和水果则含维生素 C 较多。

（3）应常吃蛋白质、维生素、矿物质含量多的食物，如水果、胡萝卜、葵花子、黄豆、花生、芝麻油、豆芽、鱼肝油等，均可使少女头发乌黑、皮肤柔润、身材匀称。

青春期少女加强营养是十分必要的，但应适量，切不可乱吃乱补，否则容易引发肥胖；反之则营养不足，身体瘦弱，影响发育。因此必须做到补养和消耗的相对平衡，平时坚持体育锻炼，以促进胃肠消化和吸收，使全身得到更多营养，骨骼匀称端正，身体结实优美。

防治厌食症

爱美之心，人皆有之，然而，有些青春期少女为了追求所谓的曲线美，一味节制饮食，借以控制体重。为了怕长胖，有的甚至发展到不想吃饭，吃不下饭，造成身体极度消瘦，最后不得不就医诊治。其实，这种为减肥而吃不下饭，身体极度消瘦的状态是一种心理障碍，医学上称为“精神性厌食症”。

国外有科学家提出此病的 6 条诊断标准：

（1）体重比原来减少 25%，与相同年龄和身高者比较，体重至少低 15%。

（2）以苗条为美，唯恐肥胖，有意识地控制饮食，宁愿挨饿而不愿多食。

（3）停经 3 个月以上。

（4）有心动过缓、形体消瘦、食后呕吐和发作性食欲亢进等征象。

（5）无其他躯体性病理改变或精神障碍。

（6）起病年龄常在 10 ~ 30 岁之间。

由此可见，少女们千万不要因为片面追求所谓的身材苗条而盲目节制饮食，以防发生精神性厌食症。一旦发生，应在医生的指导下切实执行治疗方案，必要时应住院治疗。

少女营养缺乏的蛛丝马迹

（1）食欲不振、易疲劳，可能是由于缺乏维生素 B_1、维生素 B_2、维生素 B_5 及维生素 C、锌等。

（2）头发缺少光泽、稀疏而少、易脱落，可能是蛋白质、维生素 A 和热能不足。

（3）鼻子和嘴唇缺少油脂、面色苍白，可能是缺乏维生素 B_2 和蛋白质。

（4）眼结膜苍白，可能是贫血所致。

（5）口角炎，可能是缺乏维生素 B_2。

（6）皮肤干燥、毛囊角化、粉刺、瘀点，可能是缺乏维生素 A。

（7）凹型指甲、匙状指甲，可能是缺铁性贫血。

（8）心动过速，可能是缺乏维生素 B_1。

需要说明的是，上述一些体征，并不只是营养缺乏所特有的，也可能与其他原因有关。如果你怀疑自己有什么问题，应及时就医，既不可自作主张，也不能置之不理。

什么是食物营养素

食物是指可能用来被人体消化、吸收和利用的可食物质，它能供给人体能量，调节人体生理功能以及满足生长发育的需要。

营养素是指食物内所含有的营养物质，包括蛋白质、脂类、糖类、维生素、矿物质和水。这六大营养素是生命活动的物质基础。

蛋白质是生命的物质基础，我们的皮肤、肌肉、内脏、毛发、韧带、血液等都是以蛋白质为主要成分的形式存在的。食物中蛋白质的功用主要有两个方面：一是维持人体组织的生长、更新和修复，以实现其各种生理功能；二是供给能量。

脂类包括脂肪和类脂。脂肪是甘油和脂肪酸的化合物，在人体成分中约占 13.2%，脂肪的发热量极高，其功用主要是供给能量，又是糖的后备物质，占供能第二位。类脂是磷脂、糖、胆固醇等化合物的总称。其中的胆固醇和磷脂是构成细胞膜及参与各种生理功能活动所必需的。生活中食用的花生油、豆油、菜籽油、猪油、牛油等，都是以脂肪为主要成分的脂类。

人体是由有机物、无机物和水按一定比例结构组成的，蛋白质、脂类、维生素、糖类是有机物。无机物也叫无机盐，又叫矿物质，它包括了金属元素及这些元素组成的各种化合物。无机盐的种类很多，功能各异，约占体重的 5%。它在体内的功能可分为构造人体组织和调节生理功能两大类。对人体特别重要的有钙、磷、钾、钠、镁、锌等11种微量元素。

糖类由碳、氧、氢等元素组成，又称碳水化合物。它包括单糖、双糖和多糖。经常食用的单糖有葡萄糖、果糖；双糖有蔗糖、麦芽糖、乳糖；多糖有淀粉和纤维素等。糖是人体各种生理活动和劳动、工作所需能量的主要来源，人体约7%的能量靠糖来供给。

维生素的主要功用及来源

人体对维生素需求量不大，但绝对不可缺少。体内维生素缺乏，会导致物质代谢障碍，影响正常生理功能，严重的还会由此而引起病症。根据维生素溶于脂肪和溶于水中的溶解性质的不同，又分水溶性维生素和脂溶性维生素。水溶性维生素主要是B族维生素、维生素C等。脂溶性维生素主要有维生素A、维生素D、维生素E、维生素K等。

人体需要的维生素要从各种食物中摄取，只要我们不偏食，注意饮食营养的多样化，并在食物的烹调、加工、洗涤和贮藏等过程中尽量避免各种维生素的丢失，就能满足机体每天对维生素的需要。

人体能量从哪里来

人体好像是一部机器，只有持续不断地供给能量才能维持心脏的跳动及正常的生理活动。

它所需的能量是从哪里来的呢？是由糖、脂肪、蛋白质在氧化过程中释放出来的。每一克食物成分彻底氧化时所释放的能量通常被称为该食物成分的卡价，一般每克糖彻底氧化时释放出17千焦的能量，每克脂肪完全氧化可释放出38.9千焦的能量。释放的能量一部分以热的形式释放出,用来维持体温，一部分则贮存于三磷酸腺苷（ATP）中，作为机体所需能量的主要直接来源。

人每天消耗的能量，一方面是满足人体基本生理活动的需要，这称为基础代谢，如心脏的跳动、肺的呼吸等，一般一个人24小时最低消耗能量为4180～7524千焦；另一方面是满足人的劳动所需。一般地说，一个轻体力劳动者，加上基础代谢所需的能量，每天约需10450千焦，中体力劳动者约12540千焦，重体力劳动者可高达16720千焦以上。

食物是怎样在人体里被消化的

食物中所含有的各种营养成分，不能直接被人体利用，而是经过消化器官消化吸收后，才能加以利用。所谓消化，就是指外界食物经过消化道的运动和消化的作用，将吃进的食物分解为可以被吸收的成分的过程。经过消化的食物成分通过消化道进入血液循环的过程叫作吸收。

在消化过程中，通过消化酶的作用，食物由构造复杂的大分子分解成构造简单的、可以被吸收的小分子，这叫化学性消化（酶的消化）。化学性消化得以完成，还须有消化管的机械作用来配合。通过牙齿的咀嚼和胃肠的蠕动，将食物磨碎、搅拌、与消化液混合，这叫作机械性消化（物理的消化）。还有一种消化是由于寄生在肠内的细菌的作用，使食物分解、发酵和腐败，叫作细菌性消化（生物的消化）。

消化器官由消化道和消化腺两大部分构成。消化道又可以分为口腔、咽、食道、胃、小肠（十二指肠、空肠、回肠）和大肠（盲肠、结肠、直肠）几部分，全长约 9 米。其结构大致分三层：黏膜、肌层和浆膜。消化腺包括唾液腺、胃腺、肠腺、肝和胰腺等。完成机械性消化主要靠消化道的运动，完成化学性消化主要靠消化腺分泌的消化液。这些腺体分泌的消化液都分别从相应的消化道各个部位排出。经过消化，食物中的营养物质被吸收进入血液，而剩下的食物残渣则通过肛门排出体外。

十种主要营养素及其来源

（1）蛋白：肉、禽、鱼、干豆、青豆、蛋、奶酪、果仁、瓜子。

（2）糖：谷物、土豆、干豆、玉米、面包、糖。

（3）脂肪：酥油、豆油、奶油、人造黄油、色拉油、咸肉、香肠、果仁、瓜子、花生油。

（4）维生素 A：肝、胡萝卜、白薯、绿叶蔬菜、奶油、人造黄油。

（5）维生素 C：菜花、柠檬、柑橘、番木瓜、杧果、草莓、卷心菜、土豆、西红柿、绿叶蔬菜。

（6）维生素 B_1：瘦肉、果仁、粗粮、主副食营养品（诸如粗面包、强化麦片）。

（7）维生素 B_2：肝、牛奶、酸乳酪、绿叶蔬菜、粗粮、营养丰富的粮食制品。

（8）烟碱酸（抗癞皮病维生素）：肝、肉、家禽、鱼、花生、粗粮、营养丰富的粮食制品、干豆、青豆、果仁。

（9）钙：牛奶、酸乳酪、沙丁鱼、带骨大马哈鱼、肉卷、蔬菜、芥末、萝卜叶。

（10）铁：牛羊肉、肝、强淀粉、梅脯汁、干豆、青豆、绿叶蔬菜、粗粮、营养丰富的粮食制品。

哪些食物含蛋白质高

蛋白质含量被人们公认为是衡量食物营养价值的最主要的标准。蛋白质能增进人体生长，构成人体的新蛋白；能修补人体损坏了的组织，恢复人体健康；制造内分泌素，调节生理功能；还能作为人体热能的补充来源。

蛋白质的基本结构单位是氨基酸。目前已发现的氨基酸有30多种，其中有10种人体不能自制。根据食物中蛋白质含氨基酸种类，可把食物分为3类：一类是完全蛋白质食物，这类食物主要有乳类、蛋类、肉类和鱼类，此类蛋白质中所含氨基酸的种类和成分最易被人体吸收利用；二类是半完全蛋白质食物，这类食物主要有豆类、硬壳果类等，此类食物中虽然含有重要的氨基酸，但种类不全；三类是不完全蛋白质食物，这类食物主要有谷物中的玉米等，此类食物蛋白质中所含氨基酸种类不全，而所缺少的正是人体所不能自制的。

在发达国家中，人们需要的蛋白质有56%是来自肉、蛋、奶、鱼，有34%来自粮食；而在一些生活条件较差的第三世界国家中，仅有21%的蛋白质来自肉、蛋、奶、鱼。

锌是人体不可缺少的营养素

锌是一种很微妙的矿物质，在近20年来才被科学家们认识到，它是人体中不可缺少的基本元素之一。

锌可帮助人体的细胞分裂。如果缺乏锌，人便变成夜盲。锌还可以使人更聪明。

人们如果受伤或动手术，锌可以把组成新的细胞的蛋白质和把这些新生细胞结合起来的骨胶原大量地和快速地运到受伤部位，从而使伤口愈合加快。在医院进行的试验证明，服锌片的一组手术病人平均在手术后18天即出院，而对照组为37天，相差竟达19天。

锌对健美的皮肤是不可缺少的重要成分。它还可治疗脸上的粉刺、痤疮和各种丘疹和疙瘩等。瑞典的医生们进行了试验，他们给长粉刺的病人服用135毫克的锌，经过三个月后，这些病人的粉刺都减少70%，他们还进行另一种试验，把病人分为3组，分别给他们服用锌、维生素A和锌加维生素A。经过三个月的疗程后，第一、三组服用锌的病人，他们的粉刺减少80%，而第二组只减少30%。

锌还可以使人对甜味的味觉增加，减少了对糖的依赖性，因而又是减肥的手段。有些巧克力成瘾者，便采用“锌食谱”进行治疗。

人体每天对锌的需要并不多，一般15毫克便够了，但仍有不少人患锌不足症，尤其剧烈运动和耐力项目的运动员和重体力劳动者，每小时可出汗几升，而每一滴汗都含有少量锌。这些人如果不服用锌片，单从食物中摄取锌是不够的。据美国对长跑运动员的调查，有23%的人锌水平较低。此外，很多食物在加工过程中使锌大量损失，如罐头食物中锌的含量较少，白面在加工中损失75%，含铜成分多的食物锌则被挤走了，服用避孕药片也影响对锌的吸收。

食物中含锌丰富的有：海味（最丰富的是蚝）、牛肉、家禽、豆类、坚果仁（如核桃等）、瓜子类和麦芽等。

粗茶淡饭胜过高级补品

人所需要的营养物质有蛋白质、碳水化合物、脂肪、无机盐和水等，这些物质对人体各有作用，缺一不可。天然食品不能包含全部营养素，而各有偏重。因此，食物必须多样化。

各种营养素的需要量也不是均等的，就拿蛋白质、碳水化合物和脂肪三大主要营养素来说，它们都是能产生热量的。以其所含热量为标准，我们每天膳食中三大营养素的比例应分别为15%、50%和35%左右为宜，所以在多样化的食品中还要讲究些适当的搭配，使获得的营养接近比例。

蛋白质是人体最需要的营养物质，对于儿童应尽量满足需要，但也并非多多益善，经常吃高蛋白质食物会造成胃口不佳、大便干燥，还会加重肾脏负担，同时多余的营养部分也不能被身体所利用，造成营养上的浪费。碳水化合物和脂肪好比人体的燃料和能源，主要用来满足各种活动的能量消耗。有的人认为五谷杂粮价廉易得，常轻视其营养价值，而把各种巧克力食品、高级糖果、麦乳精之类视为儿童的营养补品，实际上，这类食品所含营养素很单调，都缺乏儿童生长发育最需要的蛋白质。而且此类食品若在饭前吃，可使人产生假的饱腹感，等到吃饭时胃口大减。

十种最好和最差的食品

据美国鲁泽斯大学营养学教授费施研究，有十种食品含有最丰富的纤维素、维生素和矿物质。它们是:苹果、鳄梨（牛油果）、香蕉、菜花、鸡、鱼、柑橙、土豆、脱脂奶、粗面包。

费施认为，有10种食品最差，对健康不利，应尽量不吃。这些食品是：咸肉、糖果、巧克力、罐头咸牛肉、蛋黄、肥猪肉、猪牛肉混合香肠、炸薯片、熏肉和全脂肪奶制品，这些食品中含较多饱和脂肪、胆固醇，熏制品还含有能致癌的硝酸盐。

现在很多人怀着希望增强身体健康的心情而采取一些禁食措施，但这种饮食方式对身体有益还是有害？有些人认为禁食或忌食某些食物能增加耐力，加强抗病能力，赋予器官新的活力，延缓衰老和加速减肥。然而减少身体必不可少的营养，并不符合科学规律。禁食对某些人来说可能是危险的，且实际上缺乏对身体有任何好处的科学论据。

为健康而禁食的人基于这样的观点：即身体内部累积了各种毒素，如自由基之类有害的不稳定物质，可能妨碍细胞、组织和器官。他们认为这些毒素通过空气、水和食物进入体内，特别是多脂肪和经过加工的食物，能引起如长期头痛、经前期综合征和早衰等问题。他们还认为禁食可以让消化系统得到休息，使身体有排除毒素的机会。但持不同意见的人认为，身体能不断地自己清理，不需要靠禁食来净化器官。

如果身体得不到食物，便会转而寻求自己的能源，首先是血液中的糖分子，然后是储存的糖原或体脂。在禁食一天左右以后，碳水化合物耗尽，身体开始将脂肪转化为称为酮的化合物。酮在肾脏中聚积，会增加脱水和减少血容量的危险，最终的结果可能是精神错乱、记忆力丧失甚至昏迷。禁食对有糖尿病、低血压或胃溃疡的病人特别危险。

禁食也不是减肥的有效方法，多数人在恢复进食后体重回升。由于因过激的饮食方式造成的代谢率急剧下降，几乎不可避免地会导致体重增加。

延长青春期的十种食物

（1）苹果：含有纤维素、维生素 C 和糖，可防止皮肤生疱疹，保持肌肤光泽。

（2）胡萝卜：富含维生素 A，可使头发保持光泽，皮肤柔软。

（3）脱脂牛奶：含有维生素 D 和钙，使人的骨骼和牙齿强健。

（4）矿泉水：可使皮肤柔软、娇美、白皙，有助于消化解毒、促进胆汁的分泌。

（5）贝类：含有 B 族维生素，有助于健康皮肤，保持皮肤弹性和光泽。

（6）小鸡：含有无脂蛋白和 B 族维生素，有利于增加皮肤能量和抵抗力及滋润皮肤。

（7）菠菜：含有维生素和铁质，有助于保持皮肤、指甲的美观。

（8）橙子：有助于增加皮肤弹性，减少皱纹。

（9）麦芽：富含维生素 E、蛋白质，有助于头发的生长和健美。

（10）金枪鱼：含有大量维生素 D、钙和磷，有助于牙齿和骨骼的健康。

金枪鱼

健康长寿的饮食忠告

（1）为保持食物营养，宜多吃蒸制食品。

（2）每天至少要饮用 1 升水，以利于排除体内的有害物质。但用餐时，不宜喝水。

（3）少食用牛羊肉，牛羊肉里含有对人体有害的油脂。橄榄油是人类最理想的食用油。

（4）多服用维生素 A、维生素 C 和维生素 E。人若缺乏维生素，身体免疫力会降低。

（5）多吃纤维食品。谷物、水果和蔬菜里的粗纤维能避免有害废物停留在胃肠壁。

（6）少吃糖。那些人工加甜剂对孕妇尤其有害。

（7）晚餐要少而软。

（8）慎用致癌食品。在锅里烹煮肉时，常常会有油滴落在火上，燃烧的油烟又会重新黏贴在肉上，这很容易导致癌；酒精对肝有极大的伤害力，并容易诱发癌症。

可以提高身体免疫力的食物

（1）蘑菇。蘑菇中含有矿物质硒和抗氧化剂。体内硒水平过低常常使重感冒的加重风险增加。在蘑菇中还含有 B 族维生素核黄素和烟酸，这些维生素在维持免疫系统健康发挥重要作用。

（2）卷心菜富含谷胱甘肽（具有免疫增强功能）。把卷心菜加到汤里，慢慢炖，可以让抗氧化物释放入汤中，从而增加食物的营养价值。

（3）牛奶、黄豆。牛奶和黄豆都属于高蛋白食品，有增强呼吸道和内脏器官抗感染的作用，能防止病毒和细菌粘到呼吸道上。黄豆中的大豆蛋白被人体消化、吸收和利用的程度极高，它和乳蛋白同样可以构成人体内的抗体。

（4）芦荟。芦荟具有极强的生命力，主要功能有清热排毒、缓泻、消炎抗菌、增强免疫功能、护胃保肝和护肤美容的作用。

（5）大蒜。具有抗菌消炎、抗感染的作用，能保护肝脏及心血管的正常功能、调节血糖、降血脂、预防动脉硬化、抗血小板凝集。

（6）山楂。有助消化、保护心血管、降低血脂血压、抗菌、减肥、抗肿瘤、清除自由基、增强免疫力的作用。

（7）蜂胶。蜂胶能提高人体巨噬细胞吞噬病毒、细菌的能力，使机体免疫系统处于动态平衡的最佳状态，被称为“天然的免疫增强剂”。

哪些食品能健脑益智

若用脑过度，就会使大脑组织长期处于兴奋状态而疲劳，导致脑神经细胞由兴奋转入抑制。因此，必须合理用脑，适度休息，积极补充大脑细胞所需的营养物质，才能满足其生理代谢的需要，更好地发挥中枢神经的作用。现代科学研究发现，下列食品具有良好的健脑益智作用。

（1）蔬菜类。菠菜含有大量叶绿素，是脑细胞代谢的优质营养品。胡萝卜含有维生素 A 等多种维生素、无机盐，营养极为丰富，素有“小人参”之美称，是良好的健脑食品。

（2）水果类。橘子富含维生素 A、B 族维生素、维生素 C，属于碱性食物，可消除酸性食物对神经系统的损害，对增智健脑大有帮助。香蕉所含碳水化合物以果糖类为主，可在人体内迅速转化为能量，有效地缓解神经疲劳，所含钾对维持人体细胞功能和酸碱平衡以及改善心肌功能均有益。

（3）动物肉类。鸡肉含有丰富蛋白质，能维持人体正常免疫功能、激素平衡及肌肉收缩力，对人体健康尤其是大脑健康有特殊意义。猪脑含有铁、磷、钙等多种微量元素。中医认为，食用猪脑可以以脏补脏，以脑补脑，具有神奇疗效。鱼能为人体提供大量蛋白质和人体必需的氨基酸，而且利用率极高，易于大脑组织吸收利用。此外，鱼肉中含有极为重要的健脑物质——DHA，对大脑细胞特别是脑神经的传导和突触的生长发育有着极为重要的作用，可改善大脑机能，提高记忆水平。

（4）奶制品和豆制品。牛奶中所含蛋白质、磷参与体内各种新陈代谢，补充大脑细胞消耗的能量，所含的多种维生素对神经细胞非常有益。豆制品的维生素、矿物质含量也相当丰富，对增强大脑营养很有裨益。

食用菌——健康食品

平菇、香菇、黑木耳、银耳、金针菇、双孢蘑菇、草菇、猴头菇等都是日常能够购买到的食用菌品种。它们以质嫩味美著称于世，是世界性广泛食用的高营养价值的副食品。

分析表明，食用菌的蛋白质含量，鲜品为自身重的 2% ~ 5%，干品为 30% ~ 40%，高于一般蔬菜；而且其氨基酸构成全面，大多数都含有人体无法自身合成的全部必需氨基酸，也是公认的优质蛋白质来源。食用菌也是天然食品中维生素的重要来源，其维生素含量一般比蔬菜高 2 ~ 8 倍。它们普遍含有较丰富的麦角甾醇，经紫外线照射即可转变成维生素 D。干香菇维生素 D 含量达到 128 ~ 400 国际单位 / 克，而以营养价值高见称的大豆仅含

6 国际单位 / 克。常见食用菌中维生素 B_2 和烟酸的含量显著多于一般蔬菜。

食用菌还富含矿物质。平菇、草菇、黑木耳、银耳、香菇的含钙量均很高，含磷量一般为黄瓜、白菜等常食蔬菜的 5 ~ 10 倍，而木耳和香菇的含铁量约为一般蔬菜的 100 倍，因此对于机体的骨骼发育、缺铁性贫血及妇女健康具有特殊意义。食用菌中食用纤维含量为一般蔬菜的 3 ~ 10 倍,有助于消化道疾患的预防。

按照中华传统的食药同源理论，诸多食用菌均有相当的食疗作用。随着科技水平的发展，国内外研究人员通过现代手段已经多方面验证了其保健作用。如普遍存在于食用菌中的多糖类物质均不同程度地表现出抑瘤作用。研究发现，它们是通过提高机体免疫力而发挥作用的；平菇、香菇对降低血清胆固醇作用明显；黑木耳能抑制血小板凝集；猴头菇对消化道系统有保护和治疗作用。

20 世纪 80 年代后，我国食用菌生产发展迅速，总产量已由世界第五位跃居第一位。到 2004 年全国食用菌总产量已达 200 万吨，具备了丰富菜篮子的必要物质条件。零售价格也完全能为广大工薪阶层接受，从而使过去达官贵人盛宴上的山珍逐步走入寻常百姓家。

另外，食用菌因不同于一般蔬菜种植的生产过程，基本不存在农药残余对人体的影响问题。国内外科学家从营养学角度对食用菌给予了很高评价，认为它们集中了食品的一切良好特性，其营养价值达到“植物性食品”的顶峰，并预言食用菌将成为下一世纪人类食物的重要来源。

吃早餐等于吃补药

科学家发现早餐是一天中最重要的一顿饭，甚至是延年益寿、增强智能的补药。

然而在现实生活中，不少人常常是饿着肚子上学、上班，即使是用早餐，也只是随便马虎应付了事，很难达到营养供给标准。一些女青年错误地认为，不吃早餐可防止发胖，达到减肥，但结果适得其反。

营养专家指出，理想的早餐，要掌握合理的就餐时间、营养量和主副食的搭配这三个方面的要素。正常情况下，在起床后少许活动 30 分钟后吃早餐最适宜，这时的食欲很好。早餐的营养量，应当以质为主。一顿较好的早餐所摄入的营养成分要占到全日量的 1/4 或 1/3 以上，为了达到早餐供给高质量，除了有主食之外，还应当适量补充一些优质蛋白质，如牛奶、鸡蛋、蔬菜之类的副食品，脂肪和糖类食品可少些。

什么叫平衡膳食

随着现代医学的发展和生活水平的逐步提高，很多危害人民健康的传染性疾病逐渐消失，而一些与日常饮食密切相关的疾病，如心血管、糖尿病、肥胖病及肿瘤等却普遍发生，因此，饮食的合理性及饮食质量的评价问题越来越为广大群众所关注。

人们每天必须从食物中摄取各种营养素，以促进生长、发育和生殖。人体所需的各种营养素不下数十种，缺一不可，但多了也不好。再者，大自然提供的食物数量万千，但就每种食物所含的营养素而言，差异极大。如何从各种食物中得到每天所需的营养素，这就是平衡膳食的主要内容。

具体而言，所谓平衡膳食，是指膳食中所含的营养素种类齐全、数量充足、比例恰当，膳食中所供给的营养素与机体的需要，两者保持平衡。平衡膳食不仅能满足机体的各种生理需要，也能预防多种疾病的发生，是人类最合理的膳食。平衡膳食需具备以下两个特点。

（1）膳食中应该有多样化的食物。人们知道，人体需要多种营养素，如果只吃一两种或少数几种比较单调的食物，就不能满足人体对多种营养素的需要，长期吃较单调的膳食对生长发育和身体健康是不利的。因各种食物中所含的营养素不尽相同，只有吃各类食物，才能满足人体对各种营养素的要求。

（2）膳食中各种食物的比例要合适。人的身体需要种种营养素，而各种营养素，在人体内发挥作用又是互相依赖、互相影响、互相制约的。如人体需要较多的钙，而钙的消化吸收必须有维生素 D 参与完成。维生素 D 是脂溶性维生素，如果肠道里缺少脂肪，它也不能很好地被肠道吸收，只有在吃维生素 D 的同时，吃一定数量的脂肪，维生素 D 才能被吸收。而脂肪的消化吸收，必须有胆汁发挥作用，胆汁是肝脏分泌的。要使肝脏分泌胆汁，又必须保证蛋白质的供给。

那么，蛋白质、脂肪、糖这三大营养素又是怎样相互作用的呢？如果人吃的糖和脂肪不足，体内的热量供应不够，就会分解体内的蛋白质来释放热量，补充糖和脂肪的不足。但蛋白质是构成人体的“建筑材料”，体内缺少了它，会严重影响健康。如果在吃蛋白质的同时，又吃进足够的糖和脂肪，就可以减少蛋白质的分解，用它来修补和建造新的细胞和组织。

由此可见，各种营养素之间存在一种非常密切的关系，为了使各种营养素在人体内充分发挥作用，不但要注意各种营养素齐全，还必须注意各种营养素比例适当。那么，各种营养素应该保持怎样一个比例才合适呢？中国营养学会建议：每天蛋白质占 12% ~ 15%，还要有新鲜蔬菜 500 克和适量的水果，这样的膳食结构，基本上可以达到平衡。

平衡膳食应包括哪些食物

平衡膳食应满足以下各项基本要求：碳水化合物、脂肪、蛋白质二者的比例恰当；足够的热能；能供给各种无机盐、足够的维生素、适量的植物纤维素。

这就要求膳食中有足够量的谷类、豆类、蔬菜类、水果类、肉类、乳类、蛋类、鱼虾类及植物油。

一般来说，从事中等劳动的成年人可按粮食占膳食总重量的41%，肉蛋奶鱼和豆类制品占 16%，蔬菜水果占 41%，油脂占2%来安排膳食。粮食类食品每日需500～600克，除了米、面之外，做饭时加点绿豆、红小豆等干豆，能弥补粮食中的赖氨酸不足，也提倡吃点粗粮。肉蛋鱼奶和豆制品等蛋白质食品，可根据经济状况加以调节，条件好的可多吃些动物性食品，条件差的可多吃点豆类食品，一般每日摄入 50 ～ 100 克瘦肉、1 个鸡蛋和 50 克豆类能比较好地满足机体对蛋白质的需求。蔬菜水果类食品每天至少要吃到500 克，其中一半应是绿色蔬菜，品种也应尽量多些，条件好的应多吃些水果。油脂类每天 25 克比较适宜，以植物油比较理想。

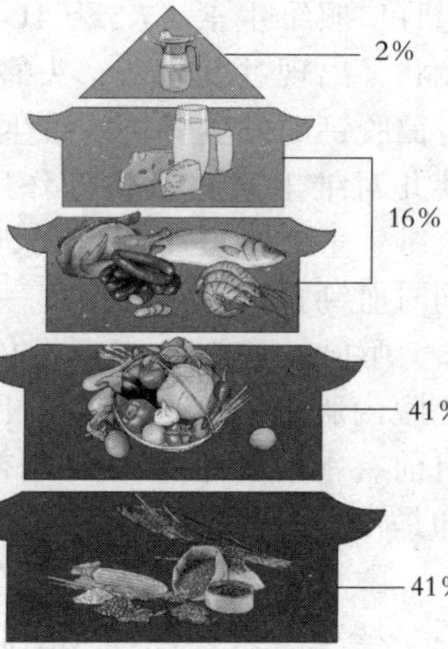

膳食宝塔

营养素的摄入多多益善吗

随着生活水平的提高，人们对营养问题越来越关心，但是由于过去对营养知识普及得不够，有些人错误地以为营养素的摄入是多多益善，因而容易产生危害身体健康的严重后果。

许多营养素，尤其是某些脂溶性维生素和微量元素，摄入量过多则可产生中毒现象，这和药品治疗的道理一样，对这一卫生知识现在应该大力宣传，以引起人们的注意。

历史上许多营养的发现，是由于该营养素缺乏而引起学者们深入研究的结果。例如，为了研究脚气病的病因，人们发现了 B 族维生素；为了研究癞皮病病因，人们发现了烟酸；为了研究夜盲症，人们才从治疗夜盲症的羊肝中分离出维生素 A。祖国医学在三千多年前即知道地方性甲状腺肿可以用海藻来治疗，后来在 1820 年才证实海藻中富含的碘是治疗此病的有效物质。维生素的不足可以引起缺乏症，尤其是水溶性维生素的缺乏更易生病。脂溶性维生素的缺乏则不同，需要较长的时间才会出现缺乏症状。这是因为水溶性维生素容易由尿和汗中排出，而脂溶性维生素不易排出的缘故。这样就给人们一个印象，以为水溶性维生素服多了无害，例如有人主张每日口服维生素 C3 ～ 5 克以达到保健的目的。其实这是有害的，因为从人体实验中已证实，长期每日口服维生素 C1 克以上时，血中白细胞吞噬细胞的能力就会受到抑制。B 族维生素中任何一种维生素服用过多，也可以引起其中另一种维生素排出过多而引起缺乏。例如长期口服大剂量的 B 族维生素可以引起 B 族维生素排出的过多而发生 B 族维生素缺乏症。在脂溶性维生素中，以维生素 A 和维生素 D 服用量过大而引起的中毒最为常见。例如年龄为 1 ～ 3 岁的儿童，每日口服维生素A7.5万IU（国际单位）达6个月，即可出现维生素A中毒症状，出现过度兴奋、头痛、恶心、腹泻等。长期更大剂量地服用还可引起骨骼脱钙而发生骨折。维生素D的中毒，在婴幼儿则更为常见，因为有一些婴儿对维生素D的毒性作用特别敏感。国外曾有报告，有的婴儿每日只摄入维生素D3000～4000IU,即可出现中毒症状。表现为精神不振和生长停滞，同时血钙含量异常升高。一般婴儿每日摄入2万IU可出现严重的中毒症状。

呕吐、腹泻、虚弱、体重减轻、肾脏损伤以及血钙含量异常升高，致使腹内脏器有钙盐沉积。因此对婴幼儿服用脂溶性维生素D要特别小心。目前有水溶性维生素D制剂出售，使用大剂量这种制剂虽不至于中毒，但却是很大的浪费。

微量元素对于人体的作用要比维生素更为重要，因为人体可以自己制造某些维生素，但却无法制造出它所需要的微量元素。显然，每一种微量元素都有它特殊的功能。尽管它们在体内的含量只有10万分之几，有的甚至仅有10亿分之几，但是一旦缺少了这微乎其微的一点，生命就可能因此而终止。目前在儿童营养中，最常见的微量元素缺乏症为铁、锌和硒。铁缺乏可引起贫血，锌缺乏可引起味觉减退、异食癖和生长停滞，儿童克山病和大骨节病的发生与缺硒有一定关系。但防治这些微量元素缺乏症所用的剂量是很小的,例如铁每人每日只需10毫克,锌每人每日也只需10毫克，硒则更少，每人每日只要0.5毫克就够了。因此对这些微量元素长期大剂量服用，不仅是浪费，而且有发生中毒的危险，尤其是对儿童更应该注意他们服用的剂量，不是越多越好。即使是蛋白质，脂肪和食盐的摄入量也不是多多益善，因为高蛋白、高脂肪的膳食可引起心血管疾病，食盐摄入量过多可引起高血压症，这已是众所周知的事情了。

吃饭如何做到平衡

什么叫“吃好”？从营养学观点来看，就是膳食调配合理，使各种营养素能满足人体生长发育和各种生理功能的需要，也就是提供一个平衡膳食。如果人体营养需要与膳食供给量之间的平衡关系失调，就会给身体健康造成危害，这是大家共知的常识。但由于缺乏营养知识，生活富裕了也会出现营养问题。例如，粮食堆满仓，就只吃精白米，结果，新中国成立后曾消失的B族维生素缺乏病,又在一些地区出现。所以粮食加工还应适当做到有粗有精，使人能搭配食用。

平衡膳食，就是要使各种营养素之间保持一定量的平衡关系，以利于它们在体内吸收利用。一般认为，碳水化合物、脂肪、蛋白质三大营养素所供给的热能以分别占总热能的60%～70%、20%～25%和10%～15%为宜，其他如热能与B族维生素和烟酸之间，以及钙与磷之间都应保持一定的比例关系，才能保证营养素的合理利用。

合理的膳食很重要，暴食暴饮不但达不到营养的目的，而且有害健康。还有的青年人限制食量以避免发胖，结果形成瘦弱的体态。应当用体育锻炼消耗热量，才能促成健美的体型。

根据我国近年营养调查资料，人们每日摄入的热能主要靠谷类食物提供，而动物性食品所提供的热能和蛋白质都不到10%。这种类型的高谷类膳食在营养上还有若干缺陷。比较可行的解决办法是，大力发展畜牧饲养业，采取措施增加大豆及其制品的生产和供应，使豆类蛋白质和动物性蛋白质相加占膳食蛋白质总量的一半左右，必要时还可以采用营养素强化的方法进行增补，以达到平衡膳食的目的。

如何做好家庭食谱设计

我们常会听到人们抱怨饮食太单调，怎样解决这个问题呢？无它，请设计食谱即是。有人会认为食谱设计很难。其实只要掌握一些技巧，食谱设计并不难。

设计食谱的原则是根据营养的需求和食物品种做出合理的安排。在每天的膳食中都要包括有下列五大类食物。

果蔬类——包括富含维生素C的柑橘类水果、番茄和辣椒以及深绿或黄色的蔬菜和其他水果。一个正常成年人（以轻体力劳动计，下同）每天至少需要500克。这一类食物主要提供维生素A和维生素C、膳食纤维以及其他多种维生素和矿物质。

谷类及其制品——这一类食物属主食，是能量的主要来源。摄入量根据具体能量消耗的多少而定，一般而言每天约500克。这一组食物也含有较多膳食纤维（特别是全谷物）、硫胺素、烟酸、蛋白质和铁。

蛋类、鱼、禽、畜肉及豆类——这组食物提供构建机体的蛋白质，也是铁、烟酸、硫胺素和核黄素的良好来源。每天约125克。

奶类食品——蛋白质和矿物质含量高。其他的还有核黄素、硫胺素和维生素A、维生素D。每天一杯（约250克），最好是低脂。

脂肪和油——系高浓度能量来源食物，含维生素A和维生素D，每人每天一匙（约20克）。

根据这五类食品的特点和人体需要变换安排，就可得到千变万化的食谱。

设计食谱还应考虑到视觉效果，因为我们都是先看后吃的，食物的颜色、外形、摆放和质地等因素都会影响我们的食欲。

一般是以一周为单位制订食谱，先定下每天的主餐，并选好主餐的主菜，然后选择与主菜相配的小菜，以及相应的甜食、水果。完成了每天的主餐设计后，就要设计每天占第二位的那一餐，方法是剔除主餐已经用过的食物，然后也是按照选择主菜、小菜、主粮、配菜的顺序进行设计。接着还有余下的一餐，原则是补足一天中还需的营养素。最后再检查一遍整个计划，看看食谱是否营养适宜，是否包含了五大类食物。

如法炮制计划好四周的食谱，就可有一个月的食谱，不时做一些小改动便可循环使用，没人知道这样丰富多彩的膳食其实是源于一个基础食谱。

在实际操作中，尚须注意以下几点：①明白多样化的重要性，包括口味、色泽、外形、质地、佐料和配菜都可时常变换花样；②记住家庭成员的个人喜好；③考虑一下季节因素，如热汤适于冬季；④避免食物量太大，特别是高脂和高能量食品。

如何吃出美好的心情

在学习工作节奏日益加快的今天，不少家庭单纯注重饮食的营养，注重食物卫生，忽视了餐桌上的美好心情即餐桌上的精神卫生。如有的家庭把餐桌当成办公桌，夫妻间常在餐桌上大谈工作，甚至为某些分歧争执不休，全然不顾及孩子和他人的胃口。也有些夫妻把餐桌当“战场”，常为家庭琐事或孩子的教育问题发生口角。也有人把工作或生活上的烦恼带上餐桌，根本无法心情愉悦地就餐，而是埋头生闷气吃饭，甚至对孩子和家人发无名火。也有些家长惯于在餐桌上教训指责孩子，追问考试成绩，甚至出题考孩子，稍不如意，便大发脾气，甚至拳脚交加，令不少孩子含着泪吃饭或赌气不吃，也闹得全家极不痛快。也有不少家庭，包括儿童、学生，乃至家长习惯于边吃饭边看书报杂志或电视等。

凡此种种，均属吃饭时很不正常的精神状态，在这种气氛中又有谁能吃出一个美好的心情呢？何况在上述种种恶劣氛围下吃饭，中枢神经容易受到不同程度的抑制，导致交感神经过度兴奋，使各种消化腺分泌减少，胃肠蠕动失调，食欲减退，甚至发生恶心、呕吐与一系列其他消化功能紊乱的症状，久而久之，很容易闹出胃病或使原有的胃病加重。

所以，单纯追求食品的营养，不知道吃出一个好心情，便是忽视了就餐的精神卫生，因而不能完全达到营养身体的目的。只有当全家在平和宁静的气氛中，大家欢欢乐乐地进餐，我们所吃的东西，我们辛辛苦苦花钱费力做出来的饭菜，才会真正起到营养人们心身的重要作用。

要能吃出一个美好的心情，便应注意餐桌上的精神卫生，这要求我们在进餐时除了避免发生前面已列举的种种现象外，还要注意如下几点：

（1）不要把生活与工作中的烦恼与不愉快情绪带上餐桌，一旦坐在餐桌边，便要进入吃饭的“角色”，忘却一切烦恼与不快。

（2）进餐时宜稍稍讲些令人愉快高兴的新闻或家事，但不宜言谈过多，应细嚼慢咽地进餐。

（3）进餐时间如果认为不会碍事，最好关掉电话，以免影响和家人进餐。也不要串门会客，以免影响干扰他人。

（4）一家就餐要同步同时，不要等了这个又喊那个，搞得饭菜都凉了，大家没心情。

（5）对于家中所烹调的饭菜，不宜过多评头品足，责备求全，宜多以赞扬的形式表达对烹调者的感激。即使确有失误如饭烧焦、菜太咸或太淡，或营养搭配不妥等，也宜在饭后提出，或当即以委婉的方式，用商量的口吻进行补救。

吃的学问本身就大得很，因此吃的学问不但包括要吃得营养，吃得合理，吃得平衡，同时要吃出一个美好的心情，以满足机体本身和精神对营养的需求。

蛋白质是生命的物质基础

蛋白质是细胞组织的重要组成成分，是生命的物质基础。体内蛋白质含量占体重的 17% ~ 18%。蛋白质也是体内一些生理活性物质如酶、激素、抗体的重要成分，它也是维持体液酸碱平衡和正常渗透压的重要物质。每克蛋白质在体内还可产热 16.7 千焦。当膳食中蛋白质不足时，可引起儿童生长发育迟缓，成人体重减轻、肌肉萎缩，容易疲劳、贫血、创伤不易愈合，对传染病抵抗力下降和病后恢复缓慢。严重缺乏时，可出现营养不良性水肿。

脂肪是什么

什么叫脂肪

一般来说，脂肪应包括中性脂肪和类脂质。中性脂肪是由一个分子的甘油和三个分子脂肪酸组成的酯，称为甘油三酯或三酸甘油酯。我们通常所说的油，如花生油、豆油、麻油等植物油和猪油、牛油等动物油的主要成分就是甘油三酯，即中性脂肪。类脂质是一些能够溶于脂肪或脂肪溶剂的物质，在营养学上特别重要的有磷脂和固醇两类化合物。有时也将中性脂肪和类脂质称为脂类和脂质。

脂肪酸

脂肪酸是组成脂肪的主要成分。脂肪酸的种类很多，根据其化学结构不同，可分饱和、单不饱和、多不饱和脂肪酸三大类。饱和脂肪酸是指分子结构中仅有单键的脂肪酸（如奶油中的酪酸），单不饱和脂肪酸是指分子结构中仅有 1 个双键的脂肪酸（如动、植物油中的油酸）。而多不饱和脂肪酸则是指分子结构中有 2 个或 2 个以上双键的脂肪酸，双键愈多，不饱和程度愈高，营养价值也愈高（如一般植物油中的亚油酸）。

必需脂肪酸

不饱和脂肪酸中的亚油酸、亚麻酸和花生四烯酸在动物和人体内不能合成，必须取自食物，故称“必需脂肪酸”，它们在体内有多种生理功能，缺少它们就会产生一系列缺乏症状，如生长迟缓、皮炎等。另外，多摄取必需脂肪酸，对预防心血管疾病（主要是冠心病）有益。营养学家们提出，必需脂肪酸热量应占膳食总热量的 1% ~ 3%。这些脂肪酸在豆油、玉米油、棉籽油、芝麻油、葵花子油、花生油中含量最高。

需要指出的是，多不饱和脂肪酸或必需脂肪酸的摄食不宜过量。近年研究发现，多不饱和脂肪酸在体内代谢过程中，其结构中的不饱和双键可发生过氧化反应，产生过氧化脂质，这是一种自由基，是促进衰老和发生癌症的危险因素之一。所以在日常生活中，既要防止动物脂肪过剩，又要防止植物油过多。

组织脂肪和贮存脂肪

脂肪在体内的含量，个体间波动很大。人体脂肪含量因营养和活动量而变动很大，饥饿时由于能量消耗可使体内脂肪减少。人体脂肪大致可分为两类。存在于细胞质和细胞膜中的组织脂肪，含量稳定，不易受膳食脂肪的影响；存在于皮下、腹腔、肌肉间隙和脏器周围的贮存脂肪，其含量常随膳食脂肪量变动，有维持体温、固定组织和保护脏器等作用。

脂肪主要分布在人体皮上组织、大网膜、肠系膜和肾脏周围等处。体内脂肪的含量常随营养状况、能量消耗等因素而变动。其主要生理作用有：

（1）供给热能。脂肪所含的碳和氢比碳水化合物多。因此在氧化时可释放出较多热量。1 克脂肪可释放 37.6 千焦的热能，是营养素中产热量最高的一种。

（2）构成人体组织。脂肪中的磷脂和胆固醇是人体细胞的主要成分，脑细胞和神经细胞中含量最多。一些胆固醇则是制造体内固醇类激素的必需物质，如肾上腺皮质激素、性激素等。

（3）供给必需的脂肪酸。人体所需的必需脂肪酸是靠食物脂肪提供的。它主要用于磷脂的合成，是所有细胞结构的重要组成部分；保持皮肤微血管正常通透性，以及对精子形成、前列腺素的合成方面的作用等，都是必需脂肪酸的重要功能。

（4）增加食欲，促进一些维生素的吸收。没有脂肪或脂肪少的食物不好吃，脂肪性食物可增加风味，还可促进一些溶解在脂肪中的维生素 A、维生素 D、维生素 E、维生素 K 的吸收与利用。

（5）调节体温和保护内脏器官。脂肪大部分贮存在皮下，用于调节体温，保护对温度敏感的组织，防止热能散失。脂肪分布填充在各内脏器官间隙中，可使其免受震动和机械损伤，并维持皮肤的生长发育。

（6）增加饱腹感。脂肪在胃内消化停留时间较长，可增加饱腹感，使人不易感到饥饿。

动物油与植物油哪个好

衡量油脂营养价值的高低有两个指标。一是含不饱和脂肪酸的量；二是含必需脂肪酸的量。当然，维生素的含量，消化率的高低，贮存性能等都应做全面考虑。下面简单介绍几种常用油脂的营养价值。

鱼肝油。含不饱和脂肪酸量最高，并含有丰富的维生素 A 和维生素 D，但不能用于烹调。

黄油和奶油。含饱和脂肪酸和胆固醇较高，也含维生素 A 和维生素 D，但对高脂血症等患者不利。

猪油。含饱和脂肪酸胆固醇较多，不含维生素 A 和维生素 D。消化率也比植物油略低。

牛油和羊脂。含胆固醇高，消化和吸收率也差些。

碳水化合物，亦称糖类，是人体热能最主要的来源。它在人体内消化后，主要以葡萄糖的形式被吸收利用。葡萄糖在体内能够迅速被氧化并提供（释放）能量。每克碳水化合物在人体内氧化燃烧可放出 16.7 千焦热能。

我国以淀粉类食物为主食，人体内总热能的 60% ~ 70%来自食物中的糖类，主要是由大米、面粉、玉米、小米等含有淀粉的食品供给的。这些碳水化合物是构成机体的成分并在多种生命过程中起重要作用。如碳水化合物与脂类形成的糖脂是组成细胞膜与神经组织的成分，黏多糖与蛋白质合成的黏蛋白是构成结缔组织的基础，糖类与蛋白质结合成糖蛋白可构成抗体、某些酶和激素等具有重要生物活性的物质。人体的大脑和红细胞必须依靠血糖供给能量，因此维持神经系统和红细胞的正常功能也需要糖。糖类与脂肪及蛋白质代谢也有密切的关系。糖类具节省蛋白质的作用。当蛋白质进入机体后，使组织中游离氨基酸浓度增加，该氨基酸合成为机体蛋白质是耗能过程，如同时摄入糖类补充能量，可节省一部分氨基酸，有利蛋白质合成。食物纤维是一种不能被人体消化酶分解的糖类，虽不能吸收，但能吸收水分，使粪便变软，体积增大，从而促进肠蠕动，有助排便。

人体必需的微量元素

根据科学研究，到目前为止，已被确认与人体健康和生命有关的必需微量元素有 16 种，即铁、铜、锌、钴、锰、铬、硒、碘、镍、氟、铝、钒、锡、硅、锶、硼，每种微量元素都有其特殊的生理功能。尽管它们在人体内含量极小，但它们对维持人体中的一些决定性的新陈代谢却是十分必要的。一旦缺少了这些必需的微量元素，人体就会出现疾病，甚至危及生命。国外曾有报告：机体内含铁、铜、锌总量减少，均可减弱免疫机制，降低抗病能力，有助于细菌感染，而且感染后的死亡率亦较高。

微量元素在人体中的主要功能是：

（1）运载常量元素，把大量元素带到各组织中去。

（2）充当生物体内各种酶的活性中心，促进新陈代谢。

（3）参与体内各种激素的作用，如锌可以促进性激素的功能，铬可促进胰岛素的作用等。

微量元素与健康有何关系

微量元素与人类健康密切相关。近年来，微量元素被认为是关系到人类健康和长寿的一个充满希望的新领域，已引起国内外营养学界和医学界的普遍重视。那么，微量元素与健康有什么样的关系呢？下面我们看看部分微量元素是如何影响人体健康的。

钴元素。是B族维生素的重要组成部分。钴对蛋白质、脂肪、糖类代谢，血红蛋白的合成都具有重要作用，并可扩张血管，降低血压。但钴过量可引起红细胞过多症，还可引起胃肠功能紊乱，耳聋，心肌缺血等。

氟元素。氟是人体骨骼和牙齿的正常成分。它可预防龋齿、防止老年人骨质疏松。但是，过多吃进氟元素，又会发生氟中毒，得“牙斑病”。体内含氟量过多时，还可产生氟骨病，引起自发性骨折。

铬元素。可协助胰岛素发挥作用，防止动脉硬化，促进蛋白质代谢合成，促进生长发育。但当铬含量增高，如长期吸入铬酸盐粉，可诱发癌肿。

由此看来，微量元素虽对人体特别重要，但摄入量过多过少都能引起疾病。目前发现许多地方病和某些肿瘤都与微量元素有关。

食物纤维素是第七营养素

食物纤维是指食物在人体肠道内不被消化的植物性物质。它包括纤维素、半纤维素、果胶、藻胶、木质素等一些过去认为不能被身体利用的多糖物质。现代科学研究证实，食物纤维并不是人们传统认识那样只是食物的残渣，而是人类治病增寿不可缺少的一种营养物质，被称为第七营养素。

人虽不能像食草动物那样消化食物纤维，但能凭肠道细菌分解部分纤维。如大肠杆菌能把纤维合成B族维生素类的泛酸、肌醇和维生素K而被人体吸收。

食物纤维具有使粪便膨胀、吸水性好、促进肠道功能、加速粪便在肠道内的推进作用，使排便及时，减少肠腔壁与摄入的致癌物质的接触时间，减少患大肠癌的危险。欧美人纤维素摄入量只有非洲人的1/6，美国10万人中就有42人患大肠癌，而非洲只有8人患大肠癌。食物纤维还可降低胃癌、肺癌等患病率，对便秘、痔疮、糖尿病等有预防和治疗作用。此外，食物纤维对防止冠心病和胆石症都有良好作用。

过多的食物纤维可能会影响钙、铁和一些维生素的吸收。但如适量掌握则利多弊少。只要我们粗细杂粮搭配合理，多食些蔬菜水果，食物纤维素会为你的健康长寿显奇功。

食物中的热量如何计算

所谓食物的热量，就是指食物中潜在的能量。能量的单位通常都以热能的单位卡来表示。物理学上把 1 克水上升 1℃所需要的热量叫作 1 卡，或称小卡。营养学上的大卡，通常叫千卡，现在热量和常用单位为千焦，1 千卡=4.18 千焦。将 1 千克水的温度从 15℃上升到 16℃所需要的热量就是 4.2 千焦，我们说某食物含有多少热量，即把食物燃烧所放出的热量。又譬如，说某一苹果含有 363.6 千焦的热量，就是说，经过消化吸收、氧化分解，这个苹果所产生的热量，能够使 87 千克水的温度上升 1℃。

能量供应是人体生命活动的基础，无论心跳、呼吸、体温的维持、神经兴奋、腺体分泌等生理过程，都需要能量。这些能量主要来自食物中的三大营养物，即糖类、脂类和蛋白质在体内的氧化分解。每一克糖和蛋白质在体内氧化可产生热量 16.7 千焦，脂肪可产热能 37.4 千焦。所以，三大营养素被称作人体的能源物质，或叫作燃料。

我们的身体是由上百亿个细胞所构成的有机体，每一个细胞都是利用营养物质和氧产生能量的化工厂，又是不同形式能量的转换站，如肌肉细胞就能够把热能转化成机械能，使人产生力量去做功。

黄豆是微量元素库

提起黄豆的营养价值，人们首先想到的是黄豆汁含有丰富的蛋白质、脂肪、B 族维生素以及烟酸等。其实，黄豆的营养价值远非这些。现研究发现，黄豆中含有丰富的微量元素。

黄豆

微量元素在人体内具有促进酶的催化作用，参与激素的分泌和新陈代谢，与人体免疫功能、生长发育有密切关系。

研究发现，人体摄入钙、镁、锰、硒、钴、锌等不足，或摄入镉过多，都会导致高血压、冠心病和中风等病发生。

鱼类含有哪些营养成分

蛋白质：一般鱼类的蛋白质含量为 15% ~ 18%，其氨基酸组成与家畜肉相比，只缺少人体所必需的甘氨酸，营养价值并不低于家畜肉。

脂肪：一般含量为1%～3%，鲥鱼多达11%。鱼类脂肪在常温下多呈液体，易为人体所消化吸收。

矿物质：矿物质一般以钾、钙、镁、磷为较多。与家畜、家禽肉类相比，鱼肉所含的碘和磷则高得多，海产鱼类含碘尤为丰富。

维生素：含有维生素A、维生素D。某些鱼种，如鲨鱼和鳕鱼的肝脏重量约占鱼体重的11%，可从中大量提取这两种维生素。

水：鱼肉中含有52%～82%的水分，烹调时仅损失10.5%～34.5%。因此，鱼肉在烹调后，仍可保持它的松软状态，易于消化和吸收。

营养丰富的鳝鱼

鳝鱼虽体型可怕，但营养价值很高，可做鲜美佳肴。据有关部门分析，在100克鳝鱼中，含蛋白质18%左右，脂肪0.5%左右，磷53毫克，钙27毫克，铁4.6毫克，维生素A180个国际单位。铁的含量比鲤鱼、黄花鱼高1倍以上，维生素A高20%以上。同时，鳝鱼肉还含有人体所需要的多种氨基酸，尤以组氨酸含量较高，构成了鳝鱼的鲜美味道。

鳝鱼

中医还认为，鳝鱼性温，可以补中益气，对虚损、血气不调、风湿等有一定的治疗作用。由此可见，鳝鱼是一种营养很丰富的食品。但是鳝鱼只能吃鲜的，切忌吃死鳝鱼。因为鳝鱼死了以后，体内所含组氨酸会很快转变为具有毒性的物质，吃了以后容易引起食物中毒。

用鳝鱼切丝炒菜，一般是先把鳝鱼放在开水中烫一下，待鱼嘴张开，鱼身弯曲时，再收拾干净切丝。水烫时最好放点盐和醋，盐可以促使鱼肉中蛋白质凝固，易于切丝，炒成的菜也嫩韧可口；醋可以去掉膻腥味。

蛋类有哪些营养成分

蛋类含有丰富的营养成分。

蛋白质：蛋中含有多种蛋白质，最主要的和最多的是蛋白中的卵白蛋白和蛋黄中的卵黄磷蛋白。蛋类蛋白质中富有必需的氨基酸，是完全蛋白质，其消化率为98%。

脂肪：蛋白的脂肪绝大部分集中在蛋黄内，含有多量的磷脂，其中约有一半是卵磷脂。这些成分对人体的脑及神经组织的发育有重大作用。蛋黄的脂肪主要由液体脂肪酸所构成，在常温下为液体，易于消化吸收，消化率为95%。

矿物质：蛋类中的矿物质主要含于蛋黄内，铁、磷和钙的含量甚高，也易被人体吸收利用。

维生素:蛋黄中有丰富的维生素A、维生素D、维生素E及核黄素、硫胺素等,绝大部分集中在蛋黄内。蛋白中的维生素以核黄素和烟酸较多,其他较少。

蔬菜有哪些营养成分

蔬菜含有多种化学成分。

水:蔬菜中含量最多的是水,大多数的蔬菜含有65%~96%的水分。因此,正常的含水量是鲜菜的主要质量特征。蔬菜越是鲜嫩多汁,其质量越高。

矿物质:蔬菜中含有钙、磷、铁、钾、钠、镁等多种矿物质,其中以钾的含量最多,钙、磷、铁的含量也很丰富。叶菜类0.4%~2.3%,根菜类为0.6%~1.5%,葱、蒜等为0.3%~1.3%,瓜类为0.2%~0.7%,茄果类为0.4%~0.5%,鲜豆类为0.9%~1.7%。蔬菜中的矿物质除具有调节人体生理功能的功用外,还是组成人体各种组织的重要成分。钙、铁、钾在人体生理上是碱性物质,可以中和体内的酸性物质,以维持体内酸、碱平衡。

维生素:蔬菜中含有少量的B族维生素,如维生素B2(核黄素)、维生素B12(烟酸)等。维生素C的含量特别丰富,是人体所需要维生素C的主要来源。大多数叶菜类,如番茄和辣椒含有较多的维生素C。维生素C的性质极不稳定,易受氧化,易被高温所破坏。呈绿、黄、橙等色泽的蔬菜富含胡萝卜素,胡萝卜素在体内可转化为维生素A,故又称为维生素A原体。

糖类:蔬菜中的糖类,可分为带甜味的糖、不带甜味的淀粉和纤维素。蔬菜的含糖量并不高,其中以胡萝卜、南瓜、甜瓜、洋葱等含糖较多;其他如青菜、黄瓜、黄豆、白菜、萝卜仅含微量的糖。淀粉在土豆、芋头、山药、慈菇和豆类蔬菜中含量较多,其他蔬菜中含量较少。纤维素是构成蔬菜细胞壁的主要成分,它们在蔬菜中普遍存在,含量为0.2%~2.8%,在蔬菜帮中含量更多。纤维素含量多少,是表明蔬菜质量好坏的标志之一。纤维素含量少的蔬菜脆嫩多汁,品质好;含量多的则肉粗,皮厚多筋,食用价值低。

有机酸:蔬菜中除番茄含有机酸较多外,其他只含有少量的有机酸。在菠菜、茭白、竹笋中含有较多的草酸,能影响人体对钙的吸收。在烹调前应进行焯水处理,以除去过多的草酸。

挥发油:许多蔬菜有一股特殊香气,这是因为它们含有挥发油的缘故。挥发油在蔬菜中的含量不多,如大蒜中仅含有0.005%~0.009%,洋葱中含有0.037%~0.0550%。挥发油是形成蔬菜特殊滋味的物质,能刺激食欲,帮助消化。葱、姜的挥发油且有杀菌、解腥的作用,是良好的调味品。

色素:蔬菜的各种颜色是由色素构成的。叶绿素是形成绿色的色素,它是阳光照射下产生的。菠菜、油菜等含叶绿素较多。叶绿素是不稳定的物质,不溶于水而溶于酒精。叶绿素很容易被酸破坏,变成暗绿色或黄绿色。胡萝卜、番茄、红辣椒等蔬菜中,具有黄、红、橙等色素。其他绿色的蔬菜里,也含有黄、红、橙等颜色的原因是这些蔬菜中富含胡萝卜素、番茄素和叶黄素。

蔬菜按营养成分分哪几类

科学家们根据其所含营养成分的高低，将蔬菜分为甲、乙、丙、丁四类。

甲类蔬菜：富含胡萝卜素、核黄素、维生素C、钙、纤维素等，营养价值较高。这类蔬菜主要有：小白菜、菠菜、芥菜、苋菜、韭菜、雪里蕻等。

乙类蔬菜：营养成分次于甲类蔬菜，通常分为1、2、3号。1号蔬菜主要含核黄素，包括所有新鲜豆类和黄豆芽等；2号蔬菜含胡萝卜素和维生素C较多，包括胡萝卜、芹菜、大葱、青蒜、番茄、辣椒、红薯等；3号蔬菜主要含维生素C，包括大白菜、包心菜、菜花等。

丙类蔬菜：含维生素类较少，但含热量高，主要包括洋芋、山药、芋头、南瓜等。

丁类蔬菜：除含少量维生素C外，营养价值较差，主要有冬瓜、竹笋、茄子、茭白、瓠瓜等。

常见食物中的营养之最

（每百克中的含量）

含蛋白质最多的谷物是黄豆（33克）。

含蛋白质最多的动物食物是鸡肉（23克）。

含钙最多的是虾皮（2克）。

含维生素A最多的是鸡肝（5万单位）。

含维生素B_1最多的是花生米（1.03毫克）。

含维生素B_6最多的是羊肝（3.75克）。

含维生素C最多的是鲜枣（380毫克）。

含铁质最多的是黑木耳（0.185克）。

青韭和黄韭中哪种营养成分多

韭菜是多年生宿根草本蔬菜，叶细长扁平而柔软，味辛香、鲜美，除含有蛋白质、脂肪和糖以外，还含有维生素和矿物质。韭菜具有调味、杀菌的功效。那么冬季的青韭与黄韭有何不同之处呢？

青韭和黄韭都是在暖室中盖席栽培的，青韭盖席10天左右即掀开席片，使其得到充分的阳光照射，通过光，合作用使韭叶反青，故称为青韭。而黄韭是由于所盖席片始终没有掀开，故韭菜得不到阳光而呈黄色，称之黄韭或韭黄。

青韭中含矿物质和维生素高于韭黄。青韭中含钙、铁为黄韭的三倍，磷为四倍。维生素 A 的含量青韭是黄韭的三倍，B 族维生素、维生素 E 也都高于黄韭，所以一般以选食青韭为好。

尖辣椒的营养价值与吃法

尖辣椒个大又长，果肉厚，大部分辣味稍小。

辣椒

尖辣椒的营养成分，有胡萝卜素 C（即维生素 A 原）、B 族维生素、维生素 C 和维生素 D。由于含辛辣物质，能开肠胃、助消化，特别是冬季食用还能起御寒作用。

鲜尖辣椒既可作为蔬菜生食、炒食，也可经过加盐腌制生食；干的分成小段或切成碎末后，放入热锅内，加一些油，炒到金黄色，发出辣、呛味时，再调入一些其他蔬菜可以做炒食。在冬季里，用以炒辣白菜、辣豆、炸辣酱或做回锅肉等，都是人们喜欢和习惯吃的。如制成辣椒粉、辣椒末、辣椒油，还可供常年食用。有些地方名菜经过辣椒调味，味美适口。

西红柿是夏蔬佳品

西红柿为茄科一年生草本植物，果实汁泡肉肥，酸甜爽口，营养丰富。

据分析，每百克西红柿含蛋白质 1.2 克、脂肪 0.3 克、糖 2.6 克、热量 75.2 千焦、钙 8 毫克、磷 11 毫克、铁 0.8 毫克、胡萝卜素 0.31 毫克、果酸 2 克，以及维生素 PP、硫、钠、钾、镁等物质。营养学家研究测定：每人每天食用 50 ~ 100 克鲜西红柿，即可满足人体对几种维生素和矿物质的需要。

西红柿

西红柿含的“茄红素”，有抑制细菌的作用；含的苹果酸、柠檬酸和糖类，有助消化的功能，对肾炎患者有利尿作用。近年来科学家发现，西红柿中还含有一种抗癌、抗衰老的物质——谷胱甘肽。临床测定，当人体内谷胱甘肽的浓度上升时，癌症的发病率明显下降，还可推迟某些细胞的衰老。高血压患者每天早晨生食西红柿 200 克，可降血压；夜盲症患者每日用鲜西红柿 250 克、猪肝 60 克煮熟作菜食用，有一定的治疗作用；牙龈出血者每日用鲜西红柿 60 克蘸白糖连吃半个月，有止血作用；消化不良、食欲不振者每日饮西红柿汁 2 ~ 3 次能助消化；西红柿和西瓜汁混合服用，可治发烧烦渴；西红柿洗净切片煎汤代茶饮，可防暑。盛夏，每日食鲜西红柿能生津止渴、健胃消食。

冬季多吃黄豆芽好

在各种绿色的蔬菜中，都含有比较丰富的维生素 C。维生素 C 不但具有一定的抗癌作用，而且还可以预防坏血病等多种疾病。但是，冬天新鲜蔬菜比较缺乏，人的食用量不多，人体中维生素 C 的来源也就大大减少。因此，冬季是维生素 C 缺乏症的高发季节。在冬天怎样才能补充身体中所需要的维生素 C 呢？最好的办法是多吃些质地脆嫩、味道鲜美、营养丰富的黄豆芽。

根据医学家测定，大约在 100 克黄豆芽里，就含有 10 毫克左右的维生素 C，一个正常的人每天大约有 70 毫克的维生素 C 就够用于，一个人如果每天能吃 500 克黄豆芽，就能补充 50 毫克左右的维生素 C。所以，黄豆芽是补充人体维生素 C 的好食品。另外，黄豆芽除了含有比较丰富的维生素 C 外，还保存了大豆原有的全部营养成分。

受欢迎的芫荽

芫荽，有人说它可口，有人不喜欢它的气味，但世界各国都把它列为香辛菜类之一，对减少鱼肉腥味很有作用，故又名香菜。它原产于地中海沿岸，喜欢在阴凉的地方生长，我国南北各地都有栽培。芫荽可生食，也可熟食。春节广州人蒸萝卜糕，都喜欢在糕面上放一点芫荽，既作为装饰，又增加了香味。

芫荽

据化验分析，芫荽含有松精、香叶油和胡荽渍醇等物质，对人体功能有一定的调节作用。中医则认为它能健肠胃、通心脉、助消化、解肢热，并能促进产妇分泌乳汁，而日本则专门用来制造驱风药，致使芫荽相当畅销。

我国民间常把芫荽与香葱视为吉祥之物，古时儿童初次入学，其父母就把芫荽与香葱卷入书中，祈祝读书聪敏，不断上进。

芫荽，属伞形花科植物，花白色，果实近球形，内藏两粒种子，除酷热天外，几乎四季可种可收。

猴头菇的营养价值

猴头菇是一种著名的食用菌。我国的野生猴头菇数量较少，主要产于东北的大、小兴安岭。现已能人工培养。

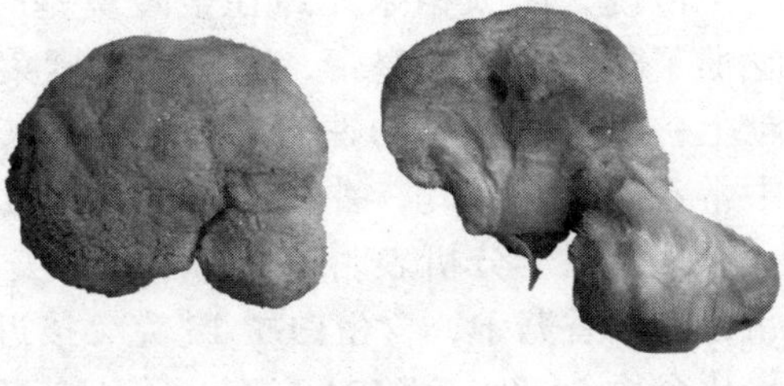

猴头菇

鲜嫩的猴头菇，味道鲜美无比。因此，历来猴头菇与燕窝、熊掌、海参并列为四大名菜。食用时，需选择头大、刺短的猴头菇，烹调前将它浸入水中，然后挤压三次，每次挤压后换水一次，配鸡、鸭、火腿肉等菜煮，鲜美无比。

猴头菇属担子菌纲。猴头菇的子实体，体呈白色块状，表面有复刺。猴头菇是一种木材腐生菌，在自然界中一般都在八九月份生长。李时珍的《本草纲目》对猴头菇的药用价值有明确的记载。元朝《饮膳正要》中记载，猴头菇有利于五脏、帮助肠胃消化等功能。但以往并没有把猴头菇作药用，后经有关医疗单位鉴定，猴头菇才正式作为药物。如市场上的“猴菇菌片”“猴菇片”等，对胃窦炎、慢性胃炎、胃闷胀、胃痛等疗效俱佳，并对上腹胀痛、嗳气泛酸、大便隐血、食欲不振等有显著的疗效。

野生佳蔬——蕨菜

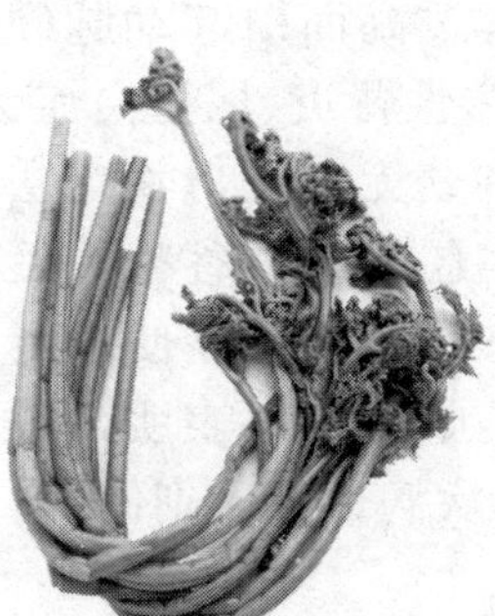

蕨菜

蕨菜又称如意菜、狼萁，全国各地都有生长，是一些地区群众喜食的野生菜。它可炒食、凉拌、做汤，味道鲜美，营养价值高。

据测定：每百克蕨菜含胡萝卜素 1.68 毫克，含维生素 C35 毫克。每到采摘季节，其嫩叶可加工晾晒成干菜，供常年食用。蕨菜的根状茎富含蕨粉，可制作粉条、粉皮等。此外，蕨菜还可入药，它有清热解毒、安神利尿的功能，还可治疗高血压、头昏失眠，慢性风湿性关节炎、痢疾、脱肛等症。据国外资料介绍，它还有抗癌的作用。

珍馐良药话香菇

传说，明太祖朱元璋在金陵奠基时，天下大旱，遂沐浴戒荤以祈降雨。吃惯了鸡鸭鱼肉的皇帝，面对满桌素菜，正苦于无从下箸，国师刘伯温命人献上一盘香气扑鼻的香菇，朱元璋不禁食欲大开，吃后赞不绝口，传旨为宫中常备之物。从此，香菇成了岁岁朝贡的宫廷珍馐。

现代科学分析表明，香菇不仅味美，而且是高蛋白、低脂肪的营养佳品。每百克干香菇中，含蛋白质 13 克（接近肉类、禽蛋的含量），脂肪 1.8 克，碳水化合物 54 克，钙 124 毫克，磷 415 毫克，铁 25 毫克；B 族维生素、维生素 B_2、维生素 C 的含量比胡萝卜、西红柿、菠菜等蔬菜还要多。香菇还有一个特点：与之同烹的其他食物所含 B 族维生素等养分不致因受热而破坏。香菇蛋白质中含有 18 种氨基酸，人体必需的 8 种氨基酸中，香菇就占了 7 种，而且多属 L 型氨基酸，活性高，易被人体吸收，消化率高达 80%。由于香菇中富含谷氨酸及一般食品中罕见的伞菌氨酸、口蘑氨酸及鹅氨酸等，故风味特别鲜美。

香菇还具有相当高的医疗价值，元代名医吴瑞的《日用本草》说，香菇“益气不饥，治风破血”，是一种使人精力旺盛的保健食品，能促进人体血液循环。我国民间常将香菇用于治疗小儿天花和麻疹。香菇中含有一般食物中少有的麦角甾醇，经人体吸收后，可转变为维生素 D，从而防治佝偻病和贫血。美国密西根大学克兰博士证实，香菇孢子上有一种槟榔状粒子的诱抗物质，对治疗流行感冒有良好效果。香菇还含有能降低胆固醇的成分腺嘌呤。日本国立营养研究所铃木博士曾对 480 人进行临床试验，每人每天吃香菇 9 克，一周后，女学生胆固醇平均降低 6% ~ 12%，老人组降低 7% ~ 15%。据此认为，对于胆固醇过高而引起动脉硬化、高血压以及急慢性肾炎、尿蛋白症、糖尿病等患者，香菇无疑是食物疗法的佳品。日本名古屋大学万谷教授发现，香菇所含特殊氨基酸，能使患者尿蛋白显著下降。临床资料表明，香菇可治疗多种肾脏疾病，且无副作用。

香菇

番薯的新魅力

番薯俗称地瓜，它所含维生素 A、维生素 C 超过胡萝卜和某些水果，尤以红黄色的营养最佳。

番薯属生理性碱性食品，可中和体内因食肉、蛋、米面所产生的过多的酸，使人体内酸、碱物质保持平衡。因为它含有较多的纤维素，在肠中吸收水分，增大粪便的体积而起通便的作用。特别对常吃精白米面，喜于便秘的人，常吃些地瓜，有助于大便畅通，降低肠癌发病率；番薯还有促进胆固醇排泄作用，对预防动脉硬化有积极意义。

新鲜水果有哪些化学成分

新鲜水果主要由如下化学成分组成：

水：水果中一般含水量在 70% ~ 90%之间，含水量高的如西瓜、草莓等可达 90%以上。水果中水分容易蒸发，决定了新鲜果实容易萎蔫。

糖：果品中普遍存在的有蔗糖、葡萄糖、果糖，是果品甜味的主要来源。仁果类的苹果、梨等含果糖较多；浆果类的葡萄等含葡萄糖和果糖较多；柑橘类果实含蔗糖较多。核果类的桃、李、杏等含蔗糖较多。各种果实的含糖量一般在 10% ~ 20% 之间，枣、葡萄、山楂等含糖 20% 以上。

有机酸：有机酸是影响果实风味的另一种重要物质，它是果实酸味的来源。果实中含有的有机酸是苹果酸、柠檬酸和酒石酸三种，通常称为果酸。大多数果实含苹果酸，柑橘类果实只含有柠檬酸，葡萄中则以酒石酸为主。果实中总酸的平均含量为 0.1% ~ 0.5%，但有的水果柠檬酸含量可高达 5% ~ 6%。

淀粉：成熟的果实中，一般不含淀粉或仅含少量淀粉，未成熟的香蕉则含有大量的淀粉，大约有 18%，香蕉经过催熟，淀粉在酶的作用下转变为糖，味道才会变甜。晚熟种的苹果中，在采收时尚含有淀粉，在贮藏过程中淀粉转化，含糖量也相应增加。

纤维素：纤维素是与淀粉很相似的多糖类，不溶于水，是构成果实细胞壁和输导组织的主要成分。在果实的表皮细胞中，纤维素又常与木质、果胶等结合成复合纤维素，对果实起保护作用。水果中含纤维素的多少、会直接影响水果的品质，如纤维素太多或较粗，食用时就感觉粗老。有些品种的梨，含有多量的石细胞，质地也比较粗。石细胞就是由含纤维素和半纤维素的细小厚壁细胞聚集而成的。

果胶物质：果胶物质是植物组织中普遍存在的多糖化合物，也是构成细胞壁的主要成分。它以原果胶、果胶和果胶酸三种不同的形态存在于水果组织中，各种形态的果胶物质具有不同特征。半成熟的果实中，存在的大多是原果胶。果实成熟，原果胶在果实中原果胶酶的作用下，水解成为果胶。果实进一步成熟时，果胶继续在果实中果胶酸酶的作用下水解成为果胶酸。果胶酸没有胶黏能力，果实便松散，呈水烂状态，有的变绵，俗称返砂。

单宁物质：单宁物质是几种多酚类化合物的总称，溶于水，有涩味。许多果实都含有单宁。单宁含量低时使人感觉有清凉味，若含量高时就不堪食用。

柿子含单宁极高，每 100 克果肉含有 0.5 ~ 2 克，一般果实含单宁为 0.02% ~ 0.3%。

糖苷：糖苷是糖与醇、醛、酚、单宁酸、含硫或含氮化合物等构成的酯态化合物。在酶或酸的作用下，可水解成糖和苷配基。果实中存在着各种苷，大多数都具有苦味，有一部分有剧毒。值得重视的是杏仁苷，它存在于桃、杏、樱桃等核果类果肉及种仁中，苦杏仁中含量最多，约 3.7%。苦杏仁苷在酶作用下分解丽生成苯甲醛，表现出桃、杏等果实特有的芳香，同时也产生出有剧毒的氢氰酸，因此多吃苦杏仁会中毒。

色素：各种水果的不同颜色，都是由多种色素混合组成的。果实颜色的不同，是由于所含色素种类和数量的差异，以及它们之间的相互影响所致。由于果实生长条件的改变或成熟度的变化，其色泽也随着变化。这些色素一类是水溶性色素，如花青色素、花黄色素等；另一类是非水溶性色素，如叶绿素和胡萝卜素等。

矿物质：果实中含有许多矿物质，其中对人体有重要作用的是钙、铁和磷。果实中以橄榄含钙最高，山楂其次。富含磷的果实有香蕉、草莓等。富含铁的果实有樱桃、山楂等。

酶：果实中主要有两类酶，一是水解酶类，一是解碳链酶类。果实不同的器官，不同的成熟阶段，都与酶的作用和方向有关系。如苹果在成熟过程中，化学物质的合成大于分解，因此淀粉、蔗糖含量较高；随着果实成熟度的增加，酶的活动逐渐趋于水解，因此化学物质的水解作用就增加，淀粉又转化为糖，果实变甜。果实在贮藏过程中酶的作用与贮藏条件，如温度、湿度、空气成分都有密切的关系。例如苹果贮存在温度高的情况下，酶的活性加强，果实的后熟作用加快，物质成分分解也快。

吃西瓜好处多

西瓜是鲜果中含水分最高的品种之一，还含有大量的蔗糖、果糖和葡萄糖，丰富的维生素 A、B 族维生素、维生素 C 和烟酸，多量的有机酸和氨基酸以及钙、磷、铁等矿物质。

吃西瓜，不仅可得到丰富的营养，而且开胃、助消化、利泌尿、促代谢、去暑疾、滋身体。对西瓜的作用，《本草纲目》上有这样的记载：“消烦解渴，解暑热，疗喉痹，宽中下气，利小水，治血痢，解血素。”近代医药学认为，西瓜瓤汁含有蛋白酶，可把不溶性蛋白质转化为可溶性蛋白质；苷具有降血压作用。

香蕉——“智慧的源泉”

香蕉最初出产于印度，可作食用是在公元前327年由亚历山大发现的。由于香蕉的形状奇异、芬芳宜人，被人们视为珍贵的物品。当时印度的学者不仅在香蕉树下讨论各种哲学问题，也将香蕉作为他们唯一的食物。所以，有人称它是“智慧的源泉”。我国广东、台湾等省盛产的香蕉也是从印度、马来西亚传人的。

香蕉

七世纪以前，香蕉仍是亚洲人独享的佳果。随后逐渐运往非洲、欧洲和南北美洲。19世纪初，当首次载送香蕉的船只从中美洲抵达美国时，纽约、波士顿的人们簇聚在码头上，不知香蕉为何物，看着它惊奇发愣。运到费城，有成百上千的人排队品尝它的味道。

俄罗斯人香蕉吃得不多，每人每年平均食用1只。加拿大与美国每人每年食用约10千克，欧洲人的食用也接近于这个数字。石油产量丰富的阿拉伯联合酋长国不产香蕉，而这个地区却要消费进口香蕉每人每年约41千克。

香蕉除了当水果之外，吃的方法也是多种多样的。我国在盛宴上有一道颇受客人欢迎的点心就是“果汁香蕉酥”。有些拉丁美洲国家把香蕉、菠萝、肉桂调成厚厚的浓浆，蘸在奶油布丁上吃。阿拉伯人喜欢把它做酥皮馅饼，非洲国家当作主食蒸、煮、煎、熏，作羹烧粥；而坦桑尼亚人还用它做啤酒和烧酒的原料。

香蕉还可以用作药物。我国古代人常用香蕉来治疗黄疸病、头痛病、麻疹。根据现在的研究资料：香蕉也能治消化性溃疡病。最近菲律宾国家科研所把香蕉和椰子杂交，制成一种滋补品，名叫“伴康”，解决营养不良症。北部非洲国家还用香蕉作为制作儿童食品的拼料。

为什么核桃又叫“长寿果”

核桃又叫胡桃。因其营养丰富，滋补肝肾，强筋健骨，故又有“长寿果”之称。

核桃含有丰富的营养成分，据分析，含蛋白质15%，碳水化合物10%，脂肪63%。脂肪中主要成分是亚油酸，还含有钙、磷、铁、维生素B_1、维生素B_2、维生素C和维生素E。

核桃有一定的医疗作用。李时珍对核桃功能评为“补气养血、润燥化痰、益命门、利三焦、温肺润肠、治虚寒喘嗽，腰脚重痛”。祖国医学认为，核桃有温肺、补肾、益肝、健脑、强筋、壮骨的功效。常吃核桃不仅能滋养血脉，增进食欲，乌须发，而且还能医治性功能减退、神经衰弱、记忆力衰退等。所以有“常吃核桃，返老还童”之说。

核桃

据分析，核桃中含有人体不可缺少的微量元素锌、锰、铬。锌可以抵消镉的致高血压的作用。锌和锰是组成脑垂体、胰腺、性腺的关键成分，有加强心肌功能的作用。铬有促进葡萄糖利用和胆固醇排出的作用。这几种微量元素对保持心脏的健康，维持内分泌的正常功能，抵抗衰老等，都有着密切的关系。

核桃中所含磷脂能增强细胞的活力，对促进造血、皮肤细腻、伤口愈合、毛发生长、提高脑神经功能、增进消化能力等都有重要作用。

患有咳嗽、气短、不能睡卧的人，可用去皮核桃肉、去皮尖的杏仁及生姜各 30 克，研成粉末，加蜂蜜合成 6 克蜜丸，每晚睡前用姜汤送服 1 丸，此方疗效显著。患支气管炎、肠燥便秘的人，可用核桃 50 克，捣碎，取仁细嚼，用开水一大杯送下，或将核桃仁砸碎用开水送下。

用其滋补身体和防治动脉硬化的成年人，以每天吃 1 ~ 2 个为宜。用其润肠通便的成年人可一次吃核桃仁 25 ~ 50 克。痰火积热、大便稀薄者以少食为宜。

哈密瓜

新疆地处内陆，是典型的大陆性气候，日照时间长，昼夜温差大，有利于瓜中糖分的积累。据史料记载，清朝康熙年间，哈密王把甜瓜作为礼品向朝廷进贡，“哈密瓜”便由此得名，并成为新疆甜瓜的总称。

哈密瓜

哈密瓜的品种资源很丰富。按成熟期不同，分早熟、中熟和晚熟品种。早、中熟的称为夏瓜，晚熟的称为冬瓜。早熟品种主要有黄旦子、纳西甘、一包糖、包孜可口奇、石甜等，其特点是皮薄肉细，香味浓郁。中熟品种主要有红心脆、老铁、炮弹瓜、黄金龙、白兰瓜等，它以甜脆多汁、肉厚细腻、清香爽口而博得人们的喜爱。

木耳的营养成分和作用

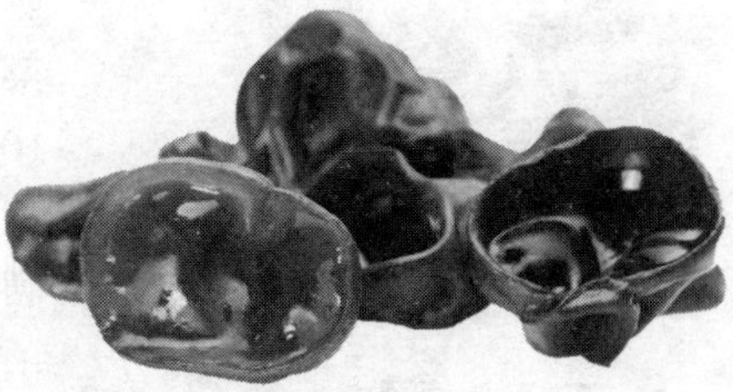

木耳

据现代科学分析，每 100 克木耳中含有水 11 克，蛋白质 10.6 克，脂肪 0.2 克，碳水化合物 65 克，纤维素 7 克，铁 185 毫克，钙 375 毫克，磷 201 毫克。此外，还含有维生素 B_1、维生素 B_2、维生素 C 和胡萝卜素等。因此，木耳是一种营养丰富、滋味鲜美的副食品，并且有很好的医疗和药物作用。木耳有滋润强壮，润肺补脑，轻身强志，和血养荣，补血活血，镇静止痛等功效，是天然的滋补剂。木耳能治疗痔疮出血、寒湿性腰腿疼痛等症。由于木耳有润肺和清涤胃肠作用，因而是纺织工人和矿山工人重要的保健食品之一。美国明尼苏达大学医院的研究发现，黑木耳能减少血液凝块，经常食用木耳对冠状动脉粥样硬化心脏病有预防作用。

银耳的营养成分和作用

银耳

银耳又叫白木耳。根据测定，每 100 克银耳中含蛋白质 5 克，脂肪 0.6 克，碳水化合物 79 克，粗纤维 2.6 克，钙 380 毫克，磷 250 毫克，铁 30.4 毫克，并含有人体所必需的多种氨基酸。银耳所含的银耳多糖有提高人体免疫力的作用。

我国历代医学家都把银耳作为传统滋补品，认为银耳性平，味甘，具有强精、补肾、滋阴、润肺、清热、生津、止咳、益胃、润肠、和血、强心、补脑、提神、嫩肤及缓解疲劳等功效；主治肺热咳嗽、肺燥干咳、痰中带血、便秘、便血等症。

吃苋菜有益

苋菜又叫米苋，系苋科，属一年生植物，我国自古有之。苋菜按其颜色分红苋、绿苋和红绿杂色三种。在我国南北各地均有栽培，是夏季应市的主要蔬菜之一。

苋菜

苋菜富含多种营养素，所含蛋白质、脂肪、钙和磷质，营养价值都比菠菜高。绿苋菜的铁质稍逊于菠菜，红苋菜含的铁质则超过菠菜1倍以上，至于维生素的含量，菠菜更比不上苋菜。如果一个人一天吃100克苋菜，就可以满足人体对维生素A的需要；每100克红或绿的苋菜含维生素C25 ~ 175毫克，一个人一天吃100 ~ 150克苋菜，即能满足人体对它的需要；此叶，苋菜还含有菠菜没有的B族维生素成分。

苋菜叶多质嫩、茎细柔软，既可炒食、做汤，又可稍烫切短凉拌，均清爽可口，易于消化吸收；若将苋菜先入冷锅中，不放油在火上炒熟盛起；再将生油炼熟，倒入苋菜酌加蒜泥拌食，更加鲜嫩、风味独特。苋菜叶里含有高浓度赖氨酸，可补充谷物氨基酸组成的缺陷，很适宜婴幼儿和青少年食用，对促进生长发育具有良好的作用，尤对用牛奶、奶粉等代乳品哺喂的婴儿有益。如将鲜苋菜洗净、切碎做汤饮汁，或把切细的苋菜炒熟透捣成泥，酌量分喂婴幼儿，既能增加丰富的维生素、矿物质，又有帮助消化，疏通大便，清热解毒之效。

苋菜还有较好的药用价值。尤其是红苋菜。明代李时珍《本草纲目》记载，苋菜“甘、冷利、无毒，具有补气除热，利大小肠，治初痢”等功用。祖国医学认为，苋菜具有解毒清热、补血止血、抗菌止泻、消炎消肿、通利小便等功效；民间一向视苋菜为“补血佳蔬”，故又有“长寿菜”之美称。

民间验方介绍：用鲜苋菜50 ~ 100克捣汁或水煎浓缩，酌加白糖或蜂蜜调味服用，可治咽喉痛、扁桃腺炎。用苋菜50克炒黄研粉，加适量红糖开水冲服，可治产后腹痛。常用红苋菜煮汤服食，对下肢象皮肿、甲状腺肿大，久服有效。将红苋菜200克，加水4碗煎煮至1碗，温服，对子宫颈癌有辅助疗效。用鲜苋菜叶加白糖捣烂，敷于患处，每天换药2 ~ 3次，可治疮疖肿。以鲜苋菜叶捣烂，加适量蜂蜜调匀，敷于小腿溃疡患处，每天换药1 ~ 2次可有疗效。

亦菜亦药话香椿

香椿是我国独有的一种树生菜，食用历史悠久。民间食用香椿，据说从汉代起就风行大江南北了。香椿色鲜味美，营养丰富。

香椿食用方法很多，通常有油炸（香椿鱼），香椿拌豆腐，香椿炒鸡蛋，盐渍生香椿，也可将香椿捣烂加盐搅拌制成香椿糊，再淋上辣椒油，味鲜可口。还可将香椿和大蒜一起捣烂成糊状，加些盐和香油、酱油及适量凉开水，做成香椿蒜叶，用其浇拌面条，别具风味。

香椿芽不仅是一种很好的家常菜，而且也有一定的药用价值，按照中医理论，香椿味苦性寒，有清热解毒、润肠止血、健胃理气、杀虫固精等功效。现代医学研究表明，香椿对金黄色葡萄球菌、痢疾杆菌、伤寒杆菌都有明显的抑制作用和杀灭作用。

香椿

香椿芽的采摘宜在谷雨前后，此时的香椿鲜嫩味美，营养价值高。

香椿树是速生树种，树干端直有弹性，耐腐蚀，纹理细致，易加工，不翘不裂，色泽红润，是上等的家具和造船材料，也可作为建筑、桥梁和农具木材，或制成木匣，贮存香烟、糖果久不变味。

香椿和臭椿外观相似，但有区别。在树木分类学上，香椿（又叫椿树）属楝科，臭椿（又叫樗树）属苦木科。香椿叶子边缘有锯齿，而臭椿叶子边缘整齐，不呈锯齿状。香椿果实为蒴果，似小棉花球果，臭椿为翅果，形似蝉的羽翼。

植物牛肉——苜蓿

苜蓿

据苏联科学家研究，苜蓿的营养价值与动物蛋白相比有过之而无不及，其蛋白质的含量为小麦、大豆、玉米和豌豆的四倍以上，几乎可以全部为人体吸收；苜蓿还含有丰富的维生素E，它对习惯性流产、不育症、皮肤血管炎、硬皮症及肠肌痉挛等均有防治作用，还有防止记忆力减退、延缓衰老的功效。

从经济观点而言，据测定，每公顷土地提供的苜蓿蛋白，等于每公顷农场提供牛肉蛋白的七倍。植物牛肉蛋白取代动物蛋白将成为世界农业域的一场“蛋白革命”。

大蒜祛病强身

北方人喜欢吃大蒜。然而传统的大蒜制品，除了风干的蒜头，就是腌制的糖蒜。爱吃大蒜的人，喜欢蒜头特有的辣味，喜欢糖蒜特有的香甜。

人们爱吃大蒜，不仅仅因为它是风味独特的食品和调味品，还因为大蒜具有杀菌、抗病功能。大蒜原产于亚洲西部，两千多年前的西汉张骞出使西域带回我国，后在各地广为栽种。古埃及的普列尼就论述了大蒜有治伤风、

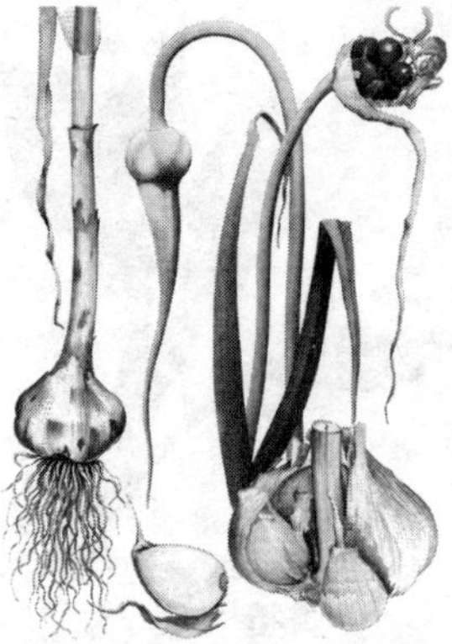

大蒜

溃疡、痔疮、麻疹、蛇咬等 51 种伤病。我国明朝李时珍亦在《本草纲目》中记载了大蒜有解散痛肿、消毒气、除风破寒、健脾治泄的功用。相传三国时期的神医华佗用大蒜汁合酒消毒治病。我国民间也广为流传着用大蒜杀菌抗病的常识。现代医学研究也证实了常吃大蒜能预防流行性感冒、痢疾、肝炎等传染性疾病的杀菌抗病功能。同时，食用大蒜还能够开胃，助消化。所以，用现在的“时髦”话说，大蒜是天然的、名副其实的食疗和保健食品。

日本、韩国、美国等国家早就重视大蒜深加工产品的研制和开发，重视大蒜制品的食疗、营养和保健作用。一些国家生产了大蒜饼干、大蒜面包、大蒜饮料等营养食品。

家备生姜，小病不慌

“家备生姜，小病不慌。”这是民间医家常说的一句话。确实如此，生姜除用做烹饪调料之外，还能治疗许多小病轻症：

生姜

（1）治感冒。民间常用生姜片加红糖煎水，趁热服下（姜糖水），治疗外感风寒感冒轻症。

（2）散寒止咳。将生姜洗净（凡入药生姜均应洗净泥沙）后捣烂，压绞取其汁，与白蜜或饴糖同服，治风寒、咳嗽、痰多。

（3）治胃寒呕吐及腹痛泄泻。将生姜用草纸包裹，放在清水中浸湿，再放置近水处煨制，以草纸焦黑、姜熟为度。用量 3 ～ 10 克切碎温开水吞服。

（4）用于痰迷昏厥的急救。将生姜捣烂，压绞取其汁。用量 3 至 10 滴冲服。

（5）解毒。用于中鱼蟹毒、吐泻等症。可单用或配紫苏煎水服用。

（6）治水肿小便不利。刮下生姜外皮煎水。用量每次小半碗，口服。

（7）治被动物咬伤。用生姜、红糖各等份，放在一起捣烂如泥，敷伤口，可治狗咬伤；用生姜汁调雄黄末敷伤口，可治蜈蚣咬伤。

（8）治失眠。将生姜切碎，用布包裹放枕边，闻其芳香气味，便可安然入睡。

姜属辛热燥烈之品，故阴虚有热者及孕妇均忌用。

第十二章

健康护卫葆青春

膀胱炎与尿路感染

膀胱炎属于尿路感染，它是膀胱的一种炎症，多由感染造成，这是一种在女性中非常常见的疾病。大多数情况下，尿路感染在得到良好治疗的情况下，对身体没有大的影响，但这种疾病发病时疼痛难忍，需及时治疗，并避免其复发和引发并发症。

为什么膀胱炎是一种女性多发疾病

不管尿路感染是急性还是慢性，都会对身体器官有所影响，主要影响的器官是膀胱、肾脏或尿道。

从身体的构造来讲，女性比男性更容易感染上这种类型的疾病。实际上，从排泄膀胱中的尿液的管道——尿道上来讲，女性的尿道比男性的尿道要短得多。膀胱中不会贮藏任何病菌，即使有，也是来自于外部。为了到达膀胱，微生物要首先进入尿道，然后上行至膀胱。对于女性来说，这一过程显得尤为简单，因为尿道的开口处与聚集大量病菌的肛门处相距甚近。单是由后向前擦拭这一个简单的动作，就将病菌带到了尿道处；随后，这些病菌将侵入到仅隔 2 厘米之远的膀胱，并在此繁殖致使发炎，这便是我们所说的膀胱炎。

膀胱炎有何症状

最初，膀胱发炎并不易被察觉，但这不会持续太长的时间。

最为明显的症状是排尿时有灼热的感觉，在排尿快结束时尤为明显。即便是尿频尿急，排尿时也不过是“点点滴滴”。与此同时，我们同样能感觉到将尿道中“封锁”的尿液排泄出来变得越来越困难。也可能出现排尿后出血（这并不是病情加重的信号）或是阴部上方的疼痛。

最后，排尿成了最终的困扰，甚至有的时候，尿液变得异常难闻。简单地说，也就是尿液颜色异常。

当没有任何并发症出现的时候，膀胱炎不会诱发发热或背部的任何疼痛。

如何检测及治疗

由膀胱滋生出的病菌多半为大肠杆菌，这种病菌会在直肠中成千上万的生长。对于第一次感染的患者来说，可通过将试纸浸到尿液中这一测试方法得到答案。

一般来说，一种被称作“分钟治疗”的治疗方法也是切实可行的。所有 15～65 岁的女性，除妊娠期及糖尿病患者除外都可以接受这种治疗。只需一次服下定量的抗生素。这种药物的药效已得到证实，在大多数的情况下，服用 3 ~ 4 天后仍有效果。

在尿道炎复发的情况下，也就是随后的几个星期内又有新的症状发生，这个时候我们应在实验室环境下对患者的尿液进行检查，作为辅助疗法的抗生素疗法也应做适当调整，需持续用药 3 ~ 7 天。

没有根据医嘱进行治疗是病情复发的主要原因，即便是在疼痛有所好转或彻底消失的情况下，也要根据医嘱按时服药。除此之外，最重要的还是不要自行治疗，以免病情再次复发。

如何避免病情复发

如果我们说这种病情不会复发，那简直就是个神话。然而，良好的卫生习惯却可以帮助我们对病症进行有效的控制。第一点就是喝足量的水。实际上，我们可借助膀胱的排泄来有效地抑制尿路感染的滋生：从这一点来讲，喝水显得尤为重要。我们建议大家每天饮用 1.5 ~ 2.0 升，甚至 3 升的水。做到勤喝、少喝(每次的量)。长此以往，细菌再也不能肆无忌惮地滋生了。

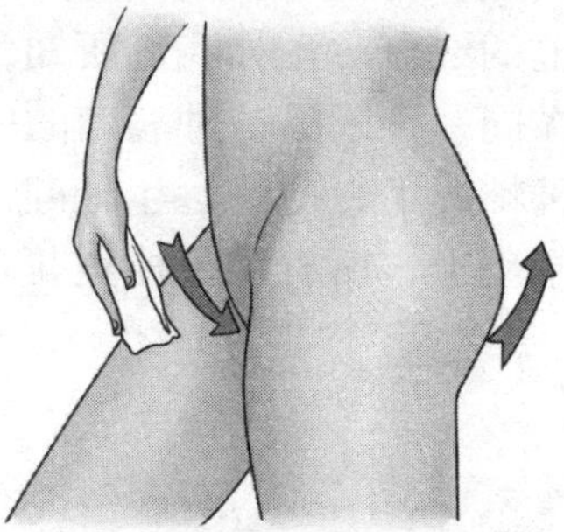

擦阴部由前至后

注意阴部清洁，内裤要经常清洗，如厕后用纸巾清洁阴部，应按照由前至后的顺序擦，避免把肛门的细菌带到阴道，导致发炎。

有规律地排尿，不要憋尿都是应该养成的好习惯。就像建议大家每次性爱后都要去洗手间一样，这样做可以遏制大量的细菌进入尿道。与此同时，擦拭方式一定要注意，是由前往后而不是由后往前!

潮湿与炎热的环境下，微生物更容易滋生，也就是说不建议大家穿连体的内衣或过紧的内衣。最后要说的是，不管出于什么原因，阴道的清洗不要过于频繁，并要选用适当的产品（可向医生进行咨询）。

最后，尿路感染同样是伴侣的麻烦事：建议你的伴侣进行尿液测试并不是什么不合时宜的事情。这种感染可通过性关系传播，非常有可能由一个传给另一个。如果两人中有一人对自己感染的症状全然不知，即便是正在接受治疗的情况下，复发也不足为奇。

会有并发症吗

即便是在患病不严重的情况下，也不要忽视治疗，因为病情会因此变得严重异常。如果炎症反复发作，很有可能在一段时间后影响肾脏并诱发肾盂肾炎。病菌可通过连接肾脏和膀胱的输尿管直接到达肾脏。

如果出现下列症状：高热不退（39 ~ 40℃），以及恶心呕吐，一些综合症状例如浑身乏累、体重骤减等都应及时到医生处就诊。

治疗方法多采用抗生素疗法、服用口服液、静脉或肌肉注射。用药时间要比单一尿道感染的用药时间长。

肾盂肾炎并不完全由膀胱炎引发。由于膀胱内输尿管植入的形状特殊，这种疾病还可以通过膀胱内尿液向肾脏内回返所致。

年龄较小的女孩会感染这种疾病吗

与她们的妈妈一样，小女孩受感染的概率比男孩要高。这一点在5岁或6岁的女孩身上可以得到进一步的证实，这个年龄段的女孩很可能由于沉迷于游戏而拖延去厕所的时间。

其症状与成人相同，感染后小女孩还会尿床。此外，千万不要忽视孩子屁股上的红斑，正如我们所知，阴道是滋生尿路感染微生物的温床。

在同一种或另一种病菌的驱使下，感染康复后的小女孩很容易旧病复发。在这种情况下，应到医生处问询。因为即便是在对这种病情的病变与复发研究的基础上，所有用于检查儿童尿路感染的仪器也还存在着一定的局限性。

小便失禁

一次疯狂的大笑可能导致少量的尿液渗漏这种情况并不严重，真正的小便失禁会造成经常性的障碍，这会严重影响到女性自身的形象。小便失禁可能是由两种机制而导致的。一是压力传输错误导致的失禁，表现为用力时的失禁。二是膀胱位置变化，其表现为尿急和因控制不住而失禁。

什么是机制性小便失禁

机制性小便失禁，即在没有尿意并且是在过度用力的情形下产生的突发的小便失禁。如果状况恶化，失禁会在打喷嚏、拿物体，甚至走路时发生。

一般来说，腹部内部压力会对整个膀胱都有影响，包括对括约肌的影响，这种压力会致使括约肌关闭。腹部内部压力加大会导致膀胱颈和膀胱的下垂，膀胱颈和膀胱的过度下垂会使腹部的压力能够依旧帮助括约肌保持关闭状态。

由于膀胱的过度收缩而导致的小便失禁会表现为经常想要排尿（尿频）以及尿急，特别是在某种特殊情况下，最典型的是，情况紧急甚至等不到打开厕所的门。

应该首先证实是否存在传染病，并且对膀胱和尿道的其他异常反应进行检查（非传染性的膀胱炎，以及息肉等）。通常在这种情况下，找不到任何发病原因。

针对小便失禁的问题，女性可采用不同的策略：少喝饮料，以避免或者防止某种情况频繁发生而提前去厕所。只有到特别绝望的时候，才可考虑使用特殊的尿失禁垫。

什么因素会导致小便失禁

机制性小便失禁通常是由于产科创伤造成的。分娩后或者更年期雌激素的缺少也会造成这种失禁，同样，增加腹部压力的任何作用（咳嗽、便秘等）都是造成失禁的原因。尿道、括约肌，以及膀胱的神经性作用有可能会由于外科手术、放射性治疗、某种疾病、某种治疗方式，或者单纯地由于老年化而被损坏。

膀胱的不稳定性会导致体温下降，体液紊乱，这种情况下就要尽可能快地找到卫生间。

怎样确诊小便失禁

妇科检查可以让医生对失禁的原因有初步的了解。为了确定是否是膀胱炎造成的失禁，还需要进行其他检查。

尿动力检查能够辨别出是属于机制性小便失禁还是膀胱不稳定造成的小便失禁。当需要调整脱垂时（器官的下垂），这种检查需要阴道正面膀胱造影照片的辅助，这种造影 X 线照片可以显现出所有相关的器官。

医生要评估引起严重的小便失禁的作用力和情形，及其发展变化的频率，据此来提出一些可行的治疗手段。还要考虑到患者忍受的疼痛，以及性生活时的不舒服。

有哪些治疗方法

在机制性小便失禁的情况下，需要避免可能的雌激素缺失，每周使用一次或两次阴道栓剂就可以达到效果。盆底肌肉功能锻炼可以解决问题，也会使以后的外科手术更加容易。以后还需经常锻炼来维持会阴的张力。

当有必要进行外科手术时，有两种可行的计划。如果问题只限于膀胱，那么在局部麻醉的情况下进行无张力悬吊带手术是最可行的。这种手术是将一条合成的带子连接阴阜到子宫口下方，对尿道提供一种支撑力，以避免用力导致的失禁。如果膀胱下垂并伴有其他器官的脱垂，就需要进行一次整体的恢复手术。

由于膀胱不稳定而造成的尿失禁可能会因为服用改善膀胱控制能力的药物而得到缓解。这种药物大部分是阿托品的衍生药物。行为功能锻炼也可以帮助患者更好地控制病情。

痤疮

痤疮并不是什么大病，但或多或少会让人感觉不舒服。因为它直接关系到我们的皮肤，尤其是脸部皮肤的美观。痤疮常出现于青春期，也就是身体的发育期。痤疮无疑使得这个阶段更加复杂……仿佛只有那些痤疮才真正吸引人的眼球，单单是那几个脓包，便足以困扰它们的“主人”，“影响”其与他人的关系了。

痤疮的脓包是如何形成的

尽管痤疮在 18 ~ 20 岁时会慢慢地自动消失，但为了帮助青少年摆脱这一问题的困扰，还是值得请一位专家专门治疗的。良好的卫生习惯、正确的局部护理以及一系列行之有效的治疗方法至少可以使我们的皮肤有一个明显的改观。

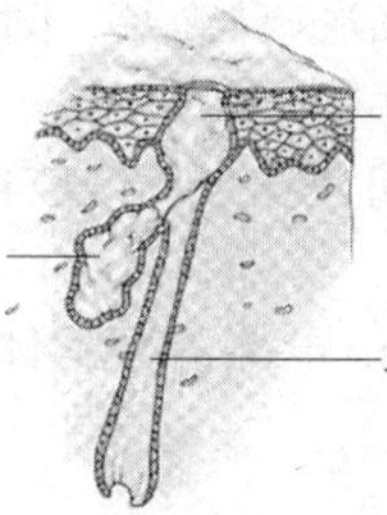

黑头

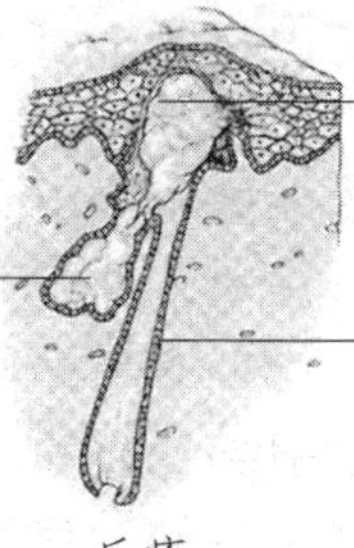

丘疹

痤疮

当皮脂和死亡的皮肤细胞阻塞毛囊的开口后就会形成痤疮。黑头（上图）是由因氧化而转变成黑色的皮脂聚集和皮肤黑色素的存在而形成的。如果皮脂不能排出，就会跟毛囊中的细菌和死亡的皮肤细胞一起产生脓液，这样黑头就变成了丘疹（下图）。

痤疮是一种由皮脂腺功能紊乱所导致的疾病。这些细小的腺位于皮肤最底层，它们扮演着黏合油腻养分的角色。为了防止脱水，皮脂会在我们的皮肤上覆盖一层薄薄的保护膜。痤疮（或"黑头粉刺"）病变的出现首先就是由皮脂腺内皮脂分泌过剩造成的。积聚的皮脂将汗毛孔堵塞，死细胞随即便堆积于此。

"黑头"是痤疮病变的第一种，被称为"开放性"痤疮，皮脂腺分泌正常，但在其顶端却被堵塞。

"脓包"或"白头粉刺"（显微镜下观察）是痤疮的第二种病变形式，被称为"封闭性"痤疮，由于皮脂腺的闭塞，皮脂在皮肤内肿胀，形成了一个由皮脂或皮脂残余填满的"小口袋"。此外，它还会成为部分出现在皮肤表面的细菌的侵袭对象。在这种情况下，痤疮也就成了出现炎症的地方，有些许疼痛，甚至还会充满脓。在过于严重，或处理不小心的情况下，这样的痤疮极易留下永久性的瘢痕。脓包或是黑头多滋生于体内皮脂腺聚集的地方：脸部、背部、肩膀以及前胸。

痤疮出现在青春期与激素的分泌有一定的关系。皮脂腺的活动在雄激素的刺激下会加速进行。尽管女性体内的雄激素在数量上不如男性，但女性机体内也会产生这样的激素。这也是男性痤疮患者要多于女性的原因。青春期内这种激素的刺激作用加强，由此，皮脂分泌过剩，痤疮自然滋长。

怎样祛除痤疮

大多数传统化妆品因油脂成分过高，会致使痤疮更加严重，那么我们是否应因此而放弃使用化妆品？庆幸的是，这一答案是否定的。合适的化妆品——我们称之为“不会诱发痤疮”的化妆品——在今天的市场上是可以买到的。这些产品的使用不会让我们在化妆时加重痤疮。

一些祛除痤疮的极端方法经常会适得其反。例如，过于频繁的清洗，使用干性肥皂或“祛油”肥皂，结果总是适得其反。因为这些只会加速皮脂的分泌，促进脓包的形成。

自己处理痤疮并不可取，用手挤痤疮或穿破脓包的直接后果便是引发炎症或感染，若是在没有消毒的情况下进行，更会加大留下瘢痕的危险。

无遮掩地晒太阳对痤疮的好转只是昙花一现，实际上其功效仅仅是推迟痤疮的出现。暴晒时产生的明显改善，实际上只是一种表面现象，然而，一旦停止晒太阳，痤疮还是会再次出现的，甚至比以往出现的数量更多。

关于痤疮，存在着大量的错误观点。通常易引起其他病痛的巧克力和猪肉食品不会加速痤疮的生成，其他的食品也不会。除此之外，痤疮也不会与任何性活动有关联，它更不是一种传染性疾病。

怎样治疗痤疮

治疗痤疮最为关键的一点便是皮肤的清洁。一早一晚的皮肤清洗是必不可少的。建议使用温和的清洁护肤品,例如乳液或是适合油性皮肤使用的香皂。

哪些治疗方法值得推荐

局部治疗可以直接在皮肤上进行。这种方法多适用于治疗不太严重的痤疮。类维生素 A 可用于抑制皮肤中皮脂的分泌。灭菌剂主要成分为苯甲酰过氧化物，以及胶状或液状的抗菌剂，都有灭菌消炎的功效。皮肤的清洗也可定期或偶尔在拥有先进仪器以及合适产品的皮肤科医生处进行。

症状严重的情况下可以寻求整体治疗，也就是服用口服药。实际上以这种方式治疗，抗生素和类维生素 A 作用更大，但是，它们通常也会出现相应的副作用。口服维生素 A 酸是非常有效的药品，但副作用也比较严重。这种产品的确会大量降低皮脂的产生并由此使皮肤以及黏膜干燥（唇、鼻、嘴，等等），但会导致身体不适，甚至出现皮肤皲裂、鼻子出血等症状。如此看来，常规的局部滋润护理是非常重要的。有些教训应该吸取，在整个治疗过程以及停止治疗的一个月里，要采用严格的避孕措施。因为口服维生素 A 酸在妊娠期内会引起胎儿的严重畸形。

各种激素治疗法也是切实可行的，因为它们可以抑制雄激素作用的产生。主要使用一些避孕药品以及进行抗雄激素的促妊娠治疗。

在治疗中需要注意什么

局部治疗通常使人易怒。经常使用润肤霜对其有预防作用，如果出现痤疮，也能够使之减轻。除此之外，需要注意的是，易怒的情况一旦有所体现，应立即停止治疗。消除后方可继续。

此外，抑制痤疮的药物，不论是局部还是整体，都会使得皮肤对阳光格外敏感。在阳光下暴晒会产生严重的后果。在日照环境下使用防晒霜是非常必要的。

不管怎样，抑制痤疮的药物在几个星期，甚至几个月的使用期内都会看到疗效。通常情况下，一些短暂恶化的迹象可以在治疗的初期观察到。总而言之，痤疮的治疗需要耐心和持之以恒。

脸部血管扩张症和酒糟鼻

情绪波动、烈日当头、晚餐过后出现的红脸蛋并不足以让大家引以为奇。但是这些脸部发红的症状可能会一点点引起脸部血管扩张症，也就是脸部微小血管长时间的扩张。通常情况下，还会出现小痘痘，与暗疮相似——即酒糟鼻。治疗这些疾病有好多种方法，但最好的方法还是提早预防。

脸部血管扩张症的症状有哪些

脸部血管扩张症是脸部小血管的一种持续扩张，这种病症通常出现在30 ~ 50岁，这一年龄段中，皮肤敏感、白皙的女性多会受到这种疾病的困扰。

脸部血管扩张症首先表现为脸部明显变红，尤其是在饭后或在极度热烈的气氛中。渐渐的，脸部的绯红扩张开来，尤其是在颧颊及鼻翼处，不久便会出现红紫色的、弯弯曲曲的细纹。皮肤上这种类似大理石花纹的不正常斑驳是血管过度扩张的标志。这种症状很快就会扩张到整个鼻子、脸颊、额头以及下巴。

脸部血管扩张症的原因是什么

脸部血管扩张症是血液循环系统的一种病症，天生肤质敏感的人多半难以幸免。而造成这种敏感型皮肤的原因并不为众人所知：遗传因素似乎脱不开干系。这种脸部血管扩张症会在妊娠期格外明显，而症状会在临产后的几个星期内自动消失。

诱发脸部血管扩张症病发及其恶化的因素。首先是环境因素：严寒酷暑下的阳光暴晒、温度骤变。其次是刺激性食物的摄入，如过于辛辣的菜肴，刺激性的食品（如咖啡、茶、酒精）都是对身体有害的。当然还有香烟，同样也是刺激物。

除此之外，皮质酮局部治疗法（抗发炎的）也会诱发血管的扩张，并会恶化成脸部血管扩张症。

怎样治疗脸部血管扩张症

对于脸部血管扩张症的患者来说，并没有什么方法可以使这种循环性疾病取得长期的疗效。但是，电凝固疗法和激光疗法可以适当地减轻这种可见的脸部细小血管扩张的症状。

治疗过程包括以下几个阶段。首先是轻微的血纹点状分布，这一现象在病发的初期是很常见的。一两个星期后便会消失。在这段时间内，应避免皮肤在阳光下长时间暴晒。

其次是被称为“冲洗疗法”的科学技术，利用高压水流作用于血管扩张的区域，被视为目前颇有疗效的治疗方法，但是疼痛难忍。在这里，还是建议一些患者使用温泉疗法。

如何预防脸部血管扩张症

脸部血管扩张症并不是不可避免的。脸部绯红作为这一病症的最初表现，它有可能诱发脸部长时间绯红、酒糟鼻等，但实际上，如果我们稍加小心，这种病症就可以在不同程度上得到改善。

预防措施包括：避免皮肤长时间暴露于阳光下，减少刺激性食物的食用，尤其是酒精、辣椒等。不管是什么季节，都应使用润肤霜来保护皮肤以免其受到风吹日晒。热水澡、桑拿以及热饮都是应该避免的，口含冰块可减轻皮肤的不适。

酒糟鼻

酒糟鼻是脸部血管扩张症常见的并发症。通常表现为脸颊、鼻子、额头、下巴处出现红色的、肿胀的、与痤疮相似的痘痘，也经常被称作“酒糟鼻暗疮”。这些痘痘会引发局部发炎，因此，便会引起脸部皮肤血液循环的紊乱。

对比酒糟鼻和暗疮的治疗方法。脸部皮肤应有规律地使用温和的香皂清洗。灭菌、抗生素、维生素 A 及其衍生物都可以在局部使用。通常还要加上抗生素口服液。

严重的酒糟鼻患者应慎服口服维生素 A 酸，它应与口服避孕药一起严格服用。为了避免复发，这些治疗方法应持续一段时间。

体毛异常

生长在身体上的体毛在数量和分布上受性激素的支配。过多的体毛不仅会使人失去美感，况且，对于女性来说，体毛生长在不该长的地方，如脸部、胸部为一种异常的现象。这种被称作“多毛症”的病症往往没有确切的病因。有时候可能因为卵巢功能异常，应及时到医生处就诊。不管这种病症的性质如何，截至目前，已有多种方法来医治这种病症。

体毛过多就是不正常吗

女性正常的体毛应只生在阴部、腋窝、胳膊以及下腋部位。当然，这种现象也是因人而异的。这一点在地中海后裔的女性中得到证实，她们的体毛普遍都很旺盛。同样，这也就意味着有一类人群，在母亲把这种病症带给女儿的同时，却不会在其生理以及激素上造成异常的情况。

相反，我们可能会认为女性的脸部——在男性生长胡子的地方——出现毛发是非常不正常的，同样还有在胸部（乳头周围和两乳之间）、整个腹部或大腿内侧出现毛发也会被认为是不正常的。这些体毛要比身体其他部位的体毛粗、长、颜色深。这种被称为“多毛症”的病症有着不同的病因。

体毛异常的病因有哪些

多毛症往往是毛发系统对雄激素过于敏感所致。这种病症多源于遗传因素。体毛异常在青春期便有所表现，并随时间的流逝而增多，且不会伴有任何的月经期不适。

然而，在某些情况下，男性化体毛的出现说明雄激素分泌过多。多毛症往往伴随着月经不正常的拖延，甚至闭经。其他一些男性化的标志，例如声线变粗或头发脱落等都有可能出现。

雄性激素过多的原因是什么

伴随着性激素混乱出现的短暂性失衡多由雄激素的分泌导致。这种混乱往往并不被人察觉，其表现形式（痤疮、体重的增加、月经不调）与其他症状混在一起。在激素分泌系统正常的情况下，不引人注意的多毛症便表现出来了。

含有雄激素的激素治疗能够引起男性化并通过多毛症表现出来。多用于刺激蛋白质合成的雄激素可以暂时补充蛋白质的不足（例如骨质疏松症）或人为地增加肌肉的总数。

一些口服避孕药，尽管并不含有雄激素，但却能产生一些致使女性男性化的副作用，最常见的便是痤疮的出现，体毛异常也就随之产生。

最后，多毛症表现为卵巢功能的异常，或者更为罕见的，肾上腺异常也会导致雄激素的产生。

如何医治体毛异常

大多数情况下，要想彻底地根除体毛异常，需要把长期的激素治疗和局部治疗结合起来。这种治疗方法需要一定的耐心，要很长时间才能见效。这也是女性喜欢求助于时间短见效快的治疗方法的原因。

多毛症的激素治疗法多采用抗雄激素药品，也就是说使毛发系统对雄激素有抵抗作用。这样的治疗方法在起作用之前应多进行几次。一般情况下，这些药物都有避孕的作用。

局部疗法的重复性高，最有效率的便是由皮肤科医生实施的电脱毛手术，这种治疗方法在彻底根除体毛上占有优势，但也使人受尽折磨。需要进行多次的手术，此外，费用也比较高。

至于脱毛腊的脱毛方法，在身体的某些部位还是切实可行的，所以这种方法也备受女性的青睐。尽管它不能彻底根除体毛甚至还需要定期的重复治疗。但其简单的体毛脱色法就足以让女性心满意足了。在市面上，我们可以看到各种各样的这一用途的产品。

不建议大家刮毛发，因为这样只会使毛发更多，更粗。

缺铁性贫血

莫名的疲劳、忧伤与工作效率低下都是贫血的最初表现，更为明显的便是喘不上气、面色苍白与掉头发。缺血有多种表现形式，但最常见的还是缺铁性贫血，由人体所需的血红蛋白的重要组成部分铁元素的缺乏造成。女性极易受到缺铁的困扰，因为月经会使她们定期流失这种矿物质，体内的贮存会在几个月内耗尽，贫血便随之而来。这一点在需要大量铁元素的妊娠期更为多见。

缺铁性贫血有什么症状

血红蛋白自肺部向全身输送氧。血红蛋白的不足表现为皮肤苍白，尤其在脸部和手掌上表现明显。此外，口腔内的黏膜过多（嘴唇、舌头、内腮）。这样的黏膜同样会布满眼睑（结膜）。贫血会导致在活动中引起呼吸困难和快速的筋疲力尽。当贫血严重到一定程度时，即便得到休息，疲劳仍会久久挥之不去。

缺铁性贫血中除了会出现因铁的缺乏引起的身体功能减退外，其症状主要表现为指甲易折、头发稀疏、舌头滑而亮。缺铁的后期表现为吞咽东西困难，甚至是厌食或恶心。

为什么缺铁性贫血会如此普遍

绝大多数的贫血都是由于缺铁造成的，实际上身体对铁元素的吸收非常差，尤其是食品中的铁元素。

即便是均衡饮食也无法满足铁元素的日常需求量。当然，储存在体内的铁元素会在第一时间制造体内流失的血红蛋白，尽管如此，这些贮存也很容易被耗尽。如果缺铁过于严重或持续的时间过长，便会引起血红蛋白的不足，从而诱发贫血。

由月经引起的规律性血流失使女性极易受到缺铁性贫血的困扰。月经的流量越大，危险就越大。

什么样的食品可以预防贫血

食品中大量的铁元素远不能被我们的身体有效地吸收。实际上，铁是一种很难被消化系统吸收的矿物元素，然而这或多或少也会因所摄入的食品的不同而有所差异。富含铁元素的水果、蔬菜、鸡蛋和奶类产品难以被身体吸收。常因富含大量铁元素而被提及的豆类蔬菜（主要为扁豆）以及谷物，尤其是菠菜，实际上并不能根据身体内的需求供给足量的铁元素，贫血的原因大抵如此。

体内大量的必需铁元素是由铁含量并不高的肉类以及鱼类提供的，尽管如此，它们却以一种比其他食品更易被同化的方式被人体接受。含铁量最高的肉类为红肉和内脏（心、肝）以及黑猪血腊肠。

身体提取食物中的铁的能力还会因其他饮食的摄入而改变。吃饭时饮用茶、咖啡以及酒会大量影响铁的吸收。与此相反的是，水果以及蔬菜中含有的维生素 C 能够加速身体对其他食物中铁元素的吸收。

当我们无法从食品中摄入足量的铁时应怎么办

摄入足量的铁元素是治愈缺铁性贫血的一种方法，我们可以在食用足量的含有铁元素的食物的同时，服用富含铁元素的口服液。根据身体对铁的低吸收率，首先应确定用量，服用周期至少为 3 个月。口服液的服用要根据医嘱，长期过量服用补铁口服液有反作用。

口服液的服用或多或少会出现副作用：伤胃、肠内功能紊乱……在出现这些症状的情况下，应停止服用口服液 1 ～ 2 天。

厌食症

厌食症是一种严重的心理疾病，患此病最多的是青少年和年轻女性。我们将其定义为一种疾病，因为它表现为严重的心理痛苦，会对一位女性的生活造成极大困扰，有时候甚至会导致生命危险。厌食症在初期很难被察觉，但一经发现，应强行治疗。通常情况下，治疗时间长，困难大，大多需要亲友的介入。

什么是“不正常”的饮食行为

概括说来，吃东西一是由于身体功能的真正需要，二是除食物的营养价值外，其自身带来的诱惑。加上文化习惯、营养学约束、宗教信仰等关系，每个人对食物的偏爱都有所不同。通常情况下，即便某些偏好不能构成食欲不振的原因，饮食平衡也会因此被打乱。

厌食症与易饿症一样，均为心理疾病。与简单的暂时性饮食过量或过少不同，厌食症与易饿症是真正的疾病。长时间的饮食习惯错乱往往会带来身体上的强烈不适。

与心理失落所造成的消瘦不同，厌食症并不是由食欲不振造成的。也就是说，患有厌食症的人也会感到饥饿，但这却是一场与自己的身体相抗衡的持久战。同样，不同于简单的胃口增大，易饿症也是另有原因的。

厌食症与易饿症的相同点主要表现为过分病态地对体重的担忧，以及一种对食物的抵触情绪。此外，食欲减退的年轻人也会因控制体重而节食，这样的行为很可能会导致食欲过盛。

厌食症也时常会伴有短暂的食欲过盛现象，这两种疾病在根本上是有很大的差异的。

厌食是一种严重的心理障碍，原因在于心甘情愿、长时间地抵触所有食物。这一行为由持续的、没有缘由的怕变胖的恐慌造成。即便是体重有所减轻，甚至是大幅度的减轻，身体功能的整个运转也会出现紊乱。

这种疾病同样还会伴有奇怪的身体不适：实际上，尽管已经达到了非常瘦的状态，厌食的人还是会显得虚胖。

厌食症并不是一种罕见的疾病，在100个女孩中，就会有1个以上的女孩患有厌食症。这种情况在青少年期更加常见，甚至出现得更早——自10岁开始。而男孩患上这种疾病的概率并不大。

一个女孩患上厌食症，而身边的亲友全然不知，致使延误治疗，这种情况很常见。这种"隐形"的疾病是在许多因素共同作用下形成的，如女孩的性格、患病方式，尤其是她对这种疾病所持的态度（主动承认或是长时间隐瞒）。

厌食症有哪些表现

追求苗条是引发厌食症的主要原因。这种因追求曼妙身材所导致的疾病首先表现为节食，由拒绝油腻或含糖量过高的食品开始，渐渐恶化到什么都不吃。

患有厌食症的女孩在体力和脑力上经常保持亢奋的状态：为了吃得越来越少，她们将注意力转移，做越来越多的体育运动。无所不在的饥饿感被大量饮水和服用抗饥饿食品所掩盖。为了达到事半功倍的效果，这些年轻的女孩还经常借助利尿及通便产品来加速身体的新陈代谢。

打着考验意志和变得更加苗条的旗号，她们还会用一份简单的减肥食谱来严格要求自己，直到几乎不吃任何东西。在这种情况下，她们的目标并不是达到某一个实际的"理想重量"，而是吃的总是比食谱中的还少。减肥对她们来说是没有止境的。

女孩很担心自己的这种不正常行为会被家人觉察，至少在这种病的早期，她们生活在被"揭穿"的恐慌里，与其家人、朋友的焦虑不安形成鲜明的对比，她拒绝承认患有厌食症，或是并不把它当成一回事。此外，年轻女孩们以各种各样的借口躲避家庭或同学聚餐，即便是无奈之下坐到了餐桌前，为了不碰或是尽量少吃眼前的食物，她们总是在盘子前无限制地拖延时间。

而另一种情况是，患有厌食症的女孩参加了聚餐并如常人一样进餐，但在离开餐桌之后，她们会找个没人的地方吐出刚刚吃过的东西。

大多数情况下，厌食症患者会伴有食欲过盛的现象，其症状与易饿症患者的症状有着相同的特点：短暂、突然。他们同样会隐瞒周遭的人，通常也会引发呕吐、虚脱、恶心等症状。

与节食的女孩相同，一些年轻的女孩在虚弱袭来时，仍会参加大量的体育活动。

厌食为我们的身体带来了什么后果

厌食首先表现为体重的急剧减轻，或快或慢地可以达到10或20千克。这就使一些女孩达到了非常苗条的状态。但与此同时，也会引发体内大量元素的缺乏：铁、维生素以及其他，由此导致贫血、昏迷和身体的抵抗力下降。体温也会不正常地下降，整个人变得非常怕冷，身体的状态一点点变坏，更严重的会直接威胁到生命。

除此之外，这种病还会以一种特别的方式表现出来，也就是时常伴有提前闭经。此外，由于消化系统的被迫休息，还会出现持续性的便秘。

厌食产生的原因是什么

厌食是一种复杂的疾病，它的原因很难阐明。

首先就是年轻女孩对自己身材的不满。不管体重如何，年轻的厌食症患者总会将自己想象成一个胖人的形象，并任其盘旋于脑中挥之不去，在这种情况下，对曼妙身材的追求之迫切也就变得不可思议了。

但是，这种个人形象的错觉也许更应该当作厌食症的特殊表现形式，而不是原因来考虑，实际上，它的起因是青春期引发的更为严重的性格失常。

厌食症实际上可以表现为一个女孩在青少年时期内，是否能接受在她身上发生的种种变化，尤其是见证自己的身体由女孩变为女人。这些震撼，尤其是性征的出现，使她们产生了强烈的不适，她们中的一些人会抑制或逃避她们与生俱来的女性特征，并在其身体上努力采取绝对的控制。

尽管在各个不同的方面“摧残”自己的身体，年轻的厌食症患者还常常因此而自我满足。这种行为同样有其感性的一面，厌食症患者通常与其他人关系非常平淡，也就是一种疏远的、不真正涉及友谊，更不要说爱情方面的关系。通常情况下，厌食症会使这些女孩只与其亲人，尤其是她们的妈妈有交流。

为什么青少年和年轻女性易患厌食症

每个人都与食物有着或多或少的复杂关系，因为它深刻影响着我们身体功能的运转。对于女孩和年轻的女性来说，食品更是不可避免地与其身体、女性特征有着紧密的联系。而厌食症会对处于青少年时期的女孩产生身体上的影响，对于她们来说，这是一种焦虑，甚至是一种恐慌，这种不安会体现在她们的饮食口味和习惯上。吃东西，就是为了继续长大，就是为了变成女人。而厌食症患者节食的首要原因就是“抹去”女性与生俱来的生理特征。出于对肥胖的恐慌，青少年甚至可以采取更为严格的节食方法。或是与其相反，在大量的食物或异常饥饿中寻找一种平衡。

这些行为是普遍而正常的。现如今，在媒体大肆宣扬以瘦为美的审美观的影响下，青少年越来越倾向于与“饮食纠缠”，并任其肆意发展。对于一个小女孩来说，这种“正常”的不安会让她感到更加的痛苦，如与她的亲人，尤其是与她的妈妈在感情上出现问题，这一点在女孩当中很常见，她们对成熟女性的典范作用提出质疑。与此同时，这种痛苦成了一些报告中特权词汇的“根据”，年轻的女孩会拿食物泄气，饮食的“正常”错乱则会引起一些病理现象，如厌食或食欲过盛，通常情况下均与消极情绪或性格失常有关。

怎样治疗厌食症

厌食症的治疗应从营养学和心理学两方面入手。治疗的目的实际上并不是让年轻的厌食症患者重新达到适当的体重，而是从深层次上改变她们的饮食行为。

这种治疗方法时间长，难度大，需要医生以及患者的亲人有极大的耐心。在这种疾病表现出其所有的症状之前，实际上患者没有一丝想要治愈的愿望，在治疗的过程中，患者甚至会持续抵制治疗，这种有意识的抵抗有时甚至会持续很长时间。

在严重的缺乏营养以及拒绝治疗的情况下，有必要让患者到专门的治疗中心住院治疗，在那里营养学医生、精神病科医生、心理医生会通力合作。对于患者及其家属来说，这段时期是非常难挨的，但这对于作为厌食症症结的心理问题的治疗非常有益，甚至是不可或缺的。其疗效更是在正常的饮食习惯恢复后得以证实，接受心理治疗后的年轻女孩会承认患病的事实，并下决心去解决引起厌食症的严重问题，且会努力避免其复发。这种疾病通常会使患病女孩与其父母产生隔阂，为了更加了解这种疾病以及帮助他们的女儿恢复身体健康，家长不妨在这个时候参与到治疗的过程中来。

焦虑症

焦虑是一种完全正常的情绪，实际上，它是我们心情的一部分。然而，当它变得持续不稳定时，就是不正常的现象，并可能转化成情感上的障碍。焦虑症以忧虑、精神紧张、不安，甚至是无名的恐慌为特征。它包含一部分心理原因以及一部分体质原因。分为急性与慢性两种表现方式。

正常的焦虑与病理学上的焦虑有什么区别

焦虑在人的生活中是必不可少的，因为它可以让我们适应一些特定的情况。焦虑感常常被认为是“无足轻重的”，只要一个人可以容忍并将其控制，那么不会对他每天的生活产生影响。在不影响身体的前提下，焦虑实际上是一些特殊情况下情感的表达，如考试、亲人生病或是去世、交通事故、换工作、异常紧张的状况等。

当焦虑在这些瞬间情感之外出现，或者突然间没有理由地出现时，它便变成不正常的了，这时便显出了病理性。

急性焦虑症有哪些症状

急性焦虑症也叫作“恐慌发作”。根据目前的诊断标准，它并不是由特殊状况引起，而是由情绪波动造成的。一个人感到突如其来的严重焦虑，持续时间通常为几分钟到两个小时。如果这种情绪波动每个月发生 3 ~ 4 次，我们便认为这个人患上了急性焦虑症。

除了情绪波动，急性焦虑症患者还会出现一些其他的症状：心悸、胸闷、高度紧张、恶心、腹部疼痛、呕吐、腹泻、发颤、手脚刺痒、出汗、寒战。

慢性焦虑症有哪些症状

慢性焦虑症患者总是长时间迷失自我，他们无缘无故地自寻烦恼，生活在担忧、不幸或是消极事件的等待中，幻想“灾难片的剧情”在自己身上上演。灾难的“延缓”——实际上“灾难”是不会来的——让这些慢性焦虑症患者生活在警惕与不安中。他们不能够承受分离，做决定时犹豫不决，为身边的朋友家人忧虑不安，对过去念念不忘，把正常生活抛到九霄云外。

慢性焦虑症与急性焦虑症伴有同样的并发症。除此之外，慢性焦虑症患者还会有其他的症状：感觉喉咙总是被堵住、手冷、口干舌燥、极其兴奋或极其消沉的状态。

焦虑症的原因是什么

病理性焦虑症的原因存在着好几种说法，例如“与生俱来”的焦虑性格，这种性格日后发展成慢性焦虑症的概率非常高。

焦虑症也有可能与咖啡的饮用以及一些药品（苯丙胺、巴比妥酸、镇静剂、皮质类固醇激素以及甲状腺激素）的滥用有关。与此同时，它还与其他的情绪，如恐惧、心神不定、忧郁、失落有关联。

家庭同样扮演着重要的角色，例如患有焦虑症的家长总是为自己的孩子焦虑不安。除此之外，心灵创伤也常会引起焦虑。戒烟、戒毒、戒酒的时期是容易产生焦虑的时期。

怎样治疗焦虑症

为了避免症状严重化和复杂化，焦虑症患者应及早进行治疗。

与治疗恐慌引起的情绪波动相同，对于急性焦虑症来说，服用抗抑郁药品可以避免康复后 2 ~ 4 周内的复发。即便是焦虑症状消失了，治疗还应再持续几个月。建议同时进行心理治疗。

对于慢性焦虑症，治疗中通常要加入镇静剂和心理治疗。为了避免患者对治疗产生依赖性，很长时间以来，医生们都希望能够通过其他的治疗手段来取代镇静剂的使用。此外，缓解焦虑的放松疗法也可以通过肌肉的放松起到作用。

易饿症

我们可以将各种各样的饮食过剩都定义为易饿症，如间歇性的饥饿难耐或暂时的胃口大开，这些可能是由月经临近或单纯的不安、烦恼引起的。但是真正的易饿症，也叫作“神经易饿症”。这种病表现为重复而强烈的“疯狂饮食”，在既不饿也不馋的情况下摄入大量的食品，与此同时还经常伴有呕吐。这些症状会让易饿症患者感到耻辱和有犯罪感，并想掩盖其病症。

什么人容易患上这种病，如何确诊

易饿症并不是一种非常罕见的疾病，它尤其会困扰年轻女性，每 100 名女性中，就会有 3 名患上这种病。其症状会一点点表现出来，病情也会逐渐加重，慢慢会出现呕吐等症状。如果一名女性在连续 3 个月内每个星期都有相应症状发生，则医生可确诊为易饿症。

易饿症有哪些症状

易饿症的发作可能完全是由情绪导致的，孤独、忧伤、不安都有可能使你的食欲失去控制。易饿症的发作也可能是完全没有原因的，不管什么时间，什么地点，一种无法控制的想吃东西的欲望折磨着你，一段时期后，这种情况就会使你离群索居。

这段时期的感觉实际上与饥饿没有任何关系：它与焦躁的症状相似，潜入到人的意识当中，剥夺了人反抗或是思考的能力。易饿症患者陷于疯狂的吞咽食品中无法自拔，尤其是对那些高糖分、高脂肪的食品更是失去了控制力。在很短的时间内就能够将它们消灭。易饿症患者总是将食品狼吞虎咽地吞下去，几乎不怎么嚼，更不要说品尝其滋味了。

这种症状会持续 1 ~ 2 个小时，直到身体上出现不适（腹痛、恶心）才会结束。年轻的患者总是很快就习惯了吐出吞掉的东西。吞下的食物总量是一顿正常晚餐的好几倍，恢复正常后，患者都会充满犯罪感，甚至对自己的行为感到厌恶。

易饿症发作时的其他行为

除了以上发作时的症状，患易饿症的年轻女性总会感到心神不定，也就是说疾病在心理上有所体现。她们还会使用通便或利尿产品，做剧烈的体育运动。

易饿症的原因是什么

易饿症是一种由多种因素共同作用下所产生的复杂疾病。首先表现为易饿症患者对自身体重的过度担忧。这种担忧与现今社会崇尚形体美有着相当大的关系。但是如果说这种“社会压力”对于这种病的出现并未扮演着决定性的角色，我们只能说是年轻的易饿症患者过于敏感了。

除此之外，过分冲动的性格也是造成这种病症的缘由之一，也就是说这种性格的年轻女性总是无法控制自己的饮食，这就为易饿症的滋长提供了条件。我们可以非常容易地在患者身上看到这种行为的发生，此外，患者与其他人的关系通常也是一团糟。

其他与冲动性格有关的心理疾病也会诱发易饿症，例如滥用酒精等。这种由性格原因引起的病症实际上是神经系统的功能障碍，与抑郁症非常相似。当然，我们也可以将易饿症视为一种心情失落的特殊表现，一种抗衡失落与不安的无意识的反抗。

我们应怎样治疗易饿症

与焦虑症患者不同，易饿症患者表现出想极力摆脱这种病症困扰的愿望。对于他们来说，需要他们克服的最大障碍莫过于抛开一切，走出自己想办法治疗的阴影，主动到医生处就诊。

易饿症的治疗主要在于心理治疗，尤其是一种被称为“行为疗法”的治疗方法，其中，年轻的患者可以学到如何控制自己冲动的情绪。

这种疗法下的分组治疗也是非常见效的。病发时，患者也可采用深呼吸这一疗法减轻心理冲突。最后需要注意的是，为了遏制由易饿症引发的情绪失落，抗抑郁药物的使用一定要遵医嘱。这些药物对易饿症也有一定的疗效，但需要控制用量。

乙型肝炎

患上肝炎后，肝脏的细胞被毁坏导致它不能够再充分保障肝脏的正常运转。肝炎有 5 种类型：甲、乙、丙、丁和戊，每一种都是不同的病毒导致的。而乙型肝炎病毒是导致乙型肝炎的根源。乙型肝炎病毒通常情况下比甲型肝炎病毒危害更大，它可以存活 6 个月以上并转为慢性。然而，90% 的情况下，这种病可以被治愈，而不会留下任何后遗症。

乙型肝炎的传播方式有哪些

乙型肝炎病毒通过血液和性行为分泌物（阴道分泌物）传播。目前，在一些护理过程中（抽血、输血、牙科治疗）被传染乙型肝炎病毒的风险大大提高，这是因为它会通过血液以及血液的衍生物的接触造成接触传染。吸毒成瘾的人被传染严重的乙型肝炎的概率较大原因也在于此（注射器的感染和交换）。还有，文身和穿洞这两种行为若没有进行除菌处理也会成为传播疾病的方式。

其他的传播方式还有分娩时的母婴传播。但是在给新生儿注射抗乙型肝炎的免疫球蛋白以及注射乙型肝炎疫苗之后，这种受感染的风险有可能被降低。在这种情况下不提倡母乳喂养。

乙型肝炎有哪些症状

突如其来的乙型肝炎会在毫无预兆的情况下发生：患病者由于不知道自己的病情从而很可能会导致周围其他人在毫不知情的情况下被传染。

最普遍的情况是，乙型肝炎最初的症状可能会与流感的表现相似：发热、浑身酸痛、头痛、浑身乏力。几天后还会出现黄疸（普遍称之为黄疸）：皮肤和眼睛的眼白部分会变黄。在某些情况下，患者尿液会呈现出非常深的颜色，相反，大便颜色会反常地呈现出很浅的颜色。

如何确诊乙型肝炎

血液测试可以证实人们是否患有乙型肝炎。病菌或者身体器官产生的对抗入侵病菌的抗体（血清检验）会通过血液测试显现出来。

另外，一定剂量的血液中某种肝的分泌物即转氨酶明显上升也可说明某种情况。这种上升证明了肝细胞被破坏。

乙型肝炎会不会引起并发症

大部分情况下，肝炎可以自行治愈。当疲倦持续好几个月时，一次突如其来的恢复，能够使肝重新运转，并且使那些受损细胞进行再生。

乙型肝炎最普遍的危险就是会转化为慢性。这种因慢性肝炎而导致肝硬化或者肝癌的情况十分罕见。

在极其罕见的情况下，肝炎可能一下子就会造成非常严重的影响。这就是我们所说的急性重型肝炎。这种肝炎在短短几天里就会对肝造成严重的损坏，造成无可挽回的严重后果，甚至导致患者死亡。

如何治疗乙型肝炎

最保守的治疗方法就是强迫患者休息。休息过程中改善饮食结构并不是必需的，但是建议患者调整饮食结构使之平衡并且彻底戒酒。最好避免食用脂肪较多的食物。当尿液恢复正常时，就表明患者已经恢复了。

当患有慢性肝炎时,需要服用抗病毒药物(干扰素)。若病情复杂且严重，则需要进行肝移植手术。

如何预防乙型肝炎

可以通过注射疫苗的方法来避免患乙型肝炎。乙型肝炎疫苗注射是每隔一段时间必须进行的。要进行 3 次注射,每次注射间隔 1 个月,第 2 年再进行注射,以后每 5 年就要接受一次注射。乙型肝炎被视为性传播感染疾病。因此洁身自好才能有效防止感染。对于那些文身爱好者们来说，必须要先证实进行这种手术用的针是从一次性无菌包装中取出的，并且以前没有别人使用过。

头痛与偏头痛

并不是所有头痛都是偏头痛，偏头痛的病因仍不明确，即便是在好多诱发因素得到公认的今天。但是，偏头痛能够通过保养得到缓解。去医生处咨询是个不错的方法，经过详细的咨询，医生能够找到适合患者的治疗方法。任何附加的治疗都是没有必要的。

偏头痛作用于哪些部位，诱发因素是什么

弄清偏头痛的病发机理并不容易，我们仅仅能够确定的是，偏头痛是由

头部神经血管功能障碍引发的。似乎其病发也与大脑中枢调节过激或是延缓有关。这些因素的强度，以一种过激的方式刺激着这些控制着面部与脑部的神经中心，从而诱发神经中枢的疼痛。

诱发偏头痛的原因多种多样，心理原因便是诱因之一，在焦虑不安、情绪紧张的情况下都可能出现偏头痛。

生活方式的改变也是诱发偏头痛的因素：搬家、工作的变化、失业、旅行、过度疲劳。甚至有些食物也难逃干系：酒、巧克力、烤肉、奶酪或是柑橘。当然这其中还包括不良的饮食习惯：节食、不吃正餐或饮食无规律。外界环境也是偏头痛发作的根源：光线、噪声、气味。需要注意的是，风暴或是炎热潮湿的天气都可能诱发偏头痛，不容忽视的还有睡眠不足。

激素与偏头痛有关系吗

在使偏头痛恶化的因素中，激素的变化应算作其中。大多数患有这种病的女性都会发现其与月经周期有一定的联系。在月经周期的作用下，偏头痛持续的时间更长，强度更大，而月经周期末随着雌激素水平的突然降低，病情会有所好转。

偏头痛与激素间的联系同样与避孕药服用的剂量有关。口服避孕药在一些情况下能够使症状得到缓解，但也可能使其加重。

另一个实证是更年期。在更年期到来之前或是更年期中，偏头痛的发作更为严重或频繁，更年期后情况会有所缓解。

怎样才能知道我们真正患上了偏头痛

为了区分普通的偏头痛和真正的偏头痛，很多因素都应该考虑其中：头痛的部位只是一边（左边或右边，病症不同，发作的部位也不同）；会出现心悸，也就是我们所说的心脏的脉搏在一些小动作下就会加快，例如弯腰捡东西、上楼梯等；偏头痛还可能与外界环境有直接关系，如光线或噪音，都会诱发恶心、呕吐、面色苍白等症状。

当出现迟钝、麻木和较为罕见的语言障碍，这时就叫作“偏头痛并发症”。

特殊的头痛持续时间要引起重视：偏头痛能持续 4 ~ 72 小时。早晨尤为剧烈，强度一点点增加直到患者停止一切活动。

而且，与其他头痛相反，偏头痛会有预兆：在过去的 24 小时内，人体会觉得疲劳、易怒，会有不同程度的消化系统障碍。

如何自我治疗

偏头痛患者的比例无法忽视。偏头痛患者常常自认倒霉，自己吃药治疗，却往往不能对症下药。在怀疑是偏头痛的时候就应该去看医生：只需进行简单的检查就可以确诊，并确定一个合适的治疗方向。

治疗一方面是要减缓发病，另一方面则是深层治疗。有必要从患病初期就开始采用止痛药、消炎药或血管收缩剂（为了阻止动脉扩张）进行治疗，也可二者并用。

必要的深层治疗包括每天吃药，这可以预防偏头痛的突发。有些药物作用于血管，以阻止血管扩张，同时具有抗炎症的作用。然而某些药物有助于神经系统传播忧郁的信息（有引发抑郁的副作用）。

深层治疗通常在 2 ~ 3 个月后见效。尽管如此，治疗时间也有可能延长至半年到一年。

如何减轻偏头痛的痛苦

如果你感觉到自己存在偏头痛的隐患，有几个姿势可以让你减轻发病的强度；避开强光和噪音；用拇指按太阳穴做小幅度圆周运动；对头部进行冷敷或热敷；在发病前，喝浓咖啡，因为咖啡能帮助扩张了的脑部血管更快收缩。此外，也可以吃块糖或晒晒太阳。这些小窍门并非每次使用都可以消除病症，因此，一旦出现前期症状，就应服用止痛药。

子宫内膜异位

一般来说，子宫内膜异位的症状主要是疼痛并会导致不易怀孕。它困扰着许多处在青春期以及绝经期的女性。在患病期间，覆盖子宫内部的黏膜（即子宫内膜）扩散到它不应该存在的位置。

子宫内膜异位会发生什么

在女性月经末期，为了迎接卵子，子宫黏膜表面（即子宫内膜）变厚。据了解，有时部分经血带着一些子宫内膜细胞通过输卵管回升到腹腔；腹腔能够将其固定，这就形成了子宫内膜异位的病灶。

这种疾病还有一些极其特殊的情况，子宫内膜出现的位置与子宫之间有很大距离（例如，出现在胸腔），对这种情况现在还无法做出解释，因此存在一些对其原因的其他假设。

无论这种症状出现在什么位置，这些异位的子宫内膜碎块在每个周期中都会发生同子宫内膜一样的变化。在月经周期中，会发生胸腔出血；一旦这些血液不能得到排泄，将会形成不同大小的囊肿。

子宫内膜异位的位置有很多种：

40% 的情况是，它会出现在子宫肌肉中；即子宫内膜异位。在这个位置会导致月经期大量出血，以及经期延长且伴随着疼痛。

60% 的情况是，这些子宫内膜的碎块停留在子宫外面（我们亦说成是外部子宫内膜异位）。它们附着在卵巢、输卵管、子宫颈、阴道、直肠与阴道之间的隔膜、会阴、腹膜、外阴等。还有更特殊的情况，这些碎块可能出现在远离子宫的与肠在同一水平位置上的膀胱或者输尿管。

子宫内膜异位还会造成其他后果，如粘连的出现，即在通常状况下互相分离的一些区域或者两个器官粘连在一起（如卵巢与腹部膈膜，输卵管和肠段等），这些粘连本身会导致疼痛和不育症。

子宫内膜异位有何症状

在月经周期中，特别是对于那些从不痛经的女性来说，经期后期的突发疼痛是一种特殊的征兆。而经常或频繁性痛经也同样是子宫内膜异位的表现，特别是当普通的治疗对这种疼痛不起作用的时候。在性生活时，特殊的疼痛也同样非常典型，疼痛在有些位置比其他位置来得更剧烈，有时这种疼痛会在性生活结束几个小时之后才开始。月经期很长，并且量很大。还会因为缺失大量的铁而导致贫血。

要知道症状的严重程度与该病带来损害的重要性有时并不相符：在一些微不足道的位置可能会引起异常的疼痛，而在重要部位形成的异位的子宫内膜碎块有时可能一点征兆都没有，只有在偶然情况下才会被发现，例如在检查中，或在手术中。

应该如何诊断

根据病人所描述的疼痛的位置来判断子宫内膜异位的位置，通过妇科检查便可以对其确诊。在卵巢过大，子宫一侧出现引起疼痛的区域等情况下需要做一些其他的检查。

检查子宫内膜异位的首要且必需的方法就是做超声波检查，在必要的时候还要进行补充检查，如子宫造影术以及子宫镜检查。

在外部子宫内膜异位发生时，超声波检查应该作为第一项补充检查，还要测定“CA125（一种高分子量的糖蛋白）”在血液中的含量，发生子宫内膜异位时，其含量会上升。

子宫内膜异位有哪些治疗方法

药物治疗。这种治疗方法的目的是引起萎缩（体积的减小）并尽可能使子宫内膜异位的病变消失。这种传统的含促黄体生成激素的避孕药物可以阻止排卵，促黄体生成激素的出现可以完全抑制住子宫内膜在任何位置的扩散。单纯的促黄体生成激素避孕药物在阻止排卵的同时还会导致更明显的子宫黏膜的萎缩。某些药物，同 LH-RH 激素极为相似，能同脑垂体一样完全阻碍卵巢的运转。我们称之为“LH-RH 类似物”，它阻止下丘脑分泌出这种把信息传达到位于脑垂体的感应器的激素。这样，下丘脑再也不能分泌出激素把命令传达到卵巢：这就形成了伪绝经期，同真正绝经期的作用是一样的（都会出现潮热的症状），但原因是完全不同的（绝经期的产生是因为卵巢本身变得不能够再运转）。

治疗期间（几个月内）卵巢激素的消失会引起子宫内膜异位的病变的萎缩，如果该病变足够小或者外科手术已经减小了病变的范围，这种治疗会使子宫内膜异位逐渐消失。

药物治疗通常作为手术的辅助治疗。当涉及疼痛的问题时，药物治疗是唯一能有效缓解疼痛的方法，至少是暂时性的减轻患者的痛苦（对 90% 的患者，药物的止痛作用会持续6个月以上，对大约50%的患者，止痛作用会持续5年）。

手术治疗。通常以腹腔镜检查的方式来实行治疗，其目的是要通过一些微小的仪器穿过腹壁尽可能地摧毁病变组织。如果一些病变的位置特殊，则需要求助于传统的手术。当病变的范围比较大时，保守的手术治疗（这种手术只进行修补且不破坏任何重要部分）变得非常困难。如果有怀孕的计划，可以放弃治疗直接进行体外受精。当症状令人非常难受并且难以进行治疗时，经患者同意（当然是在没有任何怀孕计划的情况下），可以进行子宫切除术（切除子宫），但这种情况极其罕见。这个时候，子宫的切除会使至少一侧卵巢不引起激素混乱；甚至，由于没有子宫，也不会再有月经，但激素的产生和排卵会继续，直到正常的绝经年龄。

子宫出血

医学界将经期外出血称之为“子宫出血”。这种出血多为其他病症综合征的表现。子宫出血是一种常见病（大多数女性都难以幸免），出现这种病情需及时到医生处就诊。由于这种出血与月经期相近，所以很难判断哪种是正常的经期出血。

如何辨别子宫出血

子宫出血及其突发性的表现呈多样化：经期颜色由红变黑、出血量大、血液稀释、无凝块。子宫出血可单独或伴随经期出现，并可被性生活中断。

可向医生提供子宫出血的症状以及伴随出血而产生的问题：阴道出现其他的排泄物、腹部及背部疼痛、恶心、疲劳（可诱发贫血）等，已患病症、曾经采取过的治疗方法以及避孕措施都应该包括在其中。

病因是什么

很多种情况都可以造成子宫出血。不同年龄段的女性病因也会不同，这一点多与激素有关。

重要的是确定有没有身体原因。这便是所有的非正常出血都需要到医院就诊的原因。

子宫出血的生理原因多种多样。性生活诱发的出血异常多是由于宫颈的异常，如息肉、炎症。极少数情况下，是由于预防不当或是癌症。突发性出血可证明子宫已受感染，如息肉、纤维瘤、子宫内膜异位、子宫黏膜变厚或是变薄、感染或是癌症等。

后几种病因尤其让人担忧，也是医生确诊时首先要排除的。但子宫癌在绝经前是非常少见的。卵巢病理的多样性应该引起大家的注意。

生殖器官感染性疾病

女性的生殖器官会被多种病原微生物感染。这些感染性疾病通常表现为阴道分泌物异常以及疼痛，但是其他情况下不会伴随任何容易察觉的症状。检查出这种病症并且进行治疗是必需的，这样才可以有效地预防常见的并发症，特别是不孕症，同时避免传染给伴侣，性行为是最常见的传播方式。

女性的生殖器官传染病有哪些特点

最普遍的传染病涉及外部生殖器，即外阴和阴道，分别会发生外阴炎和阴道炎。这两种病症会在这两个区域产生并蔓延，还会影响阴道腺和前庭腺，会导致前庭大腺炎。

深度生殖系统疾病会影响到宫颈、子宫内膜以及输卵管。这种感染会导致宫颈炎、子宫内膜炎以及输卵管炎。这些疾病发生的频率不高，但是比外生殖器的疾病更为严重，因为这种疾病很可能会影响到生殖能力。由于细菌的侵害，病症可能表现为阴道分泌物异常、出血、发热或者骨盆的疼痛，但是更普遍的是没有任何的征兆，只是通过不孕的检查偶然被发现。需要注意，这种病症不会通过妇科检查被发现。

生殖器官传染病对外阴和阴道有哪些影响

外阴炎

这是在外阴（小阴唇、大阴唇，以及阴蒂）产生的炎症。发炎的区域表现为肿胀和发红，会引起瘙痒，以及在排尿或者性生活时产生疼痛。

大阴唇发炎或者小阴唇内部发炎一般不具有传染性，但通常会导致一种刺激性的或者过敏的反应，产生的原因可能是对内衣的纤维，或者经常使用的毛巾以及卫生用品过敏。

小阴唇内部表面发炎正好相反，通常是由于感染，特别是阴道分泌物的感染导致的。这种感染可能是由于真菌、生殖疱疹、滴虫病或者湿疣引起的。

极其罕见的情况是，外阴可能出现下疳，通常表现为多种会传染的性病。

治疗外阴炎的方法：使用抗病菌乳霜或者凝胶局部涂抹在患处来缓和刺激。

阴道炎

阴道炎是一种出现在阴道的炎症。阴道炎通常是因为传染而产生的，也可能是因为对某种物质过敏而产生（例如，卫生巾等用品），或者对进入阴道的物体过敏而导致，如长时间使用卫生棉。对于更年期的女性，阴道炎可能会使阴道壁变薄。

无论原因是什么，阴道炎一般都会表现为阴道的分泌物过多，有时还会伴有出血、瘙痒，在排尿时会有炙热感，同样在性生活时会产生疼痛。

真菌病和发毛菌病是引起阴道炎最普遍的原因。由细菌引起的阴道炎会引发轻微的疼痛，其主要表现为分泌物呈灰色且伴有难闻的味道。还有更少见的情况是受淋球菌的感染（引起淋病的细菌），这是最令人担心的，因为很可能会影响到子宫和输卵管。这种疾病可能会导致分泌物呈淡黄色，稀薄，有轻微的刺激性，但是通常情况下，不会有任何表现；这种病症有时会出现在患者的伴侣身上（男性表现为淋病，造成排尿时的异常疼痛）。

治疗方法为口服药物，或者药物植入阴道以杀灭致病的细菌。

外阴阴道炎是指在外阴和阴道同时产生炎症，可能是因为同一种病原，也可能是因为不同的病原。表现为外阴炎和阴道炎同时发生。

前庭大腺炎

前庭大腺炎是一种疾病，由某种细菌所导致，对一个前庭腺产生影响。前庭腺这种能分泌阴道润滑液的小型腺分散位于阴道中，在阴道口和小阴唇之间。前庭大腺炎一般是因为阴道感染而导致的，但也有可能是因为腺管的阻塞导致的自发感染而造成的。

前庭大腺炎表现为外阴的变红和肿胀疼痛，有时还会伴随发热。在症状出现时期，可能会因为某种情况而发生感染，这需要通过进行抗生素注射来阻止病情的恶化。有时为了彻底清除受感染的腺需要进行一次小手术。一旦病情反复发作，最好切除受感染的腺，尽管这是润滑阴道必不可少的物质。

怎样避免外阴和阴道的疾病

包裹阴道壁的膜是病原菌长久存在的位置，这种病原菌会形成“阴道菌丛”。这种菌丛有保护内膜的功能，可以阻止传染病菌的进一步发展。这种传染病菌实际上通常会在内膜上出现，但是数量非常少，并不能引起真正的感染。所有的阴道炎都会引起阴道菌丛的紊乱，或者是由于大量感染细菌的入侵（特别是当疾病由于性行为而传染）而导致发热，或者更危险的由于持续的损害导致保护性细菌的功能减弱，并且使有害细菌进一步发展壮大。

保持阴道菌丛的平衡是第一位的，日常保健要严格但不必极端，使用温和的、不含酸性物质的保健产品，内衣需要经常更换，并且需经过高温洗涤；不穿别人的内衣。另外经常穿紧身衣也容易导致疾病的产生。

生殖器官传染病对子宫和输卵管有哪些影响

子宫颈炎

子宫颈炎是子宫颈的一种疾病。这种病症的表现多种多样，疾病可能影响到宫颈内部或外宫颈，影响到阴道（子宫颈表面病变），或者宫颈内部结构，如宫颈内膜（子宫颈内膜炎）。这两种病症的表现为阴道分泌物异常，有时会有出血或疼痛。然而子宫颈炎可能因为没有任何明显症状而未被发现。

子宫颈表面病变，通过妇科检查可以被发现，这种疾病被认为是引起外部生殖器疾病的最根本原因。受感染的细菌同阴道炎的感染细菌相同（滴虫病，特别是念珠菌），大部分病菌不能穿过子宫颈。

子宫颈内膜炎在妇科检查中不会被发现，相反这是形成深度生殖系统疾病的原因。传染细菌是一些病菌（淋球菌、衣原体或者支原体），这些病菌可能会扩散到子宫内膜，甚至扩散到输卵管。为了避免子宫内膜炎或者输卵管炎需要进行抗生素治疗。

子宫内膜炎

子宫内膜炎是一种发生在子宫内壁覆盖的内膜（子宫内膜）的疾病。

这种疾病通常是由多种病菌造成的，特别是淋球菌、某种衣原体或者某种支原体。子宫内膜炎会在分娩以及流产时引起并发症（这是子宫内壁胎盘的剩余碎片导致的），或者没有任何先决条件而产生。另外，应用避孕环也会增加患子宫内膜炎的危险。

这种疾病会表现为阴道分泌物异常，伴有难闻的气味，呈淡黄色，并且还会产生骨盆的疼痛，有时伴随经期的外部出血或者发热。但是子宫内膜炎也有可能不出现任何容易被发觉的症状，而通过子宫的检查被发现。

对子宫内膜炎的治疗是必需的，这是为了避免影响输卵管从而影响生殖能力，即不育症。如果这种疾病出现在怀孕之后，就有必要进行刮宫手术或者子宫镜检法，以排出子宫腔内有可能存留的胎盘碎片。应该避免使用避孕环。无论引起这种疾病的原因是什么，都需要进行抗生素治疗。

输卵管炎

输卵管炎是一种在一侧或双侧输卵管发生的病菌性疾病。

这种病的出现非常普遍，特别容易发生在没有生育过的年轻女性身上。

这种疾病的病因通常是衣原体，有时也会是淋球菌或者某种支原体，通常是通过性行为进行传播的。使用避孕环会增长患输卵管炎的概率。

输卵管炎表现为阴道分泌物异常、骨盆的疼痛、经期时的外部出血，以及高热或低热。然而有时输卵管炎没有出现任何容易察觉的症状，这种情况也并不罕见。

当输卵管炎被确诊后，就要马上着手进行抗生素治疗。输卵管炎可能会危害到输卵管功能，若双侧输卵管同时被感染（这种情况非常普遍），会导致终生不孕。

输卵管炎还有可能产生其他的并发症甚至影响到子宫（子宫内膜炎）或者卵巢（卵巢炎）。为了保证输卵管恢复正常工作，需要进行严密的监控，同样也为了避免输卵管炎再次复发。

白带异常

白带开始于月经初潮之前，标志着阴道与子宫开始发挥其作用。白带的分泌很难被发现，这大概是因为我们很难辨别内裤上的分泌物是否正常。实际上，这种分泌物的出现是所有女性都会经历的。这是由于卵巢可分泌大量的激素，而这种分泌物证明我们的身体处于良好的生理状态。然而，一些情况下，这也是尿路感染或其他严重病症的前兆。一旦出现这种状况，需要到医院进行检查。

生理白带

白带的分泌是所有女性都会遇到的，这是正常的生理现象。

这种分泌的缘由很多：由子宫分泌出的黏液（其作用是促进精子与卵子结合），在排卵期前为透明状，有弹性并且黏稠。排卵期后表现为分泌量增多并且呈白色；阴道黏膜表面细胞脱落，以及阴道真菌排出。

没有必要采取任何治疗手段。避孕药可改变其状况，减少排卵期前的黏液分泌。

病理学上的白带分泌

白带分泌异常是感染综合征的表现（称为“病理学的”），通常会出现以下症状：分泌物有色并散发难闻的气味，以及外阴灼热感、瘙痒、疼痛，甚至发热。

感染可能是由阴道真菌丛的不平衡或可传染的性病毒引起。

诱发的病菌为真菌（念珠菌属）、寄生虫（阴道滴虫）、细菌（淋球菌、支原体、衣原体）、病毒（疱疹）。医生需要通过对宫颈部黏液的抽取化验来确定感染源。这一点需要借助精密仪器或显微镜来完成。

治疗方法需要通过感染源来确定。卵巢保养与外部治疗多用于菌丛不平衡的情况；抗生素及特殊治疗用于病症比较严重的情况。

经前期综合征

疲劳、易怒、消沉、水肿、乳房胀痛、下腹疼痛……大部分女性（根据一些调查显示大约50%的女性）每个月都要遭遇经前期综合征，这给她们的生活、学习造成了很多的困扰。每个月这些症状都会如期而至，它们的性质跟程度也因人而异，但是健康卫生的生活习惯会起到减轻痛苦的作用。

经前期综合征有哪些症状

症状出现在月经来潮前 7 ~ 14 天与行经前两天之间。这些症状在同一个女性身上出现的周期几乎是固定的，循环往复。它们会一直持续到月经到来，并且症状消失得特别快（24 ~ 48 小时）。经前期综合征就是由伴随着每次月经反复出现的症状构成的慢性病，而非症状本身。

在众多身体和精神方面的症状中，有 3 种最为典型：

——乳房的胀痛及过度敏感，有时甚至厌恶所有身体接触，连穿戴胸罩也会觉得不舒服；

——腹部气胀，通常伴随着盆腔沉重感和便秘，有时还有腹泻、恶心甚至呕吐情况；

——精神方面的问题：可能出现短时间的抑郁症，产生深度的忧郁以及无法解释的突然哭泣、焦虑、突然的情绪变化、易怒导致爱发脾气；或是持续的疲劳状态造成的睡眠问题（失眠或嗜睡）及饮食问题（总是有饥饿感，对以前爱吃的东西失去了兴趣）。

还可能出现的其他症状：偏头痛、关节疼痛、静脉问题（小腿粗壮、痔疮）、暂时的体重增加、面部肿胀、手指和踝骨的肿胀（鼻塞、打喷嚏）等。

经前期综合征的发病原因

经前期综合征可能会随着年龄的增长而逐渐产生，也可能由于生殖器感染或情感打击而突然发病。某些女性更容易患病，尤其是有家族病史的人易产生情绪问题或痛经（月经失调）。

经前期综合征的确切原因目前并不清楚，或许是排卵后激素失调产生的。因此服用避孕药的女性产生这种问题的概率更小一点。某些症状表现为组织内过量水潴留，尤其会导致乳房肿胀。相反的，经前期综合征也受心理因素的影响，例如职业或情感方面的压力、冲突，在症状的发病程度上也起着决定性的作用。

怎样预防经前期综合征

针对经前期综合征不存在完整的治疗方案，然而，大多数病征是可以通过良好的生活习惯减轻或者避免的。

饮食方面的建议：减少盐和糖的摄入量（盐摄入太多易造成水潴留），避免刺激性食物（咖啡、茶、可乐饮品、酒），还应适当减少吸烟。

多做运动（走路、游泳）或求助于器械放松疗法，可以缓解紧张、压力和焦虑，也可以减少易怒及情绪多变的情况。

预测月经的到来时间，可以避免由于担心怀孕而产生的压力冲突及疲劳，如果时间允许，这种方法也有助于休息、恢复平静和睡眠。

求助于药物，尤其是镇痛药及安定药，但是必须是医生开的处方药。同样，营养药有时也被运用到治疗经前期综合征的药物里，例如补充镁、钙、维生素 B_6 的药。建议最好去全科医生或妇科医生那里就诊。

月经不调

月经周期的长度和规律与复杂的身体功能息息相关。在这一方面，每位女性都会有不同的表现：月经周期或规律或失调、月经周期过短、痛经或其他的症状。各种不同的情况，如药物、身体状况、周遭环境都会导致周期性的功能失调，有时甚至会引起强烈的身体不适和焦虑不安。

闭经

原发闭经

闭经的第一个原因就是青春期发育过晚。青春期定义为 13 岁起所有乳腺增长的停止（外阴及腋窝下出现的毛被并不足以证明青春期的开始，因为这些很可能是在肾上腺作用下产生的）。首先要肯定的就是，青春期发育过晚与家庭因素有一定的关系，但也会有其他的原因，如重病后遗症、严重的厌食症等。为了排除大脑（下丘脑 – 下垂体中心）或卵巢功能不全的可能性，对药物做出相应的总结是必不可少的。实际上，单纯的青春期发育过晚多体现于男孩身上，在女孩中，青春期发育过晚有一半的概率是由药物造成的。

女孩 16 岁后的闭经是青春期发育过晚的正常现象，应及时到医生处就诊（正常情况下，初潮应在 10 岁到 15 岁间到来）。出现这种情况的原因多为受到过心理打击或是服用过某种药物。其他的症状还有乳房出现分泌物，毛被变化或是头痛。这种情况下应及时就诊。

处女膜阻塞也是比较特殊的原因之一：处女膜没有打开，经血就无法流出，停留于阴道中。处女膜紧张突起，诊断非常容易进行。只需一个小手术，就可以将处女膜打开。

生殖器官异常也可能诱发闭经的出现。这些先天性的畸形，直到青春期时才会表现出来。

染色体异常（特纳综合征）或是大脑控制中心异常（先天性肿瘤）都会诱发闭经。

继发闭经

在已经出现月经的女性身上，好多种状况都可能诱发暂时性的闭经。连续 3 ~ 5 个月的闭经属异常情况。

妊娠是造成闭经最常见的原因，有时却不容易被想到，尤其是在服用避孕药或使用避孕环情况下的意外怀孕（可能忘记服用避孕药）。

还有一种非常少见的情况（的确非常少见），便是处女怀孕。出现这种情况的原因便是，在发生性关系时，男性生殖器没有进入，但在此过程中，女性排卵，也就是宫颈处排出大量黏稠湿滑的液体（距离外阴处不过几毫米）；这些黏液由阴道通过处女膜缝隙（确切点说同排出月经一样）流出。在精液遗留于外阴周围的情况下，精子便会与黏液在宫颈处会合。

口服避孕药是造成闭经常见的原因。大多数的避孕药（除了孕激素避孕药）可确保正常的月经（实际上并不是真正的月经）。随着时间的流逝，它会使经量越来越少，子宫内膜越来越薄。偶尔或间歇性的闭经并不需要担忧，但通常情况下，需要暂时更换一下避孕的方法。

口服避孕药治疗也会诱发长时间的闭经。这种情况很少出现在现今的避孕药上，而且在一个相对比较长的周期之后，经期便又恢复正常。长时间服用避孕药可表现为激素系统在恢复正常周期时异常困难。这种情况也会发生在月经周期先前就不正常或是由心理因素诱发月经周期紊乱的女性身上。在这种情况持续的状态下，应及时到医生处就诊，以便确定是否还存在着其他的病因。在医生处，只需简单的治疗，其周期就可恢复正常。

不容忽视的还有心理因素，这被称为神经性闭经。实际上，激素系统在下丘脑（也就是大脑结构一部分）的控制下排出经血。这一结构与控制情绪的神经中心有直接的关系。闭经也可由精神打击（如亲人去世、分离）造成。简单的环境变换，例如出国旅游等在有些时候足以诱发闭经。而那些直接影响情绪的病症，如神经性抑郁症等更会引起间歇性的闭经。

生理周期异常

身体健康并不意味着月经周期的规律无懈可击。在28天的基础上有或多或少的改变并不是什么不正常的现象，如一些女性的生理周期为23 ~ 25天，有些则为30 ~ 35天。其他的也会徘徊在25 ~ 35天，时不时地延长或缩短都是正常的。

在未妊娠女性中出现周期非常长的情况，并伴有妊娠综合征发生，通常情况下，是卵巢内囊肿在作用，也就是小囊肿或黄体增大，产生大量的激素并扰乱月经周期。习惯上来讲，10天的孕激素治疗足以使其恢复正常。

妊娠中伴有出血或“假月经”。这种情况下，应毫不犹豫地采取测试（选择可以信赖的药方）。最关键的就是避免在紧急治疗时错诊为宫外孕。宫外孕会伴有奇怪的“月经”出现，量少并呈棕色，伴有骨盆疼痛、昏厥等综合征，如出现这些情况，都应及时到医生处就诊。

月经周期出现延长（持续几个月）状况应及时治疗，因为长时间的激素不平衡对身体有害无益。在大多数的情况下，多与周遭恶劣的环境及复杂的心理状态有关，与精神性闭经非常相似。这种异常情况时常还会伴有一些诱发卵巢多囊肿的症状出现（痤疮、毛发异常）。超声波检查和激素注射都可以为这些病症确诊。激素或避孕药品治疗都可以使子宫内膜免受病症，尤其是癌症的侵扰。

经血量大：月经过多

月经过多意味着月经流量大，持续时间长。月经量大会导致大量血液流失，通常情况下，会诱发缺铁性贫血。

月经过多的原因是什么

短暂的月经过多在青春期便有所体现。在大量出血的情况下，首先要判断是否为先天的凝血系统功能不足。

在闭经以前，长时间的情绪不稳定会造成排卵无规律，还会扰乱正常的生理周期或是导致月经过多。

大部分的情况下，月经过多的根源与身体脱不开干系，尤其是子宫。纤维瘤是良性纤维肌肉的肿块，呈圆形，可单个出现也可多个同时产生，根据其体积产生不同的状况（重力或压缩现象），如生长于接近子宫内部的位置（黏膜下纤维瘤）均可致使月经过多。

息肉（子宫内膜）是子宫内诱发经血过多、经期过长以及月经外出血的主要原因。从出血以及有可能诱发癌症的角度上来看，都应该采取相应的治疗。腺囊肿增生是子宫内膜整体滋长，其所带来的问题与息肉相同。

月经过多如何治疗

月经过多的女性应到医生处就诊，并通过妇科或是超声波检查找出其病因。子宫 X 线检查在这一点上非常有效,但必须要在全身麻醉的情况下进行,因为手术可在发现增生与纤维的同时,将其切除。

黄体酮衍生物的服用可有效地改善出血过多的状况。为了减轻其症状,也可服用其他的一些药物;它们会作用于身体的相关组织,并有利于子宫的收缩。此外,长时间的服用补铁含片也可有效地避免贫血。

在接受药物治疗的过程中,如仍出现经血量过大的情况,应采用外科手术治疗,因为长此以往,会造成严重的贫血或是某种身体疾病。

痛经

痛经是月经来潮时小腹或剧烈或轻微的疼痛。这一症状在年轻女性中颇为突出,平均每两位女性中就有一位患有此症。有时,它会使我们正常的社会生活受到影响。

痛经表现为什么症状

痛经分为原发性痛经和继发性痛经。原发性痛经指从有月经开始就发生的腹痛,继发性痛经是指行经数年或十几年才出现的经期腹痛。

大多数的原发性痛经不会对身体产生任何的影响,并会在首次妊娠后自动消失。即便是这样,也不要将其视为正常的现象而对其有所忽视,简单而有规律的治疗可减轻或是消除痛经。

继发性痛经多与生殖器官的病症脱不开干系,应进行及时的诊断与治疗。大部分的情况下表现为子宫内膜异位,也可能是子宫息肉,还有因前列腺素增高引起的子宫肌肉的强烈收缩。

怎样治疗痛经

继发性痛经首先要做的便是找出痛经背后的罪魁祸首。此外,许多药品都可用于减轻或消除痛经综合征。通常情况下,传统的消炎药对治愈子宫收缩都有一定效果。

药物同样因人而异,对某位女性见效的药物不一定对另一位也有相同的效果。所以对于不同的女性来说,应找到针对自己病症的药物。镇痛剂以及镇静剂都是非常有效的药物,此外,在腹部放上热水袋也是行之有效的方法。注意,应避免服用阿司匹林,否则会导致月经量增大。

激素替代疗法对痛经有预防作用。抑制排卵的口服避孕药是减轻或消除痛经最见效也是最常用的办法。

甲状腺功能障碍

甲状腺功能障碍十分常见,其症状多种多样。这种腺体的活动功能障碍可以解释为全身性机体功能紊乱。发生病变时,甲状腺激素分泌过多或不足,从而导致甲状腺活动“超速”或“减速”。然而,诸如此类的症状并不会很容易被诊断出来。甲状腺常见的另一种疾病是甲状腺出现肿块。它通常是良性的，伴随其他不同症状发作。在出现上述症状时，只要某些简单的检查就能够从多种可能性中辨别出那些可疑的病症。

甲状腺扮演着什么样的角色，有哪些影响它的病症

甲状腺是一个位于脖颈底部外侧的小腺体，分为两叶。甲状腺的功能是以从食物中摄取的碘为原料，生产两种称之为三碘甲状腺原氨酸（T3）、甲状腺素（T4）的激素。这两种激素的功能是促进身体所有细胞的活动。经由这两种激素，甲状腺建立了一个对人体各个组织功能的调节机制。

人体的另一个腺体——垂体

垂体控制着将甲状腺激素释放到血液中这一活动。有两种大的功能异常影响着甲状腺：一是由于局部肿瘤、结核或甲状腺肿的出现导致甲状腺增大，二是甲状腺激素的分泌有时会发生紊乱，激素分泌过多或过少（甲状腺功能亢进或减退）。

不同的人会由于不同的原因患上这种功能紊乱。腺体肿大和激素分泌紊乱可能同时出现或单独出现。如果甲状腺有异常（不论是刚有所察觉抑或尚存怀疑）应及时向医生咨询。某些简单的检查不仅是必要的，还是不可或缺的。这些检查有助于确定病情，并且制订一个合适的治疗方法。

甲状腺功能亢进症和甲状腺肿瘤是甲状腺病变中最常见的两种疾病。

甲状腺激素分泌过多会引发哪些症状

甲状腺激素分泌过多，又称为“甲状腺功能亢进”，能造成全身性机体活动过于活跃，从而使得机体能量消耗过多。甲状腺功能亢进会导致身体消瘦（这种消瘦不是由于没有胃口或饮食减少）、经常性发热、多汗以及极度口渴；即使在夜间或休息时，心脏都跳动很快；双手颤抖、行为和脾气会改变、不时地激动、易怒及经常失眠。

甲状腺激素分泌不足会引发哪些症状

甲状腺激素分泌不足又叫作“甲状腺功能减退”，会导致全身性机体功能减退。由此带来的后果是多种多样的：患者脸部会出现某一方面的特征，皮肤松弛、冷而干燥、面色苍白泛黄、脸部轮廓变大；身体毛发稀疏，很脆弱；指甲也变得易断；病人会变得怕冷，心律反常，心脏跳动缓慢；心理功能也会减退，难以集中精神，记忆力减退。

有哪些检查可以诊断出甲状腺疾病

在诊断过程中，根据外表观察以及病人表述，医生可以检查出病症是甲状腺功能减退还是甲状腺功能亢进。为了发现可能存在的肿块，可以在甲状腺所处的脖颈区域进行触诊。由于通过吞咽动作很容易发现病情，所以医生在检查时会要求病人吞咽口水或喝一杯白开水。

对甲状腺的一种超声波检查能评测出甲状腺的大小以及结核的性质：是囊肿还是细胞肿瘤。此外，超声波检查还可以检查出触诊时不易发现的微小

结核。

闪烁照相术可以提供甲状腺的图像，反映出它分泌激素的状况。此种疗法可以检测出整个腺体的活动，特别是评测患有结核的病例。

测定血液中的甲状腺激素（通常是 T4）以及促甲状腺激素的含量。垂体通过促甲状腺激素控制甲状腺的活动。因此，这种方法可以识别甲状腺功能是否异常。甲状腺功能亢进表现为 T4 分泌过多或促甲状腺激素分泌过少。

对尿液的一种检测尚处于待定阶段。这种检测可以指出甲状腺功能亢进是否是由于碘摄入过多造成的。（大多数情况下，碘摄入过多是由于服用某种含碘药物。）

甲状腺常见病症：甲状腺功能亢进症

甲状腺非常常见的一种疾病是甲状腺功能亢进症，多见于年轻女性。这种病表现为 3 种症状：一是甲状腺功能亢进；二是甲状腺肿；三是眼部病变，即眼睑肿胀、充血，眼球突出，有时会有炎症。然而，眼部症状的临床表现差别很大，特别是在时间上，眼部病变并不伴随着甲状腺功能亢进症的出现而出现，而是在之前或之后产生，有时会提前或延后几年表现出来。

哪些原因会引发甲状腺功能亢进症

这种病症主要是由于甲状腺活动亢进造成的。这种亢进是由于甲状腺激素分泌异常所致。起因在于甲状腺在受到垂体发出的自然刺激之前被经常性地刺激。然而，对于被何种物质刺激，并不能很清楚地确认。遗传的原因可能是诱因之一，因为这种疾病会在同一个家庭的几个成员身上发生。人们发现似乎还有心理方面的原因，因为当人们在工作疲劳过度、心情焦虑或者突遇变故时更容易患上这种疾病。

如何治疗甲状腺功能亢进症

对于治疗甲状腺功能亢进症，应当把恢复甲状腺的正常状态放在首位。通过一种抗甲亢药可以抑制甲状腺激素的分泌。这种疗法可以在 2 ~ 4 个月之内使症状消失，但是要用一年半到两年的时间才能恢复甲状腺的正常功能。

为了缓解甲状腺功能亢进症的症状，在治疗伊始可以使用规定计量的调节心律的药以及镇静剂。

对于眼部的并发症，应当在整体治疗的同时采取另一种治疗方法。眼睛是非常脆弱的，可以通过戴眼镜的方式使它们免于外部刺激——烟雾、风以及强光。润眼液可以暂时缓解眼睛脱水的症状。在夜间，当眼睑不足以遮蔽整个眼球时，有必要对眼部进行遮蔽。此外，尽管使用了抗甲亢药疗法，但眼部不适的症状可能还会继续，因此对眼部要给予特殊照顾，如敷用消炎药（皮质类固醇）。

甲状腺肿瘤

在甲状腺上发现的肿块，其病因目前还不能确定，这种甲状腺的肿块统称为甲状腺肿瘤。它是甲状腺疾病极易出现的症状，多见于女性。

甲状腺肿瘤有何症状?

由于甲状腺位于颈前部，甲状腺肿瘤易向外生长，故临床表现为甲状腺肿大或颈部肿块。甲状腺肿瘤早期表现为弥漫性甲状腺肿；晚期则表现为结节形成。患者感觉颈部变粗或衣领发紧。甲状腺肿瘤一般不会造成疼痛，如结节内出血则可出现疼痛。若压迫食管可引起吞咽困难，压迫喉返神经则引起声带麻痹，声音嘶哑，甚至呼吸困难。如体检时发现甲状腺结节质硬，活动性欠佳，应警惕恶变可能，甲状腺肿瘤有 5% ~ 10% 的癌变率。

如何诊断甲状腺肿瘤

在检查甲状腺肿瘤时，应同时检查颈部淋巴结，注意区分颈部肿块是否来自甲状腺。

放射性核素检查是甲状腺的常规诊断手段，而依据甲状腺结节与周围甲状腺组织对核素摄取能力的不同，可将结节分为热结节（甲状腺结节区核素浓度高于周围组织）、温结节、凉结节和冷结节。“冷结节”也可见于囊肿、出血、钙化及甲状腺癌等。因此，当甲状腺放射性核素检查显示为“冷结节”时，有必要进一步鉴别其是良性还是恶性。

超声波检查可检查出甲状腺肿瘤的形态、大小、数目等情况，并明确颈部淋巴结的情况。这种检查方法无损伤、操作简便、价格低廉，具有软组织分辨力高、图像清晰、重复性强、准确率高等优点，通常作为甲状腺病变，尤其是甲状腺结节的首选检查方法。超声波检查对甲状腺结节的发现非常敏感，可检出临床难以触及的 2 ~ 3 毫米的小结节。

X 线及 CT、磁共振成像（MRI）检查可清楚显示甲状腺肿瘤的大小、形态及其与气管、食管、血管甚至神经的位置关系，充分明确癌的侵犯范围，为手术实施提供科学依据。

对于难以定性的甲状腺病变，尤其是结节性病变，细针穿刺细胞学检查是目前国际国内通常采用的方法。这种检查方法操作简单，无须麻醉，还可用于儿童，并且没有出血以及癌细胞种植转移的危险。

性传播疾病

性传播疾病是指人与人之间以性接触为主要传播途径的一组疾病，既包括构成疾病的病毒（细菌、病毒、真菌或寄生虫），又包括危险的并发症。这些疾病的后果总体上说是非常严重的，而且如今有越来越普遍的趋势。除了艾滋病和肝炎，性传播疾病的症状通常都出现在生殖器上。针对这些疾病，预防显得格外重要。

生殖器疱疹

生殖器疱疹是一种发展极快且传染性很强的传染病，它是由一种Ⅱ型单纯疱疹的病毒引起的。症状虽然很轻微，但是这种病极易复发。这样会扰乱患者的生活。如果在孕妇身上发现病毒就更需要格外谨慎了。

感染后有什么症状

第一次发病会出现在感染后几天以后，俗称“初次感染”。首先外阴会出现灼热感，有时肛门四周也会出现。接下来会发展成为红斑，再出现一串小水疱，这些小水疱会自己扩散并且恶化成不大但特别疼的伤口，尤其是在排尿的时候，这些伤口愈合非常困难。从这些伤口流出的浅色液体包含了大量的病毒，因此具有极强的传染性。伤口会在 2 ~ 3 周后愈合，接着会痂盖，但不会留下瘢痕。

然而感染后的第一次发病往往是患者所完全察觉不到的，这种情况称为无症状的初次感染。这就是许多病毒携带者自己完全不知道的原因。

外部症状是怎样的

很不幸的是疱疹病毒的感染是永久性的。这种病非常容易复发，并且经常反复。一旦侵入机体，病毒就会在感染部位的四周扩散开来，并且会伴随终生。病毒在某些情况下会重新发作。再次发作与初次感染的情况一样。然而周期却短了很多，有时少于一个星期，有时只是一会儿。在同一位患者身上每次发病的部位是一样的。除了生殖器及肛门外，臀部和大腿也同样会被感染。

复发的后果也因人而异。复发会受不同的情况影响，比如月经、妊娠期、其他感染，甚至是疲劳、紧张或情感打击。同样的，对于初次感染来说，在以后的复发中，伤口具有极强的传染性。

对于疱疹如何治疗

没有任何一种治疗方案能够消除体内病毒甚至是预防复发。不过一旦发病，每天对发病部位进行灭菌治疗能有效促进伤口的愈合。口服镇痛药或冰镇麻醉（局部麻醉）的方法可以缓解疼痛。

如果经常出现复发，还应该进行抗病毒治疗以降低发病的程度及持续时间。在第一次发病的时候，越早进行治疗效果越明显。抗病毒药物可以每天以冰敷形式进行几次，或者口服处方药。

衣原体感染

衣原体感染是指生殖器感染衣原体细菌，这是目前所有性传播疾病中最常见的一种，经常出现在年轻女性身上。

在什么情况下能检测出衣原体感染

像大多数细菌感染一样，衣原体感染的病情发展不明显，也很少出现症状，甚至是没有症状。经常出现的情况是阴道分泌物不正常，伴随排尿时的灼热感及性生活时的疼痛感，还会出现经期外的出血和盆腔的疼痛。这些症状应该向医生说明，因为根据这些症状的出现可以证明是衣原体感染。

男性感染衣原体后会引发衣原体性尿道炎，又称为非淋菌性尿道炎，本病潜伏期比淋球菌病长，为 1 ~ 3 周或数月，主要表现为尿道内不适，刺痛及烧灼感，并伴有不同程度的尿频、尿急、尿痛，尿痛较淋病为轻。而女性感染衣原体不仅仅限于尿道，可累及整个泌尿生殖器官，其症状也比男性感染引起的症状要多，主要感染部位为宫颈，其后遗症多导致不孕症。

事实上尽早检查出疾病才是最重要的，这样可以避免输卵管感染，影响生育能力。实际上衣原体感染是导致女性不孕症的重要原因。

怎样治疗衣原体感染

衣原体感染可以通过口服抗生素进行有效治疗。对于怀孕的女性，治疗衣原体感染显得更加重要，因为病毒会在分娩的时候传染给婴儿。

伴侣的治疗也很有必要。建议在医院化验结果确定病毒完全消失之前，避免进行性生活。

支原体感染

支原体感染是由黏膜表面，尤其是阴道黏膜表面的微小细菌引起的。如果细菌繁殖过盛，就会引发传染，俗称“支原体感染”。这种病与真菌病一样，会由于阴道内菌丛的紊乱而发病，通过性途径传染。

在男性患者和女性患者中，支原体感染的临床症状及可能出现的并发症与衣原体感染非常相似，尤其是女性感染后经常完全察觉不出来。尽管如此，患输卵管炎的危险会低于衣原体感染的危险。支原体感染的治疗依赖抗生素，一般会持续 2 ~ 3 周，患者的伴侣也同样应该接受治疗。

真菌病

阴道内真菌病是一种由白色念珠菌属的微型真菌引发的外阴和阴道传染病。真菌病是一种非常普遍的传染病，症状轻微，但是由于经常复发，会妨碍正常生活。

真菌病的临床症状是什么

真菌病表现为阴道排出白色、稠密甚至呈糊状的分泌物，这些分泌物会在外阴上形成类似于凝乳的小痂盖。阴道内部（阴唇和阴道口）有轻度炎症，引起持续的瘙痒，外阴经常红肿，排尿时有灼热感。性生活时有疼痛感，有时会非常痛苦。

什么情况下会出现真菌病

尽管属于性传播疾病的一种，真菌病的危害更多在于造成阴道内部菌丛的紊乱，而并非传染。实际上白色念珠菌属会出现在阴道黏膜的表面上。当阴道黏膜的平衡被打乱的时候，还会以一种剧烈的方式繁殖。

除此之外，如果真菌病出现在糖尿病患者和怀孕女性身上，需要采取某些特殊的治疗方案（抗生素、口服避孕药）。

怎样治疗真菌病

真菌病是通过局部使用抗生素来治疗的（抗真菌药物），药物栓剂形式置于阴道内，有时还需要在外部伤口上涂抹药膏。有时伴侣也有必要进行治疗。有些女性为了预防复发，往往依赖于采取简单的卫生保健方法来调节阴道内菌丛的平衡（医生建议使用碱性产品）。

阴虱

阴虱是虱子家族最常见的一种，它是一种极小的昆虫。这种人体内的寄生虫会入侵阴阜的表皮，依靠吸食人血来生存。这些小伤口会引起瘙痒。它们繁殖得非常快，如果没有进行治疗，会蔓延到大腿、腋窝甚至眼睑。

阴虱主要通过性途径传播，然而也有可能通过衣服或者是卧具造成间接传播。

治疗方式与治疗头虱的方法一样，包括使用抗虱药品进行局部治疗，例如DDT或者林丹，可选择喷雾剂、洗剂、凝胶等形式，配合小心梳理阴毛来祛除阴虱，尤其是虱卵。有时在1个星期后要进行第2步治疗。为了配合治疗，必须对衣服、卧具进行高温消毒（60℃以上）。

滴虫病

滴虫病是在外阴或阴道内出现的传染病，有时还会出现在排尿的尿道，是由微型寄生虫引发的。这种传染病非常普遍，尤其是在年轻女性中，但不严重。

这种疾病主要通过性接触传播，也可以通过内衣或卫生用品感染，因为寄生虫在潮湿环境下能够生存。

滴虫病的临床表现有哪些

滴虫病表现为阴道分泌物的增多，且分泌物呈暗绿色，气味难闻。当这些分泌物流出时会造成轻度发炎，表现为红肿瘙痒，性生活时有疼痛感。尿道感染表现为排尿时有疼痛感。

不同症状的严重程度也因人而异，而且这种疾病不易被察觉，然而病毒是存在的并且有传染性。

怎样治疗滴虫病

滴虫病可以通过抗生素进行有效治疗，特别是局部治疗（栓剂）或是口服药物。治疗可以一次性进行，也可以分步骤进行。

伴侣进行治疗也是有必要的，不管他是否出现感染的症状。一般情况下，滴虫病的存在也会导致患上其他传染病，寄生虫有时也与一些细菌例如淋球菌有关。

细菌性阴道炎

细菌性阴道炎是一种常见的传染病，由于阴道感染有时是外阴的细菌感染，例如加特纳菌。症状为阴道分泌物增多，分泌物为浅灰色液体，有腥臭味。这些症状在月经周期的某些阶段或性生活后加重。

阴道炎的致病细菌出现在阴道黏膜上。阴道炎的出现是由于不正常的细菌繁殖，导致阴道内菌丛的紊乱，或通过性接触途径感染。不管它的发病原因是什么，阴道炎都属于性病的一种，因此在患病期间建议在性生活时使用避孕套。

阴道炎依赖于抗生素治疗，可以通过口服药物或局部涂抹。由于这种病容易复发，伴侣也有必要参与治疗，如果这种病发生在妊娠期更需要格外注意。

依据经血状态分辨疾病

月经可以说是女性朋友们既爱又无奈的“朋友”。由于每个女性的体质不同，月经期的自身感受也就不相同。其实，月经除了是女性的象征外，还是女性身体健康与否的“显示器”，月经中出现的一些异常状态，可能就是在告诉你，你的身体健康正处在危险的边缘。

根据生物学的定义，月经作为女性特有的生理现象，是指女性有规律的、周期性的子宫出血，或者是指子宫内膜在卵巢激素作用下发生的周期性出血。经血中不止含有血的成分，除血液外，其还含有子宫颈黏液、子宫内膜碎片及阴道上皮细胞。月经来潮的第一天至下次月经来潮的第一天为一个周期，根据自身状况的不同周期时间不同。周期长短因人而异，每个女性月经周期有自己的规律性。

月经在整个人生中的持续时间也不同。每个女性从少女初潮开始至绝经期结束，一般有几十年的时间与月经相伴，但也有极少数人会有在20几岁就绝经的情况。月经不光是能够生育的标志，其是否正常也是女性身体健康与否的一个重要“显示器”，密切关注自己月经的情况，可以及时预防和发现疾病。月经给你的警示很多，主要有以下几点，供女性朋友们借鉴：

月经的周期（前后两次月经的间隔时间）的警示

我们知道，女性的月经周期都是有规律性的，如果突然提前、错后很多天，并且伴有身体不适的感觉，可能就是身体健康存在隐患的表象，应及时检查，不能麻痹。但是，这也不是绝对的，比如月经来潮的前一两年或接近更年期的年龄段时，间隔天数往往不那么准确，这一般不是疾病的警示。

月经颜色的警示

正常的月经颜色多为暗红色。如果月经为鲜红色、咖啡色，质清淡而色黄或发黑，这根据中医理论是气虚、有寒或有热的原因，这就提示女性朋友要注意自己的经期卫生以使这种情况得到缓解；严重者也可以选择服用中药进行治疗。

月经经血量的警示

月经量过多或过少都是不正常的表现。月经量过多，分为出血量过多和行经时间过长两种情况。正常的月经出血量应该不超过100毫升，而正常的经期应该在7天以内，如果你的经期超出了上述的两个标准，就会出现经量过多的症状。月经量过多常因子宫内膜不规则脱落、子宫内膜增生症、功能性子宫出血、子宫肌瘤、出血性疾病、肝功能障碍等疾病引起，或者是因为经期受冷受热、不注意经期卫生、精神过度紧张等外界因素的影响而引起的。月经量过少常体现为经血呈点滴状态、女性18岁以上尚未来过月经的情况。如果过去月经一向正常，而连续3个月以上不来月经，通常就视为闭经。它常因全身性慢性疾病，如糖尿病、肝脏病、严重的贫血、钩虫病、血吸虫病等，以及营养不良、子宫局部发育不全、内分泌失调、生殖器结核等原因引起。

月经性状的警示

正常的经血是稍带黏性而不凝固的，里边间或可见白色黏块，这是子宫内膜碎片。如果经血又黏又稠，或清淡如水，或血块大而坚硬，根据中医理论，这是瘀血的原因，这种月经期伴随的症状一般可以通过注意经期卫生和通过服用中药治疗。健康女性在月经期一般无特殊症状，少数女性在月经来潮时稍有些轻微不舒服的感觉，如浑身疲乏精神抑郁、易激动等，有这些现象不用担心，这不一定是病态的表现，它会随着月经的结束自然消失。但女性朋友如果月经期有下列明显症状时则要注意了，需要尽早治疗的：

（1）月经期乳腺囊性增生。这种情况多发于年轻女性。许多女性常在经期前出现一侧或双侧乳房胀痛，严重的用手还可摸到乳房有大大小小的硬块，这种情况多与卵巢功能失调黄体素分泌减少、雌激素相对增加有关。

（2）月经期偏头痛。这种情况多发于青春期女性，这是由于血管舒缩功能出现了障碍，由此引起偏头痛这种发作性疾病，一般认为与垂体促性腺激素敏感性有关，病状大多表现为一侧剧烈头痛，常伴有恶心、呕吐、视力模糊、出现幻觉等症状。

行经期间是女性朋友重要的生理期，对这一生理期女性朋友必须高度的重视，有许多的妇科疾病就是由于不注意经期健康造成的。

身体的很多亚健康状况都会通过经期的不同表现而暴露出来，女性朋友可以通过上面介绍的各种状态来判断自己的身体是否出现了健康问题。牢记一句话：月经是女性的“闺蜜”，善待她就是善待你自己。

应对疾病预防是关键

如何远离白带异常

身为少女的你，如果发现自己的内裤上已经留下刺眼的斑斑点点，就要引起重视了。白带异常看起来没有什么，但事实上却是身体发出的一种警报。

引起重视是应该的，但不能病急乱投医。胡乱吃药是行不通的。如果白带呈黄色或黄绿色、有味，多说明阴道有化脓性细菌感染。常见于急慢性宫颈炎、子宫内膜炎、阴道炎等疾病，有的患者除脓性白带外往往还伴有腰酸等症状。

如果发现有脓性白带，切忌自己胡乱用药。因为如果用药错误，可能造成耐药和并发真菌感染；如果不做检查，可能漏掉更严重的疾病，延误治疗。

从自我保健的角度考虑，女性白带异常可以从以下五个方面加以改善：

（1）首先从精神上自我调节。尽量放松自己，调节情绪，避免焦虑、疲倦、情绪不平衡、生气。心态好了，病也就好了一半。

（2）从睡眠做出要求。学会自我强制性睡眠。睡眠必须充足，尽量不要失眠、熬夜。

（3）从饮食戒除不良习惯。忌生冷、刺激性、酸性食物，如笋丝、咸菜等。

（4）从穿着上注意卫生清洁。比如勿穿紧身衣裤，宜穿棉质内裤，勿引起局部湿热；内裤单独洗并晒太阳或消毒等。白带情况严重时晚上也只穿宽松裤子睡觉。

（5）改善自己的沐浴方式。情况严重时一天温水局部冲洗三次，白天用卫生护垫（勤换），平时每天须早晚冲洗两次，并持续半年，以防复发。尽可能使用淋浴，避免盆浴、公共浴室的大众池或浴巾，以防感染。而且，勿随便在阴道附近敷用药膏、喷剂或清洁液。

如果白带增多或出现异味时，一定要去看医生，在医生的指导下进行治疗。不要因为不好意思就耽误了治疗的最好时机，这是对自己不负责任的表现。

减少经血异味的妙招

月经是女性的象征，也是女性最私密的“朋友”。但是这个“朋友”偶尔也会给女性们带来不少的麻烦，且不说痛经等常见的麻烦，还有一个令女性比较尴尬的问题就是经血异味的问题，尤其是在夏天，这个问题会更加突出，使女性朋友避之不及，又无法像其他问题一样隐藏。在此就给女性朋友们介绍几个减少经血异味的方法。

要解决问题首先就要找到问题的原因。月经之所以产生异味，主要是因为月经的排出物中不仅有血液，还夹杂着子宫内膜与皮脂腺的分泌物，以及阴部排除的汗水，因此有比较明显的气味发生。尤其是对于年轻的女性而言，其女性激素分泌较强烈，皮脂腺分泌也较旺盛，除了容易长青春痘外，下体也较容易有油脂的分泌，因而有滑腻的感觉，并且更容易产生经期异味。

要减少经血异味，最好的办法就是从改善本身的卫生情况入手。

（1）清洗阴部，保持阴部健康。女性朋友须常做局部清洗，每天至少用清水或湿毛巾清洁下体两次，情况就会有效改善。

（2）适当着装，保持通风透气。很多女性尤其是年轻的女性，喜欢穿紧身的衣服，以突显自己的身材，即使是在经期时也常喜欢包得密不通风，其实这样做犹如火上加油，只会增加汗水渗透及汗臭味。因此在经期时，应采用棉质内裤，穿宽松的衣服，以保证通风透气。

（3）及时更换卫生棉。女性在月经期间一定要及时更换卫生棉，尤其是在炎热的夏天，每次不要超过 4 个小时，如此可以减少皮肤与湿卫生棉的接触。当经血量较多时，更换卫生棉次数应相应增多。

（4）经期也要适当洗澡。有的女性朋友为了防止经期感染，在经期不敢洗澡，其实，这是不正确的思想。在月经期间，女性也要注意洗澡，如果两天以上没洗澡，就不可避免地会有经血的异味。当然，在夏天不见得是经血的味道，而可能是自己的体臭。不过经期洗澡要注意了，不要用浴缸，一定要采用淋浴的方式，这样就可以减少感染的风险。

经期异味是女性无法掩饰的难言之隐，其实这也不是一种疾病，只要注意做好个人卫生，经期异味还是可以控制的。不过，无论如何，经期对于身体的保健也是非常重要的，在采取减少异味的措施时，一定要采用上述的对于身体健康无害的方式，而不要采取向私处喷香水等不健康的方式，否则会得不偿失。

乳房胀痛的饮食禁忌

一些女性在月经前期会有乳房胀痛的情况出现，这时候，只要一点轻微的震动，都会产生痛感，就算只是衣物摩擦，也会让乳房感觉不适。这个时候，女性特别注意保护乳房，防止乳房受到伤害。

月经前期乳房胀痛，一般是由于这时候雌性激素分泌过多，乳腺增生以及乳腺间组织水肿引起的，虽然等到月经来潮时便会消失不见，但最好进行调理，以防止病变的发生。其中，饮食调理是非常温和又有效的调理方式。在乳房胀痛时，饮食上要注意的地方是：

（1）在胀痛期间，注意饮食要以清淡为主，但一定要补充足够的营养，应该多吃蔬果以及鱼类。

（2）在乳房胀痛时，绝对不能吸烟喝酒，饮食上要忌辛辣助阳之物，像辣酱、芥末、大蒜、大葱、羊肉、狗肉等，这些食物都会影响乳房胀痛的康复。

（3）在乳房胀痛的时候，为了让肝经得到调理，使之舒畅，可以多吃些帮助理气的食物，像橘皮、青皮、柿饼、金橘饼、佛手、佛手花、绿萼梅、玫瑰花、桂花、青果、荔枝等。

（4）常吃化痰降浊的食物，能够有效帮助人体消除乳房痰核及结块，这类食物包括芋艿、山慈姑、海带、荸荠等。

除了饮食上要注意的地方外，对于不同病因导致的乳房胀痛，还可以选用不同的药膳，对症下药，帮助乳房恢复健康。

教你几招，预防阴道炎症

阴道是女性的重要生殖器官。它是经血的排出通道，是女性受孕的通道，也是生育胎儿的通道。或许是由于它有如此多的作用，所以，阴道炎症经常会困扰着女性。尤其是由于女性的阴道与肛门紧邻，这也增加了病菌侵入阴道、引发阴道炎症的概率。阴道炎症会影响到女性的生活和生育，所以，女性一定要好好地保护自己的阴道。

其实，如果注意一些生活细节，阴道炎症是很好预防的，下面就为女性朋友们介绍几种预防阴道炎症的生活习惯。

（1）做好保暖措施，注意保暖。女性身体脆弱，经不起寒气入侵。很多阴道及宫颈疾病其实都是由于受寒导致的，特别是下半身的寒凉会直接导致女性宫寒，不仅会造成手脚冰凉、痛经，还会引起性欲淡薄。而宫寒造成的瘀血，也会导致白带增多，阴道内卫生状况下降，从而引发盆腔炎、子宫内膜异位症等。如果受寒严重的话甚至还会引起不孕症，这绝不是危言耸听，在中医理论中常说“暖宫孕子”，意思就是说很多女性的不孕症就是宫寒造成的，只要子宫、盆腔气血通了，炎症消除，自然能成功受孕。

（2）着衣宽松，保持下身血液循环畅通。现在的女性一般都青睐于穿紧身的衣裤，其实这是不健康的穿衣方式。紧身的塑身衣和太紧的牛仔裤会让下半身的血液循环不畅，也不利于女性私处的干爽和透气，而私处湿气太重，容易导致霉菌性阴道炎。

（3）适量运动，不要久坐。久坐伤身。长时间坐着，下半身缺乏运动，就会导致盆腔瘀血，对心脏和血管也没有好处，还会导致女性乳房下垂。女性朋友们应当养成坚持锻炼的习惯，加强腰腹肌力量，对保持身材、预防盆腔炎等各种妇科病都有很好的作用，还可以提高性生活质量。

（4）注重饮食健康。女性要注意饮食的多样性，最好能做到每天食用4种以上的水果和蔬菜，每星期吃两次鱼，鱼中的营养物质也是女性的健康必备品。另外，一定要吃早餐，并注意早饭的营养要充分，早餐时摄取各类谷物和奶制品，适当补充叶酸、纤维素、维生素C和维生素E。

上述都是对于阴道炎的预防措施，对于患有阴道炎的患者而言，更要注意自己的生活细节，选择健康的生活方式，这对于治疗阴道炎是非常重要的。

（1）要选择适合自己的沐浴法，鉴于女性的生理特征，最好选用淋浴，尤其是在月经期间，以避免细菌随水进入阴道。

（2）月经期间最好选用棉制卫生棉，不穿或少穿长筒袜、尼龙内衣等紧紧箍在身上的衣服，以保证阴部通风透气，避免滋生细菌。

（3）注意清洁阴道的方法。如果坚持要使用清洗液的话，应由医生配制，还要掌握好溶液温度，保持容器清洁。正常情况下用清水洗外阴部即可。

（4）如果阴道炎严重的话，可以采用药物治疗的方法。杂菌引起的炎症一般分泌物多，体味重，治疗时，常常采用向阴道内塞药的方法。阴道塞药，宜选在晚上临睡前，这样有助于使药物充分分解、吸收。晚上睡觉之前，将内塞药向内插深一些疗效更好。

（5）注意饮食。大蒜、桔梗、牛蒡等食物具有很强的抗菌作用，对治疗阴道炎非常有益。此外，洋葱、椰菜的解毒作用、卷心菜能提高黏膜的细胞再生能力和止血的作用都对于治疗阴道炎有很好的疗效。有阴道炎的女性可以多食用上述食物。辣白菜和大酱能去除酵母菌，柑橘类和西红柿能提供维生素，对提高细胞的活性和预防细胞老化有一定疗效，也可以多食用。但是肉类、啤酒、面包、乳制品，特别是饮料和冰激凌能使症状恶化，所以要少食用为好。

虽然女性很注意自己的阴部卫生，但有时可能采用了不正确的方式，或者是食用了对阴道不好的食物，再加上长时间坐着，不注意运动，所以，阴道炎症在女性中还是较普遍地存在。有这样炎症的女性应当正视，不要不好意思而耽误了治疗。对于没有的女性，要引以为戒，注意自己的生活方式，预防阴道炎的发生，尤其是在月经期间，对阴道更要加倍的呵护。

洗好内衣裤，保障女性健康

（1）保证内裤每天换、每天洗、及时洗。有些女性虽然每天换内裤，但会积攒几条后一起洗，这是错误的生活方式。让换下的内裤过夜，容易滋生细菌，且增加清洗的难度。还有就是许多昆虫喜欢女性内裤，这也会给你造成一定的困扰。

（2）内裤一定要单独手洗。内裤切忌与其他衣物一块混在洗衣机内清洗，这会使你的内裤沾满细菌。正确的清洗方式应当是将内裤单独手洗。最好准备一个盆子专门用来洗内裤。内裤一般相对较小，为增加摩擦密度，清洗时可以用拇指与食指捏紧，细密地搓弄，这样才洗得干净、彻底。

（3）内裤要用肥皂清洗。洗内裤时要用肥皂，而不要用洗衣粉或者洗衣液，器皿最好是专用的，水最好是凉水。有的女性喜欢用很热的水烫洗内裤，这种方式也是不科学的，容易使内裤变形、走样，起不到美臀的作用。

（4）切忌直接暴晒洗净的内裤。洗干净的内裤，应先在阴凉处吹干，再置于阳光下消毒。否则，内裤容易发硬、变形。

清洗内衣是令女性能够非常头痛的事，不正确的清洗方式容易使内衣变形，洗内衣的正确方式是：

（1）清洗内衣前首先检查内衣是否有脱线处，如果有的话必须先缝合，还要钩好背钩，扣牢肩带，以免洗涤过程中钩到面料。

（2）清洗内衣时，要用中性的洗剂，先将洗剂溶解于 30 ～ 40℃的温水，之后再可放入内衣，浸泡一会儿后用手轻拍。内衣不宜用力洗刷，以免磨损面料，要多次用清水洗涮，保证彻底冲净洗剂。

（3）清洗后不要使用衣物柔顺剂浸泡内衣，以避免损坏内衣的弹性纤维。

（4）洗好以后可用干毛巾包裹内衣，用手挤压，让毛巾吸干水分后，将内衣拉平至原状，如是胸围要将罩杯形状整理好，之后再晾晒。注意内衣不能用手拧干，这会损害内衣的形状。

（5）内衣只能放在阴凉通风的地方晾干，以免日晒易使衣物变质及褪色。要正确的晾晒内衣。湿的文胸要以杯与杯中间的点挂起来，切忌将肩带挂上因为水分的重量会把肩带拉长。

（6）及时清洗内衣。内衣弄脏了应尽快清洗，时间愈长，污渍渗入质料纤维组织，会愈难清洗。

（7）机洗内衣注意时间。如果内衣的标签上没有注明必须手洗而选择机洗时，一定要注意用洗衣机洗涤内衣 3 分钟足矣，长时间洗涤容易导致衣物变色或染色。

注意内衣的存放。存放时一定要确定内衣已经完全晒干，也可在衣柜内放一些干燥剂吸走湿气。内衣存放时一定要远离防虫剂，因为防虫剂是丝质、弹性衣料的克星，一经接触，便会变脆松弛、失去弹性。